국어 대우법 체계의 정보화 연구

국어 대우법 체계의 정보화 연구

최 석 재

도서
출판 박이정

최석재

현재 고려대학교 BK21 연구교수로 재직 중이다. 고려대학교 국어국문학과에서
학사(99년), 석사(2001년), 박사(2008년) 학위를 받았다. 2001년에는 카네기멜론대
학 전산학부의 LTI연구소에서 객원연구원으로 기계번역 프로그램 개발에 참여하
였으며, 2003년에는 연변과학기술대학에서 동양어학부 전임강사 및 언어공학연구
소 실장으로 근무하였다. 2005년 이후에는 한국에서 주로 유비쿼터스 프로젝트
및 커뮤니케이션 프로그램 개발에 참여하였다. 주요 논저로는 "개화기 시대 이후
단문화의 과정", "대우법의 일반점수체계 설정 연구", "Context-aware selection of
politeness level for polite mobile service in Korea(SCIE, 공저)" 등이 있다.

전자우편 : lingua@daum.net

국어 대우법 체계의 정보화 연구

초판 인쇄   2008년 10월 20일
초판 발행   2008년 10월 31일

지은이   최석재
펴낸이   박찬익
편집책임   이영희
책임편집   이기남

펴낸곳   도서출판 **박이정**
주소   서울시 동대문구 용두동 129-162
전화   02)922-1192~3
전송   02)928-4683
홈페이지   www.pjbook.com
이메일   pijbook@naver.com
온라인   국민 729-21-0137-159
등록   1991년 3월 12일 제1-1182호

ISBN   978-89-6292-016-1 (93710)

* 책값은 뒤표지에 있습니다.

현대의 많은 의사소통은 컴퓨터를 중심으로 일어나고 있다. 사람과 기계 사이의 대화는 물론, 사람과 사람 사이의 대화가 많은 부분 컴퓨터를 매개로 하여 이루어지고 있다. 그런데 소통되는 내용들은 적절히 분석되지 않아 정보로서의 기능을 하지 못하고 있고, 이로 인해 다양한 서비스의 창출도 이루어지지 못하고 있다. 아직까지는 기계가 문장의 의미를 파악할 수 있는 방안이 충분히 마련되지 않았기 때문이다.

이 책은 국어학과 응용학문의 연결고리를 찾는 과정을 기술한 책이다. 국어학은 우리말의 형태와 의미에 관하여 많은 연구 업적을 쌓아왔고 이러한 결과물 중 상당수는 공학 및 산업 등 응용 분야에 곧 이용될 수 있다. 그러나 두 분야는 연구의 관점이 다르기 때문에 연구의 내용과 결과의 형태 면에서 교류하기가 쉽지 않다. 두 분야가 서로 교류하려면 서로를 이해할 수 있는 연결고리가 필요하다. 이 책에서는 언어의 다양한 면 중 정보화의 가능성이 비교적 높은 대우법을 대상으로 이러한 연결고리를 찾는 시도를 하였다.

책의 내용을 처음 구상했을 때에는 대우법에 관한 모든 내용을 정보화하여 응용 시스템에서 이용할 수 있도록 할 계획이었으나 화용적 측면과 관련된 부분은 더 많은 기초 연구가 필요하다고 여겨져 포함시키지 않았다. 이 부분을 제외하여도 정보화에 필요한 기존 연구의 정리, 언어의 현재 모습을 반영하기 위한 대우법 체계의 수정, 정보화에 필요한 추가 연구의 수행 등해야 할 과제들이 만만치 않았다. 이러한 부분들에 대해서는 가급적 다루어 보려고 노력하였으나 처음의 야심찬 계획을 생각하면 대우법의 대표적인 영역이 어떻게 정보화될 수 있는지를 예시하는 쪽으로 방향이 바뀐 듯하다.

이 책은 2008년 고려대학교 대학원에 제출했던 학위 논문을 엮은 것이다. 부분적으로 수정하고 보완하기는 하였지만 내용적으로 크게 달라지지는 않아 송구스럽다. 앞으로 대우법은 물론, 인간의 감정을 추론할 수 있는 분야에 대해서 국어정보학적 연구를 진행하여 부족한 부분을 채워나가겠다.

책이 나오기까지 많은 분들의 은혜를 입었다. 자상함과 엄격함으로 지도해주시는 홍종선 선생님, 사랑과 관심으로 살펴 주시는 최호철 선생님, 믿으며 도와주시는 권오병 선생님께서는 본인에게 학문의 길을 가르쳐 주셨다. 이관규 선생님, 황화상 선생님께서는 논문 심사 과정에서 중요한 흐름을 지적해 주시고 자세한 지도를 아끼지 않으셨다. 김흥규 선생님, 최동호 선생님, 장효현 선생님, 신지영 선생님께서는 학문적인 지도와 아울러 여러 공부할 수 있는 기회를 주셨다. 언어학과에 계시는 최재웅 선생님, 유석훈 선생님께서는 다른 과 학생인 본인에게 같은 사랑과 지도를 주셨다. 카네기멜론대학의 Dr. Robert E. Frederking과 연변과기대의 김동일 교수님, 전북대의 변동률 선생님은 언어정보처리 분야에 입문하는 데 결정적인 도움을 주셨다. 그리고 지금은 ETRI와 삼성전기에서 근무하고 계신 문제현, 정훈재 박사님과 카네기멜론 Wean Hall에서 나눈 일상적이면서도 과학적인 대화들도 잊히지 않는다. 번번이 감사하다는 말씀을 올리지는 못했지만 위 선생님들 앞에서 본인은 항상 빚을 진 사람과도 같다.

사랑으로 낳아 믿음으로 길러주신 부모님, 격려와 기도로 후원해 주시는 장인 · 장모님, 고생을 기쁨으로 감수하는 사랑하는 아내에게는 감사 이상의 말씀을 올리고 싶다. 이 분들이 없었다면 아무것도 해내지 못했을 것이다.

나라 살림이 어려운 상황임에도 이 책의 발간을 기꺼이 허락하여 주신 박이정 출판사의 박찬익 사장님과 편집부 여러분께도 깊은 감사의 말씀을 드린다.

2008년 10월
최 석 재

목 차

3. 대우표현의 등급화 · 133

1. 서 론

1. 서 론

1.1. 연구의 목적

본 연구는 국어의 대우법 체계를 정보화하는 과정을 통해 인문학적 지식 체계가 어떻게 응용 시스템으로 구현될 수 있는지를 보이는 데에 그 목적이 있다. 세부적으로는 이론적 연구를 수행하고, 대우등급 계량화 방안을 마련하며, 대우등급의 분석 및 변경 프로그램을 구현한다. 이론적인 연구는 응용에 있어서 필요한 기본 개념에 대하여 국어학적인 뒷받침을 제공하며, 계량화 방안은 이론적인 연구 결과를 기반으로 대우등급의 측량을 시도함으로써 응용 학문으로의 교량 역할을 할 것이고, 대우등급 처리 프로그램은 그 구현된 모습을 통해 정보화의 실제적이고 구체적인 모습을 볼 수 있게 해 줄 것이다.

우리가 정보화 시대에 살고 있음은 주지의 사실이다. 거의 대부분의 자료는 물리적으로 만져질 수 있는 아날로그 형태의 자료에 담겨 있는 것이 아니라 인터넷이라는 눈으로는 보이지 않는 가상의 공간에 디지털화되어 존재하기 시작했다. 이제 우리는 과거나 현재에 벌어지고 있는 어떠한 상황에 대한 기록을 더 이상 낡은 자료와 파일 더미에서 찾는 것이 아니라 손끝의 클릭 몇 번으로 전 세계의 자료를 검색할 수 있는 편리한 세상에 살게 되었다. 물리적인 공간의 이동이 없이도 우리는 서로 정보를 주고받을 수 있게 된 것이다. 그러나 정보를 주고받는 일은 다소 물리적인 영역이고 핵심적인 지식활동은 아니다. 시간이 많이 소요될 뿐만 아니라, 전문적인 지식이 필요하지도 않다. 이러한 종류의 작업은 형태적으로 일치하는지의 여부만을 검사하는 비교적 간단한 조건으로 가능하기 때문에 우리가 직접 하는 것보다 빠른 연산 능력과 방대한 저장 공간을 가지고 있는 컴퓨터에게 맡기는 것이 더 효과적이다.

이제 우리는 이러한 단순한 검색 작업에서 한 단계 더 나아가 전문적인 지식 체계가 요구되는 판단 작업에까지 컴퓨터가 우리의 일을 대신 맡아주기를 바라고 있다. 사회가 전문화되어 갈수록 해당 분야에 필요한 지식도 더욱 전문화되어 그 분야에 속하지 않은 사람이면 알 수 없는 수준까지 이르게 되어 특정한 분야의 일을 처리하려고 할 때는 우리는 그 분야 전문가의 도움을 받아야 한다. 하지만 전문 분야의 상당수는 일상생활에 관계된 일이기에 매번 전문가의 도움을 받기도 어렵고, 또 그러한 전문가를 주위에서 찾고자 해도 역시 쉽지 않다. 특히 처리하고자 하는 일의 범위가 제한적이고, 작업의 빈도가 잦을수록 사람에게 부탁하기는 어렵기 때문에 보다 손쉽게 이용할 수 있는 컴퓨터에게 맡기기를 원한다. 컴퓨터를 단순한 연산을 하는 기계에서 인간의 일상생활을 도와주는 기계로 인식이 바뀌고 있는 것이다.

그러나 컴퓨터가 전문적인 지식을 필요로 하는 일을 처리하기 위해서는 자체적으로 지식 체계를 가지고 있어야 한다. 컴퓨터는 스스로는 아무 일도 할 수 없기 때문에 원하는 연산을 수행하기 위해서는 컴퓨터가 이해할 수 있도록 원인에 따른 결과를 도출하는 조건식을 구축해야 하는데 그 대상이 전문적인 영역이라면 해당 전문 지식 체계를 컴퓨터 언어로 기술해야 하는 것이다. 이렇게 될 때 컴퓨터는 정보화된 지식 체계를 가지고 있다고 할 수 있다.

이러한 지식 체계를 정보화하는 것은 근거가 학문적인 뒷받침을 가져야 하고, 일반적인 검색 프로그램보다 훨씬 많은 다양한 조건식을 요구하므로 어려운 작업임에는 틀림없지만 그 범위에 제한을 두고 생각하였을 때는 반드시 불가능한 것은 아니다. 예를 들어 경영학 분야의 의사결정 지원시스템은 다양한 경로로 입수된 정보를 분석하여 미래의 양상을 예측하여 최적의 결과를 제시하는 것을 목표로 한다. 의사 결정을 지원한다는 것은 매우 추상적인 것일 수 있지만 그 대상이 효율적인 재화 획득 방안에 있고, 그 방안을 이루는 변수가 결정되어 있다면 시스템 구축이 그리 막연한 일만은 아닐 것이다. 이 일에서 가장 중요한 것은 특정한 현상에 대한 원인과 결과를 분석하는 경영학적 연구 결과일 것이다.

국어학의 분야에서도 이미 이러한 지식 정보화의 예를 찾아볼 수 있다. 문장을 형태소 단위로 분석하는 형태소 분석기는 품사 체계에 대한 국어학적 지식을 정보화한 예이다. 특정 단어에 대한 품사를 알기 위해서 사전을 찾아보았던 예전과 달리 이제는 단어 또는 문장 전체를 분석기에 넣기만 하면 그 결과를 알 수 있다. 이 프로그램으로 말미암아 대량의 코퍼스 작업을 하는 연구자들은 큰 편의를 갖게 되었을 뿐만 아니라 형태소 분석을 기초로 하는 정보검색시스템, 자동번역시스템 등 우리말의 자동화 프로그램이 가능하게 되었다.

형태소 분석기의 결과를 이용하기도 하는 맞춤법 검사기는 문법에 대한 지식 체계를 정보화한 예이다. 우리말은 교착어인데다가 표기법에서는 음소주의와 형태주의를 결합하여 사용하고 있기 때문에 모든 문장을 맞춤법에 맞게 쓰기가 그리 쉽지 않다. 맞춤법은 의사소통의 매우 기초적인 단계에 속함에도 불구하고 올바르게 쓰기 위해서 문법서 전체를 뒤적여야 할 때도 있다. 이러한 수고를 덜기 위한 맞춤법 검사기는 컴퓨터가 이해할 수 있는 형태로 정보화된 문법을 가지고 있기 때문에 잘못 쓰인 단어 및 문장에 대하여 지적을 하고, 올바른 형태를 추천하며, 명백한 오류에 대해서는 사용자의 허락을 기다리지 않고 수정해 주기도 한다. 일반인들은 문법에 관한 기초적인 지식만으로도 국어학자가 구축해 놓은 문법에 대한 지식 체계를 이용하여 맞춤법에 크게 어긋나지 않는 글쓰기를 할 수 있게 된 것이다.

하지만 이러한 프로그램들이 비교적 성공적으로 개발될 수 있었던 데에는 디지털화하려는 대상을 잘 선택한 이유도 컸다고 생각한다. 컴퓨터가 이해할 수 있도록 어떠한 대상을 정리하려면 그 대상은 우선 조건화가 가능해야 하고, 처리해야 할 범위가 제한적이어야 한다. '디지털(digital)'이라는 말의 뜻에서 볼 수 있는 바와 같이 컴퓨터는 사물을 불연속적인, 분리된 값으로 본다. 그러므로 다루려는 대상이 조건화할 수 없을 정도로 복잡하게 얽혀 있고, 처리해야 할 범위가 통제하기 어려울 만큼 크다면 이를 컴퓨터가 이해하도록 하는 것은 불가능에 가깝다. 하지만 '맞춤법'이라는 대상은 아무리 그 양이 많더라도 결국 조건화할 수 있는 것이고, 그 범위도 한정되기 때문에 프로그램으로 만드는 것이 가능했던 것이다.

이러한 측면에서 '대우법'이라는 현상도 우리말의 다른 분야에 비해서 디지털화하기가 비교적 쉬운 분야에 속한다. 물론 '맞춤법'에 비하면 '대우법'은 보다 추상적이고 범위가 넓은 것은 사실이지만 대우등급은 분리된 값으로 볼 수 있는데다가 문체적인 현상 등 이미 잘 다루어오지 않았던 영역을 제외하면 파악해야 하는 대우법 현상을 일으키는 요소는 비교적 한정적이다. 대우법의 이와 같은 불연속적이면서 제한적인 특징은 국어의 다른 분야에 비해 보다 쉽게 정보화할 수 있게 한다.

국어의 대우법 현상은 정보화할 수 있는 조건을 갖추고 있다는 점 외에 그 필요성에 의해서도 정보화의 대상이 될 수 있다. 국어의 대우법 현상은 화자가 청자 또는 제3자에게 드러내고자 하는 '예의 수준'을 표현하는 기제라고 할 수 있는데 이러한 의도는 종종 제대로 전달되지 않고 실패에 이르기 때문에 문제가 되곤 한다. 여러 대우법 요소에 의하여 대우 수준이 결정되는 우리말은 그 구성이 복잡하여 종종 실수를 하게 되고 뜻하지 않은 오해가 생기는 일이 발생한다. 상대방을 충분히 높여서 대접해야 하는 상황에서 특정 대우법 요소에 높임형을 사용하지 않거나, 사용하더라도 충분히 높은 수준을 사용하지 않으면 상대방은 불쾌감을 가질 수 있는 것이다. 청자는 보다 높은 수준의 예의를 기대했는데 그에 미치지 못하면 잘 대접받지 못했다고 생각할 수 있다. 반면에 상대방이 나와 가까운 사이일 때는 적절히 낮추어야 하는데 오히려 너무 높은 대우표현을 사용하면 친밀한 관계를 가지려 했던 상대방은 실망하고 두 사람의 사이에 거리를 둘 수 있기도 하다.

국어의 대우법에는 이러한 실수에 의한 문제 외에도 사람마다 가지는 적절한 대우 수준이 다르다는 문제도 있다. 우리는 대부분 하나의 언어를 사용함에도 불구하고 구체적인 운용에 있어서는 개인 간의 차이를 갖는, 즉 랑그와 파롤(langue & parole)의 문제가 있어 자신은 적절하다고 생각한 대우 수준이 상대방에게는 그렇게 여겨지지 않을 수도 있다. 이것은 '적절한' 대우 수준이 무엇이냐에 대해 객관화시킬 수 있는 구체적인 방법이 마련되지 않았기 때문이다.

그동안 대우법 현상에 대하여 깊은 관심과 함께 많은 연구가 진행되어 왔다. 대우법 문장의 종류, 참여요소, 대우 정도의 단계 그리고 통시적 발달 등에 이르기까지 다방면에 걸쳐 적지 않은 연구가 이루어져 왔다. 이러한 국어학적 연구 결과는 대우법 현상을 분석하고 그 수준을 판단하는 데에 객관적이고도 분명한 결과를 도출해 줄 수 있도록 방향성을 제시하고, 그 이론적 근거를 마련해 주었다. 다만 문제는 이 지식이 측량할 수 있는 수준으로 정리되지 못했다는 데에 있다. 우리말을 전문적으로 연구하는 사람들은 제시된 문장에 대하여 대우 수준이 어느 정도가 될 것이라는 점과 그렇게 말할 수 있는 이유는 무엇인지에 대하여 분석적인 언급을 할 수 있다. 하지만 이 지식이 객관적이면서도 쉽게 사용할 수 있는 형태로 정리되지 않았기 때문에 일반 언중(言衆)들은 자기가 사용하고 듣는 문장의 대우 수준과, 표현 방법에 대하여 막연하게 알 뿐이지 세심한 차이와 대우 수준이 다르게 느껴지는 이유에 대해서는 명시적으로 말하기 어려워한다.

우리말에 대한 지식과 오랜 경험이 없는 언중에게는 이러한 문제가 더욱 심각하다. 기본적인 의사소통도 힘든 한국어 학습자로서는 여러 대우법 요소가 복합적으로 실현되는 문장에 대하여 어느 정도의 대우등급을 갖고 있는지 느낌조차 갖기 어렵고, 또 본인이 상대방을 적절하게 대우하기 위해서는 어떠한 표현을 이루어야 하는지에 대해서도 직관이 없을 때가 많다.

사람과 대화하는 형식을 가지고 있는 컴퓨터 인터페이스의 경우도 마찬가지이다. 사용자에 관계없이 항상 똑같은 말투로 응대하는 현재의 컴퓨터 인터페이스는 일방적이라는 느낌을 갖게 하며, 사용자의 연령에 따라서는 컴퓨터에게 거리감을 갖거나, 예의바르지 못하다는 인상을 가질 수도 있다. 이러한 사용자의 기본 정보조차 고려하지 않는 인터페이스는 요구받은 일에 대하여 처리하고 그 결과를 사용자에게 넘겨 줄 수 있을지는 몰라도 사용자와 감정적으로 상호 작용을 이루기는 어려운 것이다.

하지만 대우법 점수를 설정하면 이와 같은 문제를 상당 부분 해소할 수 있다. 대우표현에 대한 점수화 방안이 마련되면 문장의 대우등급을 계량화할 수 있으므로 상대방이 자신을 어느 정도로 대우하는지를 객관적인 모습으로 알게 되고, 화자는 원하는 대우등급을 이루기 위해서는 어떠한 요소에 대하여 어느 정도로 표현하면 되는지를 보다 쉽게 알 수 있게 된다. 또한 컴퓨터 환경에서는 청자(聽者)와 상황에 따라 적절한 대우등급을 결정, 적용시킴으로써 사용자가 가장 편안하게 여기거나 사용자에게 효과적으로 내용을 전달할 수 있는 문장을 생성할 수도 있다. 이러한 대우표현에 대한 계량화와 기준의 제시는 우리말을 더욱 객관적이고 체계적으로 만들 것이며, 한국어의 교육과 디지털 정보화 사회에 있어 기여할 수 있을 것으로 생각한다.

지식 체계를 측량할 수 있는 단위로 정리하고, 컴퓨터가 이해할 수 있도록 정보화하기 위해서는 기존의 국어학적 연구 결과에 몇몇 추가적인 연구와 수정이 필요하다. 기존의 대우법에 관한 연구는 대개 언어 그 자체를 목적으로 하지 응용을 목적으로 하지는 않았기 때문에 실용적 관점에서 다루기보다는 언어의 전체적인 체계를 밝히는 데에 더욱 주력하였다. 이러한 점은 언어의 전반적인 모습을 살펴볼 수 있게는 하지만 현재 사용 빈도가 높은 양상에 집중하게 되는 응용 분야에서 직접 다루기에는 비중의 문제가 적절하지 않다. 또한 학문적으로는 의의가 있지만 실용적으로는 큰 영향을 주지 못하는 범주의 존재 때문에 분석의 효용성이 떨어지기도 한다. 그리고 응용을 위해서는 새롭게 연구되어야 할 분야가 있는가 하면, 새로운 분류를 위한 관점이 필요하기도 하는데 대우법 현상은 언어의 여러 분야 중에서도 시대와 관습의 흐름에 따라 쉽게 변하는 부분에 속하여 과거에 이루어졌던 연구라도 현재의 언어 상황을 알기 위해서는 다시 조사가 필요한 경우가 적지 않다.

그러므로 본 연구에서 다루게 될 분야는 크게 두 가지로 나눌 수 있다. 하나는 대우법의 국어학적 연구에 대한 검토, 수정 및 보완이다. 이러한 기초 연구는 응용 연구의 초석이 되고 이론적 근거를 마련해 줄 것이다. 또 다른 연구 분야는 이를 기반으로 한 응용 연구로서 이에는 대우표현의 계량화와 공학적 설계에 관한 연구가 포함된다. 국어학적 기초 연구를 기반으로 한 응용 연구는 언어의 기본적인 성격을 잘 담아내면서도 응용 프로그램의 효율성을 높일 수 있는 방안을 찾는 데에 도움을 줄 것이다.

1.2. 연구의 범위와 방법

국어의 대우법 현상은 문장을 대상으로 하기 때문에 단어나 한 두 어절을 대상으로 하는 맞춤법보다는 처리해야 할 범위가 커서 통제에 어려움을 갖게 된다. 대우등급에 차이가 일어나는 모든 상황을 고려하려면 문장 내적으로 얻을 수 있는 정보뿐만 아니라 문장 외적 정보까지 참조해야 하는 화용론적 수준에 이르러야 하는데 문장을 문법 연구의 가장 큰 단위로 삼는 현재의 연구 수준을 고려했을 때 현재 다루기는 어렵다고 생각된다. 그러므로 본 연구에서는 대우법의 대표적 현상을 중심으로 그 정보화 되는 과정을 기술하며 향후 그 범위를 점차 넓혀가는 것이 현실적으로 타당하다고 생각된다. 이에 다음과 같이 본 연구의 범위를 제한하고자 한다.

첫째, 본 연구는 2인칭 청자를 대상으로 하는 대화 시스템에서의 사용을 그 주목적으로 한다. 2인칭에 대한 대우등급 계량화가 이루어지면 3인칭에 대한 대우등급 계량화도 충분히 가능하지만 컴퓨터로서는 3인칭 대상을 정확히 판별하기가 어렵다. '그 분께 이 편지를 드려라'의 '그 분'은 고정된 대상이 아니다. 맥락에 따라서 '그 분'은 선생님이 될 수도 있고, 이웃집 사람이 될 수도 있다. 이 대상이 누구인지를 알려면 하나의 문장이 주는 정보만으로는 부족하고 하나의 발화 상황이 포함하고 있는 문장들 전체를 참조해야 하는데 이는 현재의 연구 수준을 고려할 때 처리하기가 어렵다. 현재의 수준에서 3인칭까지 포함하려고 하면 시스템의 불확실성이 높아질 것이다. 반면 대화 시에 '너, 당신' 등으로 호칭되는 2인칭 청자는 하나의 발화 상황에서는 내 앞에서 나의 말을 듣고 있는 사람이므로 그 대상이 고정된다. 그러면서도 대우법상으로 2인칭은 대화중에 가장 중요하면서도 빈번하게 언급되는 대상이기에 2인칭 청자만 고려하는 대화 시스템으로 제한하는 것도 충분히 의의가 있다고 본다. 논의를 집중하기 위하여 1인칭의 경우도 계량 방법만 다루고 처리 과정에 대해서는 자세히 다루지 않는다.

둘째, 대화 시스템에 입력되는 문장은 기본적으로 단문으로 가정한다. 복문을 단문으로 나누는 과정은 주어의 생략 문제 등이 있어서 매우 복잡한데 아직 이를 성공적으로 분리할 수 있는 방안은 나오지 않았다. 이러한 상황에서 복문을 다루게 되면 두 개의 단문에 포함되어 있는 대우법 참여요소를 하나의 단문에 있는 것으로 잘못 파악하는 등 역시 시스템의 불확실성이 높아진다. 복문에 대한 처리는 단문에 대한 연구가 충분히 이루어진 후 진행하는 것이 순서라고 생각한다.

셋째, 분석하는 대우법 표현은 대우법 체계에서 가장 특징적이고 대표적인 문법적 대우 표현을 중심으로 한다. 2장에서 다루겠지만 특히 문체적 대우 표현은 형식화의 어려움과 기초 연구의 부재로 현재 수준에서는 다루기가 어렵다.

이와 같이 본 연구는 2인칭 청자, 단문, 문법적 대우 표현으로 그 범위를 제한한다. 이는 본 연구의 결과만으로는 대우법 현상 전체를 다루지 못한다는 제약을 갖게 하지만 한편으로는 대우법 현상의 가장 핵심적인 부분만을 다룸으로써 대우법 정보화의 본질에 집중하고, 이후 이루어질 연구의 기초가 되어 준다는 장점이 있다. 대우법 현상 전체는 복잡한 문제이지만 처리 결과를 신뢰할 수 있는 보다 쉽고 기초적인 영역부터 다루어 나간다면 문제의 복잡도를 줄이면서 처리할 수 있을 것이다.

세부적으로는 다음과 같은 영역에 대하여 논의하려고 한다. 상술한 바와 같이 국어 대우법 지식 체계의 정보화는 이론적 논의를 토대로 하여야 하므로 우선 국어학적 논의를 검토하는 과정부터 시작한다. 2장에서는 대우법 현상을 이론적으로 검토하여 논의의 기반을 다진다. 대우법 현상의 가장 기본적인 부분은 이 현상을 어떻게 부를 것인가 하는 점과 대우법의 종류, 그리고 대우법 현상을 구성하는 참여요소에 관한 문제이다. 대우법 현상을 지칭하는 용어는 연구자에 따라 혼란한 양상을 보이고 있는데 이들 중에서 가장 포괄적이고 명료하게 본 현상을 설명할 수 있는 용어는 무엇인지 생각해 본다. 대우법의 종류에 있어서는 기존에 분류한 대우법의 종류가 문장 내용적 측면과 대화 참여자 측면이라는 두 가지 기준이 섞여 있다는 점에 문제의식을 갖는다. 대우법의 참여요소는 그동안 여러 연구에서 언급되어 온 것이지만 새로운 대우법 분류 방법에 따라 전반적인 양상을 살펴보도록 하겠다.

다음으로는 대우법을 표현하는 방법들에 대해서 살펴볼 것인데 이들을 어휘적, 문법적, 문체적으로 나누어 각각의 요소와 특징은 무엇인지를 살펴보고, 왜 본 연구가 문법적 대우 표현에 집중하는지, 다른 표현들은 현재의 수준에서 다루기에 어떠한 문제가 있는지를 알아본다.

대우법 현상은 특히 대화 상대방과의 대우법을 파악하기 위하여 화계에 관한 연구가 많이 진행되어 왔는데 일부 범주에 대해서는 조정이 필요한 것으로 생각된다. 과거에는 자주 쓰여서 하나의 범주로 묶였던 화계 범주가 현재에는 그 사용 빈도에 있어서 큰 차이가 있어서 별도로 분리해야할 필요가 있는 부분이 있다. 자주 사용되지 않는 화계는 본 연구에서 다루지 않으려고 하는데 이것은 자주 쓰이지 않는 화계의 영향을 배제함으로써 화계의 등급을 현실적으로 맞추게 하기 위해서이다. 반면에 기존에는 구분한 화계의 범주를 현재에 와서는 통합해야 할 필요가 있는 부분도 있다. 통시적으로 보았을 때는 충분히 분리할 수 있는 부분도 공시적으로는 그에 대한 인식이 사라져 하나로 묶을 수 있기 때문이다. 아울러 각 화계에는 형태적으로 어떠한 어미가 올 수 있는지를 살펴봄으로써 기계적 처리의 실현 가능성을 보다 넓히도록 한다.

3장에서는 대우등급을 다양하게 하는 주요 방법에 대해 보다 자세히 고찰해 본다. 기존에는 '호응'이라는 것을 주어부와 술어부의 대우등급을 일치시켜야 하는 원리로 보았는데 예문의 적법성을 관찰하면 불일치의 허용 범위가 있음을 알게 된다. 그렇다면 호응의 원리는 매우 엄격한 제약이 아니라 일부 허용의 가능성을 열어 둠으로써 대우등급을 다양하게 할 수 있는 기제로도 해석할 수 있다.

우리말의 특성상 대화 시 주어는 쉽게 생략되는데, 이러한 상황에서 호칭어는 주어 명사와 가장 유사한 요소라고 할 수 있다. 즉, 주어가 없는 상황에서는 호칭어의 대우등급을 통해 주어의 대우등급을 파악하는 것이 가능하다. 그런데 호칭어는 기존에 알려진 바와 같이 단선적인 서열 관계를 가지고 있는 것이 아니라 상황에 따라 그 사용이 제한되는 것으로 보인다. 이러한 특징은 결국 비단선적인 서열 관계를 이루게 함으로써 보다 다양한 대우등급이 나올 수 있게 한다.

화계를 구분할 때는 높임선어말어미를 제외하고 분석하는 것이 타당한 것으로 보이나, 높임선어말어미도 대우등급의 구성에 참여하므로 둘이 함께하여 이루는 결합형에 대한 고찰도 필요하다. 예를 들어 '－해요'와 '－하세요'는 똑같이 해요체에 속하지만 그 대우등급이 다르다. 본 연구에서는 이러한 형태들에 대하여 '종결표현'이라는 용어로써 다루어 이들의 대우등급과 상황에 따른 사용 양상을 살펴보도록 한다.

4장은 이러한 연구의 바탕 위에서 대우표현을 계량화하고, 구현에 필요한 설계 작업에 대해 다룬다. 앞서의 연구 결과는 문장의 대우표현을 계량화하는 데에 필요한 기본 틀과 이론적인 근거를 마련해 줄 것이므로 이를 기초로 수집된 자료를 분석하고 대우등급을 계량화할 수 있는 방안을 생각해본다. 먼저 대우표현의 계량화는 비록 적지만 일련의 선행 연구가 있었는데 이 연구들에는 이론적 측면에서 몇몇 문제가 있는 것으로 파악된다. 그러므로 선행 연구를 검토하여 다룰 범위를 재설정하고, 호응의 원리를 응용하여 계량화의 기본 원리를 세운다. 이후 설문조사와 회귀분석을 이용하여 각 대우법 참여요소의 계량화를 시도한다.

이상에서 이루어진 대우법 현상의 이론적 정리와 계량화를 응용 시스템에서 이용할 수 있는 수준으로 정보화하기 위해서는 컴퓨터가 이해할 수 있는 프로그래밍 언어로 기술해야 하는데 언어적 특징을 효과적으로 반영하면서도 시스템의 효율을 높이려면 그 설계가 잘 이루어져야 한다. 이에 기본적으로 하나의 어절은 어근과 접사의 이원화된 구조로 보면서 음절 단위 상속법과 어휘의 객체화 기법을 통하여 언어적 특징의 구현과 시스템 성능의 향상이라는 두 가지 목표를 달성하고자 한다.

5장에서는 프로그래밍 언어로 대우법의 지식 체계가 정보화되는 모습을 그 주요 과정을 중심으로 보인다. 본 연구의 시스템을 통하여서는 입력된 문장의 대우등급을 분석하고, 사용자의 요구에 따라 대우등급을 변경하여 새로운 문장을 생성하는 데까지 이르는데 이를 위하여 크게 형태소 분석, 대우등급 분석, 대우등급 변경이라는 세 가지 과정을 거쳐야 한다. 이 과정을 따라감으로써 지식 체계의 정보화가 어떠한 모습으로 이루어질 수 있는지 볼 수 있을 것이다.

먼저 형태소 분석 과정에서는 전처리, 사전(辭典) 탐색, 어근과 접사의 분리가 어떠한 모습으로 이루어지는지를 살펴보고, 형태소 분석의 출력 결과를 확인한다. 대우등급 분석 과정에서는 각 대우법 참여요소와 생략된 대우법 참여요소에 대한 점수 배당이 어떻게 이루어지는지를 살펴본다. 입력된 문장에 대한 대우등급의 분석은 대우법의 정보화에 있어서 가장 핵심적인 부분이라고 할 수 있다. 대우등급 변경 과정에서는 변경할 대우법 참여요소를 판단하고, 그에 따라 형태 변경이 어떻게 이루어지는지를 살펴본다. 이 변경 및 생성 과정을 위해서는 4장에서 살펴본 계량화의 기본 원리를 한 번 더 응용하는 작업이 필요하며, 이를 토대로 다양한 상황에 대한 조건화가 필요하다. 이 작업을 거쳐 입력된 문장에 대한 변경된 문장은 어떠한 모습이 될 지 생각해본다.

이상의 연구를 위해서는 결과를 입증할 수 있는 자료의 수집과 이를 어떻게 처리할 것인지에 대한 방법도 중요하다. 먼저 자료에 있어서는 두 가지 종류의 자료를 사용하였다. 현대 국어의 사용 양상을 담기 위하여 첫 번째 자료로는 최근에 방영된 드라마 대본을 택하였다. 여기에서 사례를 수집하여 대우 표현의 사용 분포, 환경, 빈도 등을 조사하였다. 사례 수집의 가장 이상적인 방법은 화자가 의식하지 못하는 상황에서 녹음을 하여 전사(轉寫)를 하는 것이겠지만 이에는 현실적인 제약이 있다. 우선 개인 연구로는 충분한 사례를 수집하는 것이 힘들다. 대우 표현의 사용 양상을 조건별로 나누어 보기 위해서는 다양한 연령과 배경을 가진 화자가 역시 다양한 관계에 있는 청자와 나누는 대화를 분석해야 하는데 실제에 있어 한 사람의 연구자가 이렇게 다양한 환경을 배경으로 녹음을 하는 것은 쉬운 일이 아니다.[1] 박영순(1976)의 경우에는 녹음에 의한 조사를 부분적으로 이용하기도 하였으나 화자의 연령만을 변인으로 다루었지 다른 변인, 예를 들면 청자의 변인 등은 같이 고려하지 못했다. 변인의 수가 많아지면 보다 많은 사례가 필요하기 때문이다.

　이러한 현실에서 드라마 대본은 소수의 작가에 의하여 써진다는 단점에도 불구하고 언어 분석에 있어 몇 가지 큰 장점을 가진다. 우선 드라마 대본은 사람들의 일반적인 언어 사용 양상을 드러내 줄 수 있다. 드라마가 사람들의 공감을 얻기 위해서는 사람들이 자주 쓰는 표현을 적절한 빈도로 사용해야 하므로 작가는 각 연령과 환경에 가장 적절한 표현을 사용하게 된다. 이는 언어의 일반적인 양상을 드러나게 해준다. 둘째, 사생활 침해 문제가 없다. 녹음에 의한 방법은 사적인 대화가 포함되어 있는 문장을 사용해도 좋은지에 대하여 사전 혹은 사후에 일일이 동의를 구해야 하지만 드라마 대본은 처음부터 공개를 목적으로 하는 것이기 때문에 저작권의 문제만 없다면 어떠한 내용이라도 다 사용하고 공개할 수 있어 자료 이용 시 분쟁의 가능성이 적다. 셋째, 드라마 대본은 문자화되어 있어 이용하기가 매우 유리하다. 음성 자료와는 달리 전사의 과정이 필요 없을 뿐만 아니라 상황을 명확히 알 수 없을 경우 지문(地文)과 해당 드라마의 영상을 통해 보다 자세한 정보를 얻을 수 있다. 이는 대화 내용의 객관적 관찰을 가능하게 해준다.

　이와 같은 장점 때문에 본 연구에서는 인터넷 웹사이트를 통해 무료로 제공되고 있는 한국방송의 드라마 4 편을 선정하여 각 드라마에서 500 문장씩 총 2000 문장을 수집하였다.[2] 드라마 선정의 기준은 공간적 배경을 서울로

---

[1] 민현식(2002 : 77)에서는 이러한 연구를 위해서는 개인의 연구보다는 정책적인 차원에서의 집단 연구가 필요하다고 보았다.

[2] 드라마를 이용하여 대우법 현상을 조사한 것은 본 연구가 처음은 아니다. 이경우(2001, 2004)는 1997~1999년에 방영된 한국방송과 문화방송의 드라마를 통해 주로 가족 사이의 대우법 사용 양상을 고찰하였고, 이경우(2003)은 1890~1920년대 사이의 신소설과 위

하며, 다양한 연령층의 인물이 등장하고, 시간적 배경은 현대인 것으로 하였다. 이들은 2003년 이후에 방영되었거나 현재 방영되고 있는 것들로서 현재의 서울 지역 언어 사용 양상을 잘 보여주리라 생각한다. 다음은 연구에 사용된 드라마의 정보이다.

[표 1] 드라마 정보[3]

	드라마 제목	방영시기	주요 인물	배경
1	상두야 학교가자	2003.11.	20대 남녀와 주변인	서울[4]
2	하늘만큼 땅만큼	2007. 6.	20~70세까지의 가족	서울
3	최강! 울엄마	2007. 6.	10대 중심의 가족	서울
4	행복한 여자	2007. 6.	20~70세까지의 가족	서울

드라마 대본의 사례는 다음과 같이 여러 가지 상황 정보를 담을 수 있는 사례 베이스 규칙(Case Base Rule)을 이용하였다.[5]

[표 2] 사례베이스의 예

화자	나이	성	청자	나이	성	시간	화계	종결형
상현	28	남	은주	28	여	낮	해	의문
은주	28	여	상현	28	남	낮	해	서술

실제 사례베이스에는 이 외에도 문장, 선어말어미정보, 어말어미 정보, 감정, 활동, 위치, 제3자 정보 등을 같이 수록하였다. 문장에 대한 정보가 많을수록 다양한 조건 하의 검색이 가능하다. 예를 들어 '화자의 나이가 40

시기의 드라마 대본을 비교하여 약 100년 동안 대우법 사용 양상이 어떻게 달라졌는지를 연구하였다.
3) 아래의 드라마 제목을 이하에서는 각각 '상두, 하늘, 최강, 행복'으로 약하여 표한다.
4) 이 드라마는 지방을 배경으로 한 장면도 간혹 있었으나 본 연구의 조사에서는 이들은 제외시키고 서울을 배경으로 한 장면의 대화만 분석하였다.
5) 사례는 마이크로소프트 社의 엑셀(Excel) 2007을 이용하여 저장하였다.

대 이상이고, 청자의 나이가 20대 이상일 때 하게체와 하오체가 쓰인 빈도'
또는 '화자와 청자가 동일할 때 쓰인 화계의 종류'와 같은 식으로의 검색이
가능하다.

　다양한 목적에 맞게 자료를 검색하기 위해서는 기존에 제작된 프로그램
으로는 한계가 있으므로 조건별로 대우법 현상을 검색할 수 있는 프로그램
을 다음의 그림과 같이 자체적으로 구현하였다.[6]

[그림 1] 대우 현상 조건 검색기

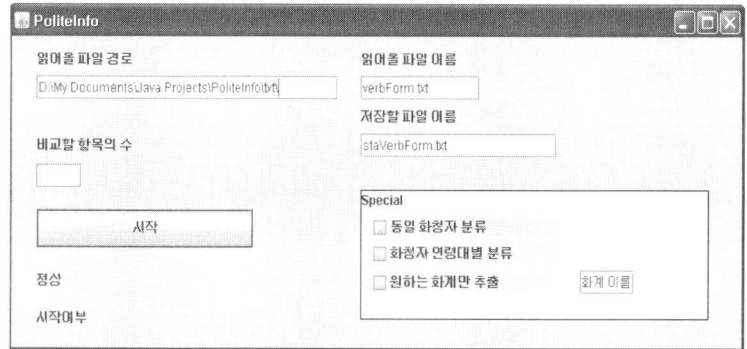

　위의 프로그램은 위에서 언급된 사례베이스를 입력 자료로 하여 사용자
가 원하는 조건 검색을 수행한다. 여기에는 비교할 항목의 수를 입력해 주
면 동일 항목 내용을 가지고 있는 문장들의 빈도를 계산해 주는 일반적인
기능과, 미리 정해진 조건을 검색하는 특수 목적 기능이 있다. 자료의 처리
는 자료 저장 기법 중 하나인 해쉬테이블(HashTable)을 이용하였기 때문에
빠르고 정확한 검색이 가능하다. 그리고 자체 제작하였기 때문에 새로운 요
구가 있을 때마다 프로그램의 내용을 고쳐 다른 조건 하에서의 실험이 가능
하다. 이 도구로 기존 연구에서 언급해 왔던 변인들이 실제로 대우등급을

---

6) 이 프로그램의 개발에는 Sun 社의 프로그래밍언어 자바(Java) 1.6.x와 통합개발도구 넷
　빈스 5.5.x가 이용되었다.

어떻게 변화시키는지를 확인할 수 있었으며, 보다 많은 조건을 함께하여 빠른 시간 안에 검색하는 것이 가능했다.

사례 조사를 위한 두 번째 방법은 설문조사이다. 언어 사용자에 대한 설문조사는 드라마 대본이 소수의 사람에 의해 쓰였다는 점을 보완해 줄 뿐만 아니라 대본의 내용에는 나오지 않는 관념적인 사항에 대해서 직접 물어볼 수 있다는 장점이 있다. 이에 2007년 8월 다음과 같은 구성의 성인 남녀 50명을 대상으로 설문조사를 실시하였다.[7]

[표 3] 피조사자의 구성

연령대	인원	남	여
20대	11	4	7
30대	9	3	6
40대	3	1	2
50대	10	3	7
60대	15	5	10
70대	2	1	1

연령대는 20~70대까지 다양하다. 피조사자를 20대 이상으로 한 이유는 10대 이하의 연령은 경험할 수 있는 대화의 상황이나 청자의 집단이 제한된다고 보았기 때문이다.[8] 이 설문 조사는 대우법의 사용 양상을 알고자 하는

---

7) 설문조사는 1차 30명, 2차 22명 두 차례에 나누어서 하였다. 1차 조사에서 두 명의 20대 남, 녀가 한 설문조사 결과는 포함시키지 않았는데 이들은 합쇼체가 해라체보다 높은 대우법 점수를 받을 것이라는 명백한 예상 결과에 대하여 합쇼체 1점, 해라체 9점과 같이 전혀 엉뚱한 대답을 하였기 때문이다. 설문 조사 내용은 본 연구의 맨 뒤 '부록'에 수록하였다.

8) 박영순(1976), 엄경옥(2002), 이주행(2004) 등의 연구에서는 연령대에 따라 화계의 사용 빈도에 차이가 있다고 하고 있는데 이는 곧 특정 연령은 특정 화계에 대한 경험이 보다 적을 수 있다는 것을 뜻한다. 특히 박영순(1976 : 56)에서는 20세 이전에는 우리말에 대하여 완전히 습득하기 어렵다고 보았는데 이러한 점들은 주로 학생 신분인 10대 연령층이 다양한 화계의 용법에 대하여 숙지하기 있다고 보기 어렵게 한다. 하지만 본 연구의

것이 아니라 대우법 점수를 측정하기 위해 이루어졌으므로 우리말에 대하여 완전히 익숙해졌다고 생각되는 성인만을 대상으로 조사를 수행하였다.

설문조사의 내용은 같은 형식을 가지고 있지만 대우법 참여요소에 차이가 있는 여러 문장들을 제시하고 이에 대한 대우등급을 묻는 것이었다. 이 결과는 주로 4장에서 언급될 대우표현의 계량화와 그 증명 실험을 위해 사용되었다. 설문 조사의 결과는 드라마 대본과 함께 추상적으로 존재하는 우리의 대우법 사용 양상을 보다 구체적인 형태로 끌어내는 데 기여할 것이다.

위의 자료들이 갖는 의미를 파악하기 위하여 엑셀(Excel) 2007의 함수와 그래프 기능을 사용하였다. 엑셀은 자료의 빈도, 평균, 분석을 쉽게 계산해 주며, 그 결과를 시각적으로 확인할 수 있도록 해준다. 특히 대우법 참여요소의 기능부담량을 계산하기 위하여 회귀분석 함수를 사용하였다.

회귀분석은 통계학에서 개발된 통계 기법 중 하나인데 어떠한 현상에 있어서 원인이 갖는 영향 정도를 계측하는 데에 효과적인 것으로 알려져 현재 전산과학, 경영과학, 사회과학 등 변수의 영향 관계를 측정하는 연구에서 자주 사용되고 있다. 회귀 분석은 인과관계를 분석할 수 있는 현상에 대하여 원인을 독립 변수, 결과를 종속 변수로 분류하여 여러 개의 중요한 독립 변수가 종속 변수에 미치는 영향을 분석하고, 이를 바탕으로 미래를 예측하는 방법이다(이화롱 2005 : 176, 김태근 2006 : 53). 이와 같이 회귀분석은 독립 변수의 계수 즉, 영향 정도를 수치화할 수 있게 해주기 때문에 대우법 참여 요소의 기능부담량이 측정될 수 있었다. 인문학의 연구 결과가 여러 학문에서 검증된 방법으로 계량화될 수 있다면 인문학 내적으로뿐만 아니라 인문학에 관심을 갖는 다른 학문 영역과도 보다 쉽게 의사소통이 가능할 것이다.

자료를 토대로 20대 이상의 피조사자들을 대상으로 한 연령과 화계의 대우법 점수에 대하여 회귀분석 실행 결과 통계적으로 무의미한 값이 나왔는데 이는 20대 이상의 연령에서는 비록 각 연령에 따라 각 화계의 사용빈도는 다를 수 있어도 화계의 용법에 대해서는 충분히 숙지하고 있음을 말한다. 회귀분석에 관하여서는 4.1을 참조.

1.3. 선행 연구 검토

기존 연구에서 대우등급의 현상은 물론, 대우등급에 영향을 주는 요소에 대한 연구가 적지 않았다. 대우법의 명칭과 종류, 높임선어말어미의 기능, 화계의 설정과 넘나듦 현상, 대우 현상을 구성하는 요소 등은 연구의 주요 대상이 되어 왔다.

대우등급에 영향을 주는 요소에 관한 연구는 특정 높임말이 어떠한 사람들에 의해서 이루어지는가를 집중적으로 다루었다. 초기의 연구는 자신보다 사회적 지위가 높은 사람에게는 존댓말을, 낮은 사람에게는 낮춤말을 쓴다는 것을 밝혀내는 수준이었으나 이후 연구가 진행되어 가면서 화자와 청자의 연령 등에 따라 즐겨 쓰는 화계가 달라지고, 사회적 지위 외에도 화자와 청자의 관계, 제3자의 성격과 참여 여부 등도 존대 등급 선택에 영향을 미친다는 점이 밝혀졌다. 이러한 점은 우리가 사용하는 존댓말이 단일한 요인에 의하여 선택되는 것이 아닌 보다 복합적인 요인들에 의하여 이루어진다는 것을 의미한다.

존대 등급 선택에 있어서 큰 영향을 미치는 것으로 거론되어 온 것 중 하나는 화자의 연령이다. 박영순(1976)은 녹음과 설문지 조사를 통해 이를 실증하였는데 그의 연구에서 가장 주목할 만한 점은 일반적으로 알려진 바와 같은 손윗사람에게는 높임말을 쓴다는 점 외에 연령대에 따라 종결어미의 사용 양상이 달라진다는 점을 밝혀냈다는 것이다. 이 연구에서는 종결어미 즉 화계에 대한 빈도가 각 연령대에 따라 다르다는 것을 보여주었다. 예를 들어 60代의 경우에는 '하십니까' 형태를 가장 많이 쓰고, 다음으로는 '하느냐/하니' 형태를 쓴다. '해체'의 경우에는 20代 이하에서 많이 쓴다. 그리고 20代~50代 사이의 연령층에서 가장 많이 쓰는 화계는 '하세요'체이다. 이것은 우리가 가상의 화자를 상정할 때 그 연령대도 같이 염두에 두어야 한다는 것을 말한다. 이 연구는 청자의 연령대를 같이 고려하지는 않았지만 화자만을 보더라도 기본 화계와 높임말은 연령대에 따라 차이가 있음을 보여준다. 하지만 이 연구는 우리말의 화계를 잘 정리하지 않아 통계 결과를 명확히 보기 어렵다는 문제가 있다. 예를 들어 '하오, 하는가, 하나, 하느냐'가 다 화계로 설정되어 있는데 이들은 '하오' 또는 '하게'체로 정리될 수 있을 것이다. 이 점은 우리말의 청자대우법을 정리할 때 화계와 그에 속하는 어말어미의 종류가 잘 정리되어야 한다는 점을 말하기도 한다.

박영순(1976)이 화자의 연령대만 고려하였다면 엄경옥(2002)는 청자의 연령대도 같이 고려하였다. 사실 대우법 현상은 두 사람의 연령 비교에 의해 이루어지는 것이므로 청자의 연령이 같이 고려되어야 함은 당연한 일이다. 이 연구에서는 각 연령대의 화자가 대화하는 상대가 자신보다 손위, 동년배, 손아래 중 어떠한 사람인지를 구분하고, 이를 다시 높일 것인지 안 높일 것인지를 고려하였다. 즉, 화자가 속해 있는 연령대에 따라서 많이 쓰이는 화계가 달라질 것을 예상한 것은 물론, 청자가 자신보다 높은 사람인지의 여부를 따지되 대화 전략에 따라 이를 다시 높일 것인지 말 것인지까지 고려한 것이다. 이에 따라 화계가 다소 복잡하고 혼란스럽게 나타나기도 하였는데 예를 들어 '해체'는 주로 동년배 이하에 대해서 쓰였지만 손위 사람에 대해서도 쓰일 수 있다고 하였다. 그러나 이는 좀 복잡하므로 '친숙형' 범주를 두어 정리하였다면 좀 더 낫지 않았을까 싶다.

'해체'가 유년기에서 청년기에 속하는 사람들이 주로 쓴다는 점은 박영순(1976)의 연구 결과와 크게 다르지 않지만 장년기부터 노년기의 사람들이 낮추어도 되는 상황에서 '해체'보다 높은 화계를 쓴다는 점은 주목할 만하다. 어느 정도의 연령대에 있는 사람들은 비록 낮은 사람에게 말을 한다고 해도 존중해 주는 의사를 가진다는 점을 보여주고 있는 것이다. 또한 청자의 지위와 대우 정도에 따라서 화계가 달라짐을 볼 때 높임말의 선택에는 화자의 연령은 물론, 청자의 지위와 관계도 함께 고려되어야 함을 알 수 있다. 같은 대화 상대에 대하여 높일 경우와 안 높일 경우를 고려한 점은 매우 세밀한 부분까지 연구가 진행된 것이라고 할 수 있다. 그러나 어떠한 경우에 높이고 낮추는지에 대한 조건이 기술되지 않아 아쉽다.

Brown(1960)은 청자대우법의 수준을 결정하는 요소로 힘(power)뿐 아니라 친밀도(solidarity)도 고려하였다. 방금 살펴 본 엄경옥(2002)에서도 '대우 정도'라는 표현을 통하여 자신보다 높은 지위의 사람이더라도 의도적으로 낮출 수 있음을 보였는데 Brown(1960)은 이를 결정하는 요소가 친밀도라고 지적한 것이다. 하나의 원리를 결정짓는 변인을 두 가지로 잡았기 때문에 이에 따라 대우 수준을 결정하는 두 요소를 X축과 Y축에 놓아 그래프를 그릴 수 있게 되었다. 유송영(1994)에서는 이를 우리말의 화계에 적용하였는데 이 그래프에 따르면 상대방이 나보다 얼마나 높은 사람인지, 또 나와의 친밀도가 어느 정도인지에 따라 대우 수준이 결정된다. 어머니나 형은 분명히 나보다 높은 존재이지만 가족이라는 특별한 구성원이다. 이런 존재에게 높임말을 쓰는 것은 당연한 것이지만 항상 그리고 최상급으로 존대하는 것은 좀 어색하다. 가족은 친밀도가 높기 때문이다.

친밀도는 직장에서도 발생할 수 있다. 직장의 상사는 나보다 높은 존재이지만 내 옆에서 항상 나와 같이 일하는 파트너라면 최상급보다는 낮추어서 대우 수준을 결정하는 것이 오히려 자연스럽다. 이러한 면은 엄경옥(2002)에서 제시된 '높임'과 '안높임'의 의미와 상통한다. 다만 Brown(1960), 유송영(1994)는 이를 2차원적인 구조로 풀어 제시함으로써 두 요인의 긴장 관계를 명시적이고 직관적으로 그려낼 수 있었다. 하지만 청자대우법을 이러한 2차원적 그래프로 그릴 수 있는지에 대해서는 일견 의문이 들기도 한다. 2차원적 그래프라고 하면 한 축에 대하여 동계의 요소이나 다른 축의 관점에서는 다른 수준인 요소들이 복수로 있어야 의미가 있다. 그러나 그러하지 못하고 한 축에 대하여 단 하나의 요소만 있음으로 진정한 2차원적 상황을 보여주는 그래프라고 보기에는 어려움이 있다.

이와 관련된 연구로 드라마 대본의 발화 내용을 조사한 이경우(2001,

2003, 2004)를 들 수 있다. 이 연구에서는 가까운 가족일 경우 일반적으로는 높은 사람에게는 쓸 수 없는 '해 – 해라체'가 가능하다는 점을 밝혔다. '형' 또는 '언니'에게 낮춤의 표현은 전혀 없이 높임의 표현만 사용한다면 친밀도가 낮은 것처럼 여겨질 것이다. 상대방이 나와의 친밀도가 높다면 이를 참고하여 사회적 위치만을 생각했을 때의 높임 등급보다는 다소 낮추어 말하는 것이 더 자연스럽게 된다. 또한 이정복(1994, 1996, 2001)은 화자와 청자뿐만 아니라 제3자가 있을 경우의 대우법 사용 양상에 관하여서도 연구를 하였다. 화자와 청자 이외의 다른 사람이 있을 경우에는 그렇지 않은 경우에 비하여 다른 양상이 있는 점을 파악한 것이다. 이 연구에서는 다섯 가지 조건에 의하여 대우법 사용 전략이 바뀐다고 하였는데 그 중 몇 가지를 살펴보면 다음과 같다. 첫 번째는 주체가 현장에 존재하고 있는가 하는 주체 인물현장성 효과인데 이는 주체가 현장에 있는 경우 더 높게 대우한다는 것이다. 두 번째는 주체와 청자 간의 지위 차이가 어떠한지에 따라 달라진다는 참여자 지위 차 효과이다. 주체와 청자가 비슷한 지위일 때 주체가 가장 높이 대우된다고 하였다. 세 번째는 참여자 범주 차 효과이다. 주체 인물과 청자가 같은 범주의 인물인가의 여부에 따라 달라진다는 것인데 화자와 청자가 다른 범주의 인물일 경우 주체에 대한 높임의 정도는 더욱 커진다고 한다.

화계는 매우 다양한 등급으로 인식되어 왔는데 이연민(1981)에서는 2 단계, 김종택(1981), 김태엽(1999) 등에서는 3 단계, 성기철(1970), 고영근(1974b), 서정수(1984) 등에서는 4 단계, 최현배(1937), 김석득(1966), 허웅(1969), 장석진(1972), 이길록(1974) 등에서는 5 단계, 김민수(1964), 이익섭(1974), 박영순(1985) 등에서는 6 단계, 신창순(1962)는 7 단계, Lee(1955)는 문체적 방법까지 포함시켜 8 단계, 이주행(1994a)에서는 구형과 신형으로 나누어 각각 6 단계와 3 단계, 엄경옥(2002)는 연령에 따라 유소년기, 청년기, 장년기, 중년기, 노년기의 화계를 각각 3, 5, 5, 9, 6 단계를 설정하고 있다. 이와 같이 학자에 따라 견해가 다른 것은 지역적·사회적 요인에 대한 입장이 달랐기 때문이다. 이들을 모두 한 자리에서 고려할 수는 없으므로 본 연구에서는 현대 서울의 구어 환경에 쓰이는 화계를 중심으로 연구를 진행하기로 하였다.

이 화계는 존대 여부 외에도 다른 범주로의 구분이 가능한데 그 대표적인 것이 격식성(formality)을 갖고 있는가 하는 점이다. 성기철(1970), 이익섭(1974), 황적륜(1976a,b), Cho(1982), 이연민(1981), 임홍빈·장소원(1995) 등에서는 화계의 격식체와 비격식체의 구분을 논의하였는데 비격식체에 속하는 것으로는 '해, 해요'체가 언급되어 왔다. 이들이 비격식체로 분류되는 이유는 공식적인 자리에서는 쓰이기가 어렵다는 점과 형태적으로 '-아/어'를 바탕으로 하고 있기 때문이다. '-아/어' 형태는 해라체의 '-어라'에 대하여 그 형태가 다 실현되지 못하고 절반 정도만 실현된 형태로 여겨지고 있다. 그러나 '해, 해요'체는 최근에 들어와서는 점차 그 세력을 넓혀 공식적인 자리에서도 자주 쓰이는 것으로 파악되고 있다. 이주행(1994a : 599)에서는 '해'체와 '해요'체의 비교에서 '해'체에 비하여 '해요'체는 공식적인 상황에서 쓰이는 것이 자연스럽다고 하였으며, 박재연(1998)에서는 격식체와 비격식체의 혼용 양상을 언급하면서 범주 설정에 문제를 제기하였다. 서상준(1993)에서도 이 두 화계가 규범적인 말씨로도 쓰이며 이러한 경우 특별한 정감은 없다고 하였다. 엄경옥(2002)에서도 그 쓰임이나 경계가 모호하니 비격식체의 구분은 재고할 필요가 있다고 하였다. 그러므로 본 연구에서는 격식체로 분류되는 대표적인 화계인 '해라, 합쇼'체와 비격식체로 분류되는 '해, 해요'체의 사용 양상을 분석해 봄으로써 이 범주 설정의 타당성을 짚어볼 것이다.

이와 더불어 '하게, 하오'체에 대한 논의도 계속 이루어져 왔는데 서정수(1980a, b), 이익섭·임홍빈(1983) 등에서는 이 두 화계의 사용이 최근 크게 줄어들었음을 지적하였으나, 엄경옥(2002), 임동훈(2006) 등에서는 비록 이 두 화계가 젊은 사람에게서는 잘 쓰이지 않으나 나이가 들면서 자연스럽게 쓰이므로 화계로서의 지위가 인정된다고 하였다. 그러나 앞의 두 문헌도 '하게, 하오'체가 쓰이지 않는다고 한 것은 아니었고 사용빈도가 줄어들고 있는 현상을 말한 것이었으며 오히려 뒤의 두 문헌에서도 낮은 연령대의 사람들에게서는 쓰이지 않음을 파악한 점을 중심으로 생각할 때 두 입장은 상당히 유사하다고 할 수 있다. 왜냐하면 두 입장은 모두 일정한 연령대의 사람들, 보다 정확히는 화자는 물론 청자도 일정한 연령대가 되어야만 이 화계가 사용될 수 있다는 점에서는 공통되기 때문이다. 초등학교 학생이 동년배 이하에게 이러한 화계를 쓸 수는 없고, 중·장년층이 화자라고 하여도 청자가 중학생 이하라면 역시 사용할 수 없다. 다만 전자의 논의는 이익섭·임홍빈(1983 : 230)에서와 같이 이전에는 중학교나 고등학교 학생 나이만 되어도 하게체를 사용하였고, 하오체 역시 사용 범위나 빈도 면에서 매우 활발하였으나 최근 들어서 축소된 점을 언급한 것이다. 이러한 점에서 서정수(1980a)에서 제시된 '특수형'에 관한 언급은 상당히 의미가 있다고 하겠다. 서정수(1980a)에서는 이 두 화계가 자주 쓰이지 않음에 이들을 '특수형'으로 분류할 것을 언급하였는데 그러기 위해서는 빈도와 환경에서 분명한 제약이 있어야 할 것이다. 본 연구는 이들 두 화계의 사용빈도 및 사용범위의 양상과 '특수형' 범주 설정의 타당성에 대하여 살펴볼 것이다.

각 화계에 따른 어말어미의 형태에 대하여는 그동안 많은 연구가 이루어지지 않았다. 어말어미의 문법적 기능과 의미 파악 등 원리적인 차원에서는 연구들이 있어왔지만 개별 형태에 관한 연구는 많지 않았다. 최현배(1937), 고영근(1974), 서태룡(1985), 한길(1991), 허웅(1995), 김태엽(2001) 등이 그나마 대표적으로 언급할 수 있는 연구라고 할 수 있다. 어미 유형들의 생성과 소멸이 빠르다는 점을 생각할 때 많지 않은 이들 자료는 당시의 언어습관을 설명해 줄 수 있는 귀중한 것이다. 특히 기계를 통한 언어처리를 위해서는 각 화계에 따른 어말어미의 형태를 파악하는 작업이 필요하기에 본 연구에서는 자주 쓰이는 것들을 중심으로 그 사용 양상을 살펴본다.

대우등급을 계량화하는 문제는 이정복(1993~2001)의 일련의 연구가 유일한데 이정복(1993b)에서는 대우법 참여요소의 기능부담량에 대하여, 이정복(1994)에서는 대우법 점수의 계산 방법에 대하여 논의하였고, 이정복(2001)에서는 이들을 다시 보다 종합적으로 다루면서 제3자가 있을 때의 영향 관계도 함께 다루었다. 하지만 적용 대상을 다른 인칭에 비하여 자주 쓰이지 않는 3인칭 주체일 때로 하여 제한적이며, 특히 계산 방법에 있어서는 재고가 필요하다고 여겨진다. 이에 본 연구는 새롭게 자료를 구성하고, 보다 객관적인 방법으로 대우법 참여요소의 기능부담량을 도출하고자 하였다.

대우등급의 분석을 실제 프로그램으로 구현하기 위해서는 먼저 형태소의 분석이 선행되어야 한다. 임희석(1997)에서는 기존의 규칙 기반과 통계 기반의 장단점을 분석하고 여기에서 장점만을 결합한 시스템을 구현하였으며, 강승식(1993, 2003)에서는 보다 규칙 중심이기는 하되, 음절 특성의 정보를 이용하는 방법을 사용하였다. 이 과정에서 음절의 형태론적 특징이 많이 발견되어 이후의 연구에 많은 도움을 주었다. 또한 황화상(2006)에서는 형태소의 분석을 다룸에 있어서 먼저 언어학적으로 접근한 상태에서 전산적 연구 결과들을 반영함으로써 언어학이 전산학을 위해 기여할 수 있는 방안을 보다 체계적으로 모색하였다. 본 연구 역시 공학과 국어학에서 연구된 기법과 결과물을 결합하여 이론적 측면과 실용적 측면에서 모두 만족스러운 방안을 찾고자 하였다.

이상과 같이 앞선 연구에서의 결과물을 바탕으로 대우법 지식 체계의 정보화를 위해 필요한 보완 및 추가 연구를 진행하도록 하겠다.

2. 대우법의 이론적 검토

2. 대우법의 이론적 검토

본 장에서는 대우법의 여러 내용을 이론적 측면에서 검토한다. 우선 명칭을 정리함으로써 다루려는 내용을 분명히 하고, 대우법에 관여하는 요소들을 다양한 측면에서 파악하여 대우법 현상을 입체적으로 파악해 본다. 그리고 대우법 참여요소 중 변화의 양상이 심한 화계의 현재 상태를 재점검함으로써 대우법의 체계를 새로이 설정하도록 하겠다. 이 장에서의 이러한 검토는 정보화하려는 대상을 명확히 할 뿐만 아니라 정보화의 이론적인 기반을 갖게 할 것이다.

2.1. 대우법의 명칭과 종류

대우법의 명칭과 종류는 매우 기본적인 사항이지만 혼란한 측면이 있다. 대우법의 명칭은 하나의 현상을 가리킴에도 불구하고 다양한 용어가 사용되어 혼란스러움이 있었고, 대우법의 종류는 그 범주적인 측면을 생각했을 때 일관되지 못한 부분이 있다.

2.1.1. 대우법의 명칭

우리말의 대우 현상은 존대법(尊待法), 존경법(尊敬法), 높임법, 경어법

(敬語法), 존비법(尊卑法), 공손법(恭遜法), 겸양법(謙讓法), 공대법(恭待法), 대우법(待遇法) 등 다양한 용어로 지칭되어 왔다. 이들은 모두 하나의 현상을 가리킴에도 불구하고 통일되어 있지 못해 적지 않은 혼란을 준다. 여기에서는 각 표현이 가지고 있는 의미를 살펴 대우법 현상을 포괄적으로 표현할 수 있는 용어로는 어떠한 것이 있겠는지를 살펴보려고 한다.

먼저 허웅(1954), 신창순(1962), 서정수(1984)의 존대법, 임홍빈(1990)의 존경법, 김태엽(1996)의 높임법의 경우에는 기본적으로 상대방을 어떻게 높여 부를 것인가하는 의미를 가지고 있지 그 반대의 경우는 다루고 있지 않음이 문제가 된다. '존경하여 대우하는' 또는 '존경하는'에는 상대방을 어떻게 낮출 것인가는 포함되어 있지 않은 것이다. 이것은 이숭녕(1964), 김형규(1975), 김종훈(1984) 등에서 사용하고 있는 경어법도 마찬가지이다. 상대방을 존경하는 말을 어떻게 사용할 것인가하는 의미만을 담고 있는 경어법은 용어상으로 높임말에 관해서만 다루지 낮춤말까지는 포함하고 있지 못하다.

김충회(1990)의 겸양법, 이희승(1968)의 공대법은 공손함, 겸손함의 의미를 가지고 있는 것이 특징인데 이들도 대우법 사용의 한 측면만 다루고 있다는 점에서 그리 적절하지 않다고 하겠다. 우리가 대우 표현을 사용하는 것은 항상 상대방을 높여서 대우하기 위한 것만은 아니다. 때로는 상대방을 공손하게 대우하지 않고 심하게는 압박하는 자세를 취하는 경우도 종종 있다는 점을 상기할 때 제한적인 의미만을 가지고 있음을 알 수 있다.

이에 반해 고영근(1974)의 존비법이라는 표현은 '상대방을 높이고, 낮추는 표현에 관한 어법'이라는 의미를 담고 있으므로 앞의 표현들보다는 포괄적이다. 하지만 우리가 대화하는 대상에는 나보다 높거나 낮은 사람도 있지만 나와 같은 위치에 있는 사람도 있다는 점을 생각할 때 이 표현도 그리 만족스럽지는 않다. 어렸을 때부터 알고 지내던 친구들에게는 높이거나 낮추는 것이 아닌 동등한 수준에서 이야기를 하는 것이다. 또한 서열 관계만 있는 것이 아니라 친소(親疎) 관계도 있어 상대방이 나와 친밀한 관계이면 비록 높여야 할 대상이더라도 완전한 높임말을 사용하지 않고 '적절하게' 높이거나 낮춤으로써 상대방과의 유대 관계를 좀 더 높이고자 하는 경우도 있다. 그러나 존비법에는 '높이거나 낮추는' 양 극단의 의미만을 가지고 있어 대우법의 '정도성'을 충분히 담기에는 어렵다. 이 외에도 '비(卑)'는 상대방을 천하게 여기는 어감을 주어 사용하기 곤란한 점도 있다.

그런데 성기철(1970), 서정수(1972), 김종택(1981), 이윤하(2001), 이주행(2004) 등에서 사용하고 있는 '대우법'이라는 표현은 '상대방을 어떻게 대우할 것인가'라는 의미를 담고 있어서 정도성의 문제를 다룰 수 있다. '대우'라는 것은 상대방을 높여 대우하는 것뿐만 아니라 낮추어 대우하는 것도 포함하며 그 사이에 있는 다양한 정도 예를 들면 '약간 높여서' 혹은 '약간 낮추어서' 대우하는 것도 포함하기 때문이다. 그러므로 이 표현은 다양한 대우 상황과 친소 관계를 포괄할 수 있으므로 본 연구에서 다루려는 다양한 대우 등급 관계와 그 조절을 효과적으로 표현할 수 있는 용어라고 생각한다.

이에 본 연구에서는 '대우법'이라는 용어를 사용해 논의를 진행해 나가려고 한다. 즉 상대방을 얼마나 높일 것인가 뿐만 아니라 동등하게 또는 얼마나 낮출 것인지에 대해서도 다루고자 한다.

2.1.2. 대우법의 종류

국어의 대우법 현상은 일반적으로 다음의 세 가지 종류로 나누어 분석한다. 그 첫 번째는 서술의 주체인 주어를 어떻게 대우할 것인가에 관하여 다루는 주체대우법이다.

(1) 가. 그가 곧 오겠습니다.
　　나. 그 분이 곧 오겠습니다.
　　다. 그 분이 곧 오시겠습니다.

(1)의 예문은 '그가 오겠다'라는 사실에 대하여 주어부와 술어부에서 표현을 달리함으로써 세 가지 다른 등급을 만들어내어 기술하고 있다. (1가)와 같이 '오는' 행위의 주체를 단순히 '그'라고 하는 것은 대상을 높이고자 하는 뜻이 없이 부르는 것이다. 동시에 주체의 행위를 기술함에 있어서 높임선어말어미를 이용하지 않고 있어서 이 문장은 주어부와 술어부에서 모두 높임 표현이 사용되고 있지 않다. 이것은 '그'라는 대상이 자신과 비슷하거나 낮은 위치에 있는 경우 또는 대상을 그와 같이 대접하기를 원할 때 가능한 용법이다. 그렇지 않고 대상 즉, 행위의 주체를 높여 부르기 위해서는 (1나,다)와 같이 주어부와 술어부에서 높임 표현을 사용해 대우등급을 올려주게 되는데 주어부에는 위에서 보이는 바와 같이 의존명사 '분'을 사용하거나 접미사 '-씨' 또는 직함 뒤에 의존명사 '-님'을 덧붙여 높임의 의미를 전달하고[1], 술어부에는 높임선어말어미 '-시-'를 개입시킴으로써 존대의 의사를 나타낸다.

이와 같이 주체대우법은 주로 주어부와 술어부의 어휘를 통해 문장의 주체를 화자가 높이는 것으로 주어부는 당연히 자연계에서 같거나 높은 위치에 있는 사람 또는 신격(神格) 존재에 제한되겠지만[2], 술어부의 내용은 위에서 본 바와 같은 주체의 행위뿐만 아니라, 다음의 예문에서 보듯이 상태와 존재에도 적용될 수 있다.

    (2) 가. 사모님께서는 참 <u>아름다우십니다</u>. (상태)
        나. 예, 어머님께서는 지금 저희 집에 <u>계십니다</u>. (존재)

그런데 주체대우법에는 압존법의 문제가 걸려 있어 문장의 주체와 청자

---

1) 주어 명사의 여러 가지 형태와 상황에 따른 주어 명사의 대우등급에 관해서는 3.2를 참조.
2) '선생님께서도 감기가 드셨다(남기심·고영근1993 : 328)'에서 주어는 사람이 아닌 '감기'라는 비유정체이지만 문장 전체의 주어인 '선생님'이 높여야할 대상이기 때문에 높임선어말어미가 사용되었다. 이러한 간접존대의 경우는 예외가 된다.

가 다를 때, 그리고 그 둘의 지위가 서로 다를 때 발화 시 주의를 요하는 경우가 종종 있다. 압존법은 청자가 문장의 주체보다도 더 높은 경우에 적용되는 것으로 남기심·고영근(1993 : 327)에서 제시된 다음과 같은 문장을 예문으로 들 수 있다.

(3) 할아버지, 아버지가 아직 안 왔습니다.

(3)에서는 청자인 할아버지가 문장의 주체인 아버지보다 더 높은 존재이기 때문에 아버지를 높여 표현하는 술어부의 높임선어말어미 '-시-'를 제거한 것이다. 압존법의 양상은 그리 간단하지만은 않은데 압존법의 적용을 받을 경우 높임선어말어미가 제거되는 것은 거의 항상 있는 일이지만 주어부에서는 그 적용이 일정하지 않다. 다음은 서정수(1984 : 91)에 제시된 예문이다.

(4) 가. 선생님, 김 선배가 내일 떠난답니다.
    나. ʔ선생님, 김 선배님이 내일 떠난답니다.
    다. 할머니, 아버지가 오늘 오신답니다.
    라. 할머니, 아버지께서 오늘 오신답니다.
    마. 우리 회사의 김 사장이 귀 회사를 방문할 것입니다.
    바. 우리 회사의 김 사장님께서 귀 회사를 방문하실 것입니다.

(4가)는 선생님 앞에서 '김 선배'를 낮춘 것인데 술어부뿐만 아니라 주어부에도 낮춘 것을 알 수 있다. 만약 (4나)와 같이 주체에 대한 존칭 접미사 '-님'을 붙이면 매우 어색해지고 가장 높은 위치에 있는 청자는 불쾌한 감정이 들 수 있다. 하지만 (4다,라)의 경우와 (4마,바)의 경우를 보면 주어부에 대한 높임이 꼭 불가능한 것도 아니다. 특히 (4바)의 경우는 서정수(1984)에서 적용되어야 할 압존법이 지켜지지 않은 것이므로 문제가 있는 예문으로 보았으나 현재의 언어 감각으로는 그리 잘못된 것이라 생각되지

않으며 오히려 자신의 회사에 속한 사람이기는 하지만 자신의 사장을 다른 사람 앞에서 완전히 낮추는 (4마)와 같은 문장이 청자로서는 듣기가 더욱 거북할 것으로 생각된다. 이처럼 현재의 압존법은 예전처럼 엄격히 지켜지고 있지 않으며 동요가 상당히 심한 상태에 있다고 할 수 있다.[3]

그런데 예문 (2)와 (4마,바)를 보면 주어 명사와 용언을 통해서만 높임이 이루어지는 것이 아니라 주어 명사의 격을 표현하는 주격 조사를 통해서도 높임이 이루어질 수 있음을 알 수 있다. 주격 조사는 낮춤형 '-이/가'에 대하여 높임형 '-께서'가 존재하는데 많은 경우 낮춤형을 사용해도 무방하지만 대상을 분명히 높여야 할 필요가 있을 때 써서 주체에 대한 높임을 더욱 부각시킨다(국립국어연구원 1992 : 94). (1)의 예문에서도 주체에 대한 높임은 주어 명사에만 이루어지고 주격 조사는 '-이'가 사용되었지만 대우 수준에 있어서 전혀 문제가 없음을 볼 수 있다. 물론, '그 분께서 곧 오시겠습니다'라고 하면 더욱 확실한 높임의 대우등급을 갖게 된다.

이 외에도 다음과 같이 목적어나 용언의 자리에서 존대 어휘를 사용하여 주체를 높이는 방법도 있다.

   (5) 가. 선생님께서 밥을 먹습니다.
      나. 선생님께서 진지를 드십니다.

(5나)의 예문에서는 주체가 접미사 '-님', 주격 조사 '-께서', 높임선어말어미 '-시-' 외에도 체언 '밥'에 대하여 '진지', 용언 '먹다'에 대하여 '들다'를 사용함으로써 주체를 높이고 있다.[4]

---

3) 국립국어연구원(1992 : 93-100)에서는 조부모 앞이더라도 자신의 부모는 낮추지 않는 것도 허용하였다. 또한 직장 사회에서 자기보다 직급이 높은 사람을 다른 회사 사람에게 말할 때는 상대방의 직급에 관계없이 낮추지 않아야 한다고 하였다.
4) 보다 자세한 어휘적 대우의 종류와 내용에 관해서는 2.2.1을 참조.

다음은 주체가 하는 행위가 미치는 대상을 대접하는 객체대우법의 예이다.

    (6) 가. 김 선생에게 편지가 왔습니다.
        나. 김 선생님에게 편지가 왔습니다.
        다. 김 선생님께 편지가 왔습니다.

(6)에서 편지를 보낸 주체는 누구인지 드러나 있지 않지만 편지가 도착한 대상, 즉 행위의 대상이 된 인물은 '김 선생'이다. (6가)에서는 '김 선생'이 특별한 대우 없이 쓰였지만 (6나)에서는 대상 접사에 '‒님'이 덧붙어 높임의 뜻을 갖추었다. 이와 같이 존칭 접미사를 덧붙이는 과정을 통해 객어를 높이는 것은 주체대우법의 주어를 높이는 방법과 동일하다. 또한 주체대우법에서 격조사를 통해 높임의 뜻을 더욱 분명히 하는 것처럼 객체대우법도 (6다)와 같이 여격 조사를 낮춤형 '‒에게'에서 '‒께'로 교체하여 높임의 뜻을 나타낼 수 있다. 하지만 객체의 격이 목적격일 경우에는 이에 대한 존대형이 따로 없어 높임의 뜻을 나타내지 못한다.

    (7) 가. 김 선생님을 따라라.
        나. 김 선생을 따라라.
        다. 김 선생을 만났습니다.
        라. 김 선생님을 뵈었습니다.

(7가)는 청자에게 청자보다 높은 위치에 있는 객어(客語) '김 선생님'을 따라가라고 말을 하고 있지만 목적격조사에는 낮춤형 '‒을/를'에 대한 높임형이 없기 때문에 이를 통해서 높임의 뜻을 드러내지 못하였다. 이 점은 (7라)도 마찬가지이다. '김 선생님'을 만나고 왔다는 화자의 진술에는 (7다)의 용언 '만나다' 대신 '뵙다'를 사용함으로써 객어를 높이고자 하는 뜻을 분명히 하였으나 격조사를 통해서는 드러낼 수가 없었다.

하지만 객체대우법은 주체대우법과는 달리 술어부에서 높임선어말어미에 의한 대우 표현을 이룰 수 없다는 차이점이 있다. (7다)의 높임 표현인 (7라)에서 동사 '만나다'가 '뵙다'로 바뀌었으나 이 문장이 주체대우법에 속하는 문장이라면 '뵙다'가 아닌 '만나시다'가 사용된다.

(8) 김 선생님은 오전에 그 분을 <u>만나셨습니다</u>.

이것은 높임선어말어미 '-시-'가 주체대우법에만 사용되는 것이지 객체대우법에는 사용될 수 없음을 보여준다. 주체대우법과 객체대우법의 높임 대상이 서로 다르기 때문에 일어나는 것이다. 주체대우법의 경우에는 문장의 주체를 높이는 것이지만 객체대우법은 주체가 아닌, 행위가 미치는 대상을 높이는 것이기 때문이다.

(9) 가. 어머니는 김 선생님께 편지를 드리셨습니다.
　　　(드리 + 시 + 었 + 습니다).
　　나. 어머니는 저에게 편지를 주셨습니다(주 + 시 + 었 + 습니다).

예문 (9가)에서 동사 '드리다'는 문장의 주체인 '어머니'를 높이는 것이 아니라 '김 선생님'을 높이는 것이다. 이것은 (9나)와 비교할 때 더욱 분명한데, (9나)의 객어 '저'는 높임의 대상이 아니기 때문에 동사로 '드리다'가 아닌 '주다'가 사용되었다. 만약 동사 어휘 자체가 주체를 높이는 것이라면 '주다'가 사용되지 못했을 것이다. 그러므로 주체는 기본적으로 술어부에서는 높임선어말어미 '-시-'에 의해서만 높임을 받음을 알 수 있다. 하지만 2.2.1에서 밝힐 바와 같이 '계시다, 드시다, 주무시다' 등과 같이 주체를 높이는 어휘적 대우에 해당하는 예들도 있어 반드시 주체대우법이 어휘적 대우의 영향을 받지 않는다고는 할 수 없다. 하지만 객체대우법을 실현시키는 '뵙다, 드리다, 아뢰다' 등과 비교하여 보았을 때 형태적으로 주체대우법에 관여하는 어휘적 대우의 예에는 한결같이 '시'가 개재해 있음을 볼 때 이 '시'가 비록 높임선어말어미는 아니더라도 형태적으로 관련을 갖는다고 할 수는 있을 것이다.

반면에 앞의 이야기와 같은 맥락이지만, 객체대우법의 경우에는 높임선어말어미의 적용을 받지 않고 어휘적 대우에 의해서만 실현되는 점도 짚고 넘어가야 한다. 앞서 언급한 바와 같이 '-시-'는 주체대우법에 관여하는 요소이므로 객체는 '-시-'에 의해서는 대우 받지 못하고 '뵙다, 드리다, 바치다, 올리다, 사뢰다, 아뢰다, 여쭙다, 모시다'와 같은 어휘에 의해서만 대우를 받게 된다. 이러한 동사들은 그 수효가 많지 않아서 '-시-'에 의한 주체의 존대 대우와는 양적인 면에서 차이를 보이기도 한다. 하지만 객체대우 현상이 일어날 때는 두 명의 사람이 참여하는 '관계'라는 제약된 상황 하에서 일어나게 되므로 주체대우 현상보다는 적은 어휘가 필요함을 알 수 있다.[5] 또한 이러한 어휘들은 객체를 높이는 기능을 가지고 있음으로 말미암아 문장의 주체는 도리어 낮춰지게 되므로 이들을 겸양형 동사라고 부르기도 한다.

그러나 객체대우법에 본래부터 문법적 대우 기제가 없었던 것은 아니다. 중세국어에서는 주체대우법의 '-시-'에 대응하는 객체대우법의 '-ᄉᆞᆸ/ᄉᆞᆸ/ᄌᆞᆸ-'이 있어 여러 어간에 결합될 수 있었다.

(10) 가. 臣下ㅣ 님그믈 돕ᄉᆞᄫᅡ(釋譜詳節 9)
　　　나. 大衆들히 … 부텨를 보ᄉᆞᆸ뺏더니(釋譜詳節 13)
　　　다. 耶輸ㅣ … 世尊ㅅ 安否 묻ᄌᆞᆸ고(釋譜詳節 6)

---

5) 하지만 '창호는 할머니를 몹시 따른다'에서 볼 수 있듯이 두 사람이 관계하는 상황이지만 이에 대한 객체 존대형이 없어 객체를 대우하지 못하는 경우도 있다(이익섭·임홍빈1983 : 227)

그러던 것이 후세로 오면서 '-습/읍/줍-'이 소실되면서 객체대우법은 급격히 퇴화하였고, 현대국어에서는 위에서 언급된 바와 같이 몇몇 단어에만 그 흔적이 남게 되었다(이익섭 1997 : 228). 그러나 이러한 인식은 현재의 언중에게는 남아 있지 않으므로 공시적으로는 객체대우법에서 높임선어말어미와 같은 문법적 기제에 의한 대우 현상을 고려하지 않아도 무방할 것이다. 그러므로 객체대우법은 객체 대상과 여격 조사, 그리고 술어부의 용언 몇몇의 어휘에 의해서만 실현된다고 하겠다.

대우법의 세 번째 종류는 말을 듣는 사람, 즉 청자를 대우의 대상으로 삼는 청자대우법이다.

> (11) 가. 이 책을 아버지께 드려라.
> 나. 이 책을 아버지께 드려.
> 다. 이 책을 아버지께 드리게.
> 라. 이 책을 아버지께 드리도록 하오.
> 마. 이 책을 아버지께 드려요.
> 바. 이 책을 아버지께 드리세요.
> 사. 이 책을 아버지께 드리십시오.

(11가)~(11사)의 예문에서 대접을 달리하여 표현한 것은 이 말을 듣는 청자가 누구냐에 따라서이다. 청자가 자신보다 낮은 위치에 있는 사람일 경우에는 (11가)~(11라)와 같이 표현할 수 있고 자신보다 높은 사람일 경우에는 그 이상의 표현을 사용한다. 보다 구체적으로는 청자가 자신보다 높은 사람이면 해요체나 합쇼체를, 낮은 사람이면 해체와 해라체를, 그리고 함부로 낮추기 어려운 경우에는 하게체와 하오체를 사용한다. 이 때 문장에서 달라지는 부분은 어말어미 부분이 되며, 이 달라지는 형태는 곧 화계를 표현하게 된다.[6]

---

6) 근본적으로는 어말어미만이 화계를 담당한다고 하겠으나 실제 언어 사용에 있어서는 선

그런데 청자대우법은 앞의 두 대우법과는 다른 점들이 있다. 주체대우법과 객체대우법은 주어 명사－객어 명사, 주격 조사－여격 조사, 높임선어말어미－겸양형 동사에 의하여 대우를 표현하지만 청자대우법은 오로지 화계에 의해서만 청자에 대한 대우 표현을 이루는 것이다. 앞의 두 대우법은 대우법 참여요소에 큰 차이가 없지만 청자대우법은 '어말어미'라는 다른 두 대우법에서는 대응되는 요소가 없는 것을 사용하는데다가 참여요소도 단 하나에 불과하다. 그러나 참여요소는 적지만 주체대우법과 객체대우법이 높이느냐, 높이지 않느냐로 2분되는 대우법을 사용하는 반면에 청자대우법은 보통 4~6등급으로 분류되는 다등분(多等分)의 방법을 이용함으로써 등급화에 있어 보상이 가능해진다. 주체대우법과 객체대우법은 각 참여요소에 대하여 비일관적인 대우 형태를 사용함으로써 대우등급을 2단계 이상으로 조절할 수 있으나 청자대우법은 어말어미의 형태 하나에 대하여 다양한 등급을 둠으로써 대우등급을 다단계로 조절할 수 있는 것이다.[7]

주체 및 객체대우법과 청자대우법의 차이에서 가장 큰 것은 앞의 두 대우법은 문장 내용적인 측면에서 본 대우법이지만 청자대우법은 대화 참여자의 측면에서 본 대우법이라는 점이다. 주체와 객체대우법은 그 명칭에서 알 수 있듯이 높임의 대상이 되는 문장의 주체와 객체가 누구인지에 관심을 갖는 반면 청자대우법은 문법적 주체나 객체가 누구인지는 관심이 없고 현재 발화를 듣는 사람이 누구인가에 관심이 있다. 청자가 자신보다 높은 사람인지, 낮은 사람인지에 따라 어말어미의 형태가 달라지지 현재 문장 서술어의 주어가 누구인지, 목적어가 누구인지에는 영향을 받지 않는 것이다. 이러한 점은 결국 주체대우법과 청자대우법상에서 충돌이 일어나게 하여 대우법

어말어미와의 결합 유무에 따라서 대우등급에 큰 차이가 있는 점을 고려할 때 어말어미만을 고려할 수는 없다. 이관규(2002 : 277)에서도 청자대우법이 어말어미로만 표현되는 것은 아니라고 하였다. 높임선어말어미와 화계의 관계에 대해서는 3.3에서 보다 자세히 다룰 것이다.

7) 이에 대해서는 3.1.3에서 보다 자세히 다루도록 하겠다.

체계를 혼란하게 만드는 결과를 빚는다.

대우법 현상을 이와 같이 서로 다른 두 가지 측면에서 보는 것은 하나의 현상을 구분 설명하기 위하여 서로 다른 두 가지의 기준을 사용한 것이 되기 때문에 문제가 된다. 대우법 현상은 하나의 독립적인 사항이므로 하나의 관점에서 보아야 하는데 그렇지 않다는 것은 일관된 기준에 의한 분석을 하지 못하고 있다는 뜻이 된다. 다시 말하자면 대우법이라는 현상을 하나의 기준에서 전체적으로 설명하기 위하여 주체 및 객체대우법이 놓치고 있는 것을 청자대우법이 메우고 있는 것이 아니라 별도의 필요에 의하여 전혀 다른 기준을 가지고 있는 청자대우법을 끌고 왔다는 것이다. 그럼에도 불구하고 우리가 대우법 현상을 이야기할 때는 주체·객체·청자 대우법이 하나의 대우법 현상을 설명하는 각 하위분류로 다루어지고 있으니 개념상 혼란이 있게 된다. 다음의 예문을 보자.

> (12) 가. 김 선생, 춘천에는 언제 갈 거야?
> 나. 김 선생님, 춘천에는 언제 가시겠어요?
> 다. 김 선생, 춘천에는 언제 가겠어요?

(12) 문장의 대우법을 해석하기 위해서는 주체대우법과 청자대우법이라는 두 가지 대우법이 동원되어야 한다. 우선 (12가)는 높임선어말어미도 쓰이지 않았고 화계도 해체를 사용하여 존대 표현이 전혀 실현되지 않은 경우이고, (12나)는 '-님', '-시-'에 의하여 상대방을 주체대우법상으로 높이고 있을 뿐만 아니라 해요체 '-어요'에 의하여 청자대우법상으로도 높이고 있다. 그런데 (12다)는 상대방을 해요체 '-어요'에 의하여 청자대우법상으로는 높이고 있지만, 호칭이나 '-시-' 사용 여부로 보아서는 주체대우법상으로는 높이고 있지 않다고 할 것이다.[8] 각 예문의 대우법 수준을 파악하기

---

8) 호칭어는 문장의 바깥쪽에 있는 독립어이지만 대우법에 있어서 실제로는 주어와 같은 기능을 한다고 볼 수 있다. 남기심·고영근(1993 : 327)에서도 동일인이 주체대우법과 청

위해서는 상대방을 주체로 보기도 하고 청자로 보기도 하는 두 가지의 잣대가 필요한 것이다.

다음의 예문 (13)에서는 대우법에 참여하는 요소가 주어 명사, 주격 조사, 높임선어말어미, 화계의 총 네 가지이다.

(13) 선생님께서는 언제 오시었습니까?

위의 예문에서 '선생님, -께서, -시-, -습니까'는 존대할 대상을 높이기 위하여 사용되었다. 그런데 행동의 주체를 이야기하는 주체대우법으로는 앞의 세 가지만 거론될 수 있을 뿐 대화 참여자로서의 상대방은 이야기할 수 없으므로 '-습니까'를 설명하기 위해서는 대화 참여자의 측면에서 대우법을 바라보는 청자대우법이 필요한 것이다. 이처럼 청자대우법은 주체 및 객체대우법과는 그 층위가 다른데 대우법을 분류할 때는 이 세 가지를 한 층위에서 갈라진 세부 분류인 것처럼 설명하니 이것은 개념적으로 문제가 있다.

만약 청자대우법이 주체 및 객체대우법과 동등한 위치에 있는 것이라면 화자대우법(話者待遇法)도 같이 고려되어야 하는데 그렇지 않은 데에서도 대우법의 하위 부류에 주체·객체·청자대우법을 두는 것에는 문제가 있다는 것을 알 수 있다.

(14) 제가 어제 선생님께 이 책을 드렸습니다.

자대우법 두 가지 대우법을 동시에 적용 받는 현상에 대하여 설명하면서 '선생님, 선생님께서도 그 얘기를 좋아하시는군요'와 같은 예문을 들고 있는데 처음의 '선생님'은 호칭어로서 청자대우법의 적용을 받고 두 번째의 '선생님'은 문장의 주어 명사로서 주체대우법의 적용을 받고 있어 서로 다른 존재이지만 같은 형태를 이루고 있음을 볼 수 있다. 우리말에서 2인칭 주어는 쉽게 생략되는 특징이 있다는 점을 생각할 때 호칭어는 생략된 주어 명사를 복원시켜 줄 수 있는 요소이므로 대우법 현상을 분석할 때 주어가 없는 상황에서는 주어를 대신하여 사용할 수 있는 구성 성분으로 간주할 수 있다. 이에 대해서는 3.1.2에서 좀더 논의하도록 한다.

화자대우법이라고 한다면 말하는 이 본인을 얼마나 높일 것인지를 다루는 문제이겠는데 위의 예문 (14)에서 화자대우법에 관여하는 요소를 들자면 주어 명사 '저', 주격 조사 '-가', 여격 조사 '-께', 높임선어말어미 없이 사용된 어미가 될 것이다. 주어 명사 '저' 대신 '나', 주격 조사 '-가' 대신 '-께서', 여격 조사 '-께' 대신 '-에게', 높임선어말어미는 사용하는 쪽으로 바꾸면 화자 본인을 더 높이게 된다.

그러나 대상을 높이는 기능을 갖는 '-께서'와 높임선어말어미는 보통 화자 본인을 위해서는 직접 사용이 되지 않기 때문에[9] '저/나'와 '-께/에게'에 의한 간접 높임만으로는 새로운 대우법을 설정하기가 부담스러울 뿐만 아니라, 화자는 곧 문장의 주체여서 개념적으로 주체대우법과의 변별성이 없기 때문에 주체대우법의 관점에서는 굳이 화자대우법을 설정할 이유를 찾기 어렵다.[10]

이와 같이 논리적으로는 청자대우법에 대응하는 화자대우법이 존재해야 함에도 불구하고 실제에 있어서는 필요가 없다는 것은 한 쪽 면만을 가지게 되는 청자대우법의 타당성에 의심이 들게 한다.

이러한 층위 혼란의 문제는 어말어미의 화계 판정 시에 더욱 문제시된다.

(15) 가. 김 선생님, 이 자료를 한 번 읽어 봐요.
나. 김 선생님, 이 자료를 한 번 읽어 보세요.

(15가)의 '봐요'는 '보 + 아요'로 분석되는데 이에는 해요체가 쓰였지만 높

---

9) 예외적인 경우에 있어서 유치원에서 선생님이 어린 학생들을 상대로 '선생님께서 말씀하시는 것을 잘 들어 봐요'라고 하는 경우를 생각해 볼 수 있을 것이다. 하지만 성인 사이의 정상적인 대화에서는 있기 어렵다.
10) 김태엽(2005)에서는 '화자대우법'의 설정 가능성에 대하여 논의하였다. 여기에서는 현대 국어의 대우법을 타인대우법과 자기대우법으로 나누어 기존의 주체·객체·청자 대우법을 타인대우법으로, 화자대우법을 자기대우법으로 분류하였다.

임선어말어미는 쓰이지 않았다.[11] 높임의 대상을 대화의 참여자로서는 높였지만 행위의 주체로서는 높이지 않은 다소 이중적인 모습을 가지고 있는 것이다. 한편 (15나)의 '보세요'는 '보 + 시 + 어요'로 분석되는데 여기에는 해요체 어말어미는 물론 높임선어말어미도 쓰였다. '김 선생님'은 청자로서 그리고 행위의 주체로서 모두 높임을 받은 것이다. 그 결과 (15가,나)는 모두 해요체에 속하지만 하나의 요소에 의하여 높여진 (15가)에 비해서 두 가지 요소에 의하여 높여진 (15나)의 대우등급이 더 높음은 당연한 것이다.[12] 그러나 화계를 판정하려 할 때에는 대화 참여자의 기준인 청자대우법의 요소인 어말어미에 의해서만 하여야 하는데 대우등급이 서로 다르다는 점 때문에 종종 '해요'에 대하여 '하세요'를 하나의 독립된 화계로 인정하는 일이 있다.[13]

그리고 객체대우법의 일부 현상도 주체대우법과는 대우의 방향이 반대라는 점도 문제의 소지가 있다.

(16) 가. 선생님께서는 교감 선생님께 편지를 드리셨습니다.
     나. 제가 선생님께 편지를 드렸습니다.

(16가)의 주체 '선생'을 높이기 위하여 존칭 접미사 '-님', 주격 조사 '-께서', 높임선어말어미 '-시-' 등이 사용되었는데 주체보다 더 높은 위치에 있는 객체를 높이기 위하여 여격 조사 '-에게'에 대하여 '-께'를 사용한

---

11) 더 엄밀한 분석적 입장에서는 서태룡(1988), 이관규(2002 : 277) 등의 논의를 따른다면 '-어/아요'도 다시 어말어미 '-어/아'와 보조사 '요'로 나눌 수 있을 것이다.
12) 이익섭(1993 : 383)에서도 이러한 점을 고찰하여 청자대우법에서도 '-시-'가 독립적으로 운용된다는 점을 밝혔다. 일반적으로 청자대우법에서는 주체 높임에 관여하는 '-시-'는 역할을 하지 못하고 어말어미만을 살피면 그 화계를 결정할 수 있을 것이라 생각되어 왔는데 반드시 그렇지 않다고 하였다.
13) '합쇼'와 '하십시오'도 다른 것이다. '합쇼'는 '하 + ㅂ쇼'로 분석되나 '하십시오'는 '하 + 시 + ㅂ시오'로 분석되어 주체를 높이는 높임선어말어미와 합쇼체가 결합된 것임을 알 수 있다. 화계 구분에 있어 높임선어말어미의 영향 관계는 3.1.3을 참조.

것도 있지만 주체와 관계하는 동사 '주다'에 대하여 겸양형인 '드리다'도 사용하였다. (16나)에서는 '드리다' 외에도 주어 명사로 '저'를 사용하고 있는데 이 역시 '나'의 겸양형이다. 이러한 겸양형은 분명 대상을 높이는 것이기는 하지만 그와 관계하는 인물에 대한 낮춤형이라는 점에서 전형적인 높임 대우 현상과는 차이가 있는 것이다.

이러한 혼란상에도 불구하고 대우법에 대한 현재의 구분법을 유지하고 있는 것은 언어학적으로는 문법적 주체를 밝히는 것이 중요하기 때문이다. 문장에 대한 기초 분석은 문장의 주어, 목적어, 술어를 찾는 것에서부터 시작한다는 점을 상기하면 문법적 주체가 높여지는 현상을 다루는 주체대우법을 상정하지 않을 수 없을 것이고, 또 주어가 아닌 객어의 자리에 있으면서 높임을 받거나, 주어의 자리에 있더라도 주체가 높여지는 것이 아닌 객어를 높이기 위해 어휘·문법적 변화가 있는 현상을 밝히기 위하여 객체대우법을 세웠을 것이다. 이렇게 문법적 관계에 의하여 대우법을 분류하면 하나의 문장에서 드러나는 주체와 객어의 관계가 분명히 포착되기 때문에 한 문장에서 동시에 등장하는 주체와 객어 사이의 대우 관계를 잘 파악할 수 있다는 장점이 있다. 그런데 사실 대우법에서 가장 두드러진 현상은 청자대우법 현상인데 이 현상은 앞의 두 대우법으로 다루어지지 못하므로 범주가 다름에도 불구하고 하나의 대우법에 포함시켰을 것으로 생각한다.

그런데 최현배(1937 : 805)에서는 문장을 제1인칭문, 제2인칭문, 제3인칭문으로 분류하고 각 문장에서의 대우법을 살펴보고 있다. 이것은 화자, 청자, 그리고 그 외의 제3자를 각각 문장의 주체로 놓고 그 안에서 대우법이 어떻게 실현되고 있는가를 보는 것인데 이것을 조금 더 발전시키면 대우법을 인칭에 따라서 분류하는 것도 생각해볼 수 있다. 즉, 각 문장에서 해당 인칭에 관계하는 요소를 통해 해당 인칭의 대우 정도가 얼마나 실현되었는지를 보는 것이다.

대우법을 인칭에 따라 분류하는 것은 기존의 분류 체계에 비해 몇 가지 장점이 있다. 첫째, 일반 언중들은 일반적으로 '누구'를 얼마나 높였는지에 더 관심이 있지 주어, 객어와 같은 문법적 관계에는 큰 관심이 없다. 실용적인 관점에서는 '누구'를 얼마나 높이고 낮출 것인가를 분명히 말할 수 있는 인칭에 의한 대우법이 직관적으로 더 명확하며 효용적으로 쓰일 수 있다.

둘째, 인칭에 의하여 대우법 문장의 종류를 구분했을 때에는 하나의 발화 장면 안에서는 가리키는 대상이 변하지 않는다. 문법적 주체는 하나의 장면 내에서도 문장에 따라 계속 바뀌지만 인칭에 따라 구분하면 1인칭과 2인칭은 하나의 발화 장면 내에서는 고정되어 있으므로 다음의 예에서 보는 바와 같이 바뀌지 않는다.

> (17) 가. "철수야, 내가 오전에 학생회관에 갔을 때의 일인데."
> 나. "그곳에서 신상품 무료 시음회를 하고 있더라고."
> 다. "맛이 괜찮으니 너도 한 번 가서 먹어봐."

동일한 화자에 의한 위와 같은 일련의 대화에서 (17가)와 (17다)의 문법적 주체는 '나'에서 '너'로 바뀌게 되지만 인칭의 관점에서는 1인칭은 '나', 2인칭은 '너'로 고정된다.

셋째, 인칭에 따라 구분하면 각 대우법 참여요소가 하나의 기준으로 설명될 수 있다.

> (18) 선생님께서는 언제 오시겠습니까?

위의 예문에서 대우 표현이 사용된 주어 명사 '선생님', 주격 조사 '-께서', 높임선어말어미 '-시-', 어말어미 '-습니까'에 대하여 기존의 대우법 구분 방식으로 설명하려면 주체대우법과 청자대우법이라는 두 가지 서로 다른 기준을 가지고 있는 대우법이 필요하나 인칭에 따른 대우법으로는 3인칭과 2인칭 대우법으로 구분되어 인칭이라는 하나의 기준으로 설명될 수 있다. 술어부만을 보기 위해 다음과 같은 예문을 생각해 보자.

(19) 가. 언제 가시겠어요? (가 + 시 + 겠 + 어요)
　　 나. 언제 가겠어요? (가 + 겠 + 어요)

(19가)에는 해요체에 높임선어말어미가 같이 사용되었고, (19나)에는 같은 해요체가 사용되었으나 높임선어말어미는 사용되지 않았다. 문법적으로는 (19가)와 같은 문장이 더 바람직해 보이지만 상대방이 직장 동료 또는 하급자인 경우에는 말을 높이기는 하지만 적극적으로 높일 필요는 없어 부분적으로만 존대 대우를 실현시킨 (19나)와 같은 문장도 종종 사용되고 있다. 이를 기존의 대우법 체계로 설명하려면 '(19나)는 청자대우법상으로는 해요체에 속하나 주체대우법상으로는 높임선어말어미가 실현되지 않았다'라고 진술해야 한다. 하지만 이러한 진술이 개념적으로 복잡함은 두말할 나위가 없다. 반면 대우법을 인칭에 따라 구분하면 같은 문장에 대하여 '2인칭 대우법의 관점에서 화계로는 해요체가 사용되었으며, 높임선어말어미는 사용되지 않았다'와 같이 하나의 기준으로 설명될 수 있다. 이처럼 인칭에 의한 대우법의 분류는 해당 인칭의 대우법에 관여하는 모든 참여요소를 포괄할 수 있다는 장점을 가지고 있는 것이다.

　이러한 인칭에 의한 대우법 구분은 특히 본 연구와 같이 대우법을 대화형 시스템에 응용하려는 경우에 많은 장점을 가진다. 대화 시에는 보통 청자를 얼마나 높이느냐가 가장 중요한 문제가 되는데 2인칭 대우법은 청자에 관한 대우법 요소를 복잡한 과정 없이 한 번에 찾아주기 때문에 대화 처리에 유용하다. 상대방과의 대화를 함에 있어서 상대방의 나에 대한 대우 정도가 얼마나 되는지를 평가하고, 내가 상대방에게 원하는 대우 정도를 표현하기 위해서는 주어 명사, 주격 조사, 높임선어말어미, 어말어미에 의해 드러나는 화계가 필요하게 되는데 이들에는 주체대우법 요소와 청자대우법 요소가 섞여 있어서 기존의 대우법 체계로는 처리하기가 복잡하지만 2인칭 대우법 체계 안에서는 하나로 묶이므로 쉽게 처리할 수 있는 것이다.

그러나 기존의 대우법 체계는 한 문장 안에서 서로 다른 인칭 사이의 대우 관계를 볼 수 있게 하여 인칭에 의한 대우법보다 넓은 시각을 제공한다는 장점이 있다. 인칭에 의한 대우법은 한 번에 하나의 인칭만을 보는 시각을 제공하지만 문법적 관계에 의한 대우법은 하나의 문장에서 드러나는 두 사람 사이의 관계를 주체와 객체라는 범주를 통해 제시할 수 있는 것이다. 이 외에도 주체·객체·청자대우법은 문장의 언어학적 분석이라는 입장에서도 중요한 의미를 가지고 있으니 기존의 대우법 체계 역시 계속 유지해야 할 필요가 있을 것이다. 다만 대화 문장의 처리에서는 이러한 체계가 다소 불편한 점이 있으니 언어의 실용적 측면을 고려하는 본 연구에서는 앞으로 인칭에 의한 분류 방법으로써 논의를 진행하기로 하겠다.

2.1.3. 대우법 참여요소

그렇다면 각 인칭에 따른 대우법의 참여요소에는 어떠한 것이 있는지 생각해보자. 먼저 화자 본인을 얼마나 높이고 낮추는지를 다루는 1인칭 대우법 문장의 경우 기본적으로는 주체대우법의 참여요소와 유사한 점이 있다.

    (20) 가. 김 선생님께서 이 일을 하셨습니다.
           나. 김 선생이 이 일을 했습니다.
           다. 제가 이 일을 했습니다.
           라. 내가 이 일을 했다.

전형적인 주체대우법 문장에 해당하는 (20가)를 (20나)와 비교할 때 주어 명사에는 접사 '-님'이 결합되었고, 주격 조사는 '-이' 대신 '-께서'가 사용되었고, 어간과 어말어미 사이에는 '-시-'가 있음을 알 수 있다. 이러한 주어 명사, 주격 조사, 높임선어말어미의 사용은 1인칭 대우법 문장에서도 비슷하게 적용됨을 알 수 있는데 (20다)를 (20라)와 비교할 때 주어 명사가 '저'에서 '나'로 바뀌었고, 술부의 높임선어말어미 사용 여부와 유사하게 화계가 합쇼체에서 해라체로 바뀌었음을 알 수 있다. 다만 주격 조사에는 변동이 없다.

그런데 일반적인 대우 현상이 그 대상을 높이는 데 있는 것에 반해 1인칭 대우법 문장은 자신을 낮추는 데에 특징이 있다. (20다,라)의 문장에서 주어 명사의 기본형은 '저'가 아닌 '나'라고 할 수 있는 만큼 1인칭 대우법 문장의 대우 정도는 자신을 어떻게 높였느냐에 있는 것이 아니라 자신을 상대방에 대하여 어떻게 낮추었느냐에 있다.

어말어미에 의해 표현되는 화계의 경우도 마찬가지인데 화계가 합쇼체에서 해라체로 내려간 것은 자신을 상대방에 대해 그만큼 높인 것이다. 합쇼체를 사용하여 청자를 높인 것은 자신을 그만큼 낮춘 것으로도 해석이 되며, 해라체를 사용한 것은 상대방을 낮추고 자신을 높인 것으로 해석이 되는 것이다. 최현배(1937 : 806)에서도 1인칭 문장에서는 말하는 이와 움직이는 이가 한 사람이기 때문에 말하는 이가 자신을 낮추고 말 듣는 이를 높이는 것은 곧 문장의 주어를 낮추고 서술어의 어미를 높이는 것이 되므로, 주어 높임의 등급과 서술어 높임의 등급이 서로 반대가 된다고 밝히고 있다. 그러므로 1인칭 대우법 문장의 대우등급은 자신을 얼마나 낮추었는지 또는 청자를 얼마나 높였는지를 관찰하여 알 수 있다고 할 수 있다.

이와 함께 일부 겸양형 동사도 1인칭 대우법 문장의 대우 정도를 표현한다.

(21) 가. 나는 김 선생님께 편지를 주었다.
　　 나. 나는 김 선생님께 편지를 드렸다.
　　 다. ˚저는 김 선생님께 편지를 드렸다.

(21가)에 비하여 (21나)의 대우성이 더 높음을 알 수 있다. 그러나 겸양형

동사는 객체대우법에서 사용되었던 것으로서 화자와 청자 사이가 아닌 화자와 객체 사이의 대우등급을 알아보는 데 쓰일 수 있는 것이다. 다시 말해, '나'가 '저'로 교체되는 것은 자신을 청자에 비교하여 낮게 부른 것이지만 (21)에서 '주다' 대신 '드리다'를 쓴 것은 자신을 청자가 아닌 객어 '김 선생님'과 비교하여 낮게 대한 것이다. 그러므로 1인칭 대우법 문장의 대우성을 조사할 때는 비교의 대상이 누구인지가 먼저 밝혀져야 한다. 본 연구에서는 객어와의 비교는 고려하지 않고 청자와의 비교만 고려하려고 하는데 첫 번째 이유는 겸양형 동사는 현재 소수만이 사용되고 있기 때문이다. 겸양형 동사는 '드리다, 바치다, 올리다, 아뢰다, 여쭈다, 뵈다, 모시다, 잡수다, 계시다, 돌아가시다' 등이 있지만 이들의 수는 10여개에 불과할 뿐만 아니라 기존에 사용되었던 '자시다, 아뢰다, 받잡다' 등은 현재 소멸되어 가는 추세에 있다. 만약 화자와 객어의 비교가 중요한 주제라면 객어가 언급된 모든 문장에서 가능할 것인데 그렇지 않고 비교가 제한적으로 이루어지고 있다는 것은 그만큼 이 관계의 중요성이 낮다는 것을 암시하기도 한다.

두 번째 이유는 분석에 있어 인칭의 혼란이 있기 때문이다.

　　(22) 저는 김 선생에게 이 책을 주었습니다.

1인칭 대우법의 대우성을 조사하기 위하여 겸양형 동사와 그에 따른 객어와의 비교를 이루려고 할 경우 (22)와 같은 문장을 해석할 때 "이 문장은 1인칭 대우법의 관점에서 낮춤형 '저'가 사용되어 2인칭에 대하여는 높이고 있으나 겸양형 동사 '드리다' 대신 낮춤형 '주다'가 사용되어 3인칭에 대하여는 높이지 않고 있다"라고 분석해야 한다. 이것은 1인칭을 2인칭과 3인칭 사이에서 종합적인 관점으로 바라보고 있기는 하나 한 편으로는 높이고 한 편으로는 낮추어 일관된 비교를 하기가 어렵게 한다. 1인칭의 종합적인 관점에서의 해석을 위한 객어의 분석은 3인칭 대우법의 관점에서 하는 것으로 충분하다. 그러므로 문장에서 1인칭의 대우성은 2인칭과의 비교를 중심으로 하여 주어와 어말어미(화계) 두 가지 요소로 해석이 가능하다고 하겠다.

다음으로 2인칭 대우법 문장의 경우를 살펴보자. 청자대우법의 화계가 2인칭 대우법에서도 그대로 사용됨은 물론, 청자대우법의 관점에서는 문법적 요소를 참여시키지 못해 제외되었던 높임선어말어미가 인칭에 의한 분류에서는 참여시키는 것이 가능하다. 다음 두 문장의 비교에서 알 수 있듯이 청자가 행위의 주체일 때 높임선어말어미를 사용하는 것이 사용하지 않는 경우에 비해서 청자의 대우등급을 높여주기 때문이다.

(23) 가. 철수 씨는 언제 오셨어요? (오 + 시 + 었 + 어요)
　　　나. 철수 씨는 언제 왔어요? (오 + 았 + 어요)

청자대우법의 관점에서는 높임선어말어미 '-시-'의 사용은 고려될 수 없었으나 2인칭 대우법의 관점에서는 청자를 어떻게 대우했는지만을 염두에 두므로 높임선어말어미도 2인칭 대우법 문장의 참여요소로 볼 수 있다. '-시-'는 문장 주체에 대하여 높임의 뜻을 가지므로 문장의 주체가 2인칭일 경우에는 '-시-'에 의해서 청자를 얼마나 대우하는지가 표현될 수 있다.[14]

또한 2인칭 대우법은 주어 명사와 주격 조사도 대우법 참여요소로 다룰 수 있다.

(24) 가. 선생님께서는 그것을 저에게 주십시오.
　　　나. 너는 그것을 나에게 줘.

---

14) 본 연구에서는 높임선어말어미와 어말어미의 결합형을 '종결표현'이라고 부른다. 이에 대해서는 3.3을 참조.

위의 문장은 다소 어색하게 느껴지는데 이것은 청자를 앞에다 두고 말하면서도 주어를 썼기 때문이다. 영어와 같은 경우에는 청자가 앞에 있더라도 'you'를 문장에서 표현하는 것에 아무런 문제가 없으나 우리말에서는 주어가 짐작되는 상황에서는 생략되는 특징이 있어서 이러한 경우에는 사용하지 않는 것이 더 자연스럽다. 그러나 화자와 청자 단 두 사람만이 있는 경우라고 하더라도 청자가 화자 또는 다른 누군가와 대비되어 이야기될 때에는 주어를 밝히는 것에 문제가 없다.

(25) 가. 선생님께서는 언제 도착하시었습니까?
　　 나. 너는 언제 도착했니?

(26) 가. 선생님께서도 그 모임에 가시겠습니까?
　　 나. 너도 그 모임에 갈 거니?

화자가 도착하면서 청자에게 말하는 장면인 (25)나 다른 사람의 모임 참석을 염두에 두고 이야기하는 (26)과 같은 상황에서는 청자라고 하더라도 주어를 밝혀도 어색하지 않다. 사실 (24)와 같은 맥락에 있는 (27)과 같은 문장에서도 비록 표면적으로는 주어가 나타나 있지 않지만 내재적으로는 주어가 생략되어 있다고 할 수 있다.

(27) 가. (선생님께서는) 제 말이 잘 들리십니까?
　　 나. (너는) 내 말이 잘 들리니?

위에서는 주어가 비록 외현적으로 드러나지 않고 생략되어 있지만 그 모습을 유추해 볼 수 있다. (27가)에서 술부에 있는 높임선어말어미와 합쇼체 어말어미를 관찰하면 주어부도 높임형이 사용되었으리라고 짐작할 수 있다. (27나)에서는 높임선어말어미도 없고 해체 어말어미가 사용된 것으로 보아 주어부에 높임형이 쓰이지 않았을 것이라고 예상할 수 있다.

주어가 생략되었을 때는 2.1.2에서 언급한 바와 같이 호칭어의 관찰을 통해서도 주어 명사를 유추할 수가 있다. 대개의 경우 호칭어는 주어 명사를 복원하기 위하여 사용될 수가 있는데 호칭어는 매 문장마다 출현하는 것은 아니지만 앞서의 주어와 함께 앞뒤 문장에서 실현된 것을 관찰함으로써 현재 문장의 주어 또는 호칭어를 유추할 수 있다. 보통 한 발화 장면에서 한 사람에 대한 지칭 및 호칭은 잘 바뀌지 않고 고정되므로 앞에서 나온 주어 및 호칭어가 생략된 뒤의 문장에도 그대로 쓰였을 것이라고 가정할 수 있다.

이렇게 본다면 2인칭 대우법 문장의 경우에는 어말어미에 의해 표현되는 화계는 물론, 주어 명사(또는 호칭어), 주격 조사, 높임선어말어미가 모두 대우법 참여요소에 들어간다고 할 수 있겠다.[15]

마지막으로 3인칭 대우법의 경우에는 주체대우법에서 이용되었던 주어 명사, 주격 조사, 높임선어말어미를 대우법 참여요소로 그대로 이용할 수 있다.

(28) 가. 선생님께서는 서울로 가셨습니다.
　　　나. 철수는 서울로 갔다.

주체대우법은 3인칭 주체에 가장 잘 들어맞는 대우법이다. 주체가 1인칭일 경우에는 주격 조사와 높임선어말어미에 변화가 없는 점이 포착되지 못하고, 2인칭일 경우에는 가장 중요한 화계의 변동이 포착되지 못한다. 그러나 주체가 3인칭일 경우에는 주체대우법의 요소를 그대로 이용할 수 있다.

이상을 정리하면 다음과 같다.

---

15) 주어 명사 대신 호칭어가 사용될 때는 물론 주격 조사는 실현되지 않는다. 이에 대한 처리는 4.1.2를 참조.

[표 1] 인칭에 따른 대우법 참여요소

인칭	대우법 참여요소
1인칭	주어 명사, 어말어미
2인칭	주어 명사, 주격 조사, 높임선어말어미, 어말어미
3인칭	주어 명사, 주격 조사, 높임선어말어미

2.2. 대우표현의 방법

이 장에서는 한국어의 대우법이 어떠한 기제를 이용하여 실현되는지 짚어보도록 하겠다. 우리말의 대우법은 크게 어휘적 대우, 문법적 대우, 문체적 대우의 세 가지를 이용하여 이루어진다고 할 수 있다. 앞 절에서 대우법 참여요소로 살펴보기도 하였거니와 우리가 대우법의 대표적인 현상으로 알고 있는 높임선어말어미, 화계, 존칭접미사[16]는 문법적 대우에 속하는 것이고 이 외에도 대우 표현을 가지고 있는 어휘와 문체론적 특징에 의해서도 대우법 현상은 실현된다. 이 절에서는 이들의 종합적인 측면을 보기 위하여 각각의 특징에 대해서 살펴보기로 한다.

2.2.1. 어휘적 대우

어휘적 대우 표현은 어간을 구성하는 것으로 형태적으로 분명한 인지가 가능하다. 그러나 현재 남아 있는 어휘 중 대우성(待遇性)을 가지고 있는 것은 대부분 한자어에서 온 차용어이고 고유어에는 그 수가 그리 많지 않다. 또한 얼마 안 되는 고유어도 대부분은 용언의 경우 높임선어말어미 '-시-', 체언의 경우 접사 '-님'과의 연관성을 찾을 수 있다.

오미정(2005)는 표준국어대사전에서 고유어 중 현대 한국어에서 자주 사

---

16) 존칭접미사는 주어 명사 또는 2인칭 호칭어를 구성한다.

용되는 어휘를 수집하였다. 우리말에서 쓰이는 어휘적 대우 표현은 이 연구 결과보다는 훨씬 많지만 이 연구에서 밝힌 어휘들은 자주 쓰이며, 대우 표현을 가지는 우리말의 어휘 구조를 파악하는 데 도움을 주므로 여기서는 이를 이용하여 논의를 진행하고자 한다. 먼저 용언의 예는 다음과 같다.

[표 2] 오미정(2005)의 현대 고유어 존대 표현 용언

[생리]			[관계]			
[존재]	[먹다]	[자다]	[만나다]	[받다]	[주다]	[말하다]
계시다 돌아가다	들다 자시다 잡수다 잡수시다	주무시다	모시다 뵈다 뵙다	(받잡다)	드리다 바치다 올리다	(사뢰다) 아뢰다 여쭈다 여쭙다

우선 그 수가 총 16개로 그리 많지 않음을 알 수 있다. 그러나 이조차도 모든 대우등급에 걸치는 어휘를 다 고려하였을 때이고 의미가 같은 것을 하나로 묶는다면 표에서 분류한 바와 같이 '존재, 먹다, 자다, 만나다, 받다, 주다, 말하다'의 7개에 불과하다.[17] 이 16개 어휘는 다시 자기를 낮추어 말하는 겸양어와 상대방을 높여 말하는 존대어로 다음의 표와 같이 구분할 수 있다.

[표 3] 현대 고유어 용언의 겸양어와 존대어

겸양어	뵈다(뵙다) 사뢰다	받잡다 아뢰다	드리다 여쭈다	바치다 여쭙다	올리다 모시다
존대어	계시다 잡수다(잡수시다)	돌아가다	들다 주무시다	자시다	

---

17) 이들 중 '관계'에 해당하는 어휘는 모두 객어에 대하여 주어를 낮추는데 사용되는 겸양어이다.

겸양어는 자신을 낮추어 상대방을 높이는 말이므로 대우 표현이기는 하지만 앞에서 논의한 바와 같이 적극적인 높임말이라고 하기가 어려워 존대어와는 개념적으로 차이가 있다. 존대어는 형태론적인 측면에서도 겸양어와 차이를 갖는데 존대어의 경우에는 공통적으로 높임의 선어말어미 '-시-'가 들어가는 것을 볼 수 있다. 존대어가 쓰이는 높임의 상황에서 '-시-'를 사용하지 않고 위의 단어를 사용하면 다음과 같이 비문이 된다.

(29) 가. *너희 할아버지 돌아갔니?
　　　나. *어머님, 밥을 들어요.
　　　다. *아버지, 어서 잡숴.

상대방에 대한 호칭을 높임형으로 했으면서도 술부에 높임선어말어미가 없음으로 위의 예문들은 화계나 존대어휘의 형태를 사용한 것과는 상관없이 비문이 되었다. 그러나 연배가 비슷하거나 아래인 경우에는 다음과 같이 말할 수 있다.

(30) 가. 뭐하나. 어서 먹어/먹게/먹으오.
　　　나. 뭐하나. 어서 들어/들게/들으오.
　　　다. 음식 식겠네. 어서 잡숴/잡수게/잡수오.

(30)의 예문들은 높임선어말어미가 사용되지 않았으나 하게체 또는 하오체를 사용하고 있는 문장들이다. 하게체나 하오체는 적극적인 높임 표현 또는 낮춤 표현이 아니므로 높임선어말어미가 사용되지 않은 이러한 문장들도 성립이 가능하다. 하지만 꼭 하게체나 하오체만 이러한 구성이 가능한 것은 아니다. 해체 또는 해요체를 이용해서도 하게체나 하오체와 비슷한 대우 정도를 실현시킬 수 있다.

(31) 가. 어서 먹어/먹어요.
　　　나. 어서 들어/들어요.
　　　다. 어서 잡숴/잡숴요.

　특히 해요체에 의한 이러한 용법은 하게체와 하오체의 사용이 점점 줄어
드는 현재에 있어 더욱 자주 관찰된다. 하게체와 하오체가 쓰이지 않는 빈
공간을 높임선어말어미가 없는 해요체가 대신하고 있는 것이다. 이들은 화
계상으로는 대상을 높이고 있지만 높임선어말어미상으로는 높이지 않음으
로써 적극적인 높임말도 아니고 적극적인 낮춤말도 아닌 것으로 이러한 점
에서 하게체와 하오체 문장과 유사하다고 하겠다.

　그런데 (30나,다), (31나,다)를 각각 (30가), (31가)와 비교해 보면 어휘적
대우의 정도성을 비교해 볼 수 있는데 화계가 고정된 상태에서 '먹다'라는
동사를 높임선어말어미가 없는 '들다' 또는 '잡수다'라는 상위 존대어로 바꾼
다고 해서 대우 정도가 크게 올라가는 것 같지는 않다. 다음의 예문을 보아
도 어휘적 대우에 의한 영향보다는 화계에 의한 높임이 더 큰 영향을 발휘
하는 것으로 보인다.

(32) 가. 어서 먹어요.
　　　나. 어서 잡숴.

　'먹다' 동사에 대하여 어휘적 대우의 최상형인 '잡수다'를 해체를 이용해
사용하는 것보다 예사말[18] '먹다'를 해요체에 연결하여 사용하는 것이 더 높

---

18) 높이지 않은 말이라 해서 '낮춤말'이라 하는 것보다 이주행(2004 : 349)에서 어휘적 대우
　　표현을 '높임말·예사말·낮춤말'의 세 가지로 나눈 것처럼 '예사말'이란 표현이 더 적절
　　할 것으로 생각된다. '낮춤말'이란 동등하게 대우를 하는 것이 아닌 낮추는 것이기 때문
　　이다. 하지만 이주행(2004)에서도 언급하였듯이 우리말에서 상대방을 적극적으로 낮추
　　는 것은 찾기 어렵다. 여기에서는 '저, 저희, 말씀, 오라비' 등을 들었지만 일반적으로
　　낮춤말을 갖춘 어휘는 극히 적다고 하였다. 이들 외에는 아마도 은어·비속어에서 찾을
　　수 있을 것이나 이들의 대우 정도는 방금 언급한 어휘들의 대우 정도보다 무척 낮아서

은 대우등급을 갖는 것으로 보인다. (32가,나)는 모두 자신보다 분명히 높은 사람에게 쓸 수는 없지만 (32가)가 자신과 비슷한 위치에 있는 처음 만난 사이의 상대방에게 쓸 수 있는 반면 (32나)는 그럴 수 없고 다만 자신과 비슷한 위치의 구면인, 대우등급을 좀 낮추어도 되는 사람에게 쓸 수 있는 형태이다.

이러한 것을 볼 때, 어휘적 대우 표현만으로는 적극적인 높임 표현을 이룰 수 없고 [표 3]의 존대어들은 높임선어말어미 '-시-'가 사용되어야 높임의 목적을 이룰 수 있다고 할 수 있다. 더군다나 일부 어휘의 경우에는 '-시-'가 어간과 완전히 융합되어 있어서 이들을 분리해 내는 것 자체가 불가능하다.

(33) *계다(계시다), *자다(자시다), *모다(모시다)

여기에 있는 '-시-'는 높임선어말어미는 아니지만 기능적으로는 유사하게 존대어 여부를 알 수 있게 해준다. 즉, 겸양어를 제외한 존대어휘는 그 대상이 용언일 때 실제로는 높임선어말어미 또는 어간에 있는 '시'의 존재 여부를 살핌으로써 파악될 수 있다는 것을 알 수 있다.[19]

다음으로 체언의 경우를 살피면 다음과 같다.

별도의 범주가 필요해 보인다. 어쨌든 우리말에서 적극적인 낮춤말에 해당하는 것은 없으므로 본 연구에서는 모든 용어에서 '예사말'이라는 표현을 쓰지는 않고, 대우 수준을 굳이 지적하지 않고 다만 높임형의 상대가 되는 쌍이라는 의미에서 이야기할 때는 '낮춤형'이라는 표현도 간편함을 위하여 사용하겠다.

19) 물론 이에는 '(입맛을) 다시다'와 같이 존대어와는 상관없는 어휘는 제외된다.

[표 4] 오미정(2005)의 현대 고유어 존대 표현 체언

[+HUMAN]		[−HUMAN]
단일 형태	복합 형태	단일 형태
님, 분, 아가씨 아씨, 어르신, 어른, 오라버니	누님, 도련 − 님, 따 − 님 마나 − 님, 마님, 분네 손 − 님, 술 − 손님, 스승 − 님 아기 − 씨, 아드 − 님, 아우 − 님, 아주버님, 어머 − 님, 임금 − 님 할머 − 님, 할아버 − 님, 홀 − 어머니	말씀 진지

　오미정(2005)에서 조사된 고유어 체언의 높임말은 총 27개로 용언의 경우와 같이 그 수가 그리 많지 않음을 알 수 있다. 용언과의 또 다른 공통점은 용언의 경우 겸양어를 제외한 존대어는 존대형을 이루기 위해서는 '시'가 사용되어야 한다는 것이었는데, 체언의 경우에는 대부분 접사 ' − 님'을 통해서 존대형을 이룬다는 것이다. 의존명사 '님'과 접미사 ' − 님'이 쓰여 이루어진 높임 표현을 합치면 13개로 [표 4]의 체언의 높임말 중 46%를 차지한다. 또한 용언과 체언을 모두 합쳐 보아도 고유어의 어휘적 존대는 35개 정도에 불과하게 되는데 이는 우리말 고유어에서 어휘적 대우의 비중은 그리 높지 않고 대부분 형태론적인 방법을 이용한다는 것을 말한다.

　어휘적 대우는 실재하는 것이기에 대우법 현상으로 인정하는 것은 당연한 일이지만 이것을 대우 등급 체계에 넣을 수 있는지는 다소 의심스럽다. 등급 체계에 넣기 위해서는 그러한 현상이 체계 전반에 퍼져 있어야 하는데 출현이 너무 지엽적이어서 그렇게 하기가 어려운 것이다. 위의 35개 어휘에 대해서만 등급화를 한다고 한다면 어휘적 존대 표현을 가지고 있지 않은 '물, 김치, 잡다, 달리다'와 같은 어휘에 대해서는 대우등급을 결정하기가 곤란하다.

(34) 가. 아버지는 밥을 드셨다.

　　　나. 아버지는 진지를 드셨다.

(35) 가. 아버지는 물을 드셨다.

　　　나. [?]아버지는 물[존대]을 드셨다.

(34가)의 예문은 '밥'과 '진지'에 의하여 대우등급을 다르게 설정할 수 있다. 그러나 (35가)의 예문은 '물'에 대하여 별도의 존대 표현이 없기 때문에 목적어를 이용한 더 높은 대우 표현을 이룰 수가 없다. 그러기 때문에 어휘적 대우 표현에서 대우등급을 구하려면 대우 표현이 있는 경우에 한해서만 예외적으로 다루어야 하는 난점이 있다.

　또한 어휘적 대우 표현 내에서도 그 대우등급이 일정하지 않아 일률적인 기준을 만들기가 어렵다는 점도 있다.

(36) 가. 어서 먹어요.

　　　나. 어서 드세요.

　　　다. 어서 자세요.

　　　라. 어서 잡수세요.

(37) 가. 어서 자요.

　　　나. 어서 주무세요.

(36)과 (37)은 모두 어휘적 대우 표현을 사용한 경우인데 (36)은 적어도 세 가지 이상의 존대 어휘를 생각할 수 있는 반면, (37)은 단 한 가지밖에 없기 때문에 이들을 등급화하게 되면 두 어휘를 일률적인 기준으로 비교하기가 어려워진다. 가장 많은 단계를 가지고 있는 (36)을 기준으로 한다고 하더라도 (37)에서 가장 높은 등급을 갖는 (37나)가 동료 사이에도 쓸 수 있는 반면 (36)에서 가장 높은 등급을 갖는 (36라)는 일반적으로 그렇지 않다는 점을 생각하면 둘이 동등한 수준의 대우등급을 가지고 있는지도 의심

스럽다.

이러한 문제 때문에 어휘적 대우 표현은 그 대우등급을 비교하기가 쉽지
않다. 하지만 사람([+HUMAN])과 관련하여서는 대부분 어휘적 대우를 적용
할 수 있다는 점을 고려하여 주어 명사로서의 어휘에 대해서만 그 대우등급
을 따지도록 하겠다.[20)

2.2.2. 문법적 대우

존칭접미사, 조사, 높임선어말어미, 어말어미 등은 스스로는 그 종류가
많지 않지만 다른 어휘의 뒤에 붙어 매우 생산적으로 대우 표현을 만들어내
는 특징이 있다. 이들은 비자립 어휘이지만 다른 자립 어휘들을 파생시켜
대우 표현을 이루어 내는 기능이 있으므로 이들을 문법적 대우 표현이라고
하겠다. 이들이 다른 어휘 및 상황과 결합하여 나타나는 등급 관계는 복잡
한 면이 있으므로 이에 대해서는 3장에서 다루도록 하고 여기에서는 향후
논의 전개를 위한 문법적 대우의 개괄적인 면을 살펴보기로 하겠다.

'-씨, -님'을 대표로 하는 존칭접미사는 다른 명사 뒤에 붙어 존대의 뜻
을 더하여 주는데 이들은 형태적으로 의존명사 '씨, 님'과 매우 유사하므로
일반 언중들에게는 둘의 구분이 크게 느껴지지 않는다. 그러나 '(-)씨'가
접미사로 쓰일 때는 '이씨, 김씨, 박씨'와 같이 이름 뒤가 아닌 성(姓) 뒤에
붙고, 의존명사로 쓰일 때는 '이영애 씨, 영애 씨'와 같이 성명 또는 이름 뒤
에 붙어 차이가 있다. '(-)님'의 경우에도 접미사로 쓰일 때는 '선생님, 과장

---

20) 본 연구의 조사에서는 954개의 어휘적 대우 표현을 찾을 수 있었는데 그중 동사가 22개,
명사가 932개였다. 명사는 다시 그 종류에 따라 일반어, 궁중어, 종교어로 구분하였다.
일반어의 분포가 가장 많지만 이들은 문어체의 성격이 강하거나 친족 관계를 표현하는
경우가 많아 구어체가 문어에서도 많이 쓰이고, 친족 관계 표현이 단순해지는 요즘에는
활용도가 그리 높아 보이지 않았다. 궁중어와 종교어 역시 제한적인 성격이 강하여 일
반적으로는 많이 쓰이지 않는 것을 볼 때 현대 우리말에서 어휘적 대우는 그 영향력이
그리 크지 않다고 할 수 있다. 주어 명사의 대우등급 관계는 3.2를, 주어 명사로 쓰일
수 있는 어휘적 대우 표현의 목록은 5.3.2를 참조할 수 있다.

님'과 같이 주로 직함 뒤에 붙고, 의존명사로 쓰일 때는 '김경필 님, 경필 님'과 같이 성명 또는 이름 뒤에 붙어 존대의 뜻을 나타낸다.

그런데 이들 접미사와 의존명사의 대우등급은 상황과 맞물려서 서로 다르게 나타나는데 '이씨, 김씨, 박씨'와 같은 접미사에 의한 표현은 주로 공적인 자리에서 직함이 낮은 사람에게 쓰이므로 그 대우 정도가 높다고 하기 어려우나 '이영애 씨'와 같이 의존명사에 의한 표현은 호칭 대상의 직함을 모를 경우에는 대우 정도가 높지만 직함을 아는 경우에는 높지 않고, 또 사적인 상황에서 쓰일 때는 상대방의 직함 고하에 따라 낮게 또는 중간 정도의 대우성을 가지고 쓰이게 된다. '(-)님'의 경우에는 어떠한 쪽으로 쓰이던지 대우 정도가 높은 편이기는 하나 '김경필 님, 경필 님'과 같이 이름 뒤에 쓰이는 경우는 공적인 상황에서 직함을 인식하지 못하는 경우에만 쓰이지 그 이외의 경우에는 좀처럼 찾아보기 어렵다.

이와 같이 존칭접미사 또는 의존명사는 그 사용되는 양상이 상황적인 요소와 관계있기 때문에 복잡한 양상으로 실현된다. 이들의 주요 형태와 사용에 대해서는 3.2에서 다루도록 한다.

조사에 의한 대우 표현에 있어서 김종훈(1984 : 366)에서는 주격 조사의 '-께서, -께옵서', 호격조사 '-(이)시며', 여격 조사 '-께'의 세 가지 격, 네 가지 형태를 제시하고 있으나 현재는 '-께서, -께' 이외에는 그 생명력을 잃었다고 할 수 있다.[21] 그러나 고대국어에서는 다음과 같이 두 가지 종류만이 있었고 주격 조사 '-이/가'의 높임형 '-께서'는 존재하지 않았다.

    (38) 여격 조사 - 씌 : 님금씌, 世尊씌, 부텨씌
           호격 조사 - 하 : 님금하, 世尊하, 聖女하

---

21) '-옵-'은 중세국어의 객체대우법 형태소 '-숩/웁/줍-'이 현대에 변화하여 일부 남은 것이다(이주행2004 : 347).

그러나 '-께서'는 이익섭·임홍빈(1983 : 135), 이주행(2004 : 133)에서 언급된 것처럼 본래부터 주격 조사가 아니라 여격 조사 '께'에 '서'가 결합한 것인데 현재에 와서 주격 조사로서의 기능을 잘 갖게 된 것이다. 하지만 이윤하(2001 : 320)에서 언급된 바와 같이 다음과 같은 경우에는 다른 일반적인 주격 조사와 기능상의 차이점을 보여준다.

(39) 가. 아버님께서는/도 작년에도 상을 받으셨다.
　　나. *아버님이는/도 남방 차림이 썩 잘 어울리신다

(40) 가. 나는 아버님이 좋아.
　　나. *나는 아버님께서 좋아

(39나)와 같이 일반적인 주격 조사 뒤에는 보조사 또는 특수조사가 붙지 못하나 '-께서'가 사용된 (39가)에서는 사용에 무리가 없으며, (40가)에서는 '아버님이'가 가능하지만 '-께서'가 사용된 (40나)는 가능하지 않다.[22][23] 이러한 예문들은 '-께서'의 주격 조사화가 완전히 진행되지 않았음을 보여준다고 하겠다.

높임선어말어미에 관해서 김종훈(1984 : 367)에서는 다음과 같은 예를 들어 '시·으시·옵시·ㅂ시'가 있다고 하였다.

---

22) (40)의 문장은 소위 이중주어문으로서 '아버님이'의 문장성분을 어떻게 볼 것인지에 대해서는 이견이 있을 수 있다. 임홍빈(1986 : 114)에서는 위와 같은 경우 '아버님이 좋아'가 '나는'이라는 대주어에 포함되는 구조로 파악하면 문제를 해소하기는 하지만, 하나의 단문 전체가 다른 하나의 주어에 포함되는 것은 우리말 분석의 다른 부분에서 볼 수 없는 것이므로 무리가 있다고 하였으나 여기서는 일단 '-께서'의 주격 조사로서의 지위를 논하기 위하여 이 방법을 채택하도록 한다. 이중주어문에 대한 최근의 종합적 논의는 이관규(2002 : 240) 등을 참조할 수 있다.
23) 사실 이윤하(2001)에서는 '-께서'가 주격 조사가 아님을 밝히기 위하여 이 논의를 하였다. 하지만 '-께서'가 본래 주격 조사가 아니었음을 생각할 때 이러한 일반 주격 조사와의 차이점이 있는 것은 가능한 일이다. 이윤하(2001 : 323~331)에서는 '-께서'에 대하여 심리적 행동주 존대 표지라고 하였으며, '-께'의 조사로서의 지위도 의심하였다.

(41) 가. 보시다, 주시다, 가시다

　　　나. 안으시다, 잡으시다, 낚으시다, 받으시다

　　　다. 알으시다(아시다), 놀으시다(노시다), 갈으시다(가시다)

　　　라. 주옵시고, 아뢰옵시고, 잠이 듭시고(드옵시고), 몸이 크옵시고

　　　마. 오십시오, 가십시오, 잡수십시오, 마십시요

　(41가)는 기본적인 경우이고, (41나)는 어간이 자음으로 끝났으므로 발음을 위하여 매개모음이 들어간 것이므로 굳이 '으시'를 따로 설정할 필요는 없다고 본다. (41다)의 경우에는 어간이 'ㄹ'로 끝나는 경우에는 '알으시다-아시다' 두 개가 사용된다고 하나 아직도 구어체에서 간혹 사용되는 일이 있기는 하지만 현재에는 문법성이 많이 떨어지는 것으로 의식되므로 'ㄹ으'를 탈락시킨 형태만을 인정해도 무방할 것이다. (41라)의 경우에도 현재는 공손함을 표현하는 '옵'이 탈락된 형태만을 사용한다. 마지막으로 (41라)의 경우는 높임선어말어미 '-시-'에 합쇼체의 '-ㅂ시오'가 결합된 형태이니 굳이 이를 하나의 단독형으로 볼 필요는 없을 것이다. 그렇다면 현대 한국어에서는 높임선어말어미로 '-시-' 하나만을 고려해도 좋을 것이다.

　그런데 이 '-시-'는 허웅(1961), 서정수(1972, 1984), 성기철(1972, 1984) 등에서 문장의 주체를 높이는 표지로 파악되어 전통적인 입장으로 받아들여져 왔으나 박양규(1975), 임홍빈(1976, 1985), 임동훈(1996) 등에서는 주체와 무관한 것으로 여기기도 하였다(이관규1998 : 563).

(42) 가. 선생님의 따님이 오신다.

　　　나. 김 선생님의 목소리가 크셔.

　　　다. 거기가 어디세요?

　(42)의 예문들은 주체존대설로는 설명하기가 어려운 예들인데 주체존대설의 입장에서는 (42가)는 선생님이 아닌 선생님의 딸을, (42나)는 김 선생님이 아닌 김 선생님의 목소리를, (42다)는 상대방이 있는 장소를 높이고 있

는 것으로 해석해야 하니 어려움이 있는 것이다. 이와 같은 점 때문에 임동훈(2000)에서는 '-시-'를 사회적 지시소로 보았고[24], 이관규(1998)에서는 '-시-'가 주체(주어)뿐만이 아니라 문장 내 다른 여러 성분에도 쓰일 수 있는 것으로서 화자의 높임 의도를 드러내는 것이라고 하였다.

본 연구를 통해서 개발하려고 하는 것은 화자의 대우등급을 인식하는 시스템이므로 이러한 관점에서는 이관규(1998)의 논의와 같이 '화자의 높임 의도를 드러내는 것'으로 해석할 때 가장 무난하다고 생각한다. 높이려고 하는 것이 무엇이냐 하는 관점에서 접근하면 위에서 본 바와 같이 사람이 아닌 것([-HUMAN])이 높여지는 현상을 처리하기가 어렵다. '거기'라는 다소 추상적인 장소의 개념에 높임의 점수를 부여해야 하기 때문이다. 그러나 본 연구의 시스템은 화자의 상대방에 대한 대우 의도가 어느 정도인지를 측정하려는 데에 있으므로 이러한 관점에서는 높임의 대상은 직접적인 관심의 대상이 되지 못하고 다만 화자의 언어 행위에 초점을 맞춰야 한다. '화자의 높임 의도'는 바로 이러한 점을 충족시켜 줄 수 있는 것이다.

문법적 대우 현상을 이루는 또 다른 요소인 어말어미는 화계를 구성하므로 청자대우법 체계에서 가장 중요하게 다루어져 왔던 요소이다.

> (43) 가. 이쪽으로 와라.
>   나. 이쪽으로 와.
>   다. 이쪽으로 오게.
>   라. 이쪽으로 오시오.
>   마. 이쪽으로 오세요.
>   바. 이쪽으로 오십쇼.

다른 문장성분에 차이가 없을 때 화계의 달라짐만으로도 문장의 대우 등급에는 큰 차이가 있게 된다. 화계(話階)라는 말에서 알 수 있듯이 어떠한

---

24) 임동훈(2000)에 대한 관련 논의는 김용하(2005)와 임동훈(2007)을 참조.

화계를 사용했느냐에 따라서 상대방에 대한 대우 수준에는 큰 차이가 있게 된다. (43가,나)는 낮춤형으로서 상대방이 자신보다 아랫사람일 경우에 쓸 수 있는 것이고, (43마,바)는 상대방을 높이고자 할 때 쓰는 높임형 화계이다. (43다,라)는 각각 하게체와 하오체에 속하는 것인데 상대방을 적극적으로 낮추지도, 적극적으로 높이지도 않는 특성 때문에 '두루낮춤', '두루높임'이라는 표현을 쓰기도 한다. 이 세 부류는 그 각각의 부류 내에서는 등급의 차이가 심하게 느껴지지 않으나 다른 부류 사이에는 그 차이가 매우 크게 여겨진다.

(44) 가. 선생님, 이쪽으로 오세요.
나. 선생님, 이쪽으로 오십시오.
다. *선생님, 이쪽으로 와.
라. *선생님, 이쪽으로 와라.
마. 김선생, 이쪽으로 오오.
바. 김선생, 이쪽으로 오게.
사. 김희수, 이쪽으로 와.
아. 김희수, 이쪽으로 와라.

(44가,나)는 부르는 대상이 '선생님'으로 높이는 대상인데 해요체와 합쇼체에서 모두 사용이 가능하다. 그러나 (44다,라)와 같이 '선생님'을 부를 때 해체나 해라체를 사용할 수 없는 것을 보아 해요체와 합쇼체, 해체와 해라체는 각각 내적으로는 그 차이가 심하지 않으나 두 부류 사이에는 차이가 큼을 알 수 있다. 해체나 해라체를 사용하기 위해서는 (44사,아)와 같이 상대방을 그 이름을 부를 만큼 낮출 수 있어야 한다.

이상에서 본 문법적 대우에 속하는 요소들은 그 생산적인 면 때문에 대우법 전반에 걸쳐 나타나기 때문에 대우 등급 처리에 있어서 가장 중요한 위치를 차지할 수 있다.

2.2.3. 문체적 대우

대우법 현상을 실현시키는 방법으로는 문체적인 방법도 있다. 문체적인 대우 현상에 대해서는 우선 무엇을 이에 속하는 것으로 볼 지를 결정하는 것부터 논의되어야 한다. 성기철(1996)에서는 다음과 같은 예문을 문체적 대우 표현의 예로 보고 이러한 표현들에 대해서는 객관적인 등급 설정이 어렵다고 하였다.

(45) 가. 나 도와줄래?
　　 나. 좀 도와줄래?
　　 다. 좀 도와주겠어?
　　 라. 좀 도와주시지 않겠어?
　　 마. 좀 도와주겠소?
　　 바. 좀 도와주시지 않겠소?
　　 사. 좀 도와주시겠어요?
　　 아. 좀 도와주시겠습니까?
　　 자. 좀 도와주시지 않으시겠습니까?

그러나 위의 예문들을 분석해보면 무엇이 이들의 대우등급을 차이 나게 하는지 알 수 있다. 먼저 위의 예문들은 목적어에 있어서 (45가)만 목적어를 '나'로 실현시키고 (45나)부터는 실현시키고 있지 않다. 목적어를 실현시킨 다면 높임 표현이 이루어진 (45마) 혹은 (45사)부터는 목적어가 '저'로 실현 이 되어 비교가 더욱 용이했을 것이다. '나-저'의 관계는 어휘적 대우에 속한다.

그리고 (45라,바,사,아,자)는 높임선어말어미 '-시-'를 가지고 있다. '-시 -'는 여러 용언에 붙어 높임의 뜻을 주는 문법적 대우 요소이다. '-시-'가 있을 때 대우등급이 높아지는 것은 매우 당연하므로 이에 의한 영향 관계를 없애기 위하여 '-시-'를 소거한 뒤 다시 문장을 만들어 보면 다음과 같다.

[표 5] 높임선어말어미가 제거된 예문 45

번호	예문	화계	'-겠-'	부사	의문문
1	나 도와 줄래?	해체	없음		
2	좀 도와 줄래?	해체	없음	좀	
3	좀 도와 주겠어?	해체	있음	좀	
4	좀 도와 주지 않겠어?	해체	있음	좀	부정의문문
5	좀 도와 주겠소?	하오체	있음	좀	
6	좀 도와 주지 않겠소?	하오체	있음	좀	부정의문문
7	좀 도와 주겠어요?	해요체	있음	좀	
8	좀 도와 주겠습니까?	합쇼체	있음	좀	
9	좀 도와 주지 않겠습니까?	합쇼체	있음	좀	부정의문문

'-시-'를 소거하니 가장 눈에 띄는 것은 화계이다. 위의 예문은 기본적으로 해체, 하게체, 하오체, 해요체, 합쇼체의 5개 등급으로 되어 있는 화계를 가장 큰 차이점으로 가지고 있는 것이라 하겠다. 화계는 대우등급을 가지고 있는 어말어미의 체계 내에서의 선택에 의한 것이므로 문체적이라기보다는 문법적 대우 요소에 가까울 것이다.

다음으로 선어말어미 '-겠-'도 영향을 주는 것이 관찰되는데 여기서의 '-겠-'은 미래 혹은 가능성의 의미를 담고 있는 것으로 파악된다. 이러한 의미를 담고 있는 선어말어미를 쓰면 상대방의 의향 또는 그의 상황을 묻는 것이 되므로 대우등급이 올라가게 된다. '-겠-' 역시 선어말어미인 만큼 형태론적 대우 요소로 보아야 할 것이다.

그러나 위의 예문들에는 이상의 어휘·문법적 대우 요소 외에도 문체적 요소로 볼 수 있는 것들도 복합적으로 연결되어 있다. 먼저 부사의 존재를 확인할 수 있다. 1번과 2번 이하의 문장은 부사 '좀'의 유무만을 차이로 가지는데 '좀'이 있는 경우가 없는 경우보다 대우등급이 높음을 알 수 있다. '좀'과 같은 부사의 사용을 어휘적 대우로 볼지, 문체적 대우로 볼지에 대해서는 좀 더 깊은 논의가 필요하겠으나, 앞서 2.2.1에서 살펴 본 바와 같이 어휘적 대우는 높임형 혹은 낮춤형 쌍이 있어 다른 요소의 변동은 없이 어휘의 대치에 의해서만도 대우등급이 조절되나 부사의 경우에는 그러한 것이 가능하지 않고 특정 어휘의 존재 유무에 의해서만 등급에 차이가 있으니 어휘적 대우와는 그 성격이 다르다고 하겠다.

또 의문문의 형태만을 차이로 가지는 3번과 4번, 5번과 6번, 8번과 9번을 비교해 볼 때 일반의문문과 부정의문문은 대우등급에 차이가 있는 것으로 보인다. 위의 예문에서는 일반의문문보다는 부정의문문이 더 높은 대우등급을 가지고 있는 것으로 보인다.[25] 하지만 같은 부정형이더라도 어떠한 상황에서 쓰이느냐에 따라 그 대우등급은 차이가 있다.

(46) 가. 우리집에 놀러 오겠니?
　　　나. 우리집에 놀러 오지 않겠니?

(47) 가. 지금 빨리 연구실로 오겠니?
　　　나. 지금 빨리 연구실로 오지 않겠니?

(46)의 예문은 상대방을 초대하는 상황인데 이러한 경우에는 (46가)보다 (46나)의 대우 정도가 더 높아 보인다. 반면 (47)의 예문은 공적인 일로 상대방을 부르는 상황인데 (47나)는 '지금 빨리 오지 않으면 내가 매우 화가 날 것이다'라는 의미를 가질 수 있다. 이러한 경우에는 일반의문문인 (47가)보다 오히려 대우 정도가 낮다고 할 것이다. 박영순(1996 : 220)에서도 요청성의 정도에 관하여 다음과 같은 예문을 들면서 종결형에 따라서 요청성의 정도가 다르지만 같은 의문형이라고 하더라도 '~ㄹ 수 없겠니' 구성이 '~ㄹ 수 있겠니' 구성보다 더 강압적인 요청을 한다고 하였다.

(48) 가. 조용히 하여라.
　　　나. 조용히 할 수 없겠니?

---

25) Brown(1987)도 부정형을 쓰면 상대방에게 덜 위협적인 요청을 할 수 있다고 하였다.

다. 조용히 하자.

같은 의문형에서 이러한 대우등급의 차이가 나는 것은 문장 내부의 정보만으로는 파악할 수 없고 발화 장면까지도 파악해야 가능하다. (46)은 상대방에게 제안·부탁하는 상황인데 청자는 이 말이 나오기 전까지는 이 내용에 대한 인지(認知)가 없다. 반면 (47), (48)은 상대방에게 지시를 하는 상황인데 청자는 화자가 이 말을 하지 않아도 '빨리 연구실로 가야 실장이 화가 나지 않겠다', '좀 조용히 해야 주변 사람들이 화나지 않겠다'라고 인지할 수 있으니 두 상황의 차이점은 화자의 말에 대해 청자가 이를 미리 인지하고 있느냐 아니냐로 요약될 수 있다. 더불어 화자 역시 청자가 현재 자기의 원하는 바를 하고 있지는 않지만 이를 인지하고 있음을 알고 있을 것이다.

그렇다면 청자가 인지하고 있지 않는 상황에서 화자가 부정의문문을 사용하여 이야기할 때의 대우등급은 높고, 청자가 인지하고 있는 상황에서의 화자의 부정의문문은 그 대우등급이 낮다고 할 것이다. 이것은 다음의 예문을 통하여도 관찰된다.

(49) 가. (지나가는 청자에게 상급자가 일을 시키려고)
      김 일병! 이리 오지 않겠어?
    나. (자신이 일하는 것을 쳐다보고 있는 청자에게)
      김 일병! 이리 오지 않겠어?

지시의 아주 전형적인 상황인 군대에서의 상급자의 하급자에 대한 명령에서도 항상 해라체 명령형만 쓰는 것이 아니라 위와 같이 의문형을 쓸 수 있는데 (49가)와 같이 하급자가 어떠한 명령을 받게 될지 전혀 의식하지 못하는 상황에서는 부정의문문이 상대방의 의사를 조금이라도 존중하고자 하는 뜻을 담게 되지만 (49나)와 같은 경우에는 '그렇게 보고만 있지 말고 좀 와서 돕지 그래. 그렇지 않으면 내가 매우 화가 날거야'라는 의미를 담을 수 있다. 하지만 이러한 발화 장면 또는 상황 – 맥락적인 정보는 문장 내부에서는 직접 구할 수 없고 장면을 관찰해야 하는 바 현재로서는 이러한 문장에 대한 대우 정도를 가늠하기는 어려울 듯싶다.

이상에서 문체적 대우에 해당하는 두 가지 경우를 보았는데 이들의 특징은 다음과 같이 요약될 수 있다. 첫째, 부사의 경우와 같이 높임형 또는 낮춤형이 없는 어휘를 이용하여 문장에 특별한 의미를 더한다. 이들은 일반적인 어휘적 대우에서 볼 수 있는 바와 같은 대치에 의한 대우 정도의 조절이 가능하지 않기 때문에 문체적 대우의 특징으로 자리 매김 받을 수 있다. 둘째, 거의 같은 구성이더라도 상황과 맥락에 따라 차이가 난다. 상황과 맥락은 문장 내부의 정보만으로는 파악되지 못하므로 이 역시 문체적 대우의 특징이라고 할 수 있다.[26]

이러한 점들을 생각할 때 문체적 대우에 해당하는 예로 다음과 같은 예문을 생각해 볼 수 있다.

(50) 가. 나 도와 줘.
　　　나. 나는 너의 도움이 필요해.
　　　다. 괜찮다면 이리 와 도와줘.
　　　라. 시간이 있다면 좀 도와줘.
　　　마. 바쁘지 않다면 손 좀 빌리자꾸나.
　　　바. 번거롭겠지만 좀 도와주면 고맙겠어.

(50)과 같은 경우는 사용된 어휘와 그 구성이 서로 달라 형식화하기가 어렵고 문장 간의 대우 정도를 비교하기도 쉽지 않다. 또한 거의 비슷한 구성과 어휘를 사용했지만 단어에서 미묘하게 느껴지는 상황과 맥락 역시 비교를 어렵게 한다. 이러한 문체적 대우법 현상에 대해서는 현재로서는 그 다

---

26) 이상에서 살펴 본 문체적 대우의 두 가지 특징은 성기철(1996)의 예문에서 추출해 볼 수 있는 것이다. 문체적 대우의 특징에 대해서는 더욱 많은 연구가 필요하며, 여기서 다룬 것은 시론적인 성격이라고 하겠다.

양함 때문에 형식화를 하기도 어렵지만 그 세밀한 대우 정도를 가늠하기는 더욱 어려울 것으로 보인다.

2.3. 대우표현의 변화 양상[27]

국어의 대우법 현상은 그동안 다양한 방면에서 많은 연구가 진행되어 왔고 그 체계의 전반적인 모습이 밝혀졌으나 빠른 변화의 모습으로 인해 지금도 끊임없는 검토가 필요한 부분이라고 여겨진다. 특히 화자와 청자에 대한 관계를 표시하는 어말어미는 대우법에서 가장 복잡한 체계를 유지하고 있어 본질적으로 변화의 가능성을 갖추고 있는데다가 현대 사회로 들어서면서는 이전 시대와는 다른 많은 특징에 의해 그 변화의 속도가 더욱 빨라졌다. 이러한 변화는 형태적인 측면에서 또 기능적인 측면에서 이루어지고 있기 때문에 대우법 체계 전반에 변화의 영향이 미치리라는 점은 예상되는 바이다.

또한 어말어미는 화계를 구성함으로써 청자에 대한 대우 수준을 결정하는 가장 핵심적인 요소이다. 청자는 주어 명사, 격조사, 높임선어말어미에 의해서도 대우등급이 조절되지만 화계는 그 말의 의미에서 볼 수 있듯이 상대방에 대한 대우를 어느 정도로 하겠는지에 대한 기본적인 수준을 결정한다. '해요체'를 쓰던 직장 동료에게 어느 순간 '합쇼체'를 쓸 수 없듯이 많은 경우 일단 둘 사이에 주로 사용하는 화계가 결정되면 바꾸기가 어렵게 느껴진다.[28]

이러한 화계는 빈도 면에서도 중요하다. 대화는 기본적으로 화자와 청자

---

27) 이 절의 내용은 최석재(2007b)를 고쳐 쓴 것이다.
28) 같은 대상에게 여러 다른 화계를 사용하는 것이 전혀 불가능한 것은 아니다. 김의수 (2002)는 두 등급 혹은 세 등급 간의 어말어미 교체 현상에 대하여 그 조건을 분석하였다.

사이에서 이루어지는 것인 만큼 1인칭 대우법과 2인칭 대우법에 관여하는 화계는 우리의 대화에서 가장 많이 사용되는 대우법 요소이다. 어말어미는 거의 모든 대화 문장에 등장하므로 이것이 없이는 대화를 제대로 하기 어렵다.

이와 같이 변화의 가능성, 기능적 중요성, 빈도 면에서 중요한 역할을 하고 있는 어말어미 곧 화계는 대우법의 여러 요소 중 가장 중요한 것이라 할 수 있으며, 그렇기에 이에 대한 변화 양상을 추적하는 일은 중요하다 하지 않을 수 없다. 그러므로 본 절에서는 화계의 범주와 형태에 관하여 그 현대적인 모습을 검토하고자 한다.

주요 논의 사항은 다음과 같다. 먼저 화계는 현재 '해라 – 해 – 하게 – 하오 – 해요 – 합쇼'의 단선적인 모습을 가지고 있는데 현대의 화계 사용 양상을 바르게 포착하기 위해서는 이들을 구분할 필요가 있다. 하게체와 하오체는 특수형으로 분류하여 일반적인 양상을 이야기할 때는 다루지 않는 것을 생각해 본다. 일반형과 특수형의 구분은 '하게체'와 '하오체'가 다른 화계와는 그 빈도에 있어서 큰 차이가 있음에 기인한다. '하게체'와 '하오체'가 매우 낮은 빈도로 사용됨은 여러 연구에서 보고되었고 서정수(1980)에서는 이들을 특수형으로 분류하자는 주장도 제기한 바 있으나 사용 환경에 대한 자세한 조사 없이 화자의 사용 비율만이 언급되었고 그 비율도 그리 낮지 않아 특수형으로 분리할 근거로 삼기에는 어려워 보였다.[29] 하지만 적지 않은 시간이 흐른 지금에 와서는 그 사용 비율이 더욱 낮아졌고, 기능적인 면에서

---

29) 서정수(1980)에서 하오체는 약 5%, 하게체는 그 이상의 비율을 가진다고 하였는데 이는 그리 낮은 비율로 보이지 않는다. 사용 환경에 대한 자세한 조사 없이 화자의 사용 빈도만을 가지고 특수형으로 분류하자고 한다면 서정수(1984 : 214)의 설문조사 결과에서 보이는 해라체의 빈도도 하오체나 하게체와 크게 다르지 않으니 이 역시 특수형으로 분류해야 할 것이다. 또한 본 연구의 조사에 의하면 합쇼체의 사용 비율이 전체에서 2%에 머무르는 것으로 나타났으니 위의 기준에 의하자면 특수형으로 분류될 수 있을 것이다. 빈도의 측면에서 하게체와 하오체가 다른 화계들과 구분될 수 있는 중요한 이유는 환경이 갖추어졌는데도 여전히 빈도가 매우 낮기 때문이다.

도 본질적인 쓰임보다는 담화전략적인 목적을 더 많이 취하게 되었으며, 사용 연령이 축소되고 단선적인 서열관계를 이루지 못하는 등 다른 화계와는 다른 성격이 많이 관찰되었다. 본 연구는 이러한 사항을 고찰하여 하게체와 하오체의 특수형 설정 여부를 재조명할 것이다.

둘째, 대우법 범주를 구분하는 많은 상황에서 격식체와 비격식체를 나누는데 사실상 이러한 구분이 필요하지 않다는 점을 논의하고자 한다. '해체'와 '해요체'는 격식적인 상황에서 잘 사용되지 않으므로 화계 사용 양상을 볼 때 격식적인 상황에서 쓰이는 화계와 비격식적인 상황에서 쓰이는 화계를 구분하는 것은 타당한 것으로 여겨져 왔다. 그러나 보다 다양한 상황을 생각해 볼 때 실제로는 격식체와 비격식체가 구분되지 않고 혼재하며, 이는 격식체와 비격식체라는 분류가 불필요하다는 것을 암시한다. 격식체와 비격식체의 구분이 타당한지, 타당하지 않다면 이 현상을 새롭게 바라볼 수 있는 대안은 무엇인지 연구해 보겠다.

셋째, 기존 어말어미의 화계에 대한 언급에서는 명령형을 기본으로 하는 그 대표형 몇 가지만 제시하는 것이 대부분이었다. 그러나 실제로는 대표형이 아닌 경우엔 그 화계를 쉽게 짐작하기가 어렵다. 언어에 대한 분석 목적 중 하나가 사람들의 언어에 대한 이해라고 할 때 자신이 사용하고 있는 어말어미가 어느 화계에 속하는지 쉽게 알 수 있게 하는 방안이 모색되어야 한다. 이러한 의미에서 대표형 몇몇만 제시할 것이 아니라 가급적 전체 어말어미형을 제시하는 것은 한 기본적인 방법이 될 것이다. 또한 전체 어말어미 형에 대한 화계 설정은 한국어 교육과 기계 처리 면에서도 유용한 만큼 마땅히 이루어져야 할 것이라고 생각한다. 본 연구에서는 모든 어형을 다 조사하지는 못하였지만 본 연구가 자료로 삼은 2000 문장에 대하여 그 시범적인 측면에서 분류를 시도하였다.

2.3.1. 일반형 화계와 특수형 화계의 구분

이전 시기와 달리 '하게체'와 '하오체'의 쓰임이 점점 줄어들고 있음은 주지의 사실이다. 개화기 시기의 문학 작품을 통하여 가족 사이의 대우법 현상을 분석한 이경우(2003)의 연구를 보면 당시에는 하게체와 하오체의 쓰임이 매우 높았음을 알 수 있다.[30] 그러나 서정수(1980)의 설문조사에서는 하게체와 하오체의 쓰임이 5% 미만인 것으로 나타났고, 이주행(1994b : 5, 2004 : 340)에서는 광복 이후에 그 쓰임이 점차 줄어들어 오늘날에는 일부 지역, 일부 사회 계층과 세대에서만 쓰고 있다고 하며 30대 이하의 구어 환경에서는 거의 소멸되었다고 하였다.[31] 윤천탁(2004 : 402)에서도 하게체와 하오체는 거의 소멸하는 중이어서 청자경어법은 점차 단순화되어 가고 있다고 지적하였다.[32] 이렇게 두 화계가 점차 쓰이지 않게 되는 원인에 대하여 서정수(1980b : 29)는 현대 사회에서는 사회 접촉이 활발해짐에 따라 복잡한 관계를 설정할 수 있는 고정적인 인간관계를 찾기가 어려워지고 존대 또는 비존대의 단순한 구분만이 가능한 상황이 되었기 때문이라고 보았고, 이주행(1994 : 5)에서는 농촌의 도시화와, 수직 사회에서 수평 사회로의 전환을 그 원인으로 보았다.

이 두 화계는 사용 빈도 면에서뿐만 아니라 사용 범위의 측면에서도 점차 줄어들고 있다. 이익섭·임홍빈(1983 : 230), 성기철(1999b : 23)에서는 이 두 화계가 20세기 초에는 10대에서도 빈번히 사용되었으나 지금은 대학생의 연령이 되어도 잘 사용되지 않는다고 하였다. 그러나 실제로는 화자의

---

30) 이경우(2003)에 의하면, 이 시기에는 50대 이상의 연령이 되면 매우 높은 빈도로 사용되었다. 그러나 계층 간, 남녀 간 경어법 사용이 다르게 나타나는데 남편이 부인에게 한 경우만을 보면 하게·하오체가 상위계층에서는 59%, 중간계층에서는 76%, 하위계층에서는 5% 사용되었다.
31) 서상준(1993 : 2)에서도 두 화계는 점점 자취를 감추어 가고 있다고 하였다.
32) 이경우(2003 : 276)에서도 과거 부부 사이에 잘 쓰였던 하게·하오체가 현대에 와서는 잘 쓰이지 못함을 알 수 있다. 부부의 경우 이 화계는 50대 이상에서만 사용되는데 대체로 5~10% 내외에 그친다.

연령은 40대 이상, 청자의 연령은 30대 이상이 되어야 사용이 되는 것 같다. 즉, 사용 범위가 본래 제한적이었던 것이 더욱 제한된 것이다. 이처럼 하게 체와 하오체는 빈도와 범위 양면에서 축소되는 경향이 강하여 과거에는 인 정되었다고 할지라도 그것이 현재에도 유효한지를 다시 살펴야 하는 수준 에 이르게 되었다.

하지만 엄경옥(2002 : 93), 임동훈(2006 : 310) 등에서는 비록 이 두 화계 가 젊은 사람에게서는 잘 쓰이지 않을지라도 나이가 들면서는 자연스럽게 쓰는 자리가 생기니 이들의 화계로서의 지위는 인정해야 한다고 주장하였 다. 실제로 우리는 하게체와 하오체를 어떻게 사용하는지에 관한 언어 지식 이 있다. 이 화계들을 거의 사용하지 않는 10대의 학생이더라도 주어진 문 장을 하게체나 하오체로 바꾸어 말하라고 하면 적어도 서술형과 명령형에 대해서는 쉽게 바꿀 수 있을 것이다.[33] 우리가 그 표현을 사용하지 않아도 일정 정도 언어 지식이 있는 이상 체계에서 완전히 제외하는 것은 문제가 있다. 가끔씩이나마 이 표현들을 듣고, 사용하기 때문이다.[34] 하지만 다른 표현에 비해 빈도가 지나치게 낮아졌다면 이들이 담당하던 영역을 다른 표 현이 맡게 되었다는 뜻이니 이들의 사용은 점차 특수한 것이 된다. 우선 각 화계의 사용 빈도를 살펴보니 다음과 같았다.

---

33) 언어적으로 충분히 훈련할 기회가 적은 약속형, 의문형, 청유형과 같은 문장에 대해서 는 어려움을 겪을 것이다.
34) 이주행(1994a,b)에서도 하오체가 오늘날 활발히 쓰이지 않기는 하지만 일부 세대에서 엄연히 사용되고 있으므로 이들을 화계에서 제외하는 것은 문제가 있다고 하였다. 이 주행(2004, 2006)에서는 화계를 구형 체계와 신형 체계로 나누어 40대 이상에서 주로 사용하는 화계와 30대 이하에서 주로 사용하는 화계로 나누어 장차 구어 환경에서는 신형 체계만 쓰일 가능성이 있다고 하였다.

[표 6] 화계의 빈도

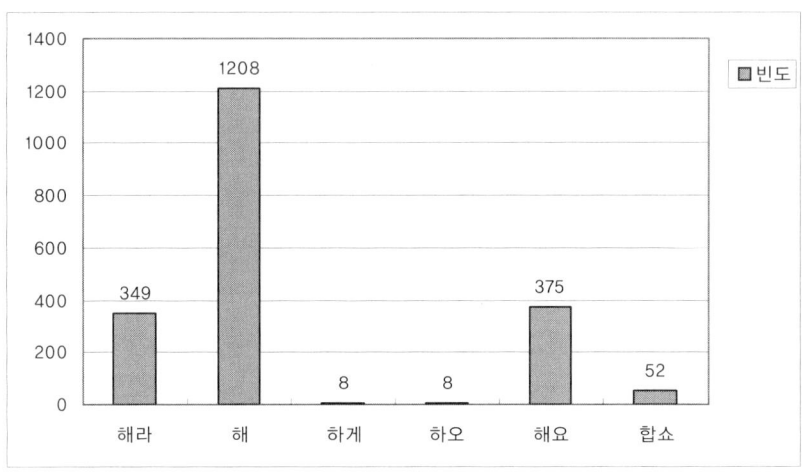

하게체와 하오체의 비율은 총 2000건의 사례에서 각각 8개 밖에 나타나지 않았다. 이를 비율로 보면 각각 0.4%, 둘을 합쳐도 1%가 되지 않는 매우 낮은 수준인 것이다. 반면에 다른 화계는 해체 60%, 해요체 19%, 해라체 17%, 합쇼체 3%로 대우등급이 가장 높은 합쇼체를 제외하고는 모두 10%를 넘는다.

우리가 일상적으로 하는 대화는 동년배 사이 또는 친밀한 사이에서 하는 대화가 많을 것이므로 해체가 많이 나타나는 것은 짐작할 수 있다. 그래서 해체와, 대우등급이 너무 높아 역시 잘 쓰이지 않을 합쇼체를 제외하면 높임말인 해요체와 낮춤말인 해라체가 19% : 17%로 비슷한 것은 자연스러운 결과이다. 하지만 하게체와 하오체는 각각 예사낮춤과 예사높임으로 불리는 것으로서 대우등급이 중간 정도에 있어 충분한 빈도가 있어야 되는데 그렇지 못하다는 점이 문제가 된다.

이에 대하여 자료와 실험에 문제가 없는지 의심해 볼 수 있다. 만약 전체 화자와 청자의 연령이 너무 낮다면 하게체와 하오체의 사용 비율이 낮을 수 있다. 두 화계는 일정 연령 이상의 화자와 청자 사이에서만 쓰일 수 있는데 수집된 사례의 환경이 낮은 연령대를 중심으로 이루어져 있다면 사례가 적을 수 있기 때문이다. 그러나 두 화계를 사용하기에 문제가 없는 40대 이상의 화자 수는 조사 결과 그리 적지 않았다.[35]

[표 7] 전체 화자의 연령 구성 비

연령	빈도	분포(%)
10세 이하	30	1.5
10 ~ 20	300	15
20 ~ 30	780	39
30 ~ 40	197	9.9
40 ~ 50	312	15.6
50 ~ 60	176	8.8
60 ~ 70	192	9.6
70세 이상	13	0.7

위의 표는 자료의 화자 구성이 40대에서 312명, 50대 176명, 60대에서 192명으로 40대 이상의 화자는 총 693명, 전체의 35%에 달한다는 것을 보여주고 있다. 두 화계를 사용할 수 있는 화자의 연령대가 이렇게 많은데도 불구하고 두 화계를 사용한 비율이 0.8%인 것은 다른 화계와 비교해 볼 때 매우 낮은 수치라고 할 수 있다.

그러나 위는 청자의 연령을 고려하지 않은 것이므로 사용 가능한 청자의 연령까지 조사해 보았다. 하게체와 하오체를 사용할 수 있는 청자의 연령대는 가장 낮게는 20대부터 또는 무리가 없기는 40대 이상부터 사용할 수 있

---

35) 하게체와 하오체가 사용되는 조건에는 연령 이외에도 신분, 직업과 같은 사회적 요소도 있을 것이다. 그러나 우선 연령 조건이 충족되지 않으면 이 두 화계는 사용되기가 어렵고, 한국 사회에서는 연령이 화계 결정의 가장 결정적인 요소라고 생각된다. 보다 엄밀한 사용 환경을 조사하기 위해서는 다른 상황까지 조사되어야 하겠으나 본 연구에서는 연령만을 두 화계의 사용 조건으로 보았다.

다고 보아 화자가 40대 이상일 때 청자가 20대와 40대 이상인 경우로 나누어 그 경우의 전체 문장 수와 하게체·하오체의 문장 수를 조사하였다.

[표 8] 화자와 청자의 연령별 하게·하오체 사용 빈도

화자\문장	20대 이상 청자		40대 이상 청자	
	전체	하게·하오	전체	하게·하오
40대	213	8	108	3
50대	177	2	124	2
60대	192	2	141	
70대	13		13	
합계	595	12(2%)	386	5(1.2%)

위의 표에서 왼쪽은 청자가 20대 이상인 경우로 하게체와 하오체를 사용할 수 있는 연령은 되나 범위를 조금 넓게 잡은 것이고, 오른쪽은 40대 이상인 경우로 하게체와 하오체를 사용하기에 전혀 무리가 없는 경우에서의 특징을 보고자 한 것이다.

화자가 40대 이상일 때 청자의 연령대가 20대 이상인 경우로 보아도 해당되는 문장은 595개이고, 두 화계를 사용하는 데 더욱 문제가 없을 40대 이상으로 좁혀 보아도 386개에 달하니 총 사례 2000개에 비할 때 이들 문장의 비율은 각각 약 30%, 20%로 적지 않다. 이것은 하게체와 하오체의 발생 빈도가 낮은 이유가 화자와 청자의 연령에 있는 것은 아님을 말해 주는 것이다.

이에 [표 6]에서와 같이 전체 사례에서의 하게체·하오체의 분포를 보았던 것과는 달리 [표 8]의 왼쪽에서와 같이 화자와 청자의 연령대를 두 화계를 사용할 수 있는 연령대에만 맞추어 놓고 이 경우에서만의 하게체와 하오체의 빈도를 보았다. 즉 앞에서는 화자와 청자의 연령을 고려하지 않고 하게체와 하오체를 사용할 수 없는 20세 이하의 연령대를 포함한 전체 연령대

에서의 화계 분포를 본 것이라면 다음에 제시되는 표는 두 화계를 사용하는
데에 문제가 없는 연령대의 화자와 청자만을 구성하여 본 것이니 하게체와
하오체가 사용될 수 있는 환경 내에서 실제 그들이 얼마나 사용되는지를 본
것이다.

[표 9] 화자 40대 이상, 청자 20대 이상에서의 화계 분포

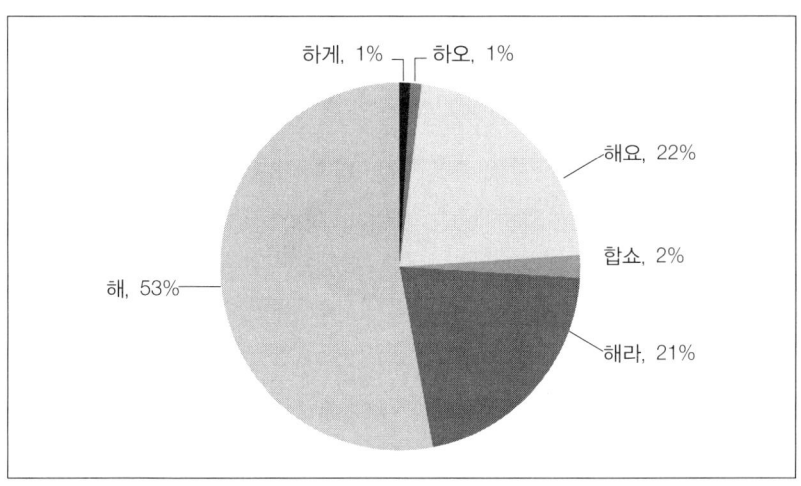

위의 표는 하게체와 하오체가 사용될 수 있는 환경인 595개 문장에서의
화계 분포를 보여주고 있다. 해체가 314개로 여전히 가장 높은 53%를 차지
하며, 해라체와 해요체가 각각 127개 21%, 133개 22%를 차지하고 있다. 그
러나 하게체와 하오체는 각각 6 문장씩밖에 나타나지 않아 1%씩만을 차지
한다. 이것은 20세 이하의 어린 연령대를 제외하더라도 하게체와 하오체의
사용 비율은 크게 늘어나지 않고 거의 비슷한 수준을 유지함을 보여준다.
　이번에는 [표 8]의 오른쪽에서와 같이 화자와 청자가 모두 40대 이상인,
하게체와 하오체를 가장 많이 사용할 수 있는 연령대만을 고려하여 다시 살
펴보았다. 일반적인 예상대로라면 하게체와 하오체의 사용 비율은 이 환경

에서 더 늘어나야 할 것이다.

[표 10] 화자 40대 이상, 청자 40대 이상에서의 화계 분포

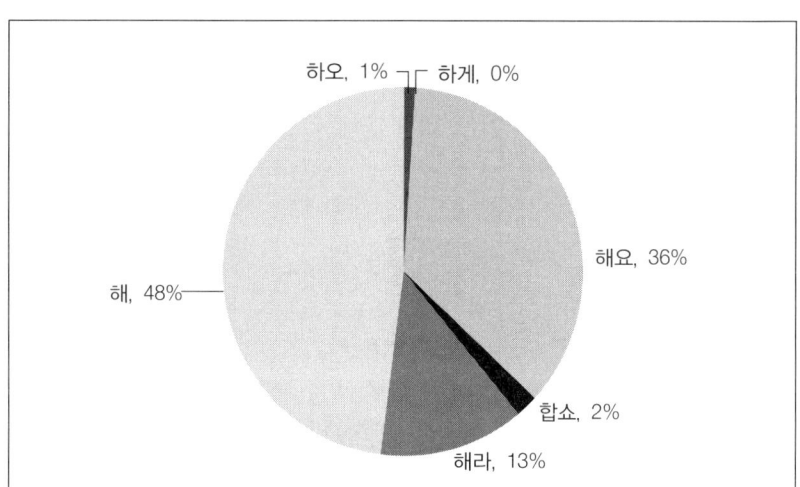

그러나 오히려 청자가 40대 이상인 경우에는 더 낮은 비율을 보였다. 이 경우 해라체가 39개 13%, 해체가 148개 48%, 해요체가 110개 36%로 변하여 해체와 해요체의 분포가 고르게 나타나기도 하였는데 하게체와 하오체는 각각 0%(1건) 및 1%(4건)로서 청자의 연령대가 두 화계 사용 비율에 높은 영향을 미치지 못함을 알 수 있었다. 청자의 연령대를 40대로 제한하였는데도 오히려 사용 비율이 준 이유는 두 화계의 빈도가 워낙 낮은데다가 해당 연령층에서도 이러한 화계를 거의 사용하지 않기 때문이다. 이 때문에 보다 정확한 하게체·하오체의 사용을 조사하기 위하여 '화자 40대 이상, 청자 20대 이상이면서 화자의 연령이 청자의 연령보다 같거나 높은 경우'라는 조건으로 다시 조사해 봐도 그 결과는 크게 달라지지 않았다. 이 때의 총 사례수는 534건이었으며, 해라체 126건 24%, 해체 306건 57%, 하게체 6건 1%, 하오체 3건 1%, 해요체 85건 16%, 합쇼체 8건 1%로 하게체와 하오체의 사용

비율에는 거의 변화가 없었다. 이것은 두 화계가 사용 환경과 관계없이 잘 사용되지 않는다는 것을 의미한다.

이번에는 두 화계가 사용된 사례는 어떠한 목적으로 쓰였는지 살펴보자. 본래의 목적에서 하게체는 상대방을 존중하면서도 낮추는 것이고 하오체는 상대방을 거의 대등하게 대우하는 것이다. 그러면서도 두 화계는 모두 상대방을 얼마큼 높여 대접한다는 점과 자신보다 높은 사람에게는 쓰일 수 없다는 점에서 공통점을 가진다. 즉 두 화계의 주요 목적은 아랫사람이더라도 함부로 낮추기 어려운 경우 적절히 높이는 데에 있는 것이다. 다음은 전체에서 하게체와 하오체가 사용된 사례이다.

[표 11] 하게체와 하오체가 사용된 문장

화계	번호	화자	연령	청자	연령	문장
하게	1	심란	40	민석	25	번번이 내가 다 따 먹어서 미안하네.
	2	교장	60	은환	25	119대원인가?
	3	교장	60	은환	25	저 사람이 누군가?
	4	민석	25	은환	25	유학판가?
	5	강	17	강모	43	우리 고여사 밤사이 더 이뻐지셨네?
	6	재두	55	혜경	53	집안이 뭐 그리 중요한가?
하오	1	상두	25	민석	25	그럼 간지러울 거 같수?
	2	명주	38	순임	65	나쁜 자식이 누구겠수?
	3	명태	45	순임	65	그것도 몰랐수?
	4	명태	45	태식	52	표창받을 일 있수?
	5	명태	45	순임	65	엄마, 하던 노래나 마저 하슈.
	6	재두	55	혜경	53	오늘 수고 많았소.

사례는 하게체 6 문장, 하오체 6 문장으로 이루어져 있다.[36] 먼저 개인적

---

36) 전체 사례에서 서울 지역에서 쓰인 방언형으로 하게체 2 문장, 하오체 2 문장이 각각 있었으나 이들은 제외시켰다. 본 연구의 취지는 서울 지역에서 사용된 언어를 대상으로 함에 있으나 특히 하게체와 하오체의 경우는 방언 지역에서 특별한 목적을 갖지 않고

인 언어사용 습관과 담화전략으로 쓰인 문장들을 살펴보면 하게체 6번, 하오체 6번은 '재두'에 의해서, 하오체 3, 4, 5번은 '명태'에 의해서 이루어졌는데 우선 '재두'의 발화는 전체 사례에서 총 15회로 모두 그의 아내에 대하여 이루어졌다. 이 대화에서 재두는 해요체를 10회 사용하여 주 화계로 삼았고 그 외 해라·해·하게·하오·합쇼체는 각각 1회씩 사용하였다. 그러므로 재두가 하게체와 하오체를 사용한 것은 부부 사이라도 높여 말하려는 해요체의 연장선상에서 생각할 수 있다.[37]

'명태'는 총 13회 발화하였는데 하오체를 쓴 경우는 총 3회이다. 이때의 발화를 분석해 보면 새어머니에게 2회, 매형에게 1회로 모두 자신보다 높은 사람이다. 그러나 둘 다 모두 본인이 진정으로 존경하는 인물이 아니므로 높임 표현인 하오체를 쓰기는 하였으나 전형적 하오체 형태인 'ㅡ오' 계열이 아닌 'ㅡ소' 계열을 씀으로써 대우등급을 보다 낮게 하였다.[38] 어머니나 매형에게는 확실한 높임말인 해요체나 합쇼체를 쓰는 것이 바람직한데 이들에게 쓰기에는 좀 낮은 등급인 하오체를 그것도 가급적 낮게 대접하는 느낌을 주는 형태를 씀으로써 상대방을 진정으로 존경하지 않는다는 암시를 준 것이다.[39]

쓰일 수 있어 사용 목적을 살펴보려는 본 절에서 함께 다루기는 어렵기 때문이다. 하지만 서울 지역 언어의 사용 양상을 빈도로 보는 데에는 이들이 큰 문제가 되지 않을 것이라는 판단 하에 다른 절에서는 이들 네 사례를 포함시켜 자료를 분석하였다. 방언 사용 지역에서는 하게체와 하오체가 보다 쉽게 쓰인다는 것은 이정복(1993b), 이주행(1990a,b,1994a) 등의 연구에서 밝혀진 바 있다.

37) 서울 이외 지역에서는 부부 사이에 하게·하오체를 사용하는 것이 어색한 일이 아니다.

38) '~하오, ~하우, ~하소, ~하구려'는 형태가 다르지만 대우등급상 하오체에 속하는 것으로 볼 수 있다(고영근 1974b, 김종훈 1984, 서정수 1984). 또 고영근(1974b : 73), 김종훈(1984 : 461)에서는 'ㅡ소' 계열이 'ㅡ오' 계열에 비해 큰 변동은 없으나 친근하고 겸손한 느낌을 준다고 하였다.

39) 하오체 3, 4번은 'ㅡ수' 대신 'ㅡ소'를 하오체 5번은 'ㅡ하슈' 대신 'ㅡ하우'라고 할 경우 상대방을 조금 더 대우하는 느낌을 줄 수 있을 것이다. 유송영(1994 : 309)에서는 'ㅡ오', 'ㅡ소'의 형태보다 'ㅡ우', 'ㅡ수'의 형태가 더욱 친근한 형태라고 하였는데 친근하게 부른다는 것은 결국 상대방을 그만큼 높이지 않는다는 뜻이니 같은 맥락일 것이다.

이와 비슷한 문장이 하오체 1번, 2번과 하게체 5번이다. 1번 문장은 '민석'을 처음으로 만나서 하는 말인데 역시 '－수' 형을 씀으로써 상대방을 처음 만나 높이기는 높이지만 약간 도전적인 인상을 의도적으로 남겼다. 2번 문장은 '명주'가 자신의 어머니에게 하는 말인데 어머니와의 대화는 총 3회 있었다. 그런데 이 3회의 화계가 '해요, 하오, 해'체로 모두 다르다. 나이 마흔에 가까운 딸이 어머니와의 친근함을 보이기 위해서 적극적으로 높이지 않은 것으로 보인다. 하게체 5번은 아들이 장난스럽게 자신을 어머니와 동급으로 놓고 이야기한 것이다.[40]

그러므로 정말 본연의 목적으로 사용된 하게·하오체는 하게체 1, 2, 3, 4번이라고 할 수 있다.[41] 이들은 장모될 사람이 사윗감에게, 교장이 교사에게 한 말이다.[42] 이러한 경우는 손윗사람이 손아래 사람에게 말한다고 할지라도 상호 존중이 필요한 경우이므로 낮춤말이면서도 청자를 대우해 주는 기능이 있는 하게체가 적절할 것이다. 하지만 현대에는 이러한 경우에도 해요체가 그 위치를 대신해 가고 있음을 본 연구의 사례에서도 확인할 수 있었다. 화자와 청자가 하게체 1번과 같은 사례는 단 한 차례 밖에 없었지만 2, 3번과 같은 사례는 총 9회 있었다. 이때 '교장'이 '은환'에게 사용한 화계는 3가지로서 그 빈도는 다음과 같다.

---

40) '강'은 자신의 어머니와의 대화를 총 55회 이루었는데 위의 하게체 문장 1회 외에는 해요체를 12회, 해체를 42회 사용하였다. 어머니에 대한 존경의 표현으로 해요체를 사용하거나 아들로서 친근함을 표시하기 위해 해체를 사용하는 것은 정상적이라고 할 수 있는데 거의 같은 위치에서나 사용할 수 있는 하오체를 아들이 사용했다는 것은 문장 내용을 보아도 알 수 있듯이 장난에 의한 것이다.

41) 하게체 4번은 민석과 은환 총 26회의 대화 중 단 1차례 나타난 높임 표현이다. 그리고 형태적으로는 하게체이지만 상황이나 문장의 내용상 정확히 하게체라고 하기 어렵다.

42) 교장의 연령과 직위가 높아 교사에게 하대(下待)할 수 있지만 '교사' 역시 사회적 존경을 받는 위치여서 해라체나 해체를 사용하기는 어렵고, 교사의 연령이 20대 중반이기도 하니 하게체를 사용하는 것이 적절할 것이다.

[표 12] '교장'과 '은환(교사)' 사이에 쓰인 화계의 분포

	빈도
해요체	6
하게체	2
해체	1

하게체가 사용될 수 있었던 환경에서조차 가장 높은 빈도를 차지한 것은 높임말인 해요체였다. 서정수(1984), 이주행(1994a,b), 성기철(1999)를 비롯한 많은 연구들은 해요체의 사용이 수평적 관계를 강조하는 현대에 들어 급격히 늘게 되었다고 하고 있는데 이 결과 하게체의 사용 영역이 줄어들게 된 것으로 보인다.[43]

하게체의 사용 환경을 해요체가 얼마나 대신하고 있는가를 알아보기 위하여 하게체의 사용 환경인 화자 40세 이상, 청자 20세 이상이면서 화자의 연령이 청자의 연령보다 같거나 높은 경우에서의 해요체 빈도를 조사하여 보았더니 85회였다. 해요체의 총 사용 횟수는 [표 6]에서 밝힌 바처럼 375회이므로 해요체가 사용되는 경우의 23%는 하게체의 쓰임을 대신하고 있는 것으로 볼 수도 있다.[44]

그렇다면 하게·하오체가 사용되는 경우는 다음과 같이 정리될 수 있다. 첫째, 일반적인 경우와는 조금 다른 개인적인 언어 습관에 의할 때이다. 본 연구에서는 부부 사이에 해요체를 주로 하면서 하게체와 하오체를 쓰는 예가 발견되었는데 현대 서울 언어 환경에서는 자주 있는 경우는 아닐 것 같

---

43) 하게체는 윗사람에게 쓰이기 어려워 해요체와는 본래 영역을 달리하지만 해요체가 높임선어말어미 '-시-' 없이 쓰이면 '이것 좀 해 줘요'와 같이 되어 적극적인 높임말이라고 보기 어렵게 되어 하게체의 영역과 유사하게 된다. 높임선어말어미는 주체대우법에 관여하는 요소이지만 주체가 청자일 경우에는 청자에 대한 대우에도 영향을 미치게 된다.

44) 물론, 연령상으로는 사용 가능한 환경이지만 둘의 관계의 특징상 하게체 보다 높은 해요체를 사용해야 하는 경우도 있을 것이다. 23%는 최대 가능한 비율이다.

다. 둘째, 담화 전략상 상대방을 자신과 비슷한 위치에 두려고 할 때이다. 상대방을 보다 분명히 높이는 것이 자연스러울 때 하게·하오체를 쓰는 데에는 상대방을 낮추려는 전략이 있을 수 있고, 아들과 어머니의 관계와 같이 친밀함이 충분하여 차라리 '해체'를 쓰는 것이 자연스러운 경우에 중간적 높임형인 하게·하오체를 쓰는 데에는 일시적이나마 자신을 상대방과 같은 높은 위치로 놓고자 하는 전략이 있을 수 있다. 셋째는 하게·하오체의 본연의 목적에 맞게 사용하는 것이나 이마저도 점차 해요체가 그 자리를 대신하고 있다.

비록 하게·하오체가 사용된 사례가 많지 않아 정확한 통계가 될 수는 없겠지만 이들이 사용된 이유의 분포를 [표 11]에 근거해서 살펴보면 다음과 같다.

[표 13] 하게·하오체가 사용된 이유

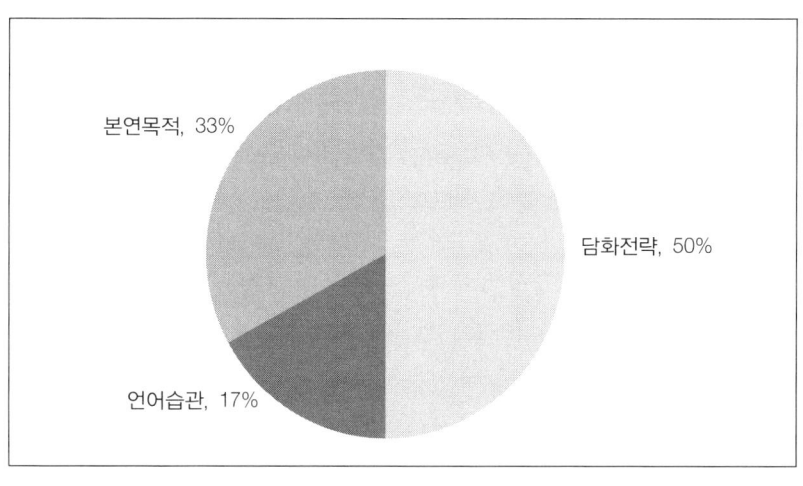

하게·하오체가 사용되었다고 하더라도 본연의 목적으로 사용된 경우는 전체의 33%에 불과하니 이것은 하게체와 하오체를 일반 화계와 동등하게

놓기보다는 화계의 특별한 용법으로 볼 수 있게 하는 한 근거가 된다.

하게체와 하오체를 다른 화계와 구별할 수 있는 또 다른 이유는 이 두 화계는 다른 화계들과는 달리 높임의 등급을 분명히 갖지 못한다는 점이다. 해라체와 해체는 낮춤말에 속하고, 해요체와 합쇼체는 높임말에 속하여 두 그룹은 등급의 차이를 가지며, 낮춤말에 속하는 두 화계와 높임말에 속하는 두 화계도 서로 각각 서열 관계를 가지고 있다. 해라체보다는 해체가 대우 등급이 높고, 해요체보다는 합쇼체가 대우등급이 높다. 이처럼 '해라 - 해 - 해요 - 합쇼'체는 대우등급에 따라서 선택되는 단선적인 서열 관계를 유지하고 있다고 할 수 있다.

그러나 하게체는 높고 낮추는 측면에서는 낮춤말에 속하면서도 상대방을 대우해주니 적극적인 낮춤말이 되지 못하고, 하오체는 높임말에 속하면서도 상대방의 지위를 자신과 비슷하게 놓을 때 사용하니 역시 적극적인 높임말이라 할 수 없다. 임홍빈·장소원(1995)에서는 (51가)와 같은 예문을 제시하며 하오체와 하게체는 높임말이라고 할 수 없고 특정한 상대에 대하여 정중한 대우를 하는 표현에 지나지 않는다고 하였다.

(51) 가. *선생님, 이 꽃이 예쁘네.
나. *아버님, 이 꽃이 예쁘오.

(51가)의 하게체는 등급상 낮춤말에 속하는데 호칭을 '선생님'으로 하였으므로 비문이 되었다고 하더라도 (51나)에 쓰인 하오체가 높임말이라면 정문이 되어야 하는데도 이 역시 비문이 되었다. 이 이유는 하오체를 쓸 때의 상대방은 자신보다 비슷한 위치에 있는 사람이어야만 하기 때문이다.

이러한 하게체와 하오체의 적극적인 낮춤말도, 높임말도 아닌 성격은 앞서 언급한 연령적인 이유와 함께 화계가 대우등급에 따라서 단선적인 관계에서 선택되게 하지 못하고 화자와 청자의 조건에 따라 때로는 4 단계, 때로는 6 단계의 이중적인 구조를 갖게 한다. 해라체, 해체, 해요체, 합쇼체는 거의 대부분의 연령대 화자가 특별한 제약 없이 사용할 수 있다. 해라체보다 높여 말하기 위해서 해체를, 해요체보다 높여 말하기 위해서 합쇼체를 사용할 수 있는 것이다. 하지만 하게체와 하오체는 화자와 청자에 대한 연령상의 제약이 있어 그렇게 할 수 없다. 화자도 일정 연령 이상이 되어야 사용할 수 있지만 하게체는 자신보다 같거나 낮은 일정 연령 이상의 청자에게만 쓸 수 있고, 하오체 역시 청자가 자신보다 너무 높으면 사용할 수 없다. 그래서 특별한 조건을 갖춘 경우를 제외하고는 해체보다 높은 대우등급을 쓰고자 하게체를 사용할 수 없고, 해요체보다 낮은 대우등급을 쓰고자 하오체를 사용할 수 없게 된다.

이와 같이 두 화계가 다른 화계와는 다르게 단선적인 서열화에 참여하지 못하기 때문에 이를 도표화시킬 때도 문제가 된다. 유송영(1994)는 청자대우법의 대우등급 결정에는 Brown(1960)의 개념을 따라 '힘(power)'과 '유대(Solidarity)'가 작용한다고 보고 다음과 같은 두 가지의 그래프를 제시하였다.

[표 14] 유송영(1994)의 국어 청자대우법 체계

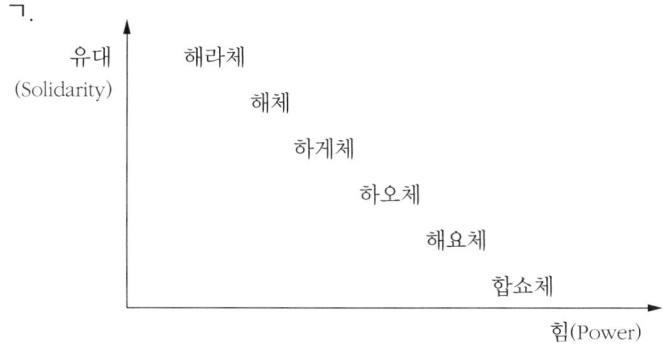

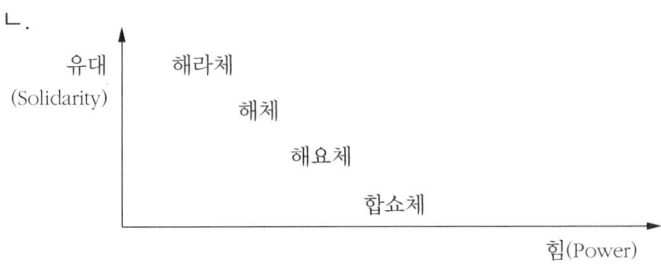

ㄴ.

여기에서는 '힘'이 더 강할 경우에는 합쇼체의 방향으로, 유대관계가 더 강할 경우에는 해라체의 방향으로 화계가 결정된다고 하였다. 두 개의 변수를 고려하고 이를 정도로 표현할 수 있다면 어느 화계를 쓰는 것이 가장 적절한지 결정될 수 있는 것이다. 그런데 여기서 하게체와 하오체는 특정 연령에 속한 사람들 사이에서만 쓰이고 젊은 사람들에게서는 잘 쓰이지 않기 때문에 두 화계가 포함이 된 표와 포함이 되지 않은 표의 두 가지가 제시되었다. 이 두 화계는 일반적인, 일관된 서열 관계를 담아내는 데에 장애가 되는 것이다.

하게체와 하오체의 기능이 이전과 달라졌다는 점도 이들을 다른 화계들과 구분할 수 있는 근거가 된다. 고영근(1974b : 75)에서는 동서지간이나 처남－매부와 같이 혼인에 의한 친족관계, 또는 누이나 결혼한 오빠와 같은 친족 간에 사용하는 것이 이 두 화계의 주요 목적 중 하나라고 하였다. 그러나 현재는 두 화계가 이러한 기능을 유지하고 있다고 보기 어렵다. 서정수(1980 : 40)에서 언급한 바와 같이 위와 같은 기능은 해요체로 넘어가게 되었고 이에 따라 두 화계의 기능은 이전보다 많이 축소되었다.

이처럼 하게체와 하오체는 다른 화계와는 여러 가지 면에서 다른 성격을 갖기 때문에 다른 화계와 구분하여 특수형으로 분류하는 것이 바람직하다고 여겨진다. 이것은 화계 체계에서 제외시키자는 것은 아니다. 언어 사용 측면에서 두 화계는 비록 적은 양이지만 쓰임이 확인되었고, 담화전략 목적으로 사용된 것을 보더라도 일반적으로는 사용하지 않는 언중에게도 언어 지식은 있는 것으로 보인다. 그러므로 이들을 화계 전체 체계에는 포함시켜야 한다. 다만, 이들이 다른 화계와는 다른 성격을 보이니 아래의 (52)와 같이 화계를 하위 범주화하여 그 특별한 쓰임을 명시적으로 밝혀주자는 것이다.

(52) 빈도와 성격에 따른 화계의 분류
    가. 일반형 화계 : 해라체, 해체, 해요체, 합쇼체
    나. 특수형 화계 : 하게체, 하오체

화계를 일반형과 특수형으로 분류할 때 얻는 장점은 일반적인 화계를 이야기할 때는 특수형을 제외하고 생각할 수 있다는 것이다. 잘 쓰이지 않는 화계를 일반적인 언급에서 같이 하게 되면 매번 복잡한 조건을 덧붙여야 하고 유송영(1994)에서와 같이 일반적인 상황에서 보여주는 화계의 단선적인 서열관계를 간단하게 보여주지 못하게 된다. 그러므로 일반적인 상황에서의 화계를 언급할 때는 하게체와 하오체를 제외하여 원하는 대우등급에 따라 '해라, 해, 해요, 합쇼'체가 사용될 수 있음을 설명하고, 특정 조건을 갖출 때는 낮은 빈도이지만 하게체와 하오체가 그 중간에 개입될 수 있음을 부가적으로 덧붙이는 것이 다른 화계와 동등하게 취급하는 것보다 대우법 체계를 명료하게 정리하게 해 줄 것이다.

이상과 같은 결론에 의하여 본 연구에서는 일반적 화계에 속하는 해라·해·해요·합쇼체의 네 가지 화계를 중심으로 그 대우등급과 양상을 살펴볼 것이다. 또한 설계하는 정보화 시스템도 화계에 있어서는 이 네 가지 화계를 중심으로 구축하게 될 것이다.

2.3.2. 격식체와 비격식체의 통합 가능성

최현배(1937), 이익섭(1974), 박영순(1976), 서정수(1984), 임홍빈·장소원(1995), 임동훈(2006) 등 많은 경우에서는 화계를 분류하는 한 범주로 격식체와 비격식체를 둔다.[45] 비격식체에 속하는 화계에 대하여는 학자들마다 조금씩 견해 차이가 있으나 격식적인 상황에서 '해·해요'체는 잘 쓰이지 않지만 서정수(1980b : 377)에서 공적인 말씨에서 합쇼체와 해요체의 사용 비율이 평균 9 : 1 정도라고 하였듯이 공식적인 상황에서의 합쇼체의 사용은 매우 빈번하기 때문에 이를 격식체로 보는 데에는 대부분 동의하는 듯하다. 예를 들어 텔레비전 방송 아나운서는 주로 합쇼체를 사용하여 말하는 것을 보면 격식체와 비격식체의 구분은 타당하게 여겨지는 것이다.

그러나 이러한 격식체의 구분에 있어서 높임형을 사용하는 격식적 상황이라는 제한적인 경우만을 고려했던 것은 아닌지 싶다. 우선 격식체와 비격식체의 구분이 옳다면 비격식적 상황에서는 격식체 사용이 자제되어야 하는데 본 연구의 자료만을 보아도 격식체인 해라체 서술형의 '-다', 약속형의 '-마', 의문형의 '-냐', 명령형의 '-라', 청유형의 '-자'가 비격식적인 상황에서 자주 사용이 된다.

> (53) 가. 차보리! 이거 너무 어렵다. (상두 1 : 38)
> 나. 내가 다녀오마. (행복 1 : 10)
> 다. 너 너 누구야? 짭새냐? (상두 1 : 5)
> 라. 마저 먹고 설거진 니가 해라. (하늘 1 : 21)
> 마. 같이 가자. (최강 1 : 17)

---

45) 남기심·고영근(1993 : 334)에서는 격식체의 용법을 의례적 용법(儀禮的 用法), 비격식체의 용법을 정감적 용법(情感的 用法)이라고 하면서 의례적 용법이라는 것은 나이, 직업, 직위 등의 주어진 사회적 규범에 의해 어느 특정한 등급의 의미를 쓰게 되어 말하는 이의 개인적인 선택의 여지가 없을 때의 용법을 이른다고 하였다.

본 연구의 자료에서 수집된 위의 예문들은 부모 및 시부모가 딸에게, 처음 만난 사이에서, 친구 사이에서 한 말들로서 모두 비격식적인 상황임에도 불구하고 격식체의 각 어말어미들이 자유롭게 쓰였다.[46]

또한 격식체와 비격식체의 구분이 옳다면 격식적인 공간에서는 높임말뿐만 아니라 낮춤말도 격식체가 사용되어야 한다. 하지만 격식적인 공간인 군대사회에서도 상급자가 하급자에게 명령 또는 질문을 할 때 비격식체 '해체'를 자주 사용한다. 다음의 예는 군대 사회에서의 언어 사용을 수집·연구한 이정복(2001 : 225)에서 제시된 예인데 격식체와 비격식체가 혼용되고 있음을 알 수 있다.

(54) A : 영외 식당 식사는 몇 시부터지?
     B : 12시부터랍니다.
     A : 12시면 되나! 더 일찍 먹어야지. 책임자가 누구야?
     B : 이강택인데요, 손님들 때문에 바꾸기 어려울 겁니다.

위 예문의 상황은 격식성이 강한 것으로 분류가 되어 있었는데 이 예에서 상관인 A는 아랫사람인 B에게 해체를 사용하고 있고, B는 A에게 합쇼체와 해요체를 번갈아가며 사용하고 있다. 이처럼 윗사람은 주로 해체를 이용하고, 아랫사람은 합쇼체를 주로 이용하면서 중간 중간 해요체를 섞어 쓰는 것은 군대 사회에서 매우 일반적인 화법이다. 상관이라고 하더라도 '뛰어라!'라고 하지 않고 '뛰어!'라고 명령을 내리는 것이 자연스럽고, 아랫사람은 합쇼체만 쓰면 말하기가 매우 어렵게 느껴지므로 가끔씩 해요체를 사용할수 있다. 이와 같이 실제에서는 격식적인 상황이라고 하더라도 비격식체 어미가 선택되는 예를 많이 발견할 수 있다.

이번에는 격식체 설정의 대표적인 예가 되어 왔던 합쇼체의 다른 경우를

---

46) 또한 앞 절의 [표 11]은 하계체와 하오체의 예문이었는데 이들의 상황도 모두 비격식적인 상황이었지만 사용되는 데에 문제가 없었다.

생각해 보자. 격식적인 상황에서 합쇼체가 사용됨은 잘 알려진 바이나 합쇼체가 격식체로 불리려면 비격식적 상황에서는 합쇼체의 사용이 자제되어야 할 것이다. 그러나 합쇼체는 그 대우등급이 매우 높아서 앞서의 경우와 같이 다양한 경우의 예를 찾기는 어려웠으나 다음과 같이 서술형과 의문형으로 구성된 예들은 비교적 쉽게 찾을 수 있었다.

(55) 가. 전 원래 연상이 취향입니다. (상두 1 : 7)
　　　나. 잘 먹겠습니다. (최강 1 : 27)
　　　다. 형님, 축의금이나 확인해 봅시다. (하늘 1 : 13)
　　　라. 여보, 들어갑시다. (행복 1 : 38)
　　　마. 일이 좀 있어서 그랬을 겁니다. (행복 1 : 57)

합쇼체가 격식체라면 위와 같은 비격식적 상황에서는 합쇼체가 나타나지 않아야 하는데 그렇지 않다는 것은 격식체와 비격식체의 구분이 그리 엄밀하지 않다는 생각을 갖게 한다.[47]

격식체와 비격식체의 혼재 양상을 보다 구체적으로 알아보기 위하여 본 연구에서 수집한 사례 베이스에서 화자의 이름, 청자의 이름, 화계의 3개 영역을 추출하여 화자와 청자가 같은 경우에 화계의 양상이 어떻게 달라지는지를 살펴보았다. 이 작업의 결과로 다음의 예와 같이 '화자 - 청자 - 화계'의 쌍으로 이루어진 유형이 총 419개가 나왔다.

---

47) 비격식적 상황이 잘 고려되지 않았던 또 다른 가능성 있는 이유는 [＋격식성]이 유표적인 반면 [－격식성]은 무표적이어서 상대적으로 간과되기 쉬웠기 때문일 수 있다.

[표 15] 화자 – 청자 – 화계 쌍으로 된 문장

화자–청자–화계 유형	화자	청자	화계	유형	빈도
1	명주	정부장	해요체	단일화계	4
2	건	건母	해체	단일격식	9
3	건	건母	해요체	단일격식	3
4	교장	은환	하게체	양계격식	2
5	교장	은환	해요체	양계격식	6
6	명태	순임	하오체	양계격식	2
7	명태	순임	해체	양계격식	2
8	명태	순임	해요체	양계격식	2
…					…
419					총 2000

표의 각 행은 화자, 청자, 화계가 모두 같은 경우의 빈도와 사용된 화계의 유형을 보여주고 있다. 예를 들어 유형 1번에서 명주는 정부장에게 총 4회 말했고, 대화 시마다 '해요체'만을 사용하였다. 명주는 정부장에게 다른 화계를 사용한 적이 없으므로 이 경우의 화계 사용은 '단일화계'에 해당한다. 한편 '건'이는 자신의 모친에게 두 가지의 화계를 사용하였으나 두 화계는 모두 비격식체이므로 '단일격식'이라 하겠고, '교장'은 '은환'에게 서로 다른 격식성을 가지고 있는 하게체와 해요체를 사용하였으므로 이때의 화계 사용은 '양계격식'이라 하겠다.

하지만 이 419개의 유형 중 157개가 빈도 1이었으므로 이들은 화계의 변동 양상을 알 수 없어 통계에서 제외하였다. 빈도 2 이상을 갖는 남은 쌍 유형 262개는 다음과 같이 총 1844 문장에 해당되었다.

[표 16] 화계 변동 양상

화자	청자	화계	빈도	격식성	유형	화자	청자	화계	빈도	격식성	유형
건	건母	해	9	비격식	단격	태식	상현	해	3	비격식	양격
건	건母	해요	3	비격식	단격	태식	상현	해라	4	격식	양격
상두	민석	해	2	비격식	단격	할머니	원희	해	10	비격식	양격
상두	민석	해요	7	비격식	단격	할머니	원희	해라	7	격식	양격
강	강모	해	39	비격식	양격	할머니	지선	해	2	비격식	양격
강	강모	해라	3	격식	양격	할머니	지선	해라	2	격식	양격
강	강모	해요	12	비격식	양격	혜경	은주	해	2	비격식	양격
강	은기	해	48	비격식	양격	혜경	은주	해라	3	격식	양격
강	은기	해라	15	격식	양격	강	아름	해	5	비격식	단화
강	채린	해	7	비격식	양격	강	친구	해라	2	격식	단화
강	채린	해라	9	격식	양격	강모	신부	해요	2	비격식	단화
강모	강	해	60	비격식	양격	강모	심란	해	3	비격식	단화
강모	강	해라	9	격식	양격	강모	은기	해라	2	격식	단화
강모	강부	해	20	비격식	양격	강모	은기모	해	2	비격식	단화
강모	강부	해라	4	격식	양격	강모	채린모	해	4	비격식	단화
강부	강모	해	20	비격식	양격	강모	청년들	해요	3	비격식	단화
강부	강모	해라	4	격식	양격	강모	할머니	해요	3	비격식	단화
교장	은환	하게	2	격식	양격	강부	할머니	해요	2	비격식	단화
교장	은환	해요	6	비격식	양격	건母	건	해	13	비격식	단화
만도	상두	합쇼	2	격식	양격	과장	태섭	해	3	비격식	단화
만도	상두	해	20	비격식	양격	교장	상두	해	2	비격식	단화
만도	상두	해라	16	격식	양격	남고1	남고2	해	2	비격식	단화
만도	은환	해	7	비격식	양격	남고1	은환	합쇼	3	격식	단화
만도	은환	해라	3	격식	양격	남고2	김홍철	해라	2	격식	단화
명순	상두	하오	2	격식	양격	남고2	남고생	해라	2	격식	단화
명순	상두	해	8	비격식	양격	남고2	은환	해	2	비격식	단화
명순	상두	해라	5	격식	양격	남자	상두	해	4	비격식	단화
명자	상현	해	2	비격식	양격	노신사	순임	합쇼	3	격식	단화
명자	상현	해라	4	격식	양격	담임	학생들	해라	2	격식	단화
명주	지수	해	16	비격식	양격	맞선남	지숙	해요	4	비격식	단화
명주	지수	해라	3	격식	양격	명자	명주	해	4	비격식	단화
명태	순임	하오	2	격식	양격	명자	태식	해요	2	비격식	단화
명태	순임	해	2	비격식	양격	명주	가족들	해	3	비격식	단화

화자	청자	화계	빈도	격식성	유형	화자	청자	화계	빈도	격식성	유형
명태	순임	해요	2	비격식	양격	명주	정부장	해요	4	비격식	단화
민석	상두	합쇼	3	격식	양격	명주	종훈	해요	8	비격식	단화
민석	상두	해	2	비격식	양격	명태	명주	해	2	비격식	단화
민석	상두	해요	10	비격식	양격	명태	태식	해요	2	비격식	단화
변여사	선영	해	5	비격식	양격	민석	보리	해	2	비격식	단화
변여사	선영	해라	3	격식	양격	민석	은환	해	24	비격식	단화
변여사	준호	해	5	비격식	양격	민석	의사	합쇼	3	격식	단화
변여사	준호	해라	2	격식	양격	민석	험상1	합쇼	2	격식	단화
변여사	지연	해	4	비격식	양격	보리	민석	해요	2	비격식	단화
변여사	지연	해라	5	격식	양격	보리	상두	해	13	비격식	단화
변여사	최사장	해	11	비격식	양격	봉례	순임	해요	2	비격식	단화
변여사	최사장	해라	3	격식	양격	봉례	주인	해	7	비격식	단화
상두	남자	해	2	비격식	양격	불량1	강	해	2	비격식	단화
상두	남자	해요	2	비격식	양격	상두	수희	해	22	비격식	단화
상두	만도	해	16	비격식	양격	상두	은환친구	해요	3	비격식	단화
상두	만도	해라	4	격식	양격	상두	중년여자	해요	2	비격식	단화
상두	명순	해	6	비격식	양격	상현	명자	해요	5	비격식	단화
상두	명순	해라	6	격식	양격	상현	순임	해요	3	비격식	단화
상두	보리	해	7	비격식	양격	상현	태식	해요	2	비격식	단화
상두	보리	해라	8	격식	양격	선영	변여사	해요	12	비격식	단화
상두	세라	해	22	비격식	양격	선영	준식	해	3	비격식	단화
상두	세라	해라	4	격식	양격	선영	지연	해	4	비격식	단화
상두	은환	해	12	비격식	양격	선영	최사장	해요	3	비격식	단화
상두	은환	해라	16	격식	양격	세라	여인	해요	3	비격식	단화
상두	정우	해	4	비격식	양격	수희	만도	해요	3	비격식	단화
상두	정우	해라	8	격식	양격	순애	은환	합쇼	4	격식	단화
상현	은주	해	78	비격식	양격	순임	가족들	해라	2	격식	단화
상현	은주	해라	12	격식	양격	순임	노신사	해요	8	비격식	단화
세라	상두	해	20	비격식	양격	순임	명자	해	2	비격식	단화
세라	상두	해라	7	격식	양격	순임	봉례	해요	9	비격식	단화
수희	상두	해	20	비격식	양격	순임	자녀들	해	2	비격식	단화
수희	상두	해라	2	격식	양격	순임	태식	해	10	비격식	단화
순임	명주	해	2	비격식	양격	신랑	강모	해요	2	비격식	단화
순임	명주	해라	2	격식	양격	심란	은환	해	5	비격식	단화

화자	청자	화계	빈도	격식성	유형	화자	청자	화계	빈도	격식성	유형
순임	명태	해	3	비격식	양격	아름	강	해	6	비격식	단화
순임	명태	해라	3	격식	양격	아줌마	혜경	해요	3	비격식	단화
순임	상현	해	3	비격식	양격	여인	세라	해	3	비격식	단화
순임	상현	해라	5	격식	양격	영민	지수	해	5	비격식	단화
여자	태섭	해	4	비격식	양격	원희	지숙	해	2	비격식	단화
여자	태섭	해요	4	비격식	양격	유대리	명주	해요	2	비격식	단화
원희	지선	해	9	비격식	양격	은기	119	해요	3	비격식	단화
원희	지선	해라	2	격식	양격	은기	전화국	해요	3	비격식	단화
원희	지연	해	8	비격식	양격	은기	채린	해	8	비격식	단화
원희	지연	해라	2	격식	양격	은기	채린모	해요	2	비격식	단화
원희	할머니	해	6	비격식	양격	은주	지수	해라	2	격식	단화
원희	할머니	해요	7	비격식	양격	은하	은주	해라	2	격식	단화
은기	강	해	41	비격식	양격	은환	남고1	해	3	비격식	단화
은기	강	해라	12	격식	양격	은환	남고2	해	3	비격식	단화
은주	상현	해	109	비격식	양격	은환	남고생	해	3	비격식	단화
은주	상현	해라	7	격식	양격	은환	순애	해요	3	비격식	단화
은환	만도	해	6	비격식	양격	은환	심란	해	3	비격식	단화
은환	만도	해라	3	격식	양격	은환	여자1	해요	2	비격식	단화
은환	만도	해요	4	비격식	양격	은환	정우	해	4	비격식	단화
은환	민석	해	14	비격식	양격	이나	학생들	해	3	비격식	단화
은환	민석	해라	3	격식	양격	재두	혜경	해요	10	비격식	단화
은환	상두	합쇼	3	격식	양격	정우	상두	해요	6	비격식	단화
은환	상두	해	7	비격식	양격	종미	팀장	해요	3	비격식	단화
은환	상두	해라	2	격식	양격	종훈	명주	해	5	비격식	단화
은환	상두	해요	3	비격식	양격	주인	봉례	해요	6	비격식	단화
은환	희서	해	2	비격식	양격	준식	변여사	해요	3	비격식	단화
은환	희서	해라	2	격식	양격	준식	선영	해	2	비격식	단화
은환	지숙	해	4	비격식	양격	준호	변여사	해요	12	비격식	단화
은환	지숙	해라	3	격식	양격	준호	지선	해요	2	비격식	단화
종미	지연	해	12	비격식	양격	중년여	상두	하게	2	격식	단화
종미	지연	해라	6	격식	양격	중년여	종업원	해라	2	격식	단화
종민	태섭	해	3	비격식	양격	지선	할머니	해	2	비격식	단화
종민	태섭	해라	2	격식	양격	지수	명주	해요	17	비격식	단화
종민	태섭모	해	18	비격식	양격	지수	스타	해요	6	비격식	단화

화자	청자	화계	빈도	격식성	유형	화자	청자	화계	빈도	격식성	유형
종민	태섭모	해라	2	격식	양격	지수	영민	해요	4	비격식	단화
종훈	지수	해	5	비격식	양격	지수	종훈	해요	9	비격식	단화
종훈	지수	해라	6	격식	양격	지숙	원희	해	7	비격식	단화
준호	지연	해	23	비격식	양격	지숙	지연	해	4	비격식	단화
준호	지연	해라	12	격식	양격	지연	선영	해요	7	비격식	단화
준호	최사장	해요	2	비격식	양격	지연	원희	해	7	비격식	단화
준호	최사장	합쇼	2	격식	양격	지연	지숙	해	4	비격식	단화
지선	원희	해	8	비격식	양격	지연	지연모	해	4	비격식	단화
지선	원희	해요	3	비격식	양격	지연	최사장	합쇼	2	격식	단화
지선	지연	해	7	비격식	양격	지연	팀장	해요	7	비격식	단화
지선	지연	해라	5	격식	양격	채린	강사	해요	2	비격식	단화
지연	변여사	합쇼	2	격식	양격	채린	채린모	해	7	비격식	단화
지연	변여사	해요	9	비격식	양격	채린모	강모	해	7	비격식	단화
지연	종미	해	8	비격식	양격	채린모	은기	해	2	비격식	단화
지연	종미	해라	3	격식	양격	채린모	은기모	해	2	비격식	단화
지연	준호	해	41	비격식	양격	채린모	혜린	해	2	비격식	단화
지연	준호	해라	11	격식	양격	태섭	세종	해	2	비격식	단화
지연	준호	해요	2	비격식	양격	태섭	여자	합쇼	3	격식	단화
지연	지선	해	4	비격식	양격	태섭	종민	합쇼	2	격식	단화
지연	지선	해라	3	격식	양격	태섭모	종민	해요	10	비격식	단화
채린	강	해	21	비격식	양격	태식	명자	해요	4	비격식	단화
채린	강	해라	2	격식	양격	태식	순임	해요	4	비격식	단화
채린	은기	해	12	비격식	양격	팀장	종미	해	4	비격식	단화
채린	은기	해라	3	격식	양격	팀장	지연	해	7	비격식	단화
채린모	채린	해	6	비격식	양격	할머니	강부	해	4	비격식	단화
채린모	채린	해라	2	격식	양격	혜경	아줌마	해요	6	비격식	단화
최사장	변여사	해	12	비격식	양격	혜경	재두	해요	19	비격식	단화
최사장	변여사	해라	4	격식	양격	후배	강부	해	2	비격식	단화
최사장	선영	해	13	비격식	양격						
최사장	선영	해라	4	격식	양격						
최사장	지연	해	10	비격식	양격						
최사장	지연	해라	8	격식	양격						

*약어 설명
단격 = 단일격식
양격 = 양계격식
단화 = 단일화계

이들 중 두 화자와 청자 사이에 화계가 변동이 없이 단일한 화계가 유지된 경우와 다른 화계를 사용하는 이중 화계의 비율이 어느 정도인지를 보았더니 다음과 같았다.

[표 17] 빈도 2 이상 문장의 단일 화계 비율

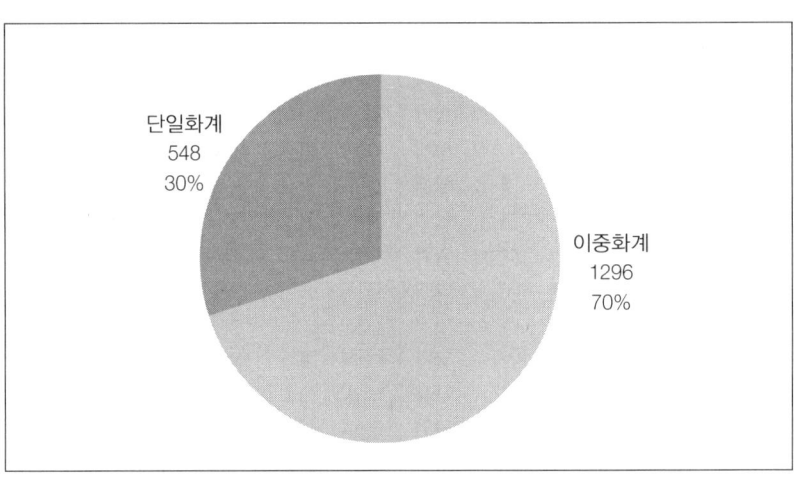

단일화계를 사용하는 경우는 548 문장, 30%에 그치나 이중화계를 사용하는 경우는 1296 문장, 70%에 이르러 두 화자와 청자 사이에는 화계를 변동시켜 대화하는 경우가 월등히 많은 것으로 나타났다.[48]

이것은 전체 문장을 대상으로 한 것이고 동일 화·청자 사이의 대화를 하나의 case로 보고, 이 case에 따른 분포를 다시 조사하여 보았다. 예를 들어 [표 15]에서 '건 - 건母' 사이에 총 12번의 대화가 있었는데 이는 '명주 - 정부장' 사이의 대화 4회보다 많은 것이기 때문에 둘의 관계가 특별하여 비일반적인 경향을 보이는 것이라면 전체 값에 일반적이지 않은 영향을 줄 수 있다. 이에 둘 사이의 대화가 몇 번 있었는지는 상관없이 둘의 대화 전체를

---

48) 화계 변동 양상에 대한 연구로는 유송영(1996), 이정복(1996), 김의수(2002) 등이 있다.

하나의 case로 잡고 다시 빈도를 조사하여 보았다. 즉 '건 – 건母' 사이의 대화는 '단일격식' case 값 1로 정리되게 된다. 이렇게 전체 관계를 정리하게 되면 문장의 빈도수와는 상관이 없이 여러 관계의 평균값을 볼 수 있다. 전체 값은 다음과 같다.

[표 18] case 값으로 본, 빈도 2 이상 문장의 단일 화계 비율

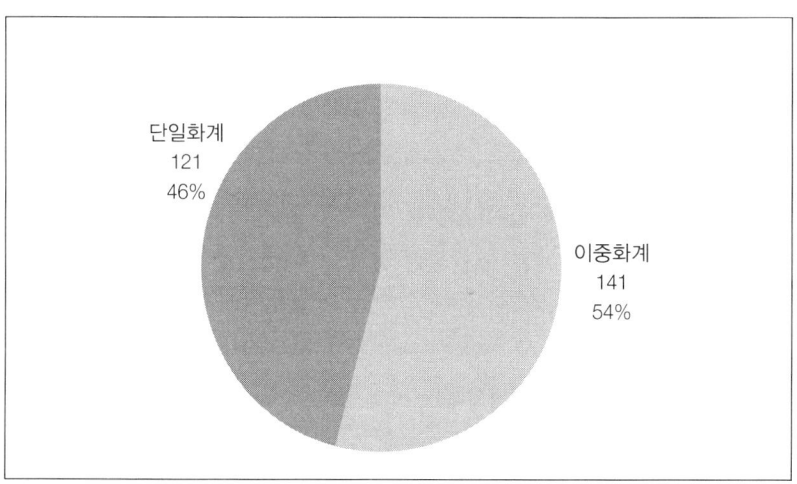

이와 같이 보아도 단일화계가 121 case, 46%를 가지는 데 반해 이중화계는 141 case, 54%로 절반 이상의 비율로 화계가 바뀌었다. 이러한 결과를 볼 때 둘 사이의 관계가 고정적인 관계더라도 보통 하나의 화계만을 사용하여 대화를 하는 것이 아니라 둘 이상의 화계를 이용하는 것을 알 수 있다.

이상은 격식체 여부와는 상관없이 화계의 변동만을 본 것이고, 이번에는 격식체와 비격식체의 혼용 양상을 살펴보자. 해라체와 합쇼체, 해요체와 해체는 서로 그 화계는 다르지만 속하는 격식은 각각 격식체와 비격식체로 동일하게 된다. 이에 대한 조사를 위하여 두 개 이상의 화계를 가진 경우만을 다시 조사해 화계의 변동이 한 격식 내에서의 이동인지 아니면 격식체에서

비격식체로의 이동처럼 다른 격식 간의 이동인지를 보았다. 그 결과 화계의 변동이 있었던 1296개의 문장 중에서 격식체이든 비격식체이든 하나의 격식을 유지하는 경우가 21개, 격식이 바뀐 경우가 1275개로 격식이 바뀐 경우가 압도적으로 많았다. 이것은 우리가 다른 사람과의 대화에서 화계를 바꿀 때에는 격식체와 비격식체를 고려하지 않고 자유롭게 넘나듦을 보여주는 것이다.

이는 낮춤말에 해라체와 해체가 있고, 높임말에 해요체와 합쇼체가 있음을 생각할 때 당연한 것이다. 화자와 청자가 같을 경우에는 보통 그 말의 화계를 바꾸더라도 상대방에 대한 기본 대우 수준이 있기 때문에 높임말에서 낮춤말 혹은 낮춤말에서 높임말과 같이 큰 차이가 나는 대우 수준의 변화는 그리 자주 일어나지 않고 비슷한 수준 즉 같은 높임말 사이에서, 같은 낮춤말 사이에서 전환이 일어나게 될 것이다. 그런데 같은 높임말과 낮춤말 사이에는 서로 격식이 다른 해요체와 합쇼체, 해라체와 해체가 있기 때문에 화계가 전환될 때의 격식 간 넘나듦은 거의 필연적인 것이다.[49]

[표 19] 격식체와 비격식체의 혼용 양상

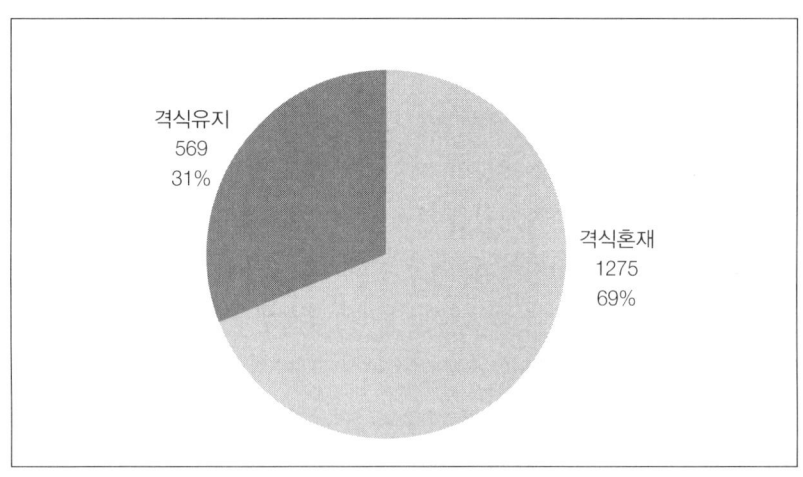

격식유지
569
31%

격식혼재
1275
69%

---

49) 앞 장에서의 논의에 따라 하게체와 하오체는 제외시켰다.

화계의 변동이 없이 단일하게 유지된 경우를 같은 격식체 내에서의 이동과 같은 것으로 간주하여 화계가 단일하게 유지된 경우(548건)와 이중 화계 내에서 격식체를 유지한 경우(21건)를 하나로 보아 다시 통계를 내보아도 앞의 표와 같이 여전히 격식이 혼재되어 나타나는 경우가 대다수이다.

다음에는 앞서 [표 18]에서 본 바와 같이 두 사람의 사이의 화계 변동을 빈도와 상관없이 하나의 case로 보았을 때의 결과를 보도록 하자.

[표 20] case 값으로 본, 격식체와 비격식체의 혼용 양상

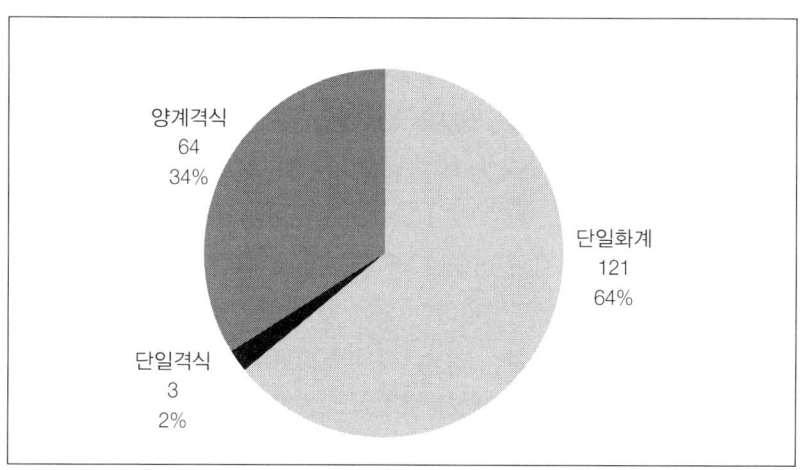

case 값으로 보았을 때는 단일격식이 3건, 단일화계가 121건으로 전체의 2/3, 두 가지의 격식체가 혼용 되는 경우가 1/3 수준으로 격식체가 유지되는 경우가 더 많게 되지만 일상적인 관계의 대화에서 1/3은 그 격식체를 바꾸어 사용한다는 것은 여전히 적지 않은 값이라고 생각한다.

하지만 이와 같은 결과에도 불구하고 공적인 상황에서 합쇼체가 사용되는 경우, 예를 들면 방송이나 연설의 경우를 생각해 보면 비격식체로의 전환은 물론 화계 변동 자체가 쉽게 일어날 것 같지 않다. 방송 아나운서는

남자는 물론 여자도 '～ㅂ니다'의 합쇼체를 기본 화계로 이용하는 듯한데 이와 같이 특정한 상황에서는 합쇼체가 유지되는 이유는 무엇일까?

이것은 방송이나 연설이 격식적인 상황이어서 격식체가 사용되었다기보다는 청자가 화자에 미치는 영향이 크기 때문에 가장 높은 대우등급을 가지고 있는 합쇼체가 사용된 것으로 생각한다. 즉 방송에서 시청자는 방송 아나운서에게 있어 가장 중요한 대상이며, 연설에 있어서도 대중은 연설자가 가장 주의 깊게 대해야 할 대상이다. 그들의 시청자 또는 대중과의 관계는 일견 대등해 보이지만 시청자 또는 대중이 아나운서나 연설자의 의견에 전혀 동의하지 않고 무시하면 그들의 존재도 의미가 없어지는 것이다. 또한 이 두 관계의 공통점은 청자가 화자에 비하여 수적으로 월등히 많다는 점이다. 두 사람의 관계가 아무리 대등한 위치에 있다고 하더라도 한 사람이 여러 사람 앞에서 말을 할 때에는 부담을 갖게 되고, 어려워하지 않을 수 없는 것이다.

이정복(2001 : 303)에서는 이러한 관계를 '청자 압력'이라고 표현하였다. 화자는 청자로부터 느끼는 압력이 있는데 그 압력이 낮으면 말을 낮출 수 있지만 그 압력이 크다면 같은 대상이라고 하더라도 말을 높이게 된다는 것이다. 군대 사회를 배경으로 한 이 연구에서는 회의 중에 사회를 맡은 사람이 여러 사람에게 말할 때는 합쇼체를 쓰다가 한 사람을 지목하여 물을 때는 해체로 바꾸는 다음과 같은 실제 회의 내용을 예로 들었다.

(56) (교육부대 사무실, 참석한 소속 교수 15명은 모두 사회자보다 하급자)
A : 오늘 모이라고 한 것은 여러분 괴롭힐려고 하는 것이 아니니까 긴장하지 마세요. 거의 다 모인 것 같은데, 한 두 가지 전달할 것도 있고, 여러분의 생각을 듣고 의논할 문제가 있어 이렇게 모이시라고 했습니다. (중략) 여러분은 이 문제에 대해 어떻게 생각하는지 돌아가면서 의견을 듣도록 하겠습니다. 이기영! 어떻게 생각해?
B : (의견 전달)

A : (B가 말한 주요 내용을 칠판에 적으며)

　　자, 이런 의견이 들어왔습니다. 자, 그 옆에 권오순! 어떻게 생각해?

　(56)에서 회의 참석자는 모두 사회자의 후배였는데 대중에 대해 말할 때는 호칭을 '여러분'으로 하고, '모이시라고'에서처럼 높임선어말어미 '－시－'도 사용하였으며, 화계는 해요체 '마세요'와 합쇼체 '하겠습니다'를 사용하여 전반적으로 매우 높은 대우등급을 사용하였다. 그러나 개인에 대해서 말할 때에는 호칭을 할 때 '이기영!, 권오순!'과 같이 직접 이름을 불러 상대방을 매우 낮게 대우하였고[50], 화계도 '생각해?'에서 보듯 해체로 급격히 낮추었다. 이와 같이 대중에 대해서와 같은 발화 장면이라도 개인에 대해서 말을 할 때 대우등급에 큰 차이가 나타난 것은 대중에게서는 받는 압력이 크지만 한 개인에 대하여는 그 압력이 그다지 크지 않기 때문이라는 것이다. 이러한 점은 학교에서도 종종 볼 수 있는데 교사 또는 교수가 강단에서 학생들에게 이야기할 때에는 나이 차이가 많이 나도 대우 수준을 쉽게 낮추지 못하는 경향이 있는 반면 일대일로 만나 이야기할 때에는 이러한 부담을 갖지 않는다.

　유송영(1994 : 300)에서는 불특정 청자에 대해서는 '합쇼체'로 대우되는데 이것은 화－청자 사이의 '힘'의 관계에서 비롯되는 것이라고 한 바 있다. 이 역시 청자가 화자에게 주는 영향이 화계 결정의 중요한 요소임을 말한 것인데 '불특정 청자'에 대하여 가장 높은 대우등급을 갖고 있는 합쇼체가 사용된다는 것은 청자가 누구인지 알 수 없을 때 청자로부터 받는 영향이 가장 큰 정도라는 것이다. 실제로 합쇼체가 주로 사용되는 방송이나 연설의 경우는 청자의 구성원을 다 알기 어려운 경우에 해당한다. 이러한 입장에서 해석할 때는 청자 중에 자신보다 높은 사람이 있을 수 있기 때문에 말을 쉽게 낮출 수 없는 것으로 보인다. 반면에 청자 구성원이 어느 정도 파악이 되는

---

50) 호칭어의 대우등급에 대해서는 3.2를 참조.

모임에서는 그 모임의 가장 높은 연령대에 속하는 사람이 강단에서 발언할 때는 그 이하 연령대 발언자가 사용하는 것보다 더 자주 해요체를 사용하는 것을 볼 수 있는데 이는 자신보다 높은 연령의 청자가 많지 않음을 알기 때문에 가능한 것이다. 즉 유송영(1994)의 견해에 의하면 청자가 불특정 다수일 때에 합쇼체가 선택되는 이유는 대중 속에 있는 청자를 다 파악하지 못하기 때문이라고 할 수 있다.

서상준(1993), 박재연(1998) 등 최근 일부 연구에서도 이와 같은 격식체와 비격식체의 혼재 양상에 대하여 논의하며 재고가 필요하다는 입장을 보여 왔는데 특히 서상준(1993 : 9)에서는 해체와 해요체가 규범적인 말씨가 쓰여야 할 자리에까지 확산되어 쓰이게 됨에 따라 특별히 정감적인 의도가 없이도 비격식체가 사용될 수 있다고 하면서 격식체의 용법이란 화자가 청자에게 예의를 갖추어 존중하여 대우하고 있음을 의식적으로 드러내 보이고자 할 경우에 선택하는 것으로 보는 것이 지금의 우리말 현실에 더 적합하다고 보았다.

이러한 의견을 종합하면 우리는 대중에 대한 압력에 의해 청자에 대한 대우 수준을 높임말로 할 지 낮춤말로 할 지 결정하고, 같은 높임말이라도 어느 수준의 화계를 사용할지를 결정하는데 그 압력은 청자의 인원과 신원 파악 여부에서 온다고 할 수 있다. 이러한 점은 다음의 방송 뉴스에서도 확인할 수 있다. 아래는 주가(株價)가 급락하고 있는 문제에 대하여 아나운서가 시청자에게 개괄 설명을 한 뒤 현장의 리포터를 불러 자세한 내용을 들으려는 상황이다.

> (57) 주가가 큰 폭으로 떨어지면서 장 중 1900선이 힘없이 무너졌습니다. 미국증시 급락과 고유가 등 불안한 해외 요인들이 국내증시를 억누르고 있습니다. 보도국을 연결합니다. 주가가 급락하고 있죠?[51]

위에서 아나운서는 시청자들에게 이야기할 때는 합쇼체를 사용하다가 리포터를 부를 때에는 해요체를 사용하고 있다. 아나운서 입장에서는 시청자는 가장 높은 존재이므로 최상위 등급인 합쇼체를 사용하지만 리포터는 그와 같은 존재는 아닐뿐더러, 그의 신원을 파악하고 있기 때문에 자신과 어떠한 정도의 관계를 이루고 있는지 알고 있어 그보다 낮은 해요체를 사용하는 것이라고 해석할 수 있는 것이다.

이와 같이 화계의 사용은 격식적 상황과 비격식적 상황에 따라 미리 정해진 격식체의 화계가 사용되는 것이 아니라 청자로부터 받는 압력에 의하여 그 대우 수준에 맞는 화계가 사용되는 것이라고 할 수 있다. 이러한 입장은 화계에 대한 격식체와 비격식체의 구분이 매우 제한적인 점을 통해서도 증명이 가능하다. 앞서 언급한 바 있지만 그러한 격식체 여부의 구분이 사실이라면 왜 낮춤말에서는 격식체, 비격식체의 구분이 없이 사용되는가 하는 점이 의문이다.[52] 먼저 분명한 서열 관계 표현이 요구되는 군대의 경우 하급자는 상급자를 최상위 등급을 이용하려 할 것이기 때문에 합쇼체가 자주 사용되는 것은 쉽게 짐작할 수 있는 바이다. 그러나 상급자는 하급자를 대할 때 매우 분명하고 높은 대우등급인 합쇼체만 아니라면 비격식체를 포함하여 어떠한 화계를 사용해도 큰 부담을 느끼지 않는다.[53]

방송이나 연설과 같은 상황에서 화자가 격식체인 합쇼체를 주로 쓰면서 비격식체인 해요체를 가끔씩 쓰는 것에 대해 기본적으로는 상황에 맞는 격식체를 채택하나 가끔씩 친밀도를 얻기 위하여 그보다 낮은 등급인 해요체로 전환한다고 할 수 있을 것이다. 그러나 앞에서 든 예 외에도 격식적 상황

---

51) 2007년 10월 22일 mbn 뉴스
52) 해라체와 해체의 위계성에 대해서는 3.1을 참조.
53) 군대에서 하급자에게 높임말을 사용하는 한 경우는 상급자가 지위는 높으나 연령은 낮은 경우이다. 그러나 이러한 때라도 상급자는 원하면 낮춤말을 쓸 수 있는데 이렇게 상급자가 화계를 자유롭게 결정할 수 있다는 것은 청자로부터 받는 압력 또는 힘이 적다는 것을 말한다. 그 외 군대 내 상·하급자 사이의 미묘한 관계에서 빚어지는 대우법 사용 양상은 이정복(2001)에서 자세히 다루었다.

에서 청자를 낮추어 말할 수 있는 경우 '이리 좀 와!(해체) / 이리 좀 와라! (해라체)', '이 일은 어떻게 했나?(해체) / 이 일은 어떻게 했냐?(해라체)' 등의 선택에는 대우등급은 물론, 친밀도의 정도 차이도 느껴지지 않는다는 점과, 비격식적인 상황에서 '장인어른 언제 오셨습니까?, 김 선생님 빨리 좀 부탁드립니다, 예 잘 알겠습니다'와 같이 합쇼체도 잘 사용되는 점을 설명하려면 격식성 여부나 친밀도의 문제로 해결하는 것보다 '청자로부터 받는 압력이 대우 수준을 결정한다'고 보는 것이 훨씬 간결한 설명력을 제공해 준다.

또한 적어도 공식적인 상황에서 합쇼체의 사용 비율이 높은 것은 사실이라는 점을 강조한다고 하여도 이것은 합쇼체에만 해당된다는 점도 격식체 설정에 큰 부담이 된다. 다른 화계에는 적용이 되지 않는데 방송이나 연설과 같이 대중에 대한 발화 장면만을 위해 격식체를 설정하기에는 문법이 갖는 부담이 큰 것이다. 이 부담이 적으려면 격식적 상황에서 비격식체 사용의 제약이 분명해야 하고 비격식적 상황에서는 격식체의 사용이 제한되어야 한다.

기존에 격식체 설정이 보다 타당하게 느껴졌던 이유는 비격식체로 분류되었던 해체와 해요체는 형태적으로 불완전했기 때문이다. 고영근(1974b), 서정수(1984)에서 언급된 것처럼 해체는 해라체가 온전히 실현되지 못한, 반만 실현된 '반말'로서, 해요체는 기존의 '하오체'였던 것이 중부 지방의 아녀자들이 사용한 매우 구어적인 어투로서 분석하는 것이 가능했기 때문이다. 그러나 지금에 와서는 이들의 형태와 사용이 고착되었고 더 이상 불완전한 형태로 인식되지도 않기 때문에 이들에 대하여 형태적 기준으로도 비격식체라고 할 이유는 없다고 본다.

정리하면 합쇼체 또는 해요체 등이 사용되는 이유는 청자로부터 받는 압력 때문이라고 할 수 있다. 청자로부터 받는 압력이 적을 때는 아무 화계나 사용해도 큰 관계가 없지만 청자의 지위가 높거나 부탁하는 등 청자에게 함부로 말할 수 없는 상황에서는 높은 대우등급을 사용하려는 경향이 있는 것이다. 그래서 높임말이라고 할지라도 방송이나 연설과 같이 청자가 불특정 다수일 때는 대우등급에 있어서 가장 안전한 합쇼체를, 서로를 잘 알고 있는 경우에는 해요체도 잘 선택되는 것으로 보인다.

2.3.1에서는 자주 쓰이지 않는 화계들에 대하여 특수형으로 분류하여 일반적인 상황에서는 같이 염두에 두지 않도록 하고, 여기에서는 불필요한 범주를 없애는 작업을 하였는데 이는 우리말의 현재 모습을 보다 잘 보여줄 뿐만 아니라 문법을 간결하게 하는 데에 도움을 줄 것이다.

2.3.3. 화계와 어말어미의 형태

2인칭 대우법에서 중요한 기능을 하는 화계는 그 어말어미의 형태를 통해서 알 수 있는데 경우에 따라서는 이들의 화계를 분간하기가 쉽지 않은 경우가 종종 있어 문제가 된다. 해라체의 '-라', 하게체의 '-게', 해요체의 '-요', 합쇼체의 '-ㅂ니다'와 같이 명령형 종결형을 가지고 있는 경우에는 그 화계를 쉽게 알 수 있으나, 명령형이 아니며 형태상 명령형과의 유사성을 발견하기가 쉽지 않은 '-ㄴ거야, -ㄴ고, -라구, -ㄹ게, -까, -는구나, -이지'와 같은 어미들의 화계를 결정하기 위해서는 여러 예문을 만들어 예상 화계의 예문과 비교해 보는 과정을 거치지 않는 이상 형태만으로는 결정하기가 쉽지 않다.

이와 같이 어미부는 한국어의 교착어적 성격이 가장 많이 드러나는 곳으로 형태적 변화가 심하여 화계 판단은 물론, 연역적 판단에 의해서 쉽게 그 형태를 다 예측할 수 없는 곳이다. 용언 어간에는 시제, 상, 서법을 표현하는 각종 선어말어미와 어말어미가 융합되고 거기에 음운적 변이형까지 추가됨으로써 그 실제로 나타나는 형태는 무척 다양한 것이다. 또한 그러한 다양성에 기인하여 변화의 가능성도 매우 크다. 20세기 초반에는 자주 쓰여 최현배(1937)에도 기록이 되었던 '~(으)매라, ~(오)이가, ~(으시)세다' 등은 현재에는 거의 쓰이지 않게 되었으며 불과 1년 전만 해도 젊은 연령층에서 유행처럼 쓰이던 '~삼' 어미는 지금은 거의 사용이 되지 않는 과거의 것이 되어 버렸다. 주어와 목적어도 어근과 접사의 결합으로 이루어지기는 하지만 체언 어근은 그 단독형으로도 쓰이나 용언 어근은 그럴 수 없다는 점이 이러한 변화의 양상을 다양하게 할 수 있는 것이다.

또한 어미 유형들의 생성 · 소멸이 빠르다는 것은 문장에서의 술어부의 중요성과 연관지어 생각했을 때 당시의 언어생활 양상을 드러내 줄 가능성이 크다. 어떠한 어미 유형이 일정한 시기에만 나타났다가 사라졌다는 것은 그 유형이 당시의 언어 습관만을 설명할 수 있는 형태라는 것을 말하기 때문이다.

그럼에도 불구하고 어말어미의 형태에 관한 연구는 그동안 그리 많지 않았다. 어말어미에 대한 연구는 많이 있었지만 그 관심은 주로 문법적 기능과 의미를 파악하는 데에 있었고 형태 구조에 대한 분석은 소홀하게 다루었던 것이다(김태엽2001 : 125). 이에 대한 이유를 생각해 보면 언어를 연역적인 방법으로 분석해 왔던 방식과도 관계가 있다. 물론 문법을 설명하기 위해서는 이러한 연역적인 접근 방식도 중요하겠지만 언중의 언어생활 양상을 파악하기 위해서는 귀납적인 태도도 중요하다 하지 않을 수 없다.

어미 형태에 대한 연구는 아직 우리말에 미숙한 사용자를 위해서도 필요하다. 한국어를 배우는 외국인이나 언어 처리를 하는 컴퓨터에게는 수많은 문법과 음운 규칙을 제시하며 이를 통해 원하는 형태를 만들고 이해하라고 하기보다는 그 최종적인 형태를 제시하고 암기하게 하는 편이 더 빠르다. 특히 외국인의 경우에는 우리말에 능숙하지는 않더라도 판단 능력이 있기 때문에 어근과 접사 단위로 끊어서 목록을 제시하는 것이 가능하지만 언어에 대한 직관이나 관념이 없는 컴퓨터의 경우에는 어근을 포함한 결합형을 제시하는 것이 오히려 효과적이다.

예를 들어 '이것은 그것이 아냐'의 '아냐'는 '아니야'의 줄임말로 해체로 분류해야 하나 해라체 어말어미 목록에 '-냐'가 있기 때문에 위를 해라체라고 잘못 판단할 수 있다. 또, '아뇨'는 '아니 + 요'이므로 해요체에 속하지만 대표형 위주로 정리된 기존의 화계 구분표는 융합된 형태에 대하여는 분류를 하고 있지 않기 때문에 적절한 판단이 이루어지기 어렵다. 또한 '봐, 빼, 와, 파' 등과 같은 단음절 해체 명령형은 용언과 어말어미가 하나의 음절로 완전히 융합되어 있기 때문에 복잡한 음운규칙을 동원하지 않고서는 적절한 분석이 이루어지기 어렵다.[54] 이러한 문제들을 가장 간단하고 효과적으로 처리하는 방안은 접사 전체의 결합형 또는 일부의 경우에는 용언과 접사 전체의 결합형을 제공하는 것이다.

어말어미에 대한 연구로는 최현배(1937), 고영근(1974), 서태룡(1985), 한길(1991), 허웅(1995), 김태엽(2001) 등이 있다. 특히 김태엽(2001)은 기존의 연구를 정리하며 기존 연구에서 진행한 어말어미의 형태 목록을 정리하는 작업을 하였다. 그 자세한 어미 형태는 김태엽(2001 : 126)에서 정리하였기에 여기서 밝히지 않지만 각 작업의 분류 방법과 그 목록의 수만을 본 연구에서 조사해 보니 다음과 같았다.[55]

---

54) 그러나 어미와 융합된 경우가 모든 용언에 해당하는 것은 아니고, 실제 쓰이는 것은 그 수효가 적기 때문에 모든 용언에 대하여 각 어미와의 결합형을 만들어 둘 필요는 없을 듯하다. 문제가 되는 것은 모음으로 끝나는 용언들이고, 특히 단음절 용언이면서 해체와 결합되었을 때 분간하기 어려운 경우가 많다.

55) 목록 수를 계산할 때 음운론적 규칙 등을 고려하지 않고 순수히 형태적 특징에 의해서만 계산하였다. 예를 들어 '~(으)니라'는 '~니라'와 '~으니라' 두 가지 형태가 있는 것으로 보아 두 개로 계산하였다. 또 똑같은 어형이 서로 다른 분류에 있는 경우는 중복하여 계산하였다. 하지만 영형태는 계산에 넣지 않았다.

[표 21] 어말어미의 형태 목록 수

	분류 방법 1	분류 방법 2	목록수
최현배(1937)	베풂꼴, 물음꼴, 시킴꼴, 꾀임꼴	아주 낮춤, 예사 낮춤, 예사 높임, 아주 높임, 반말	140
고영근(1974)	설명법, 의문법, 감탄법, 명령법, 허락법, 공동법, 약속법, 경계법		62
서태룡(1985)	서술형, 의문형, 명령형, 청유형, 약속형		47
한　길(1991)	반말, 예사낮춤, 예사높임, 아주낮춤, 아주높임, 높낮이없음	서술법, 물음법, 꾀임법, 시킴법	102
허　웅(1995)	서술법, 물음법, 시킴법, 함께법	낮춤, 예사높임, 아주높임	378
김태엽(2001)	서술법, 의문법, 명령법, 청유법	안높임, 조금높임, 조금더높임, 아주높임	382

　대부분은 문장의 서법에 따라 먼저 분류하고 그 이후에 대우등급으로 나누는 방식을 취했으나 한길(1991)은 대우등급을 먼저 나누고 그 안에서 서법에 따라 어말어미를 다시 나누는 작업을 취했다. 본 연구와 같이 화계별 어말어미 형태를 파악하고자 하는 입장에서는 이와 같은 분류가 같은 대우등급을 더 빨리 파악하게 해주니 선호된다. 그러나 최현배(1937)이 일찌감치 140개의 어미 유형을 파악하였는데 고영근(1974)와 서태룡(1985), 한길(1991)에서는 유형 파악이 그에 미치지 못했고, 이에 어미 유형을 전면적으로 파악한 중간 시기의 작업이 없게 되어 아쉬움을 남긴다. 하지만 한길(1991)은 높임선어말어미, 시제선어말어미 등과의 결합 양상과 1, 2, 3인칭 주어와의 결합, 사용 장면과 같은 화용적 특징에 이르기까지 다양한 결합양상을 보여주고 있어 다른 연구들이 주로 어말어미만을 그 분석 대상으로 삼은 것과 비교가 된다.

또한 위의 자료들에도 '－다면서요'와 같은 구어체 어미가 있는 것은 사실이지만 그 자료를 주로 문어 자료에서 구하거나 연역적으로 추론함으로써 본 연구에서 조사된 '－수, －슈, －쵸'와 같은 비표준이나 음운적 축약형, '－다더람마'와 같이 비어·속어가 일부 선어말어미와 융합된 형태들은 발견하기 어려웠다. 연역적인 방법으로 형태를 추론하는 경우에는 대표형, 표준형에 이끌리는 경우가 많은데 실제 구어 사용에서는 그렇지 않은 경우도 많은 것이다. 그러므로 위의 자료들은 전반적으로 언어학적 분석에는 매우 유리한 형태로 어말어미들을 분류하고 있는 것은 사실이지만 특히 기계적 처리를 하기 위해서는 실제 음운적인 문제와 함께 예외적인 경우를 다시 생각해야 하는 어려움이 있다. 나아가 구어체 자료를 위주로 조사를 하면 '－삼, －욤'과 같은 신어형도 발견이 될 것인데 이러한 것도 우리의 언어생활을 보여주는 소중한 자료이다. 하지만 이들의 화계 구분은 그 사용 환경이 기존 체계와는 다른 점이 있어 분류 시 주의를 요한다.

이에 본 연구는 우선 본 연구의 자료 2000건에서 어말어미와 일부 선어말어미를 술어부에서 추출하는 작업을 하였다. 그 결과 용언과 어미가 융합된 경우를 포함하여 다음과 같이 총 231개의 어미 유형이 조사되었다.[56)]

[표 22] 어말어미의 화계 구분표

화계	어말어미	빈도	화계	어말어미	빈도
하게	구마	1	해	져	3
하게	ㄴ가	4	해	졌어	1
하게	네	1	해	줘(용언형)	21
하게	셨네	1	해	지	69
하게	이시	1	해	짜(용언형)	1
하오	ㄴ고	1	해	쳐	3
하오	는기고	1	해	켜	3

---

56) 용언형에 대해서는 '(용언형)'으로 표시하였다.

화계	어말어미	빈도	화계	어말어미	빈도
하오	소	1	해	테니까	1
하오	수	4	해	파(용언형)	2
하오	슈	1	해	하구	1
합쇼	[습]니까	9	해	해	91
합쇼	[습]니다	40	해라	거구나	1
합쇼	[읍]시다	3	해라	거냐구	2
해	가(용언형)	31	해라	거다	2
해	거든	5	해라	거라	1
해	거래	1	해라	거야	31
해	거려	1	해라	겠냐	1
해	거지	7	해라	겠니	1
해	게	2	해라	겠다	3
해	겠대	2	해라	구나	3
해	겠어	13	해라	꺼야	1
해	겠지	5	해라	ㄴ거야	2
해	겨	2	해라	ㄴ다구	1
해	구	8	해라	냐	64
해	군	1	해라	냐고	1
해	그자(용언형)	1	해라	는거야	7
해	기나 해	1	해라	는구나	2
해	기고	1	해라	니	27
해	까	3	해라	다	105
해	꿔	1	해라	다니	1
하게	구마	1	해	져	3
하게	ㄴ가	4	해	졌어	1
하게	네	1	해	줘(용언형)	21
하게	셨네	1	해	지	69
하게	이시	1	해	짜(용언형)	1
하오	ㄴ고	1	해	처	3
하오	는기고	1	해	켜	3
하오	소	1	해	테니까	1

화계	어말어미	빈도	화계	어말어미	빈도
하오	수	4	해	파(용언형)	2
하오	슈	1	해	하구	1
합쇼	[습]니까	9	해	해	91
합쇼	[습]니다	40	해라	거구나	1
합쇼	[읍]시다	3	해라	거냐구	2
해	가(용언형)	31	해라	거다	2
해	거든	5	해라	거라	1
해	거래	1	해라	거야	31
해	거려	1	해라	겠냐	1
해	거지	7	해라	겠니	1
해	게	2	해라	겠다	3
해	겠대	2	해라	구나	3
해	겠어	13	해라	꺼야	1
해	겠지	5	해라	ㄴ거야	2
해	겨	2	해라	ㄴ다구	1
해	구	8	해라	냐	64
해	군	1	해라	냐고	1
해	그자(용언형)	1	해라	는거야	7
해	기나 해	1	해라	는구나	2
해	기고	1	해라	니	27
해	까	3	해라	다	105
해	꿔	1	해라	다니	1
해	ㄴ가봐	3	해라	다더람마	1
해	ㄴ대	1	해라	더라	4
해	ㄴ데	9	해라	더라구	1
해	나	15	해라	드라	1
해	나(용언형)	3	해라	ㄹ거다	3
해	나봐	2	해라	ㄹ라구	1
해	내	1	해라	라	20
해	냐구	2	해라	라고	2
해	냐니까	1	해라	라구	9

화계	어말어미	빈도	화계	어말어미	빈도
해	네	16	해라	라꼬	1
해	노	1	해라	라니	1
해	놔(용언형)	9	해라	봐라	2
해	는데	11	해라	아니다	1
해	다고 봐	1	해라	어라	3
해	다구	11	해라	어봐라	1
해	다녀	1	해라	으라구	1
해	다는 거	1	해라	이냐	5
해	다니까	6	해라	이니	1
해	다니깐	1	해라	이더라	1
해	다며	2	해라	이라구	1
해	대	9	해라	자	28
해	대니까	1	해라	자구	4
해	던 걸까	1	해라	줘라	1
해	데	3	해요	거든요	7
해	돼	26	해요	게요	3
해	둬(용언형)	4	해요	겠나봐요	1
해	떠(용언형)	2	해요	겠어요	3
해	ㄹ거야	16	해요	겠죠	3
해	ㄹ게	26	해요	고요	1
해	ㄹ까	9	해요	구만요	1
해	ㄹ꺼야	1	해요	구요	4
해	ㄹ라	15	해요	군요	2
해	ㄹ래	7	해요	까요	1
해	ㄹ려구	2	해요	께요	1
해	라니까	1	해요	ㄴ가요	2
해	라두 돼	2	해요	ㄴ거예요	1
해	래	34	해요	ㄴ거요	2
해	래두	1	해요	ㄴ데요	3
해	래잖아	1	해요	나요	1
해	랬어	1	해요	냐구요	2

화계	어말어미	빈도	화계	어말어미	빈도
해	러	2	해요	네요	11
해	려	12	해요	는데요	7
해	마(용언형)	19	해요	는요	1
해	모자라	1	해요	다구요	4
해	뭐	4	해요	다니까요	1
해	봐(용언형)	40	해요	대요	3
해	부지	1	해요	더군요	1
해	빼(용언형)	1	해요	데요	10
해	뻐(용언형)	2	해요	돼요	1
해	서	1	해요	두요	1
해	서(용언형)	2	해요	든 거죠	1
해	셔	5	해요	든요	3
해	시대	1	해요	ㄹ거요	1
해	싸(용언형)	1	해요	ㄹ게요	8
해	아	37	해요	ㄹ까요	4
해	아냐	23	해요	ㄹ래요	1
해	안타(용언형)	1	해요	ㄹ요	1
해	않아	1	해요	라구요	2
해	않어	1	해요	라니까요	1
해	애	10	해요	래요	9
해	야	59	해요	부죠	1
해	야 돼	1	해요	서요	5
해	야지	19	해요	세요	43
해	어	277	해요	시요	1
해	어 주지	1	해요	시죠	1
해	어때(용언형)	2	해요	아뇨	1
해	여	1	해요	아요	16
해	와(용언형)	14	해요	애요	1
해	왜	11	해요	야죠	2
해	워	12	해요	어요	64
해	으니까	2	해요	에요	1

화계	어말어미	빈도	화계	어말어미	빈도
해	은 줄 알구	1	해요	예	1
해	은데	1	해요	예요	31
해	을거구	1	해요	요	60
해	이구	1	해요	은데요	1
해	이꺼	1	해요	은요	1
해	이니까	2	해요	이요	2
해	이라며	1	해요	이죠	2
해	이래	3	해요	인데요	1
해	이야	38	해요	잖아요	1
해	이잖아	1	해요	재요	1
해	이지	8	해요	죠	24
해	자(용언형)	2	해요	지구요	1
해	잖아	38	해요	쵸	1
해	잖어	4	해요	해요	3
해	재	2			2000

본 연구의 자료는 구어체이고, 분석 역시 구어체를 그대로 반영하기로 하였기 때문에 '-구만요, -지구요'와 같은 구어투 어미도 다수 포함되었고, '-라꼬, -예요, -재, -쵸'와 같은 음운적 변이형 및 축약형, '-셔'와 같은 선어말어미와의 결합형, '가, 놔, -뻬'와 같은 용언형이나 어근과의 융합형 등도 포함되었다. 이러한 형태들이 포함된 이유는 상술하였다시피 특히 기계적 처리에 유용하기 때문이다.[57]

이 자료들은 화계별로 구분이 되어 가나다 순으로 정렬된 어미 형태를 찾으면 그 화계를 바로 알 수 있도록 되어 있고 해당 어미의 빈도도 나와 있어 언어생활에서 어느 정도로 사용되는지를 알 수 있도록 하였다. 40 이상의 고빈도를 가지는 어말어미는 다음과 같다.

---

57) 이에 대해서는 4.2.2를 참조.

[표 23] 빈도 40 이상의 어말어미

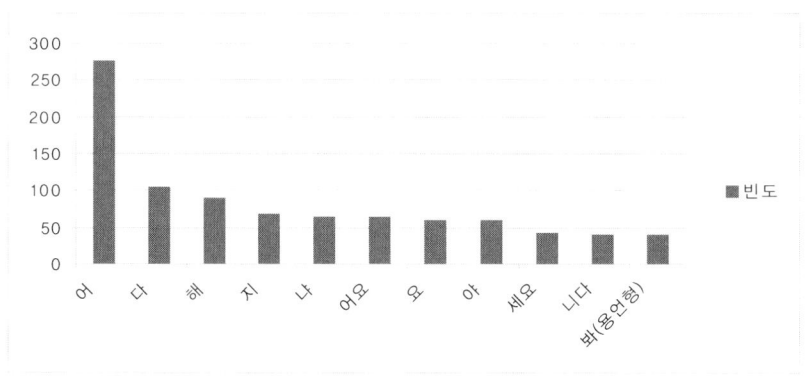

낮춤형 화계이며, 서술문과 의문문에 쓰일 수 있는 해체의 '－어'가 가장 많은 빈도를 보이고 있고 그 다음으로 해라체 서술문으로 쓰이는 '－다'가 많이 쓰이고 있다. 또한 '어요, 요, 세요'는 모두 해요체여서 종류상으로는 가장 많은 분포를 차지하고 있다. 그리고 용언형 '봐'도 고빈도 어말어미에 포함되었다.

다음으로는 [표 22]에 나타난 어미들의 화계 분포를 살펴보았다.

[표 24] [표 22] 어미 유형의 화계 분포도

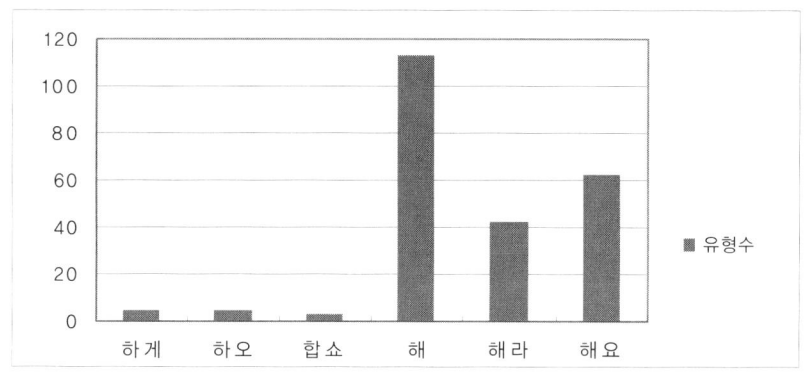

조사 결과는 위의 표에서 보듯 해체가 113개로 가장 많고 그 뒤를 해요체와 해라체가 따르고 있다. 이 결과는 문장의 화계를 조사한 2.3.1의 [표 6]의 결과와 관련이 있는데 [표 6]에서도 '해 – 해요 – 해라'의 순으로 화계 빈도가 나타났고, '합쇼, 하게, 하오'는 낮은 빈도를 보였다. 특정 화계가 문장에서 자주 쓰인다면 그 화계에 해당하는 어미의 종류도 다양할 것임은 당연한 것이다. 종류가 다양해야 각 종류가 갖는 빈도가 더해져서 전체 화계의 빈도를 높이기 때문이다.

　본 연구의 어말어미 유형에 대한 조사는 아직 그 양에 있어서 부족하지만 [표 22]는 어미의 대우등급 조사를 위해서는 선어말어미를 일부라도 더 포함시키고, 음운·형태적 변이형을 추가해야 실용적 목적에 더 쉽게 쓰일 수 있을 것임을 보여주고 있다 하겠다.

3. 대우표현의 등급화

3. 대우표현의 등급화

우리는 상대방이 나보다 나이가 많은 사람이라고 해서 극존칭인 '하십시오' 형태만으로 이야기하거나 나보나 낮은 사람이라고 해서 가장 낮은 대우 등분을 가지는 '해라' 형태만을 이용해서 대화하지 않고 상대방의 연령, 사회적 지위, 관계, 성별 등 다양한 상황 정보 속에서 대우등급을 결정한다. 이렇게 그 상황에 맞게 운용하는 대우법, 즉 '시의적절한 대우법'을 운용하는 것은 우리의 대화가 자연스럽고, 상대방과의 관계를 원활히 하기 위해서 필요한 사항이다. 연령이 똑같이 높은 두 사람이라고 하더라도 청자의 사회적 지위가 높으면 보다 높여서 대우하고, 그렇지 않고 사회적 지위가 낮으면 대우등급을 조금 낮게 조절할 수 있다. 또한 상대방의 연령이 비교적 어리더라도 그를 공적인 자리에서 만났을 때는 함부로 낮춰 대우하지 못하며, 상대방이 손님이거나 자신의 상관인 경우에는 연령과 관계없이 존대 대우를 하는 것이 일반적이다.

이러한 다양한 인간관계에 효과적으로 대응하기 위하여 우리말의 대우법은 높이고 낮추는 두 가지의 층위만을 가진 것이 아닌 그 중간에 여러 등급을 둔 다단계 대우등급을 이용하고 있다. 다단계 대우등급은 최상이나 최하 대우등급을 사용하기가 어려운 경우에 중간 정도의 대우등급을 통하여 상대방과의 관계에서 예의를 갖추면서도 친밀한 감정이 유지될 수 있도록 한다.

중간 단계의 대우등급을 실현시키는 방법으로는 어휘적 대우 표현이나 화계에 의한 다단계 대우등급을 먼저 들 수 있다. 하지만 어휘적 대우 표현은 2장에서 살펴본 바와 같이 몇 가지 문제점이 있어서 시스템 차원에서는 사용하기가 어렵고, 화계 역시 실제 사용할 수 있는 경우만을 고려하면 그리 다양하다고 할 수 없다. 이에 본 연구에서는 몇 가지 기제를 더 찾고자 하였는데 그것이 본 장에서 다루려고 하는 요소 간 협력, 호칭어, 종결표현에 의한 대우등급의 다양화이다.

요소 간 협력은 문장 전반적인 면에서 여러 대우법 요소들이 함께 협력하여 중간적인 대우등급을 이루어내는 것이다. 특히 호응은 주로 주어부와 술어부의 높임 표현을 다루는 것인데 여러 대우법 요소들이 함께 활동하는 것을 잘 보여주므로 본 연구에서는 '요소 간 협력'을 '호응'과 크게 구별하지 않고 같이 쓰겠다.

대우법의 다른 요소도 그러하지만 우리말의 호칭어는 특히 다른 언어에서는 찾아보기 힘들 정도로 복잡한 구성을 가지고 있다. 일반적인 경우에는 호칭어에 특별한 주의를 기울이지 않는 외국어에 비하면 우리말의 호칭어는 매우 민감하다. 호칭어는 기본적으로는 이름과 친족어라는 기본적인 요소에 '−님'과 같은 접사를 이용하여 높임의 뜻을 가지지만, 상황에 따라 쓰이는 호칭어가 달라지는 경우가 많고 일부의 호칭어는 같은 형태라고 하더라도 상황에 따라서 다른 대우등급을 가지고 있기 때문에 호칭어의 대우등급을 관찰할 때는 어떠한 상황에서 쓰였는지가 중요하게 고려되어야 한다.

어말어미에 의해 표현되는 화계는 그 자체만으로는 그리 많은 대우등급을 갖지 못하지만 높임선어말어미가 개입된 종결표현은 그 단계를 더욱 늘린다. 그런데 종결표현도 호칭어의 경우와 유사하게 상황에 따른 경향성을 보여주고 있으므로 이들의 대우등급과 사용 양상에 대하여 고찰해 보도록 하겠다.

즉, 본 장에서는 문장의 대우표현에 의한 등급화를 설정하기 위해 위에서 언급된 요소들의 대우등급 관계와 상황에 따른 사용 양상을 중심으로 살펴

볼 것이다. 상황에 따라 사용 양상에 차이가 있다는 것은 우리가 이들을 사용할 때에는 상황에 맞게 적절히 사용해야 함도 더불어 알려준다.

3.1. 대우등급의 조절

이 절에서는 다단계 대우등급을 이루기 위하여 여러 대우법 요소들이 참여하는 모습을 다루게 될 것이다. 먼저 여러 대우법 요소를 이용한 대우등급 조절이 가능한 것인지 생각해 보고, 이러한 것을 가능하게 하는 원리는 무엇인지 알아보겠다. 그리고 술어부에 위치하여 대우등급을 조절하는 높임선어말어미와 어말어미의 협력 관계에 대하여 살펴보도록 할 것이다.

3.1.1. 대우등급 조절의 가능성

'김 과장 – 김 과장님', '오다 – 오시다'의 경우와 같이 어휘·문법적 대우 표현을 구성하는 많은 경우들은 개별적으로 보면 높이느냐 높이지 않느냐의 2단계 대우 체계만을 가지고 있는 것으로 보이지만 실제 우리가 문장을 구성해서 말을 할 때에는 여러 대우법 요소들이 복합적으로 구성되어 결과적으로는 다양한 대우등급을 표현할 수 있음을 알 수 있다.

(1) 가. 김 과장, 어서 와.
　　 나. 김 과장, 어서 와요.
　　 다. [?]김 과장, 어서 오세요.
　　 라. *김 과장, 어서 오십쇼.

(2) 가. *김 과장님, 어서 와.
　　 나. [?]김 과장님, 어서 와요.
　　 다. 김 과장님, 어서 오세요.

라. 김 과장님, 어서 오십쇼.

　(1)은 대상을 부를 때 '김 과장'이라고 비높임형[1]을 쓴 경우인데 이러한 경우이더라도 반드시 (1가)와 같이 술어부가 낮춤형만 쓰일 수 있는 것이 아니라 (1나)와 같은 해요체도 쓰일 수 있음을 볼 수 있다. (1나)에는 높임 선어말어미가 개입되어 있지 않은데 이로 말미암아 술어부의 대우등급이 그리 높지 않아 대상을 낮추어 부르는 호칭어와 함께 쓰일 수 있는 것으로 생각된다. 그래서 (1다)와 같이 해요체에 높임선어말어미까지 개입시키게 되면 술어부의 대우등급이 너무 높아져 본래의 낮추어 말하려고 했던 의도와는 차이가 커져 사용하기가 어려워지는 것이다. 그러나 (1다)는 전혀 불가능한 정도로는 생각되지 않고 경우에 따라서는 가능한 것도 같은데 이런 경우의 화자의 의도는 상대방을 낮추기는 하지만 충분히 대우하려는 데에 있을 것이다. 하지만 어떠한 경우라도 정상적인 상황에서는 (1라)와 같은 표현은 가능하지 않을 것이다.[2] (1라)는 주어의 기능을 하는 호칭어는 완전히 낮추면서 술어부는 완전히 높인 것으로 둘의 대우등급 차이는 지나치게 커져 양립할 수가 없다.[3] 그럼에도 불구하고 이러한 문장을 사용한 경우가 있다면 그것은 청자를 대우하는 것이 아니라 비꼬는 투와 같이 비정상적인 담화 상황에서 이야기하는 경우일 것이다.

　반면에 (2)는 상대방을 '김 과장님'이라고 호칭함으로써 높여 대우하고자 하는 뜻이 있는 경우이다. 그러나 (2가)는 호칭어는 높이면서도 술어부를 해체를 사용하여 지나치게 낮게 대접하고 있어 비문이 되고 있다. 이것은 (1라)의 경우와 반대되는 상황인데 역시 상대방에 대한 호칭과 술어부의 대

---

1) '비높임형'이라고 한 이유는 상대방의 직함을 불러주는 '김 과장'이 완전한 낮춤형이라고 할 수는 없기 때문이다. 호칭어의 대우등급에 관해서는 3.2.3을 참조.

2) 보다 일반적으로 사용되는 '어서 오십시오'가 아닌 '어서 오십쇼'를 예로 든 것은 화계의 대표형은 높임선어말어미가 개입되지 않은 형태일 것이기 때문이다. 화계에서의 높임선어말어미 분리 문제는 2.1.2를, 이들 결합형의 명칭에 대해서는 3.3을 참조.

3) 호칭어와 주어의 관계는 3.1.2를 참조.

우등급이 지나치게 맞지 않고, '과장님'이라는 상대방의 지위를 무시하려는 의도가 엿보인다. 하지만 술어부가 다소 높아진 (2나)의 경우에는 그 문법성이 다소 좋아지는 것을 확인할 수 있고 여기에 높임선어말어미가 들어간 (2다)나 화계의 최상형인 합쇼체가 사용된 (2라)의 경우에는 호칭어와 술어부의 대우등급 차이가 크지 않아 문법성에 문제없이 잘 사용되고 있다.

이상의 예에서 우리는 다음을 알 수 있다. 첫째, 호칭어와 술어부 사이에는 어느 정도 대우등급이 맞아야지 지나치게 많은 차이가 나서는 안된다는 것이다. 약간의 대우등급 차이는 허용이 가능하나 일정 수준을 넘어가게 되면 문장은 비문이 된다. 이 호응의 문제에 대해서는 뒤에서 보다 자세히 다루도록 하겠다.

둘째, 상대방을 대우하는 데에는 완전히 낮추거나 완전히 높이는 극단적인 방법만 있는 것이 아니라 여러 대우법 요소를 사용함으로 중간적인 대우가 가능하다는 것이다. (1나,다)와 (2나,다)는 호칭어 혹은 술어부에서만 높임형을 사용함으로써 전체 문장의 대우등급이 중간으로 조절되었다. 이러한 중간적인 대우등급은 상대방을 완전히 낮추거나 완전히 높일 수 없을 때 또는 그렇게 할 필요가 없을 때 사용이 가능하다.

실제로 우리가 대하게 되는 많은 대상은 완전히 낮추기에는 민망하고, 그렇다고 완전히 높이기에는 어색한 경우가 종종 있다. 완전히 높이지 않고 적당한 수준에서 높이는 것이 적절한 상대에게는 여러 대우법의 요소 중 일부만을 사용해서 문장을 구성하고, 가능한 최대한 높여서 대우해야 할 상대에게는 대우법의 각 요소를 다 높여서 대우하는 것이다. 이것은 2.3의 '힘'과 '유대관계'로도 해석할 수 있다. '힘'의 관계가 그리 많이 필요하지 않은 상대에게는 대우등급을 적절히 낮추어 '유대관계' 즉 친밀감을 획득하고, '힘'의 관계가 중요하게 여겨지는 대상에게는 대우등급을 높여서 친밀감보다는 상대방의 사회적 지위를 확고히 하여 오해가 없고, 좋은 관계를 유지하려고 하는 것이다.

높임 또는 낮춤의 이원화된 대우등급이 아니라 다단계 대우등급을 이루는 방법에 대하여 우리말은 어휘적 대우 표현을 가지고 있음을 2.2.1에서 살펴보았다. '먹다 – 들다 – 자시다 – 잡수다 – 잡수시다'와 같이 다단계 대우등급을 갖는 어휘는 그 자체로 다양한 대우등급을 표현할 수 있다. 그러나 이러한 다단계 대우등급을 갖는 어휘는 언급한 바와 같이 그 수효가 매우 적고 등급 관계도 일정하지 않아 일률적인 체계 안에서 쓰기가 어렵다.

또 문법적 대우인 '해라체 – 해체 – 하게체 – 하오체 – 해요체 – 합쇼체'의 어말어미에 의한 화계도 있음을 보았다. 화계 역시 다단계로 이루어져 있으므로 이들에 의해 다단계 대우등급 표현이 가능할 것으로 생각된다. 하지만 화계만으로는 기대하는 정도의 대우등급 차이를 갖기가 어렵다. 그 이유는 2.3.1에서 보았던 것처럼 화계는 '해라체 – 해체 – 해요체 – 합쇼체'의 일반형 화계와 '하게체 – 하오체'의 특수형 화계의 두 가지로 나뉘기 때문에 일반적인 경우에는 4단계 이상의 대우등급을 갖기가 어렵다.[4] 더군다나 해라체와 해체 사이의 위계 관계는 다른 화계에 비하여 낮아 뚜렷한 대우등급을 갖게 하기가 어렵다.

(3) 가. 이리 와라.
　　 나. 이리 와.

(4) 가. 꽃이 폈다.
　　 나. 꽃이 폈어.

(5) 가. 내년에 다시 오마.
　　 나. 내년에 다시 올게.

---

[4] 본 연구는 일반형 화계만을 대상으로 연구를 하고 있는데 이렇게 하는 것이 현대 서울말 구어체를 배경으로 하는 본 연구의 시스템에 더 잘 적용이 되기 때문이다. 하게체와 하오체를 포함하면 여기에서 올 수 있는 대우등급을 추가로 나누어야 하는데 이렇게 되면 해체와 해요체 사이의 등급이 커져 서울말 화자가 갖고 있는 대우등급에 대한 인식과는 큰 차이가 생기게 된다.

(6) 가. 이 일을 네가 했니?

　　나. 이 일을 네가 했어?

(7) 가. 자, 이제 그만 가자.

　　나. 자, 이제 그만 가지.

　(3)~(5)는 해라체와 해체를 비교한 예문들인데 각 예문에서 '가'는 해라체, '나'는 해체 어미이다. 그런데 명령문인 (3)의 경우에는 그 위계성이 좀 분명히 드러나는 듯하지만 서술문 (4), 약속문 (5), 의문문 (6), 청유문 (7)에서는 해라체와 해체 사이의 위계 관계가 그리 분명히 드러나지 않는 것 같다.[5]

　또한 뒤에서 볼 3.3.1의 통계적 결과도 두 화계의 위계가 크지 않고 서로 넘나드는 현상이 심함을 보여주고 있는데 그렇다면 어말어미에 의한 효과적인 대우등급 차이는 낮춤형이 하나로 통합된 '해-해요-합쇼'의 3 단계밖에 없다는 것이 되므로 이 방법에 의해서만은 다양한 대우등급의 관계를 나타낼 수가 없게 된다.

　이와 같이 어휘적, 문법적 대우법 참여요소는 자체적으로는 적은 단계의 대우등급만을 가지고 있어 이 각각에 의해서는 효과적이고 다양한 대우등급 관계를 이루어내기가 어렵기 때문에 대우법 참여요소 각각에 의지할 것이 아니라 (1)과 (2)에서 본 것처럼 이들 전체를 하나의 체계 안에서 다루어야 할 필요가 있는 것이다.

　2.1.3에서는 각 대우법 인칭마다 2~4개 특히 2인칭의 경우에는 4개의 대우법 참여요소가 있음을 보았는데 이러한 변인들은 서로 조합되어 다양한 대우등급 관계를 이룰 수 있을 것이다. 물론 이에는 앞에서 언급한 바와 같이 각 요소 사이에 지나치게 큰 대우등급 차이가 나서는 안 될 것이다.[6]

---

5) 명령문에서 위계 관계가 차이가 나는 것은 명령이라는 강압적인 상황과 관계가 있을 것이다.

6) 대우법 요소 사이에서 지나치게 큰 대우등급 차이란 기본적으로 어느 한 쪽이 완전한

3.1.2. 호응의 원리

그렇다면 이러한 대우법 요소 사이의 대우등급 차이를 이용하여 다양한 등급 관계를 이루게 하는 원리에 대해서 생각해 보자. 대우법 요소 간의 협력 관계는 (1), (2)의 예에서 보듯이 크게 주어부[7]와 술어부 사이의 협력 관계라고 할 수 있다. 주어부와 술어부가 서로 다른 대우등급을 가짐으로써 높임 또는 낮춤이라는 극단적인 대우등급이 아니라 중간적인 대우등급을 가질 수 있게 되는 것이다.

이러한 주어부와 술어부 사이의 대우등급 관계는 이미 오래 전부터 연구가 되어 왔는데 이를 최현배(1937)에서는 '높힘의 서로 맞음(尊敬의 相應)'으로, 김민수(1973)에서는 '주부(主部)와 술부(述部)의 일치'라고 표현하며 다루었다. 즉, 주어부와 술어부 사이에는 대우등급이 서로 맞는 호응 관계가 있어야 한다는 것이다. 최현배(1937)에 제시된 다음의 예를 보자.

(8) 존칭어(尊稱語)
　　上稱 : 어른께서/당신께서　　　　　～시
　　中稱 : 당신/이분　　　　　　　　듭신다/주무신다

　　平稱 : 자네　　　　　　　　　　든다/잔다
　　下稱 : 너/애

(9) 겸칭어(謙稱語)
　　상칭(上稱) : 저/제가　　　　　　하나이다/합니다/하오
　　　　　　　소인/소생　　　　　　여쭙는다/아뢴다/뵙는다

(8)의 예는 주어 명사가 '어른, 당신' 또는 '당신, 이분'과 같은 경우에는 술어부에 높임선어말어미 '－시－'가 개입되거나, 어휘적 대우 표현인 '드시

낮춤형일 때 다른 한 쪽이 완전한 높임형이 되는 경우를 말한다. 이에 대한 더 자세한 논의는 4.1.2를 참조.
7) 위의 예에서는 호칭어.

다, 주무시다'와 같은 동사가 쓰여야 하지만, 주어 명사가 그보다 낮은 '자네' 또는 낮춤형인 '너, 애'와 같을 경우에는 술어부에 비높임형인 '들다, 자다' 동사가 쓰여야 한다는 것을 말하고 있다. 같은 논리로 (9)는 주어 명사가 자신을 낮추는 말인데 이러한 경우에도 역시 상대방을 높이는 것이므로 술어부는 '하나이다, 합니다, 여쭙다, 아뢰다' 등의 동사가 쓰여야 한다는 것이다.

즉, 주어부가 상대방을 높이고 있으면 술어부도 그에 맞추어 존대 표현을 써주어야 한다는 것이며 반대로 술어부를 존대 표현으로 쓰려 한다면 주어부도 그에 맞추어 표현해야 한다는 것이니 주어부와 술어부는 대우등급을 같이 하며 움직이므로 대우등급을 살피기 위해서는 두 부분을 모두 볼 필요가 없을 것이다. 생략이 잘 되는 주어부는 아예 고려하지 않고 술어부만 봄으로써 대우등급을 알 수 있다는 것이다. 김태엽(1999 : 222)에서도 이를 '주체높임법 실현의 상호 예측성'이라고 하며 주어부와 술어부 사이에는 호응 관계가 성립되므로 문장의 앞쪽에서 실현된 어느 높임 요소에 의해 뒤쪽의 어느 대우법 요소가 실현될 것을 헤아릴 수 있기도 하고, 뒤쪽에 있는 어느 요소가 실현된 것을 보고 앞쪽에 있는 어느 요소가 실현될 것을 헤아릴 수도 있다고 하였다.

그런데 앞에서도 잠시 살펴보았지만 이러한 주어부와 술어부 사이의 호응 관계는 완전히 일치하는 것이 아니라 어느 정도의 유연성이 있다. 주어부와 술어부 사이의 대우등급이 너무 차이가 나지 않으면 어느 정도 달라도 허용되는 것이다.

(10) 가. 김 선생이 이쪽으로 옵니다.
　　　나. ?김 선생이 이쪽으로 오십니다.
　　　다. *김 선생이 이쪽으로 드십니다.

(11) 가. 김 선생님이 이쪽으로 옵니다.
　　　 나. 김 선생님이 이쪽으로 오십니다.
　　　 다. 김 선생님이 이쪽으로 드십니다.

(12) 가. *김 선생님께서 이쪽으로 옵니다.
　　　 나. 김 선생님께서 이쪽으로 오십니다.
　　　 다. 김 선생님께서 이쪽으로 드십니다.

위의 예는 3인칭 대우법의 예인데 먼저 (10)의 예문은 주어부에 높임이 전혀 없는 경우이다. 그런데 이들의 문법성을 볼 때 (10가)는 주어부와 술어부 사이에 호응이 이루어진 경우이므로 아무 문제가 없지만, (10나)는 어색하게 느껴지며, 술어부에 어휘적 대우까지 동원된 (10다)는 비문으로 여겨진다. 주어 명사에 존칭접미사 '-님'이 쓰인 (11)의 경우에는 (11가,나,다) 모두 가능할 것 같다. (12)의 경우는 주어부에 존칭접미사뿐만 아니라 주격조사도 높임형이 사용된 경우인데 (12가)와 같이 술부에 전혀 높임형이 없다면 쓰이기 어려울 것이다.

하지만 그 외 문장의 경우에는 사용이 가능한 것으로 관찰된다. 특히 (11가,나,다)와 같은 경우에는 모두 가능한 것을 보아 주어부에 존칭 접미사가 사용되었더라도 높임선어말어미는 사용되지 않을 수도 있음을 볼 수 있다. 같은 논리로 (10)과 (12)에서도 주어부와 술어부 사이에 일부 불일치가 있더라도 그 차이가 크지만 않다면 문장이 허용된다.

2인칭 대우법 문장의 경우에도 비슷한 문법성을 얻을 수 있다. 2인칭 대우법 문장의 경우에는 주어가 자주 생략된다는 특징이 있지만 호칭어를 이용하여 주어 명사를 추측할 수 있다. 호칭어는 주어 명사는 아니지만 2인칭 주어 명사를 복원시킬 수 있는 중요한 요소인데 이는 호칭을 통해 상대방을 어떠한 대우 존재로 파악하는지를 짐작할 수 있기 때문이다.

(13) 가. 아빠, (아빠는/*아버지는/*아버지께서는) 빨리 이리 오세요.

나. 아버지, (*아빠는/아버지는/아버지께서는) 빨리 이리 오세요.

다. 김 선생, (김 선생은/*김 선생님은/*김 선생님께서는) 빨리 이리 오세요.

라. 김 선생님, (*김 선생은/김 선생님은/김 선생님께서는) 빨리 이리 오세요.

2인칭에 대한 호칭은 주어가 복원되었을 때 어떠한 모습이 되게 할 지를 짐작하게 한다. 여러 문장에서 호칭은 '김 선생 – 김 선생님'과 같이 약간의 수준에서 변동이 될 수 있기는 하지만, 같은 문장에서 2인칭 호칭어와 주어 명사가 다른 모습은 생각하기 어렵다. 그러므로 어떠한 2인칭 대우법 문장에 주어가 없이 호칭어만 있다면 그것을 주어로 생각할 수 있을 것이다. 이에 따라 3인칭 대우법 문장인 위의 (10~12) 예문에 대하여 2인칭 대우법 문장을 구성해 보면 다음과 같다.

(14) 가. 김 선생, 이쪽으로 와.

나. 김 선생, 이쪽으로 와요.

다. 김 선생, 이쪽으로 오세요.

라. ?김 선생, 이쪽으로 드세요.

마. *김 선생, 이쪽으로 오십시오.

바. *김 선생, 이쪽으로 드십시오.

(15) 가. *김 선생님, 이쪽으로 와.

나. 김 선생님, 이쪽으로 와요.

다. 김 선생님, 이쪽으로 오세요.

라. 김 선생님, 이쪽으로 드세요.

마. 김 선생님, 이쪽으로 오십시오.

바. 김 선생님, 이쪽으로 드십시오.

호칭어가 주어 명사의 역할을 하는 위의 2인칭 대우법 문장에서 주어부는 높이지 않으면서 술어부에는 어휘적 대우를 사용한 (14라)나, 합쇼체를 사용한 (14마,바)는 어색하거나 사용할 수 없는 것 같다. 존칭접미사를 사용한 (15가) 예문의 경우에는 술어부에 높임의 뜻이 전혀 없는 경우에는 비문이 된다. 하지만 이 외에는 3인칭 대우법의 경우와 유사하게 주어부에 존칭접미사가 없어도 술어부에 허용되는 높임의 대우 수준이 있으며, 존칭접미사가 있어도 술어부에 허용되는 낮춤의 대우 수준이 있음을 알 수 있다.

이러한 사항은 주어부와 술어부 사이에 작용하는 호응의 원리를 좀 더 다양하게 응용할 수 있게 해준다. 첫째, 호응의 원리는 앞서 김태엽(1999)의 주장처럼 주어부나 술어부의 어느 한 쪽을 관찰함으로써 다른 한 쪽의 대우등급을 예상할 수 있게 한다. 이는 호응의 원리의 가장 기본적인 성격이 된다.

둘째, 위에서의 예문들을 볼 때 호응의 원리는 주어부와 술어부의 대우등급의 완전한 일치라기보다는 지나치게 다른 것을 허가하지 않는 것으로 생각할 수 있다. 호응의 원리는 두 부분의 대우등급이 완전히 같을 것을 요구하는 것만은 아닌 허용 범위의 문제로 여겨지는데 그렇다면 이를 완전히 위반한 문장에 대해서는 분명히 비문 판정을 내릴 수 있을 것이다. 이는 우리가 문장을 생성할 때 가능한 것과 가능하지 않은 것을 구분할 수 있게 해준다.

셋째, 호응의 원리는 일정 범위 내에서 주어부와 술어부 사이의 대우등급이 다른 것을 허가함으로써 문장의 대우등급이 미세하게 조정될 수 있게 한다. 이 세 번째 정리는 두 번째 정리에서 나올 수 있는 것인데 대우등급이 다를 수 있는 부분을 고찰하면 기존에 정리된 문장의 대우등급이 보다 더 세분될 수 있는 근거를 확보할 수 있다. 어휘적 대우, 화계, 높임선어말어미에 이어 주어부와 술어부 사이의 호응 관계를 이용하여서도 대우등급을 조절할 수 있다는 것은 또한 2.1.4에서 논의된 2인칭 대우법 참여요소인 주어 명사, 주격 조사, 높임선어말어미, 어말어미 모두가 다 대우등급 조절에 참

여할 수 있음을 말한다.8)9)

위의 정리들은 특히 4장에서 문장의 대우등급을 계량화할 때 유용하게
이용될 수 있다.

3.1.3. 높임선어말어미에 의한 조절

앞에서는 대우법 요소 간의 협력 관계에 의하여 다양한 대우등급이 이루
어질 수 있음을 보았다. 이러한 대우법 요소 간의 협력 관계의 의한 대우등
급의 조절은 높임선어말어미와 어말어미의 관계에서도 볼 수 있다.

    (16) 가. 한 잔 들어보게.
          나. 한 잔 들어보시게.

    (17) 가. 한 잔 들으오.
          나. 한 잔 드시오.

    (18) 가. 참 예쁘군요.
          나. 참 예쁘시군요.

    (19) 가. 언제 떠납니까?

---

8) 2.2.1에서는 어휘적 대우 표현이 존대 표현을 가지지 않는 어휘에 대해서는 대우 수준의
차이를 둘 수 없고, 어떠한 어휘는 2단계 대우 수준을 가지고 있는 반면 '먹다'와 같은
어휘는 다단계 대우 수준을 가지고 있는 등 일률적인 비교를 하기가 어렵다는 특징이
있어 [+HUMAN] 자질의 주어 외에는 다루지 않기로 하였다. 그런데 [+HUMAN] 자질의
주어란 곧 '주어 명사에 해당하므로 위에서 별도의 언급을 하지 않았다.
9) 호응의 원리가 주어부와 술어부 사이에서 뿐만 아니라 수식어와 피수식어, 목적어와 서
술어 사이에서 이루어질 수 있는지에 대해서도 생각해 볼 수 있다. 예를 들어 '이미 돌아
가신 과장님'의 대우 수준을 조금 낮추기 위해서 '이미 죽으신 과장님'이라 할 수 있고,
'진지를 드세요'의 대우 수준을 조금 낮추기 위해서 '밥을 드세요'라고 할 수 있다. 그런데
이러한 호응 관계는 결국 어휘적 대우 표현에 의지하게 되어 논의의 대상이 된다. 다만
'이미 죽은 과장님'과 같이 안은문장에 의한 높임선어말어미의 사용 관계는 모든 용언에
적용될 수 있을 것이다. 단문에 의한 관계만을 살펴보는 본 연구에서는 이에 대한 논의
는 다루지 않는다.

나. 언제 떠나십니까?

(16)은 하게체에서, (17)은 하오체에서, (18)은 해요체에서, (19)는 합쇼체에서 높임선어말어미 '-시-'가 결합되지 않은 경우와 결합된 경우를 비교한 것이다. 위의 어말어미들은 모두 높임형 화계에 속하기 때문에 각 예의 (가)도 상대방을 높이고는 있으나 '-시-'가 결합되면 대우등급이 더욱 높아짐을 알 수 있다.

우선 (16)과 (17)의 경우는 완전한 낮춤말도 아니고 완전한 높임말도 아닌 특수형 화계[10] 하게체와 하오체인데 이 경우에는 각 예의 (가)도 사용에 전혀 문제가 없고 자연스러우나 '-시-'를 개입시켜 각 예의 (나)와 같이 구성하게 되면 상대방을 낮추고자 하는 뜻보다는 높이고자 하는 뜻이 더욱 분명해진다. 그리고 해요체인 (18)과 합쇼체인 (19)에서는 화계가 분명한 높임말이어서 각 예의 (가)로도 높임의 의미가 전달되지만 높임의 의미를 충분히 전달하려면 (나)와 같이 '-시-'를 개입시켜야 할 것이다.

한편 낮춤형 화계인 해체와 해라체에서는 '-시-'의 사용이 자연스럽지 않다.

(20) 가. 이쪽으로 오셔. (오 + 시 + 어)
     나. 누구나 한 번 와 보시라. (보 + 시 + 어라)
     다. 누구나 한 번 와 보셔. (보 + 시 + 어)
     라. 이쪽으로 한 번 와 보시지? (보 + 시 + 지?)
     마. 이쪽으로 한 번 같이 가시지. (가 + 시 + 지)
     바. 이쪽으로 오시는군. (오 + 시 + ㄴ군)

(20가)에는 '-시-'가 사용되었지만 상대방을 높이고자 하는 뜻이 별로 느껴지지 않는다. '-시-'가 높임선어말어미임에도 불구하고 상대방을 높

---

10) 하게체와 하오체에 대한 특수형 화계 논의는 2.3.1을 참조.

이는 기능이 잘 실현되지 못한 이유는 낮춤형 화계에서 사용되었기 때문이다. 2.2.2에서도 낮춤형 화계는 높임형 화계와는 차이가 높임의 호칭어는 사용할 수 없음을 밝혔는데 (20가)는 낮춤형 화계에 높임의 뜻이 분명한 선어말어미를 사용하였기 때문에 매우 어색해진 것이다.

물론 이익섭(1993)에서 언급되었듯이 (20나)와 같은 문장을 광고문 등에서 볼 수 있기는 하다. 하지만 흔하게 쓰이지는 않는, 일상적인 대화에서는 거의 들을 수 없는 문체이다. 또한 광고문에서는 볼 수 있는 문체라고는 해도 (20나)와 같이 특정한 문체에만 적용되는 것으로 보아 일반적인 용법은 아니라고 할 수 있다. 해라체인 (20나)보다 대우등급이 오히려 높은 해체 (20다)는 물론, 명령형이 아닌 다른 서법 표현 (20라,마,바)의 사용례를 보아도 자연스럽지 않다. 이들 예문은 상대방을 높인다기보다는 높이는 척 하면서 실제로는 상대방이 자신보다 낮다는 것을 강력히 암시하고 있다. 오히려 어울리지 않게 사용함으로써 '-시-'를 사용하지 않았을 때보다 낮춤형 화계가 갖는 낮은 대우등급이 더 강조된다. 이러한 점을 고려할 때 (20나)와 같은 표현이 광고 문안 등 일부 범위에서 가능한 것은 '~해 보시라'와 같은 특별한 문체의 영향을 받는다고 할 것이다.

이와 같이 낮춤형 화계에 높임의 뜻을 갖는 높임선어말어미 '-시-'를 사용하는 것은 매우 어색한 일이므로 일반적인 용법에서는 높임선어말어미는 높임형 화계에서만 있는 것으로 생각해야 한다. 그렇다면 높임형 화계에서 높임선어말어미에 의한 대우등급의 변화는 어떻게 이루어지는지를 생각해 보자.

(21) 가. 엄마, 이것 좀 봐요. (보 + 어요)
    나. 엄마, 이것 좀 보세요. (보 + 시 + 어요)

앞서 보았던 것처럼 (21가)보다 높임선어말어미가 개입된 (21나)가 대우등급이 높다. (21나)는 높임형 화계인 해요체가 갖는 높임의 뜻에 높임선어말어미 '-시-'가 갖는 높임의 뜻을 더해 보다 높은 대우등급을 가지게 된 것이다. (21)의 대화는 모친과의 대화인데 '엄마'가 친근하게 느껴질 경우에는 (21가)와 같이 높임선어말어미 없이, 그렇지 않고 '엄마'를 보다 존중하려 하거나 어렵게 느낀다면 (21나)와 같이 '-시-'를 개입하여 사용할 것이다.[11]

이러한 높임선어말어미에 의한 대우등급의 조절은 '친밀함'과는 별개로 '힘'의 관계에 의해서도 그 필요성이 제기된다.

(22) 가. 김 과장님, 이 자료를 한 번 읽어 보세요.
나. 김 과장님, 이 자료를 한 번 읽어 봐요.

(23) 가. 김 과장, 이 자료를 한 번 읽어 보세요.
나. 김 과장, 이 자료를 한 번 읽어 봐요.

(22), (23)의 예문은 자기와 비슷하거나 아랫사람인 '김 과장'에 대해서 하는 대화이다.[12] 직장에서는 친밀함보다는 힘에 의해 상대방에 대한 대우등급이 달라지는데 (22가)와 달리 (22나)에서 화자는 '-시-'를 사용하지 않고 대화를 함으로써 상대방이 나보다 그리 높지 않음을 암시하고 있다. 이것은 (23)의 예문을 볼 때 더욱 분명해지는데 '김 과장'을 호칭할 때 접미사 '-님'을 덧붙이지 않은 (23)의 예문에서 (23가)도 허용이 되지만 보다 자연스러운 것은 '-시-'를 사용하지 않은 (23나)이다. 낮춤형 호칭어를 사용함으로써 상대방을 높일 의사가 없을 때에는 술부에서도 높임선어말어미를 사용하지 않을 것이 예상되는 것이다. 그러나 (23가)가 (23나)보다 대우등급

---

11) 사실 '엄마 이것 좀 봐'와 같이 전혀 존대를 하지 않고 해체를 쓰는 일도 요즘의 부모 자식 사이에는 흔히 볼 수 있는 말이다. 이렇게 보면 주체와 청자가 같은 경우의 해요 체는 해체를 써도 가능한 경우에만 적용되는 듯하다. 하지만 이런 경우에라도 '엄마 이것 좀 봐' 보다는 '엄마 이것 좀 봐요'가 대우등급이 더 높은 것만은 사실이다.
12) '김 과장'이 화자보다 윗사람이라면 성을 포함해 호칭하지 않았을 것이다. 이에 대해서는 3.2.1을 참조.

이 높음은 물론이다.

이와 같은 높임선어말어미 '-시-'에 의한 대우등급의 조절은 합쇼체에도 적용된다. 합쇼체는 대우등급이 더 높아서 해요체보다 '-시-'와의 결속력이 더 강하지만 '-시-' 없이도 사용이 가능하다. 먼저 명령형 종결어미를 가지고 있는 다음의 (24), (25) 예문을 보자.

(24) 가. ?어서 옵쇼. (오 + ㅂ시오)
    나. ?이 일을 잘 끝마칩쇼. (끝마치 + ㅂ시오)
    다. 어서 오십시오. (오 + 시 + ㅂ시오)
    라. 이 일을 잘 끝마치십시오. (끝마치 + 시 + ㅂ시오)

(25) 가. 어서 와요. (오 + 아요)
    나. 이 일을 잘 끝마쳐요. (끝마치 + 어요)
    다. 어서 오세요. (오 + 시 + 어요)
    라. 이 일을 잘 끝마치세요. (끝마치 + 시 + 어요)

(24)의 예문 중 높임선어말어미를 사용하지 않은 (24가,나)는 매우 어색하다. (24가,나)와 같은 문장이 전혀 쓰일 수 없는 것은 아니나 실제 언어생활에서는 거의 사용되지 않으며 일부 종업원이 일부 업종에서 (24가)와 같이 말하는 경우가 아직 있기는 하나 그나마 요즘은 사라지고 있다. 하지만 해요체 화계를 가지고 있는 (25)의 예문은 어느 경우에나 충분히 쓰일 수 있는데 이렇게 합쇼체가 '-시-'를 더 필요로 하는 점을 보면 합쇼체의 '-시-'와의 결속력은 해요체보다 더 크다고 할 수 있다.

하지만 명령형을 제외한 다른 서법에서는 해요체와 마찬가지로 합쇼체도 높임선어말어미 '-시-' 없이도 사용이 가능하다.

(26) 가. 잘 왔습니다.
    나. 언제 갑니까?
    다. 빨리 갑시다.

(27) 가. 잘 오셨습니다. (서술형, 오 + 시 + 었 + 습니다)

　　나. 언제 가십니까? (의문형, 가 + 시 + ㅂ니까)

　　다. 빨리 가십시다. (청유형, 가 + 시 + ㅂ시다)

(26)은 '-시-'가 개입되지 않은 합쇼체 예문이고, (27)은 '-시-'가 개입된 것인데 모두 다 사용이 가능하다. 그러나 대우등급은 물론 (27)의 예문이 높다.

이와 같이 높임형 화계인 해요체와 합쇼체에 있어서 많은 경우 높임선어말어미는 대우등급을 조절하는 역할을 하므로 두 화계는 다음과 같이 4 단계 대우등급을 갖고 있다고 할 수 있다.

[표 1] 높임선어말어미와 화계에 의한 대우등급

선어말어미와 화계	종결형			
	서술형	의문형	명령형	청유형
해요체	해요	해요	해요	해요
시 + 해요체	하세요	하세요	하세요	하세요
합쇼체	합니다	합니까	합쇼	합시다
시 + 합쇼체	하십니다	하십니까	하십시오	하십시다

위에서는 '해요'와 '하세요', '합쇼'와 '하십시오'를 각각 화계로 인정하지 않았는데 어말어미만을 화계로 부를 것인지, 선어말어미와 어말어미의 결합형을 화계로 부를 것인지에 대해서는 좀 더 논의가 필요하다. 앞서 박영순(1976), 엄경옥(2002), 이주행(2004) 등에서는 '하세요'와 '해요'를 독립된 화계로 본다고 하였는데 그 이유에 대해 이주행(2004 : 340)에서는 높임선어말어미가 들어간 형태는 그렇지 않은 형태보다 대우등급이 높기 때문이라고 하였다. 화계의 기본 목적을 대우등급을 나누는 것이라고 하였을 때 이러한 주장은 타당한 면이 있다. 이러한 입장에서 보면 명령형에서 '하십시오'도 '합쇼'보다 대우등급이 높으니 '하십시오'가 화계의 명칭으로 쓰이는

것이 옳은 듯도 하다.[13]

하지만 본 연구는 화계를 구분할 때는 높임선어말어미를 제외한 형태만을 인정하고자 한다. 그 이유는 첫째, 2.1.2에서 언급한 바와 같이 화계는 주체대우법이 아닌 청자대우법의 요소로만 분류되어야 한다고 생각하기 때문이다. 둘째, 만약 화계에 높임선어말어미까지 포함시키고자 한다면 그 쓰임이 일반적이지 않은 '~하셔, ~하시라'도 하나의 화계로 인정해야 할 개연성이 생긴다. 상술하였다시피 이들은 일반적이지 않은 의미를 갖고 있거나 문체적인 이유에 의해 예외적으로 허용이 되는 것인데 높임선어말어미와 어말어미의 결합형을 화계로 인정한다면 이들에 대해서도 화계의 지위를 부여할 수 있는 이론적 근거가 마련되는 것이다.

이러한 문제는 '~합쇼'의 경우에도 마찬가지이다. '~합쇼'는 '~하십시오'와 높임선어말어미의 유무 차이가 있는데 높임선어말어미와 어말어미의 결합형인 '하십시오'를 화계로 인정한다면 높임선어말어미가 개입되지 않은 '합쇼'도 화계로 인정되어야 한다. 높임선어말어미가 있는 것만을 화계로 받아들이는 것이 아니라 없는 것도 화계로 받아들여야 하기 때문이다. 하지만 '~합쇼'는 앞서 본 바와 같이 일부 사용이 안 되는 경우가 있어 화계의 지위를 얻기에는 다소 무리가 있다.[14]

이상과 같은 복잡한 면 때문에 아직까지는 많은 연구에서 그래왔듯이 화계는 어말어미에 의해서만 구분되는 범주로 보는 것이 바람직하다고 생각된다. 하지만 동시에 높임선어말어미가 들어가서 대우등급이 달라지는 현

---

13) 화계의 명칭은 명령형으로 이루어지는데다가 '~합쇼'는 일반적으로 쓰이지 않는 형태이기 때문에 '합쇼'가 아닌 '하십시오'가 화계의 올바른 명칭으로 인식되어 온 듯하다.

14) 화계에 높임선어말어미를 포함시키는 주장이 설득력을 얻는 또 다른 이유는 이들의 사용 빈도가 높다는 데에 있다. '~하세요, ~하십시오'는 우리가 일상생활에서 자주 쓰고, 듣는 형태이다. 높임선어말어미가 개입되지 않은 것에 비해 분명한 등급 차이가 있는 이러한 것들이 자주 쓰이기까지 하니 이들을 화계로 인정하는 것은 필요한 일처럼 보이는 것이다. 그러나 사용빈도는 화계 구분의 적극적인 이유는 되지 못해 보인다. 그럴 경우, 자주 쓰이는 다른 어말어미 형태, 예를 들어 2.3.3에서 언급된 고빈도 어말어미 '~하지, ~하냐, ~해야'도 다 화계로 인정해야 하기 때문이다.

상을 포착할 방안도 마련되어야 한다. 위에서 논의한 바와 같이 '~해요'와 '~하세요'는 분명히 대우등급에 차이가 있는 것이고, '~합쇼'와 '~하십시오'도 명령형의 경우와 같이 일부 사용에 제약이 있기는 하지만 그 외의 경우에는 대우등급의 차이를 가져 대우등급의 다양한 양상을 드러내기 때문이다.

그러므로 화계로는 하나로 묶이게 되는 '해요'와 '하세요', '합쇼'와 '하십시오'를 대우등급 구분의 목적을 위하여 새로운 범주로 구분할 필요가 있다는 것을 알 수 있다. 이에 대해서 이관규(2002 : 275)는 청자대우법은 일반적으로 어말어미에 의해서 결정된다고 알려져 있으나 실제로는 '하십시오'와 같은 경우 선어말어미와 어말어미가 섞여 있으므로 '종결표현'이라고 부르는 것이 타당하다고 하였다. 이 논의는 선어말어미와 어말어미가 결합된 형태를 어말어미와 혼동해서 사용할 수 없다는 논의이지만 두 요소가 혼합된 형태에 대하여 용어를 제시해주고 있다. 이에 본 연구도 이러한 표현을 따라서 어말어미에 선어말어미가 개입된 형태를 '종결표현'이라고 부르고 이들에 대해서는 '해라形, 해形, …'과 같이 뒤에 '形'을 붙여 화계와 구분하도록 하겠다.

이렇게 볼 때 일반형 화계는 '해라 - 해 - 해요 - 합쇼'의 4 단계 혹은 해라체와 해체 사이에 차이를 두지 않는 3 단계의 대우등급을 가질 뿐이지만 종결표현은 최고 6 단계를 가진다는 것을 알 수 있다. 이와 같이 높임선어말어미는 어말어미와 함께 하여 우리말의 대우등급을 더욱 다양하게 하는 역할을 한다. 3.3에서는 이러한 종결표현의 대우등급과 사용되는 양상에 대하여 살펴보도록 할 것이다.

3.2. 호칭어의 대우등급 관계[15]

우리말의 호칭어는 외국어에서는 그 사례를 찾기가 힘들 정도로 다양한 형태소가 있어 많은 관심을 받아 왔으나 그 사용 조건과 대우등급에 관하여는 아직 연구가 충분해 보이지 않는다. 호칭어는 상황과 관계에 따라 같은 형태가 다른 대우등급을 갖기도 하는 등 그 양상이 자못 복잡함에도 불구하고 높임선어말어미, 어말어미와 같은 다른 대우법 요소에 비하여 아직 그 체계는 물론 종류까지도 전반적인 모습이 밝혀지지 않아 보인다.

그러나 호칭어는 3.1.2에서 본 바와 같이 주어가 생략되는 상황에서 주어를 대신할 수 있는, 주어와 가장 유사한 요소이므로 대우등급의 파악에서 중요한 위치를 차지한다.

(28) <u>선생님</u>, <u>선생님</u>께서는 언제 오시겠어요?

(28)에서 첫 번째 '선생님'은 호칭어이고, 두 번째 '선생님'은 지칭어인데 앞에 나온 호칭어가 그대로 뒤에서 지칭어로 사용되고 있다. 이와 같이 우리말에서 '여보, 이봐, 거기' 등과 같이 대명사적 성격을 갖고 있는 것을 제외한 대부분의 호칭어는 곧바로 지칭어로 쓰일 수 있다. 그리고 지칭어는 곧 주어로 쓰이기 때문에 주어가 없는 상황에서는 호칭어 또는 지칭어를 통하여 주어의 모습을 복원할 수 있는 것이다.[16] 이러한 특징은 각 대우법 참여요소의 형태를 통하여 문장의 대우등급을 알고자 하는 본 연구의 입장에

---

15) 이 절의 내용은 최석재(2007c)를 고쳐 쓴 것이다.

16) 이익섭(1993 : 386)에 언급되어 있는 것처럼 호칭어는 그 대상을 자리에 놓고 청자로서 부를 때 사용되는 것이고 지칭어는 대상을 제3자로서의 자기와의 관계를 가리키는 용어로 구분이 되지만 그 범위에 있어서 지칭어는 호칭어를 대개 포함하는 관계에 있어 언급한 바와 같이 일부 대명사적 호칭어를 제외한 대부분의 호칭어는 바로 지칭어로 사용될 수 있다. 이러한 이유는 지칭어는 '영희 증조할머니'와 같이 대상을 관계를 통한 설명으로 가리키려는 경우가 많아 그 종류가 다양하지만 호칭어는 그 목적이 앞에 있는 상대방을 부름에 있기 때문에 굳이 다양한 관계를 통해 부를 필요가 없기 때문이다.

서는 매우 중요하기 때문에 호칭어 또는 지칭어의 대우등급과 그 사용 조건에 대한 연구는 반드시 필요하다.[17]

그럼에도 가족과 친족 관계를 설명하는 입장에서 이루어진 지칭어에 관한 연구 외에는 특히 호칭어와 그 대우등급에 관한 연구가 아직 충분하지 못한 이유는 우선 호칭어는 문장의 직접 구성요소가 아닌 문장 바깥쪽에 위치하는 독립어이기 때문이다. 문장의 필수 구성 요소가 아니다 보니 그만큼 관심을 덜 받았을 것이다. 또 다른 이유는 호칭어는 형태가 매우 다양하여 그 전반적인 모습을 담기가 어렵기 때문이다. 호칭어는 그 범위를 어디까지로 잡을 것이냐에 따라서 그 종류가 매우 많아질 수 있는데 Koo(1992)에서는 영어의 'you'에 대하여 친족어나 직함을 제외하고도 상황에 따라 다르게 선택되는 우리말 어휘 64개를 제시하고 있다.

서양에서는 일찍부터 호칭어의 중요성을 알고 사회언어학 및 인류학적인 측면에서 많은 연구를 진행해 왔다.[18] 외국어의 경우에는 형태적으로 대우법을 표현할 요소가 특별히 없는 경우가 많기 때문에 호칭어에 더 의지하게 되는 것으로 보이는데, 이는 호칭어에 부르는 대상의 연령, 직업, 신분, 친밀도 등이 함축적으로 표현되어 서로의 관계를 가장 적절하게 설정해 줄 수 있기 때문이다. 이렇듯 호칭어의 역할은 서로를 존중하고, 관계를 확인시켜 주는 데에 필수적인 요소로 적절한 표현을 선택하여 사용해야 함에도 불구하고 아직까지 호칭어의 체계조차 산발적으로 기술되거나 통일된 입장을

---

17) 주어가 없는 상황에서 주어의 대우등급을 알기 위하여 호칭어를 이용하는 것은 대우법이 우리와 같이 발달하지 않은 외국어의 경우에는 달리 접근해야 한다. 호칭어에 있어서는 영어는 'Sir, Professor, Mr. Kim, sister', 중국어는 '先生, 老師, 姐姐'와 같이 존재하지만, 'Professor, will you come here?', '老师, 你来这吗?' 등에서 볼 수 있는 것처럼 호칭어에는 대우등급이 있어도 주어에는 대우등급이 없는 요소를 쓰는 경우가 흔하기 때문이다.

18) Brown & Gilman(1960), Brown, Roger W., and Ford, Maguerite(1961), Ervin‐Tripp (1969) 등을 거쳐 이 분야의 연구는 과학적이고 체계적인 기초를 이루어 나가게 되었으며 이후 세계 각 언어에 대한 호칭어의 연구가 진행되었다(박영순 2004 : 258, 왕한석 2005 : 25).

보이지 못하고 있는 실정이다.

호칭어에 관한 연구가 미진한 것에는 외국어의 연구 사례에 너무 의존해 온 이유도 있다. 영어의 호칭 체계는 Brown & Ford(1961) 이후 상당히 체계적인 모습을 띄게 되었는데 그 결과 영어의 호칭은 last name(LN), first name(FN), title(T)을 어떠한 조합으로 사용하느냐에 따라 대우등급에 많은 차이가 있음을 알게 되었다. 이 연구 결과는 이후 세계 각 언어 호칭어 연구의 밑바탕이 되어 왔기 때문에 우리말의 호칭어 연구도 이 틀을 기본으로 하여 이름, 성, 직함 등이 호칭어를 구성하는 중요한 요소로 간주되었다. 이에 이익섭(1993 : 396)과 같은 연구에서는 호칭의 등급을 '과장님 – 박 과장님 – 박영호 씨 – 영호 씨 – 박 과장 – 박 씨 – 박 형 – 박 군 – 박영호 군 – 영호 군 – 박영호 – 영호'와 같이 12등급 이상으로 나눌 수 있다고 하기도 하였다.

그러나 영어권을 중심으로 진행된 호칭어에 관한 연구가 비록 범언어적인 성격을 파악하였다고 할지라도 각 개별 언어가 가지고 있는 특성이 보완되지 않으면 적절한 체계가 구현되기 어렵다. 우선 위의 이익섭(1993)에서 제시된 호칭어들은 한 대화 장면에서는 같이 나올 수 없는 형태들이다. 위의 서열 관계가 올바른 것이라면 '박 과장님(LNT)'을 낮춰 부르기 위해 '영호(FN)'를 쓸 수 있어야 할 터인데 '박 과장님'은 공적인 자리에서, '영호야'는 사적인 자리에서 쓰이는 것으로서 비교 자체가 어려운 것이다.

이것은 영어의 경우 공적인 관계에서 사적인 호칭도 사용할 수 있는 반면 우리말의 경우에는 매우 예외적인 경우를 제외하고는 대체로 구분하여 사용하는 상황·관계적인 면이 고려되지 않았기 때문이다. 영어의 경우 직함을 중심으로 호칭이 구성되지만 상급자의 제안 하에 사적인 관계에서 사용되는 'first name(姓)'을 통한 호칭이 가능하다. 하지만 우리말의 경우 회사 부장이 자신과 10년 이상 같이 일한 과장이 친근하게 느껴진다고 '민수야!'처럼 이름을 부르는 것은 상상하기 어렵다. 하급자가 신입직원과 같이 아무리 낮은 상대여도 이름을 직접 부르기는 어려운 것이다. 만약 상급자가 하급자를 이렇게 부른다면 하급자는 자신이 친밀하게 대하여진다고 생각하기보다는 자신의 사회적 지위가 무시당했다고 생각할 것이다. 더군다나 하급자가 상급자의 이름을 부른다는 것은 더욱 있을 수 없는 일인 것이다. 이와 같이 우리말에서는 호칭의 쓰임이 공적인 자리와 사적인 자리에서 분간되는 경향이 강하기 때문에 심지어 사적으로 알고 지내는 사이라고 하더라도 공적인 자리에서는 다른 사람과의 관계를 고려하여 공적 관계의 호칭을 사용할 때가 많다.

같은 논리로 사적인 관계에서 영어의 호칭어는 개인의 사회적 신분을 염두에 두고 있는 듯하나, 우리말의 호칭어는 '사적인 관계'에 더 유념하는 듯하다. 박영순(2004 : 268)에서도 언급되었지만 영어에서는 이웃을 부를 때 'Mrs. + last name(직함 + 이름)' 또는 'first name(성)'의 방법을 사용함으로써 상대방을 한 개인으로 보고자 하는 면이 강한 반면, 우리말에서는 실제 친족이 아님에도 불구하고 '형, 언니'와 같은 유사친족어(Metaphorical use of Kinship Term)나 '영희 어머니'와 같은 매개친족어(Teknonymy)를 사용함으로써 한 사람을 개인으로서 보기보다는 주변 인물과의 관계를 통해서 본다는 인상을 준다.

그러므로 우리말의 호칭어 특징을 관찰할 때는 우선 그 공적 혹은 사적인 관계에 따라 다르게 보아야 한다. 사적인 관계에서는 높은 대우등급을 갖는 것도 공적인 관계에서는 낮게 쓰이는 경우가 있을 수 있고, 공적인 관계에서 높은 대우등급을 갖는 호칭어가 사적인 관계에서 사용되었을 때는 낮은 친밀도를 보여 오히려 의도하지 않았던 부작용을 낳기도 하기 때문이다. 이것은 우리말의 호칭어가 어느 상황에서나 동일한 대우등급을 보이는 것이 아니라 상황과 관계에 따라 그 사용되는 호칭어와 대우등급이 달라지는 비단선적(non - linear)인 모습을 갖고 있음을 의미한다.

이에 본 연구는 청자의 연령, 성별, 직위와 청자와의 사적·공적 관계 여부, 친밀도, 그리고 대화의 시간, 장소 등을 변인으로 하여 이들이 대우등급에 어떠한 영향을 미치는지를 살펴보고자 한다. 이와 같은 변인은 우리가 일상생활에서 일반적으로 만나며 비교적 쉽게 변별할 수 있는 요소들인데 이러한 상황 변이 속에서 우리말의 호칭어는 어떠한 대우등급과 경향성을 갖는지 볼 것이다. 연령이라는 개인의 고정적 속성 외에도 다른 가변적인 여러 상황 속에서 적절한 대우등급을 갖는 표현을 사용하는 우리말의 양상을 이 절을 통하여 보게 될 것이다.

또한 본 연구는 각 대우법 참여요소의 대우등급을 밝히는 데에 주안점이 있으므로 다양한 관계의 설명을 나타내는 지칭어보다는 상대방에 대한 대우 수준에 보다 유의하는 호칭어를 중심으로 볼 것이며, 또 분류에 있어서 호칭어는 크게 이름을 사용하는 호칭어와 친족어를 사용하는 호칭어로 나눌 수 있으므로 '이름 관련 호칭어'와 '친족 관련 호칭어'로 구분하여 살펴보기로 한다.[19]

3.2.1. 이름 관련 호칭어

이름호칭어를 이루는 것으로는 이익섭(1993 : 396)에서 언급한 바와 같이 '군, 양', '-아/야' 등도 있지만 여기서는 높임의 뜻을 분명히 가지고 있으면서도 대표적이라고 할 수 있는 '씨'와 '-님'의 사용 양상에 대해서 살펴보도록 하겠다.

'씨'는 뒤에서 볼 '-님'과 함께 2인칭 또는 3인칭의 남녀 모두에 대해서 쓰인다는 공통점을 가지고 있으나 '-님'과는 다소 상보적인 관계에 있다. '씨'는 성 또는 이름 뒤에서만 사용 가능한 반면, '-님'은 직함 뒤에서의 사용을 주목적으로 한다(손세모돌 2005 : 102). '씨'의 쓰임에 대해서 생각해보

---

19) 호칭어는 각 개인마다의 사용 양상이 다르다. 같은 한국어 화자, 같은 상황에서라도 두 사람이 호칭어를 사용하는 조건이나 형태는 완전히 일정하지 않은 것이다. 본 연구에서는 이러한 개인 간의 변이는 다루지 않고 같은 조건에서라면 대부분의 사람들이 사용할 수 있는 양상에 대해서만 살펴볼 것이다.

면 다음과 같다.

   (29) 가. 김민수 씨, 정연희 씨, 김 씨, 민수 씨
       나. *교수씨, *선생씨, *고모씨, *씨

'씨'는 이름 뒤에서라면 성과 이름이 포함된 경우이든, 성만 쓰인 경우이든, 이름만 쓰인 경우이든 모두 가능하다. 그러나 이름 뒤 외에는 단독적인 쓰임을 포함하여 가능한 경우가 없는 것을 볼 때 이의 기능은 매우 제한적이지만 전문화(專門化)되었다고 할 수 있겠다.

'씨'는 종종 영어의 'Mr., Mrs., Miss' 등과 유사한 것으로 비교가 되었으나 이들과는 형태와 기능 면에서 얼마간 차이점이 있다. 우선 형태적인 면에서 'Mr.' 류(類)는 뒤에 last name을 덧붙임으로써 일반적인 TLN(Title + Last Name)의 형태를 이루고 있다. 그러나 '씨'는 '김 씨'와 같이 '씨' 앞에 성만 사용하면 상대방을 대우하기는커녕 상대방의 직업이 비전문적인 일이라는 느낌을 주어 무시하는 태도를 보이게 된다(박정운 2005 : 78). 우리말에서도 직함을 이용해 상대방을 부를 때는 '김 과장'과 같은 식으로 성을 사용하는 것이 일반적이나 '씨' 앞에서만은 '김민수 씨' 또는 '민수 씨'와 같이 성과 이름을 사용해야 'Mr.' 류가 주는 대우의 느낌을 줄 수 있다.

구성면에서도 영어의 title과는 차이가 있다. 영어의 'Mr., Mrs., Miss' 등은 각각 남자, 결혼하지 않은 상태의 여자, 결혼한 여자에게 쓰여 'Dr., Professor'와 같은 직함처럼 다른 사람과 구별시켜 주는 기능이 있다. 그러나 '씨'는 사람에 따른 구분이 없이 일정 연령 이상만 되면 모든 사람에게 다 쓰일 수가 있어 차별화된 대우 기능을 갖지 않는다.

'씨'는 공적과 사적 관계에서 모두 사용될 수 있지만 그 대우등급에는 차이가 있다. 먼저 '씨'가 공적인 관계에서 쓰일 때는 청자의 직함이 낮은 경우일 때가 많다. 회사에서 대리 이하, 보통 평사원이라 불리는 직위의 경우에는 '김민호 사원, 김 사원' 혹은 '김민호 평사원'이라 부르지 않고 '씨'를 이용

하여 '최민호 씨'와 같이 부르는 것이 일반적이다. '김민호 사원, 김민호 평사원'이라고 부르면 그의 낮은 직책을 강조하는 것 같게 되어 비록 하급자에 대해서지만 결례에 가까울 것이다.[20] 이러한 경우에는 특별히 구별하지 않고 쓰일 수 있는 '씨'를 이용하는 것이 보다 적절하다.

'씨'는 공적인 자리에서는 낮은 직위의 사람에게 쓰일 때가 많지만 성 및 이름을 어떻게 구성하느냐에 따라서 대우등급에 다시 차이가 있을 수 있다. 공적인 자리에서 성(姓) 없이 '민호 씨'와 같이 부르는 경우는 둘 사이에 친밀도가 어느 정도 있을 때 가능하다. 처음 보는 사이에서 이와 같이 부르면 약간 불쾌한 감정을 가질 수 있는데 이것은 성에는 공식성이 있기 때문으로 보인다. 처음에는 누구나 공식적인 입장에서 서로를 대우해 주어야 하는데 이를 어기면 청자는 사회인으로서의 지위가 어느 정도 무시당하였다고 생각할 수 있기 때문이다. 그렇다고 '김 씨'와 같이 이름 없이 '성 + 씨'만을 사용하는 것은 상대방의 직위를 무시하는 것으로 들려 고정적인 직장 내에서는 사용하기 적합하지 않다.

공적인 관계에서 사용될 수 있는 또 다른 예는 청자의 이름만 알고 직함을 알 수 없는 경우이다. 이때는 낮추려는 의도가 전혀 없이 사용된다. 은행, 병원과 같은 공공기관에서의 만남도 공적인 만남이라고 할 수 있는데 이 때 직원은 손님의 이름만 알고 대개 직함은 알 수 없다. 이럴 때는 어쩔 수 없이 호칭에 직함을 포함시키지 않는데 이는 전혀 결례가 되지 않는다.

그러나 상대방의 직함이 일정 정도 이상이 되고, 또 그 직함을 아는데도 '씨'를 사용한다면 이는 그 사람의 직함을 무시하는 것으로 오히려 낮게 대

---

20) 가장 낮은 직함에 대한 회피는 군대 사회에서도 종종 볼 수 있는데 군대에서 가장 낮은 계급인 '이병'은 훈련소 외에는 잘 불리지 않고 그보다 한 계급 높은 '일병'으로 불러 주는 경우가 많다. 아무리 하급자라 하더라도 '이병'이라는 호칭을 직접 언급해 부르는 것은 어딘지 민망하게 여겨지기 때문이다. 그런데 낮은 직함을 이용한 호칭은 의도적으로 사용이 되는 경우도 있는데 예를 들어 신입 사원이나 군대 신병을 위한 훈련소에서는 서열을 분명히 할 목적으로 '최민호 훈련생(병)' 또는 '최민호 사원'이라고 낮은 직함을 그대로 부르기도 한다.

우하는 것이 된다.21) 이와 같이 '씨'는 상황에 따라 대우하는 기능을 갖기도 하고 낮추는 기능을 갖기도 한다.

그러나 사적인 관계에서는 '씨'가 특히 남녀 간에 '지연 씨, 민호 씨'와 같이 성(姓)이 포함되지 않은 '이름 + 씨'의 형태로 호칭하는 경우가 매우 빈번하다. 동성(同性) 사이에서도 이 형태가 사용되는 경우가 있지만 조금만 친숙해지면 이름을 부르거나 유사친족어를 사용하려는 경향이 있다. 이것은 박영순(1976 : 57)에서 언급된 것처럼 남·녀 사이에는 동성 사이에서보다 더 높여 말하려는 의도가 있기 때문일 것이다.

사적인 호칭에서 성이 잘 사용되지 않는 이유는 앞서 언급한 바와 같이 성이 공적인 의미를 담고 있는 것과 관계가 있다. 우리가 직함을 사용할 때는 '최 과장'과 같이 성과 함께 할 수는 있어도 '민호 과장'과 같이 성 없이 이름만 함께 할 수는 없다. 사적인 자리에서 '최민호 씨'와 같이 부르는 것은 불가능한 것은 아니지만 공식성이 높아지기 때문에 사적인 자리에서 일반적으로 요구되는 친밀도가 매우 낮아지게 되고 이는 상대방에 대한 대우를 낮추는 것으로도 해석된다.

하지만 '씨'는 상대방에 대한 정보가 없는 경우를 제외하고는 공적인 자리이든 사적인 자리이든 상대방이 자신과 동등한 관계이거나 아랫사람일 경우에만 쓰이지 윗사람에게는 쓰이지 못한다. 앞서 언급한 바와 같이 자신도 직위가 낮고 상대방도 직위가 낮다고 하더라도 상급자에게 '최민호 씨, 민호 씨, 최 씨'와 같이 호칭을 하면 상대방은 불쾌하게 받아들일 것이다.22) 사적인 관계에서는 청자가 약간 연령이 높은 경우에 '민호 씨, 지연 씨'와 같이 부르는 것도 가능하지만 상대방의 연령이 자신보다 상당히 높으면 이 호칭을 사용하기 어렵고 대신 유사친족어나 매개친족어23)를 이용한다.

---

21) 직위·직함의 정도에 대해서는 3.2.3의 '직업계급위치표'를 참조.
22) 노동 계층에서도 상대방이 고정적인 직위가 있으면 '반장님'과 같이 '직함 + 님'의 형태로 부른다.
23) 박영순(2007)에서는 '어린이중심호칭(Teknonymy)'라고 하였으나, 다른 호칭어 용어를

이상 '씨'의 상황에 따른 대우등급을 정리하자면 다음과 같다.[24][25]

[표 2] '씨'의 상황에 따른 대우등급

관계	대우등급	상황
사적	높음	없음
	중간	친밀도가 낮을 때
	낮음	친밀도가 높을 때
공적	높음	직위를 알 수 없을 때
	중간	직위가 낮을 때
	낮음	직위가 일정 정도 이상이고, 그 직위를 알 때

직함에 붙어 존대의 뜻을 더하는 '-님'은 뒤에서 살펴 볼 친족어에서는 사적인 관계에서도 쓰이나 공적인 관계에서의 사용을 기본적인 기능으로 삼는다.

고려해서 박정운(2005)의 '매개친족호칭어'를 이용한 '매개친족어'라는 표현을 사용하였다.

24) '사적'과 '공적' 관계에서의 대우등급은 비록 똑같은 '높음-중간-낮음'이라는 단위를 쓰고 있지만 그 의미하는 바는 다르다. 예를 들어, 사적인 관계에서의 '낮음'은 두 사람 사이의 인간관계를 무시함에서 오는 것이고, 공적인 관계에서의 '낮음'은 상대방의 직위를 무시함에서 오는 것이다. 하지만 모두 그 관계 내에서 상대방을 '낮게' 대우한다는 점에서는 동일하다. 하나의 발화 장면 내에서 한 사람과의 대화는 사적 아니면 공적이지 둘이 동시에 쓰이는 경우는 거의 없으므로 둘의 대우등급 기준은 서로에게 영향을 주지 않는다.

25) 여기서 말하는 '대우등급'이란 호칭어 내적인 기준에서의 대우등급이다. 4.1.3에서는 각 대우법 참여요소의 기능부담량을 측량하였는데 그 결과를 참고하면 아래 표의 '높음-중간-낮음'의 대우법 점수를 설정할 수도 있을 것이다. 그러나 호칭어는 3.3에서 볼 종결표현과는 달리 상황에 따라 대우등급이 달라지기 때문에 이들의 대우법 점수는 상황에 따라 다르게 파악되어야 한다. 즉, 3.2.3에서는 여기서 다룬 호칭어들을 사적과 공적 관계에 따라 그 대우등급을 구분하였지만 구체적인 기능부담량은 [부록1]과 같은 설문조사를 수행하되, 각각의 상황을 다르게 하여 설정해 주어야 한다. 본 연구에서는 우선 대체로 어느 상황에서나 높은 대우등급을 갖는다고 생각되는 '-님'을 중심으로 기능부담량을 파악하였다.

(30) 가. 최민수 님, 정연희 님, [?]민수 님, *최 님
     나. 형님, 누님, 아버님, 어머님, 영희 어머님, 영희 아버님
     다. 교수님, 선생님, 고모님
     라. 님

'씨'의 경우에는 고유명사인 이름 뒤에서만 붙는 것이기 때문에 앞에 붙는 이름은 형태의 변화 없이 그대로 쓰이지만 '-님'은 친족 명칭 뒤에 붙을 때에는 형태적으로 변이가 생긴다.[26] '-님'은 한자어 친족어에는 '형-형님'과 같이 기본형의 변이가 없이 단순하게 붙지만 친족어 뒤에 붙을 때에는 '할아버지-할아버님, 누나-누님'과 같이 마지막 음절이 생략된다(박정운 2005 : 80).

또한 '씨' 앞에는 이름만이 올 뿐 다른 직함 등이 올 수 없지만 '님'은 이름과 친족어 및 직함 뒤에서도 쓰일 수 있어 '이름 + 친족 + 님' 또는 '성(+ 이름) + 직함 + 님'처럼 쓰일 수 있다. '씨'와 '-님'에 대한 이러한 구분이 익숙하지 않은 한국어 학습자는 '*윤미영 누나씨, *허교수님씨'처럼 잘못 사용하는 경우도 발생한다(손세모돌 2005 : 114). 그러나 이름 등의 고유명사 뒤에서 쓰일 때 '씨'의 경우에는 알고 지내는 사이에서도 사용할 수 있는 경우가 있으나, '-님'은 대부분 잘 알지 못하는 사이에서만 사용된다.[27]

대우등급에 있어서 '씨'가 상황에 따라 대우등급의 높낮이가 달라지는 것과 달리 '-님'은 어느 경우에 사용되더라도 대체로 상대방을 높이는 뜻을 갖게 된다. 특히 '-님'의 주목적은 직함 뒤에 붙는 것이기 때문에 공적 관계에서 사용되었을 때는 '선생-선생님', '과장-과장님'에서 보이는 바와 같이 높은 대우등급을 갖는다. 기본적으로 직함 뒤에는 '-님'만을 붙임으로써 대우등급 상으로는 가장 높은 최상급이 실현된다고 할 수 있다.[28] 그러나

---

[26] '님'은 성이나 이름 뒤에서는 의존명사, 직위나 신분 뒤에서는 접미사로 쓰인다.
[27] '님'은 기관명, 인터넷 아이디 뒤에서도 사용된다.
[28] 청자의 직함이 여러 개일 경우에는 가장 높은 직함을 사용해야 청자를 높게 대우하게 된다.

박영순(2004 : 264)의 언급처럼 성(姓)이 붙는지의 여부에 따라 대우등급에 차이가 생길 수 있다. '김 과장님'과 같이 성을 붙여 호칭하는 것보다는 '과장님'과 같이 성을 붙이지 않고 호칭하는 것이 더욱 높은 대우등급을 갖게 된다. 이것을 좀 더 확장해서 이름을 더하는 경우까지 고려하면 다음과 같은 서열화가 가능하다.

(31) 김영수 교수님 〈 김 교수님 〈 교수님

하지만 (31)과 같은 서열이 항상 성립하는 것은 아니다. 손세모돌(2005 : 104)에서 언급한 것처럼 화자가 교수가 여럿 있는 자리에 들어가서 '김영수 교수' 한 사람만을 지목하려 할 때 쓰는 '김 교수님'과 같은 표현에는 낮추고자 하는 뜻은 전혀 느껴지지 않는다. 사람을 구분하여 찾고자 하는 화자의 의도를 알기 때문이다. 그러나 이러한 성 또는 이름이 들어가는 표현은 하급자가 일반적으로 쓸 수 있는 것은 아니다. 위와 같은 상황에서라도 같은 사람을 두 번째 부를 때부터는 '김 교수님'과 같은 표현은 예의에 어긋나게 되는 것을 보면 하급자는 가급적 상급자의 성이나 이름 부르기를 회피한다는 것을 알 수 있다.

'－님'은 본래 직함 등의 뒤에서 쓰이는 것을 목적으로 하고 고유명사와는 결합하지 못하는 것이었는데 최근에는 생산성이 높아지면서 (30가)와 같이 고유명사에도 쓰이는 일이 종종 있다.29) 뿐만 아니라 최근 인터넷 환경에서는 '－님'이 (30라)와 같이 단독형으로 쓰이는 일이 늘어나고 있는데 이는 상대방을 부르기에 마땅한 호칭이 없는 현재의 상황에서 세력이 강해지

---

29) 김상대(1999 : 132)에서는 '최민수 님'과 같은 표현에 대하여 한글 전용론의 입장에 있는 최현배(1937)이후로 쓰여 왔으나 학자들 사이에 문법성에 대한 판단에도 이견이 있고 아직까지는 문어에서만 쓰이지 구어에서는 쓰이지 않는다고 하였다. 또한 이전에는 '사회자님, 기사님, 주부님, 소비자님'과 같은 표현은 아직까지는 완전히 자연스럽지 않으나 점차 쓰이고 있다고 하였는데 현재의 언어 직관으로는 이들의 사용에 아무 문제가 없는 것을 생각해 볼 때 '님'의 사용 영역은 계속 넓어지고 있다고 하겠다.

고 있는 '-님'이 선택된 결과로 보인다.

그러나 제약이 없는 것은 아니다. '씨'의 경우와는 달리 성(姓) 뒤에서는 쓰이지 못하며, 성 없이 이름만 있는 경우의 뒤에서도 잘 쓰이지 못한다. 또 구어 환경에서는 은행, 병원과 같은 공공 기관에서만 쓰이지, 알고 지내는 사이에서는 쓰이지 않는다.[30]

주로 공적인 관계에서 사용되는 '님'의 상황별 대우등급은 다음과 같이 정리될 수 있다.

[표 3] '-님'의 상황에 따른 대우등급

관계	대우등급	상황
공적	높음	'직함 + 님' 또는 상대방의 직함을 몰라서 '성 + 이름 + 님'으로 사용할 때
	중간	없음
	낮음	거의 없음 (하급자가 성 또는 이름과 함께 사용하는 경우 일부 가능)

3.2.2. 친족 관련 호칭어

친족 관련 호칭어에는 친족어도 있지만 친족어의 형태를 이용한 유사친족어와 매개친족어도 있다. 이들의 용법에 대하여 유사친족어, 매개친족어, 친족어 순으로 알아보기로 한다.

친족이 아닌데 친족호칭을 이용하는 유사친족어(MKT : Metaphorical Use of Kinship Term)는 주로 사적인 관계에서만 이용된다. 이들은 형태적으로는 친족어와 구분이 되지 않는다. '형, 오빠, 이모, 삼촌' 등은 실제 친족 사

---

30) 이익섭(1993 : 395)에서는 '님'의 일부 고유명사 뒤에서 쓰이는 현상에 대하여 부정적인 견해를 가지고 있음을 밝히기도 하였으나, 이제는 공공기관에서 '님' 대신 '씨'를 쓰면 오히려 완전히 높이지 않는 느낌을 주기도 한다. 표준국어대사전(국립국어연구원 1999)에서도 사람의 성이나 이름 뒤에 쓰이는 '님'은 '씨'보다 높임의 뜻이 더하다고 하였다.

이에서 사용되는 친족어(Kinship Term)와 같은 형태인 것이다. 그러나 그 종류에 있어서 유사친족어는 친족어보다 훨씬 적은 수만을 가지고 있다. 그 이유는 유사친족어는 비슷한 연령대의 실제 친족에게 사용하는 호칭을 차용해 사용하는 것이기 때문이다. 그러기 때문에 이들의 형태는 실제 친족어처럼 다양할 필요가 없고 대표적인 몇 개를 이용하여 서로 다른 대상에 중복해서 사용할 수 있다.

이들이 사용되는 대상은 사적인 자리라면 자주 만나는 사이에서부터 처음 만나는 사이까지 다양하다. 이웃, 학교, 동호회 및 각종 모임과 같이 자주 만나는 사이에서의 상급자, 버스나 길거리에서 만나는 사이의 상급자 연령, 일부 동급자 연령에 대하여 쓰이는 것 등이 있다.[31]

그러나 일반적으로 하급자에게는 잘 쓰이지 않는다. 친족어가 하급자에 대한 호칭도 갖고 있는 것에 반해 유사친족어는 상급자인 친구의 어머니에게 '어머님'이라고 할 수는 있지만, 상대방이 며느리뻘 되는 아랫사람이라고 '며늘아, 애기야'라고 호칭할 수는 없다. 또는 처음 보는 사이에서 '할아버지, 아주머니, 아저씨'와 같은 호칭을 상급자 또는 동급자 연령의 사람에 대하여 쓸 수는 있지만 자신보다 어려 보인다고 해서 '조카, 동생'이라고 할 수는 없다. 유사친족어는 기본적으로 하급자가 상급자에게 친밀하게 다가가려는 수단이기 때문이다.[32]

사용 범위에도 제약이 있다. 전반적으로 자주 만나는 사람에게 다양한 표현이 쓰이며 처음 만나는 사람에게는 몇 개의 더욱 제한된 표현에 국한된다. 호칭어가 쓰일 수 있는 적절성을 상황에 따라 분류해 보면 다음과 같다.

---

31) 동급자 연령에 쓰이는 예로 '아저씨, 아주머니, 언니' 등과 같은 호칭이 있다. 그러나 사실 이들은 현재에 와서는 친족어라는 느낌이 많이 사라졌다. 박정운(2005 : 85)에서는 이를 통칭적 호칭어로 분류하기도 하였다.
32) '동생'의 경우 개인에 따라 쓰는 경우도 있으나 일반적인 호칭어는 되지 못하는 것 같다.

[표 4] 유사친족어 사용의 적절성

형태	호칭의 관계	호칭의 血係	사용연령	만나는 관계	
				자주	처음
할아버지	혈연	부계	제한없음	○	○
할아버님	혈연	부계	제한없음	○	○
외할아버지	혈연	모계		*	*
할머니	혈연	부계	제한없음	○	○
할머님	혈연	부계	제한없음	○	○
외할머니	혈연	모계		*	*
아빠	혈연	부계		*	*
아버지	혈연	부계		*	*
아버님	혼인	부계	청년	○	*
엄마	혈연	모계		*	*
어머니	혈연	모계		?	*
어머님	혼인	모계	청년	○	*
삼촌	혈연	부계	유년	○	*
외삼촌	혈연	모계		*	*
작은아버지	혈연	부계		*	*
숙모	혈연	부계		*	*
작은어머니	혼인	부계		*	*
외숙모	혼인	모계		*	*
고모	혈연	부계		*	*
고모부	혼인	부계		*	*
이모	혈연	모계	유년	○	○?
이모부	혼인	모계		*	*
아저씨	혈연	부/모계	제한없음	○?	○
아줌마	혈연	부/모계	제한없음	*	○
아주머니	혈연	부/모계	제한없음	○*	○
형	혈연	동기	제한없음	○	*
형님	혈연	동기	제한없음	○	*
오빠	혈연	동기	청년	○	*
오라버니	혈연	동기		*	*
언니	혈연	동기	제한없음	○	○
누나	혈연	동기	청년	○	*
누님	혈연	동기	제한없음	○*	*

위의 표에서 '호칭의 관계'는 쓰인 친족호칭어가 실제에 있어서 혈연에 의한 친족관계인지, 혼인에 의한 친족관계인지를 말한다. '삼촌'은 부친의 형제이므로 혈연에 의한 친족 관계이고, '숙모'는 삼촌과 혼인에 의해 친족이 된 것이므로 혼인에 의한 친족관계이다. '호칭의 血係'는 부계 쪽 친족인지, 모계 쪽 친족인지를 말한다. '고모'는 부계 쪽 친족이지만 '이모'는 모계 쪽 친족이다. '사용연령'은 그 호칭어를 사용하는 연령이 어느 때까지인가를 말한다. '제한없음'은 모든 연령에 대해서 사용 가능한 유사친족어이고, '유년'은 유년 시기까지, '청년'은 청년 시기까지 대체로 사용 가능한 유사친족어이다. '만나는 관계'는 자주 만나는 사이와 처음 만나는 사이로 나뉘는데 각 관계에서의 적절성 여부를 보고 있다. 'ㅇ'는 사용하기에 적절하며, '*'는 사용할 수 없음을, '?'는 좀 모호한 경우를 각각 가리킨다. 기호가 두 개 있는 것은 두 경우 모두에 해당될 수 있음을 말한다.

위의 표를 통해 보았을 때 유사친족어는 몇 가지 원리에 의하여 만들어짐을 알 수 있다. 우선 '혼인'에 의한 호칭어보다는 '혈연'에 의한 호칭어가 잘 사용된다. '혈연'에 의한 호칭어가 선호되는 이유는 더 친근함을 주기 때문일 것이다. '이모부'나 '고모부', '숙모'는 어릴 때부터 함께 해 온 사이가 아니기 때문에 '이모, 고모, 삼촌'보다는 거리감이 느껴진다. '삼촌'과 같은 의미인데도 '작은아버지'가 유사친족어에서 쓰이지 않는 것도 비슷한 이유라고 생각된다. 어릴 때부터 사용하게 되는 용어는 보통 '삼촌'이지 '작은아버지'가 아니기 때문이다. '외할아버지, 외할머니'는 잘 쓰이지 못하면서 '할아버지, 할머니'는 쓰이는 것도 비슷한 맥락에서 해석될 수 있다. 친가(親家)가 아닌 외가(外家)임을 명시하고 있는 '외할아버지, 외할머니'는 '할아버지, 할머니'보다 거리감이 느껴지기 때문이다. 굳이 자세하게 분류할 필요가 없는 상황에서 거리감이 느껴지는 용어를 선택할 필요는 없을 것이다. 이를 정리하자면 유사친족어는 '가까운 관계'의 호칭어를 차용한다고 할 수 있다.

둘째, '삼촌'과 '이모'의 경우를 보면 윗사람이 남자면 부계 친족어를, 여자면 모계 친족어를 선택하는 것을 알 수 있다. '외삼촌'이 아닌 '삼촌'이 선택되는 것은 앞의 첫 번째 이유에 의해서 설명될 수 있는데 '고모'가 아닌 '이모'가 선택되는 것을 보면 남자는 부친과 연관 짓고, 여자는 모친과 연관 지어 선택하는 듯하다.

셋째, 화자가 성년이 되어갈수록, 처음 만나는 사이일수록 가까운 친족어는 회피한다. '이모, 삼촌, 오빠, 누나'와 같이 어릴 때 가깝게 지내던 친족의 호칭어는 이후 사용하지 않고 '아저씨, 아주머니'와 같이 다소 거리감이 느껴지는 친족어로 대체한다. '아버지, 어머니'는 사용되는 일이 거의 없는 듯하고, 대신 혼인에 의해 친족이 되었을 때 사용되는 '아버님, 어머님'이 친구와 같은 가까운 사이의 부모에 대해서만 사용된다. 처음 만나는 사이에는 가까운 친족어가 더욱 사용되지 않는다. 관계가 너무 멀게 느껴져 자주 만나는 사이에서는 잘 사용되지 않는 '아저씨, 아줌마, 아주머니'가 오히려 처음 만나는 사이에서는 적극적으로 활용된다.[33]

이상의 유사친족어 구성에 있어서의 제약을 정리하면 다음과 같다.

[표 5] 유사친족어 구성의 제약성

제약 대상	내 용
거리	가까운 친족 관계를 선호
성별	남자는 부계, 여자는 모계 친족어를 선호
연령	화자의 연령이 성년에 가까울수록 거리가 있는 친족어를 선호

유사친족어는 하급자가 상급자에게 쓰는 것이므로 본질적으로 높은 대우등급을 가지고 있다. 다만 어느 유사친족어를 사용하느냐에 따라서 대우등

---

33) '언니'는 예외에 속한다고 할 수 있다. 이전에는 낯선 사람이나 상점 종업원에게 '아가씨'라는 호칭어를 사용하였으나 그 어감이 안 좋아지면서 '언니' 또는 더 낮은 빈도로 '이모' 등이 그 자리를 대신해 가고 있다. 일부의 남성도 이 표현을 사용하고 있으나 아직까지는 대부분의 남성이 이 경우에 사용할 수 있는 적절한 호칭어가 발견되지 않아 보인다.

급에 차이가 날 수 있다. 그러나 어떤 유사친족어를 사용할 것이냐의 결정은 상대방에 대한 대우 정도에 의하여 이루어지는 것이 아니라 기본적으로는 청자와의 연령 차이 그리고 관계에 의하여 이루어짐을 알 수 있다. 연령상 누나뻘 되는 사람에게 '어머님'이라고 하지는 않으며, 같은 연령 차이에 있는 두 사람에게는 '아주머니'나 '어머님' 중 선택이 가능하지만 이는 친밀도의 문제이지 대우등급 차이는 미미하다.

'아버지 - 아버님', '어머니 - 어머님', '누나 - 누님', '형 - 형님'에서 대우등급의 차이가 없지는 않겠지만 몇 가지 문제가 있어 체계화시키기 어렵다. '아버님, 어머님'은 자신의 부모를 높이기보다는 혼인 또는 다른 사람의 부모를 높이는 데 많이 쓰여 상보적 분포를 보인다.[34] '누님, 형님'의 경우에는 사용 빈도가 낮을 뿐만 아니라 남성에 의해서 불리는 존대형만 있지 여성에 의해 불리는 존대형 즉, '언니, 오빠'의 존대형이 없다는 점에서 체계성이 결여된다. 이러한 체계성의 관점에서 보자면 '아저씨'는 존대형 혹은 낮춤형이 없으니 '아줌마 - 아주머니'에도 대우등급을 인정하기 어려우나 빈도가 높으니만큼 예외로 처리하는 것이 좋을 것 같다.

다음은 매개친족어에 대해서 살펴보도록 하자. '영희 어머니, 철수 아버지'와 같은 그 집의 어린이와의 관계를 중심으로 하는 매개친족어[35]는 아시아권에서 많이 쓰이는 표현 방식인데 적절한 호칭을 찾기 어려운 경우에 쉽게 쓰일 수 있는 표현 방법 중 하나이다. 이 호칭어는 주로 사적인 관계에서만 쓰이고 공적인 관계에서는 잘 쓰이지 못한다. 박영순(2004 : 268)에서는

---

34) '할아버지, 할머니'의 경우에는 '할아버님, 할머님'과 함께 처음 만나는 사이에서도 잘 쓰이는 것 같다. 자주 만나는 사이에서는 '할아버님, 할머님'이, 처음 만나는 사이에서는 '할아버지, 할머니'가 더 선호되는 것 같으나 명확한 분류를 할 정도로 나뉘는 것 같지는 않다.

35) 박정운(2005 : 81)에서는 매개친족어에 대하여 두 가지로 구분하였다. 하나는 자식이 생겼을 경우 시동생을 '삼촌'이라고 부르는 경우로 이는 화자가 자신을 매개체(아들)와 동일시하는 경우이고, 다른 하나는 본 연구에서 다루는 '철호 어머니'와 같이 아이로부터의 청자에게로의 친족어를 호칭어로 사용하는 것이다. 형태상 후자는 전자를 포함하는 관계에 있으므로 본 연구에서는 후자에 대해서만 다루도록 하겠다.

매개친족어가 쓰이는 이유에 대하여 한국 사람은 영어 사용자와는 달리 개인을 개인으로서만 보는 것이 아니라 가족을 중심으로 파악하기 때문이라고 하였다. 이것은 기본적으로는 옳겠지만, 사용 이유가 단지 개인을 가족 중심으로 파악하기 때문이라면 호칭이 다양한 관계를 바탕으로 성립될 수 있어야 하는데 그렇지 않고 항상 어린이를 중심으로만 이루어진다는 점이 문제가 된다. 즉, '민수 아버지, 민수 할아버지'와 같이 아래에서 위쪽으로의 표현만 가능하고, '영희 아들, 영희 손자'와 같이 위에서 아래로의 표현은 가능하지 않은 것이다.[36]

이것은 성인 혹은 '-님'의 경우에서 보았던 것처럼 상급자의 이름을 부르기 꺼려하는 태도에서 그 원인을 찾을 수 있다. Greertz(1964)의 발리어에 관한 연구도 이와 비슷한 결과를 보여준다. 발리어에서도 매개친족어가 적극적으로 사용되는데 이 사회에서도 역시 성인의 이름이 사용되는 것은 금기시된다고 한다. 즉 성인이 된 사람의 이름을 직접 부르지 않기 위하여 그 가정의 어린이와의 관계를 통해 부르는 것이다. 또한 중심 대상이 되는 어린이가 자라서 성인이 되면 더 이상 그 아이의 이름을 사용하지 않는 점도 주목된다. 아이가 어렸을 때는 '민수 엄마'라고 호칭하지만 그 아이가 성년, 특히 혼인 적령기의 나이에 접어들게 되면 그와 같이 호칭하는 것이 그 중심 대상을 홀대하는 것 같고, 민망하게 느껴져 이 호칭 방법을 사용하지 않고 다른 식으로 부른다. 그러므로 이 호칭 방법이 사용되는 것은 가족을 한 단위로 생각하는 관습 외에도 성인의 이름을 부르지 않으려는 의도도 있는 것이라 할 수 있다.

매개친족어가 사용될 때의 제약은 방금 살펴 본 아래에서 위의 관계, 중심대상의 어린 연령 외에도 관계가 너무 멀어서는 안 된다는 점도 있다. 이 제약 관계를 알아보기 위하여 형성이 가능한 형태들을 표를 통해 보면 다음과 같다.

---

36) '영희 아들, 영희 손자'와 같은 표현은 지칭어로만 쓰이지 호칭어로는 잘 쓰이지 않는다.

[표 6] 매개친족어 사용의 적절성

중심 대상과의 관계	예문	적절성
상위 1세대 친족	영희 아버지	○
	영희 어머니[영희 엄마]	○
	영희 (외)삼촌	○
	영희 큰/작은 아버지	?
	영희 이모	○
	영희 고모	○
상위 1세대 혼인 친족	영희 숙모	?
	영희 외숙모	?
	영희 이모부	?
	영희 고모부	?
상위 2세대 친족	영희 할아버지	○
	영희 할머니	○
	영희 큰할아버지	?
	영희 작은할아버지	?
	영희 이모할머니	*
	영희 고모할머니	*
상위 2세대 혼인 친족	영희 할아버지	*
	영희 할머니	*
상위 3세대 친족	영희 증조할아버지	*
	영희 증조할머니	*
동기간	영희 언니	*
	영희 오빠	*
	영희 동생	*
하위 1세대	영희 아들	*
	영희 딸	*
하위 2세대	영희 손자	*
	영희 손자사위	*

이 표를 보면 부모와 그 형제의 친족어로는 구성이 잘 되는 것을 알 수

있다. 그러나 부모 형제의 배우자로는 구성이 잘 되지 않고, 상위 2세대로 올라가게 되면 친조부모로나 가능하지 그 형제를 통해서도 가능하지 않다. 상위 3세대로 올라가면 친증조부모라고해도 가능하지 않다.[37] 이것은 매개 호칭이 쓰이는 첫 번째 이유였던 가족을 중심으로 생각하는 것과 관련이 있다. 가족의 원형성에 가까울수록 구성이 잘 되는 것이다. '숙모'나 '이모부', '증조할아버지' 역시 가족의 테두리 안에 들어가는 것은 틀림없지만 어린이를 중심으로 생각했을 때 그 관계가 '아버지, 어머니, 삼촌, 이모, 할머니, 할아버지'보다는 멀게 느껴진다. 특히 혼인을 통해 가족이 된 '숙모, 이모부, 고모부'는 어렸을 때는 한 가족이 아니었으므로 어색하게 느껴지는 것 같다.

이들은 자신의 아이를 중심으로 호칭을 구성해야 자연스럽다. 이것을 좀 더 확장해서 생각하면 '삼촌'은 가능한데 '큰/작은아버지'는 어색하게 느껴지는 것도 해석이 될 수 있다. '삼촌'은 보통 결혼하기 전의 상태에 있을 때를 이르고, 결혼하게 되면 '큰/작은아버지'라고 일컫게 되는데 결혼을 하면 자신의 아이와 가정을 가지므로 원래 어린이와의 중심 가족 관계에서 멀어지게 되는 것이다.[38] 또 매개친족어는 성인의 이름을 부르는 것을 회피하려는 데에 한 목적이 있으므로 중심대상 어린이의 '언니, 오빠'에 대해서는 호칭어로서는 잘 쓰이지 않는다. 다만 지칭어로서 쓰이는 것은 가능하다.

이상의 매개친족어 구성에 있어서의 제약을 정리하면 다음과 같다.

---

37) Greertz(1964)의 발리어 연구의 경우 증조부까지는 가능하고, 고조부부터 불가능하다고 한다.

38) 그러나 결혼한 삼촌, 즉 '작은아버지'도 어법에 약간 맞지 않더라도 결혼하지 않은 상태처럼 '삼촌'이라 부를 때는 '영희 삼촌'과 같은 표현이 가능한데 이것은 언어가 가지는 관습적인 면 때문에 그러할 것이다. 다시 말하면, 친족호칭어의 구성 여부는 그 친족이 실제로 결혼 또는 자식을 가졌느냐에 있는 것이 아니라 일반적인 통념상 '삼촌'은 결혼하지 않은 상태이기 때문에 그의 실제적인 결혼 여부와는 상관없이 언어적으로 가능하다는 것이다.

[표 7] 매개친족어 구성의 제약성

제약 대상	내 용
연령	중심대상의 연령이 출생 ~ 성인 연령 전까지일 때만 쓰인다
세대	친족이 1세대 ~ 2세대 높아야 한다
범위	혼인 관계에 의한 친족어는 잘 쓰이지 못한다

　매개친족어에 의한 대우등급은 그리 높지 않다. 앞서의 유사친족어와는 달리 하급자는 물론 상급자도 사용할 수 있기 때문이다. 이것을 존대형으로 보기 어려운 또 다른 이유는 매개친족어는 결국 일정 연령대에 있는 사람들 사이에서 쓰이는 호칭 방법이기 때문이다. 이 호칭이 쓰이기 위해서는 가까운 가족 내에 아이가 있어야 하며, 그 아이의 연령이 성년이 되기 전이어야 한다. 이러한 조건을 갖추려면 그 중심대상 어린이와의 관계에 있는 친족의 연령은 대개 일정한 나이를 넘지 않게 된다. 특정 연령대를 넘어서게 되면 '사모님, 여사, 선생님, 아주머니'와 같은 다른 호칭 방법을 이용하게 된다.

　또한 이 호칭 방법은 화자의 나이가 적어도 성년은 되어야 사용할 수 있지 어린이가 어른에 대하여 쓸 수는 없다. 그러므로 이 호칭 방법은 아이를 가지고 있는 사이에서 쓰이는 경우가 대부분이며, 이러한 경우 비록 연령에 차이가 있다고는 하더라도 '부모'로서 또는 '아이를 돌보는 관계'로서의 연대 의식이 있기 때문에 그리 높은 호칭 방법이라고는 보기 어렵다.

　그러나 접미사 '-님'이 붙은 경우는 높임형으로 볼 수 있다. 이는 기본적으로 접미사 '-님'이 대상을 높이는 기능을 가지고 있기 때문이다. 서로 알고 지내는 사적인 관계에서 '사모님'과 같은 호칭이 어색한 경우에 '민수 어머님'과 같은 표현은 가깝지만 존대 의사가 있는 경우에 사용된다.

　(32) 가. 민수 어머니, 언제 올 거야?
　　　　나. 민수 어머니, 언제 올 거예요?
　　　　다. ?민수 어머니, 언제 오실 거예요?

라. *민수 어머님, 언제 올 거야?

마. [?]민수 어머님, 언제 올 거예요?

바. 민수 어머님, 언제 오실 거예요?

'-님' 없이 사용했을 경우에 가장 자연스러운 것은 (32가)이고, (32나)도 허용되나 (32다)와 같이 높임선어말어미까지 사용되었을 경우에는 다소 어색하게 느껴진다. '-님'이 사용되는 경우에 가장 자연스러운 것은 (32바)와 같이 높임선어말어미가 사용되는 경우이고 그렇지 않으면 다소 어색해지며, 화계마저 해요체를 사용하지 않으면 비문이 된다.[39] 이를 보면 '-님'에 의한 매개친족어는 높은 대우등급을 갖는다고 할 수 있다. 특히 교사가 학생 어머니를 부를 때와 같은 공적인 상황에서 '-님'의 사용이 이루어지는 경우가 있는데 이런 경우의 매개친족어는 거의 직함과 같이 여겨지므로 '-님'의 사용 여부에 따라 대우등급에 차이가 있게 된다.

다음으로는 친족어에 대해서 생각해 보자. 앞서 유사친족어의 경우에는 '아저씨, 아줌마'와 같은 동급자 연령에 쓰일 수 있는 일부의 예를 제외하면 대부분 상급자 연령에 대하여 쓰인다고 하였다. 그러나 친족어(Kinship Term)의 경우에는 자신과 비슷한 위치에 있는 친족에게도 적극적으로 쓰인다.

(33) 가. 할아버지/어머니 이것 좀 드세요.

나. 매형 이것 좀 들어요/드세요.

다. 동서 이것 좀 들어.

라. 처남/처제 이것 좀 들지.

---

39) 위의 예문에서 '?' 표시가 된 것은 실제 사용되기는 하나 주부와 술부간의 높임의 호응이 잘 맞지 않음을 표시한 것으로서 일반적인 '?' 표시가 갖는 문법성보다는 더 문법적이다. 이렇게 주부와 술부 간의 호응이 맞지 않는데도 불구하고 문장이 사용되는 것은 권오병·최석재(2007)에서 밝힌 바처럼 문장의 대우 정도를 조절하기 위해서이다.

(33가)는 유사친족어와 동일하게 상급자에게도 쓰일 수 있음을 보이고 있고, (33나)는 자신과 비슷하나 약간 높은 매형에게 대우등급을 조절해 가며 쓸 수 있음을 보이고 있다. 그리고 (33다)와 (33라)는 자신과 비슷하나 약간 낮은 사람에게 쓰이는 것이다. (33나~라)의 호칭은 유사호칭어에서는 볼 수 없는 것이다.

그러나 자신보다 분명히 낮은 서열 관계에 있는 친족에 대해서는 '아들, 손자, 조카, 동생'과 같은 호칭어보다는 이름이 선호된다.[40] 유사친족어의 경우에도 아랫사람에게 이름을 쓸 수 있는 경우가 있으나 이름을 알 수 없는 경우도 많고, 친밀도가 높지 않으면 부르지 않고 회피하는 경향이 있다. 하지만 친족어가 사용되는 상황에서는 서로의 이름을 잘 알 뿐만 아니라 친밀도도 높기 때문에 윗사람이 아랫사람에 대하여 이름을 부르는 것은 큰 문제가 되지 않는다.[41]

그러므로 친족어는 이름과 함께 일련의 대우등급 체계를 이룬다. 상대방에게 친족어를 쓰는 것은 상대방을 높여 부르는 것이고, 이름을 부르는 것은 낮추어 부르는 것이다. 친족 관계는 자신이 임의로 정할 수 있는 것이 아니라 자연적으로 결정되는 것이므로 친족어를 마음대로 바꿀 수는 없다.[42] 친족어와 이름은 모두 공적인 관계에서는 쓰이기 어려우며 사적인 관계에서 주로 쓰인다. 특히 이름은 사적인 관계에서 낮춰 부르려 할 때 일반

---

40) '질부, 동서'와 같이 서열 관계가 엇비슷하거나 함부로 대할 수 없는 관계에 있는 대상에게는 사용되는 경우도 있다. 이는 '질부'와 비슷한 위치에 있는 '조카'의 사용을 보아도 알 수 있다. 서열 관계가 분명한 조카에 해당하는 대상에 대하여 어린 나이에는 '조카'라고 부르지 않는다. 하지만 대상이 완전한 성년이 되었을 때는 개인에 따라서 '조카'라고 부르는 경우도 있는데 이는 그 대상을 함부로 하기 어렵다고 느끼기 때문일 것이다.

41) 혼인에 의한 친족 관계에서는 이름을 직접 부르는 것이 꺼려지는 경우가 있어 매개친족어가 선호되기도 하지만 반드시 그렇지도 않은데다가 혼인에 의한 친족 호칭은 '사위, 며느리' 등 극소수만 주로 사용된다.

42) 유사친족어의 경우에서와 마찬가지로 '어머니 – 어머님'에 대우등급 차이가 있는지가 문제 될 수 있다. 그러나 본 연구는 '어머니, 이모'라고 부른다고 해서 '어머님, 이모님'에 비해 대우 의도가 낮다고 생각되지는 않으며 다만 친밀함이 더 강해질 뿐이라고 생각한다.

적으로 쓰일 수 있는 용법이며 공적인 관계에서는 상대방을 아무리 낮춰 부른다고 해도 직접 이름을 부르는 일은 찾아보기 어렵다.

3.2.3. 호칭어 관계의 정리

앞 절에서는 각 호칭어의 유형별 특징을 살펴보았다. 본 절에서는 이에 근거하여 호칭어의 대우등급의 모습과 그 사용 전략을 알아보도록 하겠다.

호칭어의 대우등급을 알아보기 전에 직위의 문제 대하여 살펴볼 필요가 있다. 앞에서 우리는 사적인 관계와 공적인 관계에서 쓰이는 중요 호칭어들에 대하여 살펴보았다. '씨'의 일부 경우에서와 같이 한 용어가 사적인 관계와 공적인 관계에서 모두 쓰이는 경우가 있기도 하였지만 이때는 대우등급이 달랐고, 전반적으로 관계의 성격에 따라 호칭어가 분리되는 것을 보았다. 그러나 사적인 관계에서라도 청자의 직함이 높은 경우에는 공적 관계에서 사용되는 호칭을 이용하는 경우가 있다.

사회적으로 명예를 인정받는 대학 교수, 사회적 권력이 높다고 여겨지는 고급 공무원, 경제적으로 큰 부를 쌓은 일정 규모 이상의 자영업자 등에 대해서는 사적인 관계라고 할지라도 '아저씨, 영희 아버지'와 같은 사적 관계에서 일반적으로 쓰이는 호칭어를 사용하기 어렵다. 이들은 보통 사회적으로 존경 받는 위치에 있기 때문에 비록 사적인 관계라고 할지라도 함부로 부르기가 어려운 것이다. 그래서 이들에 대해서는 공적인 자리에서 쓰이는 직함을 사적인 관계에도 그대로 차용하여 '교수님, 검사님, 사장님'과 같이 사용한다. 물론 이렇게 공적 관계에서 쓰이는 호칭을 사용하기 위해서는 둘의 사이가 그리 가깝지 않으면서 청자의 직함이 상당히 높아야 한다는 제약이 있다. 나간채, 정근식(1988)은 직업에 따른 지위점수와 계급위치를 설정하였는데 이 결과에 의하면 회사 사장, 4급 이상 공무원, 대학교수는 중상층 이상의 위치에 속하게 된다.

[표 8] 나간채, 정근식(1988)의 직업계급위치표

직업	지위점수	계급위치
소규모 공장 직공	27.8	노동계급
제조정비공	30.9	
회사택시/트럭운전사	34.8	
소매상주인	46	구중간계급
7급이하 공무원	46.8	신중간계급
대기업 평사원	49.5	
은행원	51.9	
대학교수	85	중상층
4급 이상 공무원	83	자본계급
회사사장(종업원 100명 이상)	83	

친밀한 관계에 있는 사람들은 중상층 이상의 계급에 속하는 사람들에게 어렸을 적부터 불러왔던 이름, 또는 매개친족어 등을 이용하여 불러도 문제가 없지만 그렇지 않은 사람이 이러한 호칭 방법을 사용하면 그의 사회적 신분을 무시하는 것 같아 결례가 되기 쉽다. 그러므로 사적인 호칭을 이용할 때는 상대방의 직함이 어느 정도인지도 같이 고려해야 한다.

이제 개별 호칭어의 특징에 대해서 알아본 논의의 내용을 토대로 앞에서 제시한 상황 변이에 따라 호칭어의 사용이 어떻게 달라지는지 알아보자. 먼저 존대해 대우해야 할 대상에게 '씨'를 덧붙여 호칭하는 이름호칭어는 앞에서 논의한 바와 같이 윗사람에게는 쓰일 수 없는 것이므로 낮은 연령대에 있는 화자는 사용하기가 어렵다. 사회적 활동이 활발하지 않은 10대 연령의 학생은 동급자는 물론 하급자에게도 이 호칭을 사용할 일이 거의 없다. 그러므로 20대 이상의 연령에서 주로 사용하나 또 사회적 활동 즉, 공적 활동이 없어지고 사적인 활동으로 영역이 축소되는 노년층에서는 다시 사용이 줄어들 것이다.

연령 이외의 조건에서는 다음과 같다. 성별 면에서는 공적 관계인 경우에는 남녀의 구분이 없이 사용되나, 사적 관계인 경우에는 서로 다른 성별을 가지고 있는 경우에는 더 높이려고 하는 경향이 있으므로 동성(同性) 사이에서보다 더 많이 사용된다. 직위에 있어서는 주로 낮은 직위에 속한 사람에게 쓰이지 높은 직위에 있는 사람에게 쓰이기는 어렵다. 자신보다 아래 직위에 있다고 하더라도 상대방의 직위가 일반적으로 높은 직위이면 직함을 불러준다. 친밀도 면에서는 친밀도가 높을수록 '씨'에 의한 호칭어는 사용되지 않고 유사친족어나 매개친족어가 사용되는 경향이 있다. 또한 공적 관계에서 자주 쓰이는 만큼 장소에는 영향을 받는다고 할 수 있다. 그러나 다른 호칭어들과 마찬가지로 시간에는 많은 영향을 받지 않는다.

존대 대상의 직함에 '-님'을 덧붙여 호칭하는 직함호칭어는 이름호칭어의 경우와 마찬가지로 낮은 연령대에서는 잘 사용되지 않으며 친밀도가 높을수록 잘 사용되지 않는 공통점이 있다. 하지만 다른 부분에서는 이름호칭어와는 많은 차이점을 보이는데 먼저 이름호칭어가 높은 대상에게 쓰일 수 없었던 것과는 달리 직함호칭어는 높은 대상에게도 쓰일 수 있지만 대부분 직함 뒤에 붙기 때문에 사회적 활동이 없는 10대 연령의 학생에게서는 잘 사용되지 않는다.

또 이름호칭어가 사적인 관계에서는 남녀 사이에서 이름 뒤에 붙어 잘 쓰이지만 직함호칭어는 이름 뒤에 붙어서 사적인 관계에서 쓰이는 경우를 찾아보기 어렵다. 그렇기 때문에 성별의 영향을 거의 받지 않는다. 또한 공적인 관계에서 쓰일 때는 이름호칭어가 낮은 직위의 대상에게 주로 쓰이는 반면, 직함호칭어는 주로 높은 직위의 대상에게 쓰이는 경향이 있다. 일반적으로 직함 뒤에 덧붙여 쓰면 최상급 대우를 할 수 있다. 이 호칭어도 주로 공적인 관계에서 자주 쓰이는 만큼 장소의 영향을 받는다고 할 수 있다.

친족이 아닌 대상에게 친족어 형태의 호칭어를 사용하는 유사친족어는 사적인 관계에서 사용하는 것을 주목적으로 하므로 앞의 두 호칭 유형과는 차이가 있다. 우선 유사친족어에는 각 연령대에 맞게 다양하게 쓸 수 있는 호칭어가 있으므로 매우 어린 연령대부터 노년에 이르기까지 다양한 연령대의 청자에게 사용할 수 있다. 이것은 사적인 관계가 주로 연령에 의해 그 관계가 이루어지기 때문이다.

또한 유사친족어는 친족어를 바탕으로 하므로 성별에 따른 다양한 호칭어를 가지고 있어서 남녀 모두에 쓰일 수 있지만 청자가 남자일 때는 부계 쪽 친족어를, 여자일 때는 모계 쪽 친족어를 차용하는 경향이 있으며, 화자의 연령이 성년에 가까울수록 거리감이 느껴지는 친족어를 차용한다. 그리고 공적인 관계에서는 쓰이는 일이 적으므로 직위의 영향을 많이 받지는 않으나 청자의 직함이 매우 높은 경우에는 사용이 자제된다. 유사친족어는 이와 같이 사적 관계에서 많이 쓰이는 것이므로 친밀도와 장소의 영향을 받는다고 할 수 있다.

어린아이와의 관계를 중심으로 형태를 구성하는 매개친족어 역시 사적인 관계에서 주로 쓰이는 호칭방법이나 공적인 장소로 학교와 같은 곳에서도 일부 사용된다. 주로 그의 자녀는 알지만 상대방의 직함을 알지 못하는 경우에 사용된다고 하겠다. 매개친족어의 사용 연령은 앞에서 보아 온 호칭 유형 중 가장 협소한데 중심 대상이 되는 아이의 연령이 성인 연령 전까지일 때만 청자에 대하여 사용이 가능하다.

성별에 있어서는 매개친족어는 남자형 호칭과 여자형 호칭이 있어서 이를 이용해 남녀 각각에게 사용이 가능하나 청자가 여자일 때 더 자주 사용되는 듯하다. 이것은 남자의 경우에는 사적인 관계에서는 유사친족어나 친족어로, 공적인 관계에서는 직함호칭어를 사용하는 일이 더 잦기 때문이다. 이 역시 사적 관계에서 많이 쓰이는 것이므로 친밀도와 장소의 영향을 받는다고 할 수 있다.

마지막으로 친족어는 사적 관계에서 쓰이는 호칭 방법이지만 쓰이는 범위는 좁다고 할 수 있다. 자신의 친족에게만 쓰이지 그렇지 않은 대상에게는 쓰이지 못한다. 이 호칭 방법은 친밀도와 직위에는 거의 영향을 받지 않고 고정적이어서 설령 청자의 직함이 높고, 친밀도가 낮다고 하더라도 직함을 사용하기보다는 친족어를 그대로 이용하게 된다.

이상은 다음과 같은 표로 정리될 수 있다.

[표 9] 호칭 유형의 상황 변이 영향 관계

	이름호칭어	직함호칭어	유사친족어	매개친족어	친족어
관계	공적, 사적	공적	사적	사적	사적
연령	화자 20대 이상	화자 20대 이상	무관	무관	무관
성별	공적 - 무관, 사적 - 異性間	청자 성별과 무관	청자 성별과 형태 유관	청자 성별과 형태 유관	청자 성별과 형태 유관
직위	청자 직위 낮을 때	청자 직위 높을 때	주로 무관	주로 무관	청자 직위와 형태 유관
친밀도	낮을 때	낮을 때	유관	유관	유관
장소	유관	유관	유관	유관	유관

표에서 '유관/무관'으로 표기된 것은 영향을 받는지의 여부만을 나타낸 것이고 기타의 기술은 '유관' 하에서 어떠한 구체적인 조건이 더 추가되는지를 말하고 있다. '시간'은 별 영향을 주지 못하므로 표에 포함시키지 않았다.

이들 중 대우등급에 영향을 주는 요소들만을 생각해 보았을 때 다음과 같은 변인들을 설정할 수 있겠다.

[표 10] 대우등급 결정에 영향을 주는 상황 변인

종 류	내 용	
관 계	사적	공적
친밀도	친밀도의 정도	-
인 식	처음 만남 여부	청자 직함 인식 여부
직 위	청자 직위 정도	청자 직위 정도

우리말의 호칭어는 사용 상황은 우선 어떠한 관계에서 만난 사이이냐에 따라 호칭어의 사용이 크게 달라지므로 그 관계가 사적인지, 공적인지가 구분이 되어야 한다. 그리고 사적인 관계에서 '친밀도'가 어느 정도인지를 본다. 공적인 관계에서는 오랜 시간이 지나도 상대방을 대우해 주는 호칭어를 유지하려는 경향이 강하지만 사적인 관계에서는 친밀도가 높을수록 유사친족어, 매개친족어 등의 사용이 자유로워진다.

'인식'은 청자를 어느 정도 인식하고 있는지에 관한 정보이다. 사적인 관계에서는 청자를 길거리나 버스 안과 같은 곳에서 처음 만나는 것인지, 알고 지내는 사이인지가 중요하다. 공적인 관계에서는 청자의 직함을 알고 있는지가 그의 직함을 이용해 불러줄 것인지 또는 '씨'나 '-님'을 이용할 것인지를 결정하게 된다.

'직위'는 청자 직위가 어느 정도인지를 보는 것이다. 사적인 관계에서는 청자의 직위가 매우 높을 경우 그의 직함을 불러주는 것이 그를 대우해 주는 것이 되고, 공적인 관계에서는 그의 직위가 너무 낮을 경우 직함 대신 다른 호칭 방법을 이용하는 것이 오히려 대우해 주는 것이 된다.

이와 같이 같은 호칭어라도 상황에 따라 그 대우등급은 달라진다. 그러므로 각 상황을 설정해 놓고 상황에 따라 달라지는 대우 정도에서 쓰일 수 있는 호칭 표현을 분류해 놓아야 한다. 이제까지의 논의를 종합하여 본 연구에서 살펴 본 각 호칭어의 상황별 대우 정도를 분석해 보면 다음과 같다.

[표 11] 사적인 관계에서의 호칭어의 대우등급

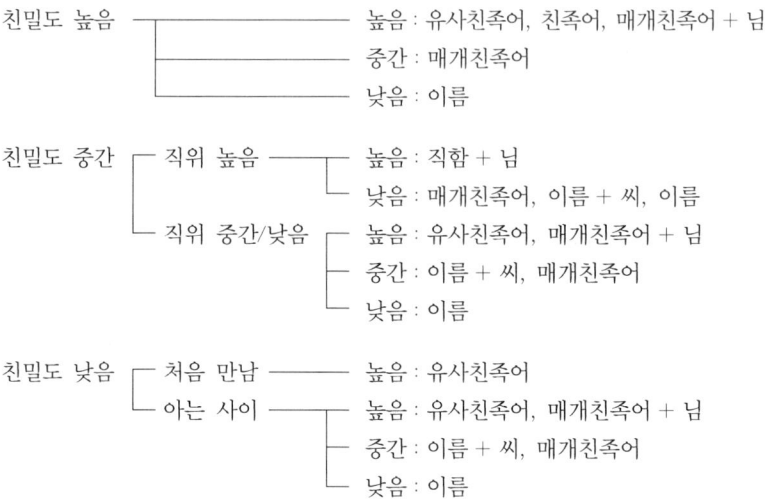

친밀도 높음 ──────────── 높음 : 유사친족어, 친족어, 매개친족어 + 님
              중간 : 매개친족어
              낮음 : 이름

친밀도 중간 ┬ 직위 높음 ──── ┬ 높음 : 직함 + 님
             └ 낮음 : 매개친족어, 이름 + 씨, 이름
     └ 직위 중간/낮음 ┬ 높음 : 유사친족어, 매개친족어 + 님
               ├ 중간 : 이름 + 씨, 매개친족어
               └ 낮음 : 이름

친밀도 낮음 ┬ 처음 만남 ──── 높음 : 유사친족어
     └ 아는 사이 ──── ┬ 높음 : 유사친족어, 매개친족어 + 님
              ├ 중간 : 이름 + 씨, 매개친족어
              └ 낮음 : 이름

[표 12] 공적인 관계에서의 호칭어의 대우등급

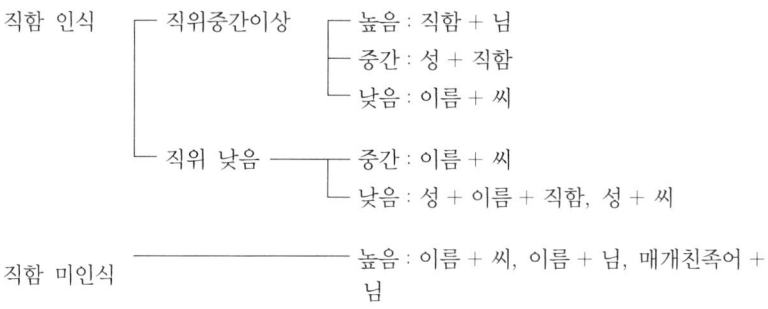

직함 인식 ┬ 직위중간이상 ┬ 높음 : 직함 + 님
           ├ 중간 : 성 + 직함
           └ 낮음 : 이름 + 씨
   └ 직위 낮음 ──── ┬ 중간 : 이름 + 씨
            └ 낮음 : 성 + 이름 + 직함, 성 + 씨

직함 미인식 ──────────── 높음 : 이름 + 씨, 이름 + 님, 매개친족어 +
              님

위의 표에서 '높음/중간/낮음'은 대우 정도를 의미한다. 여기에는 상황들이 이루어낼 수 있는 모든 조합이 다 있지는 않은데 그 이유는 친밀도가 높은 경우에는 처음 만나는 상황이 있을 수가 없듯이 논리적 관계에 의하여 배제 되는 경우도 있기 때문이다.[43]

표를 보면 '(-)님'이 붙은 경우에는 거의 예외 없이 높은 대우등급을 갖고 있다. 사적인 관계에서는 주로 매개친족어 뒤에 붙어 상대방을 높이고 있는데 상대방의 사회적 직위가 높을 때에는 사적인 관계이지만 공적 관계에서 주로 쓰이는 직함 뒤에 '-님'을 붙이는 방법을 이용하여 상대방을 존대 대우한다.

유사친족어의 경우에도 거의 예외 없이 높은 대우등급을 갖는데 이것은 유사친족어 자체가 갖는 대우등급이 높기 때문이다. 우리가 누군가를 '할아버지'라고 부를 때는 그를 할아버지에 맞는 대우등급으로 대하겠다는 것이므로 그 자체가 높은 대우등급을 가지고 있다.

반면에 '(-)씨'는 상대방의 직함을 모르는 상태에서 호칭하는 경우 외에는 대부분 높은 대우등급을 갖기가 어렵다. 이 경우 외에는 대개 중간 정도의 대우등급을 가질 따름이고 공적인 자리에서 잘못 쓰이게 되면 상대방을 낮추어 부르는 기능을 하기도 한다.

매개친족어는 접미사 '-님'의 영향을 많이 받는다고 할 수 있다. '-님'이 함께 할 때에는 대부분 높은 대우등급을 갖지만 '-님' 없이 쓰이게 되면 중간 정도의 대우등급을 갖는다. 이 매개친족어는 대개 사적인 관계에서 쓰이지만 상대방의 직함은 모르면서 그의 자녀를 아는 일부의 경우에는 사용될 수 있다.

일반적으로 '성' 또는 '이름'을 통해 호칭하는 것은 높은 대우등급을 갖기가 어렵다. 상대방을 대우하려는 의사가 있으면 그의 성 또는 이름을 직접 부르는 일은 회피하고 다른 방식으로 호칭을 한다. 그러므로 이름이 의존명

---

43) 또한 상대방에 대하여 알지 못하는 사적인 관계와 공적인 관계에서는 대우등급이 '높음' 밖에 있지 않은데 보다 낮은 대우등급을 표현하기 위해서는 '여기요, 여보세요' 등과 같은 본 연구에서 다루지 않은 기타호칭어를 사용해야 할 것이다. 이러한 상황에서 그보다 낮은 이름만으로의 호칭 등은 상대방에 대한 '경멸'과 같은 감정이 있지 않고서는 힘들기 때문에 고려하지 않았다. 즉, 위의 표에서 말하는 '낮음'이란 상대방과의 정상적인 관계를 유지하는, 예의를 지키는 수준에서의 낮음이다.

사 '-씨'의 도움도 없이 단독으로 쓰이게 될 때는 낮은 대우등급을 가지게
된다.

　이상과 같이 우리말의 호칭어는 상황에 따라 쓰이는 형태가 다르기 때문
에 이를 사용할 때는 상황에 맞게 적절한 호칭어를 사용해야지 그렇지 않으
면 매우 어색하게 된다. 또한 일부 호칭어의 경우에는 같은 형태라고 하더
라도 다른 대우등급을 가지므로 이러한 경우에는 그 대우등급을 파악하려
고 할 때 반드시 어떠한 상황에서 사용되었는지가 확인되어야 한다.

3.3. 종결표현의 대우등급 관계

　주어 명사 또는 호칭어가 주어부에서의 대우등급 양상을 보여주고 있는
반면 선어말어미와 어말어미의 결합형인 종결표현은 술어부에서의 대우등
급 양상을 보여주고 있다. 주어 명사 또는 호칭어는 모든 문장에서 실현되
는 것은 아니나 어미는 거의 생략되지 않고 모든 문장에서 실현이 되므로
문장에서 갖는 대우등급의 영향력은 여러 대우법 요소 중 가장 크다고 할
수 있다.

　이 어미의 대우등급에 대하여 기존에는 화계에 관한 연구에서 다루면서
'해라-해-하게-하오-해요-합쇼'의 6 단계 화계를 보통 인정해 왔으나
2장에서는 이와 같이 단선적으로 생각하기는 어렵고 '하게'와 '하오'체는 별
도로 두어 '해라-해-해요-합쇼'의 일반형 화계와 '하게-하오'의 특수형
화계 두 가지로 나누어 살펴보는 것이 실제 언어생활을 더 잘 반영할 수 있
다고 하였다.

　그러나 3.1에서 보았듯이 화계의 관점보다는 '종결표현'의 관점으로 바라
보는 것이 더욱 다양한 대우등급 관계를 볼 수 있도록 한다. 앞서 밝힌 바와
같이 화계는 어말어미로만 구성되어 3~4 단계의 대우등급만 표현될 수 있

을 뿐인데 높임선어말어미와 어말어미가 결합된 종결표현에 의해서는 해요체 화계에는 '해요'와 '하세요'가, 합쇼체 화계에는 '합쇼'와 '하십시오'가 존재함으로 2개의 대우등급이 더 생기는 효과를 볼 수 있는 것이다.

그러므로 본 절에서는 종결표현의 이러한 대우등급 상의 차이점을 다루는 동시에 호칭어의 경우에서 살펴보았던 바와 같이 상황에 따른 쓰임을 살펴보고자 한다. 종결표현에는 일부 호칭어에서처럼 같은 형태가 상황에 따라 다른 대우등급을 갖거나 특정한 상황에서는 전혀 사용되지 못하는 것과 같은 양상은 찾아보기 어렵지만 특정한 상황에서 더 잘 사용되는 종결표현이 있기 때문이다.

그러므로 본 절에서는 종결표현의 대우등급과 상황에 따른 경향성을 살피는 데에 주안점을 두도록 하겠다.

3.3.1. 낮춤형 종결표현

해라形과 해形[44] 두 종결표현은 대우등급상 낮춤형에 속하기 때문에 높임선어말어미와 공존할 수 없어 '-시-'에 의한 변이형이 없이 화계와 같은 모습 그대로 사용된다. 3.1.2에서 보았듯이 이 두 종결표현에 높임선어말어미가 개입되면 매우 어색하거나 비꼬는 듯한 말투가 된다.

해라形과 해形(곧 해라체와 해체)의 위계 관계에 대해서는 3.1에서도 잠시 살펴보았지만 통계적 조사에서도 그 차이가 크지 않은 것으로 나타났다. 본 연구의 자료 구어체 2000 문장 중에서 빈도가 2 이상인 1844개 문장을 대상으로 하여 화계 간 변동률 조사를 하였는데 우선 이 1844개 문장을 화자와 청자의 쌍으로 묶고 그 쌍 안에서 이루어진 화계의 빈도와 변동된 화계들을 기술하였다. 그 결과는 다음과 같다.

---

44) 3.1.3의 논의를 따라 본 연구에서 종결표현을 이야기할 때는 '-形'을, 화계를 이야기할 때는 '-체'를 쓰도록 한다.

[표 13] 화자-청자 사이의 화계 이용 조사의 예

화자	청자	화계	빈도	변동 화계 명
강	강모	해 해라 해요	39 3 12	해 - 해라 - 해요
강	은기	해 해라	48 15	해 - 해라
강	채린	해 해라	7 9	해 - 해라
강모	강	해 해라	60 9	해 - 해라
강모	강부	해 해라	20 4	해 - 해라
강부	강모	해 해라	20 4	해 - 해라
건	강모	해 해요	9 3	해 - 해요
교장	은환	하게 해요	2 6	하게 - 해요
만도	상두	합쇼 해 해라	2 20 16	합쇼 - 해 - 해라
만도 만도	은환 은환	해 해라	7 3	해 - 해라

....

이렇게 정렬된 문장들에서 같은 화자와 청자 사이에 화계에 변동이 있는 경우는 1277 문장이었는데 이들을 화계 별로 구분해보면 다음과 같다.

[표 14] 화계 변동률

	빈도	변동빈도	변동률	해라체	해체	해요체	합쇼체
해라체	349	305	87%		94%	3%	6%
해체	1208	896	74%	96%		4%	3%
해요체	375	52	14%	37%	73%		27%
합쇼체	52	12	23%	42%	42%	58%	

[표 14]는 각 화계와 화계 사이의 변동률을 보여주고 있다. 해라체의 경우 전체 2000 문장에서 나타나는 빈도는 349개였는데, 같은 화·청자 사이의 예문 조사에서 다른 화계와 같이 나타난 예문은 305개로서 변동률 87%를 보여주고 있다. 이 해라체와 같이 나타난 화계들을 조사해 보면 해체 94%, 해요체 3%, 합쇼체 6%였다. 이것은 해라체 화계의 변동이 해체와 가장 많았음을 보여준다.[45] 해체의 경우에도 비슷한데 전체 변동률은 74%로서 해라체 96%, 해요체 4%, 합쇼체 3%를 보여주고 있다. 즉 해라체와 해체 두 경우는 모두 높은 전체 변동률을 가지고 있으면서 화계의 변동이 일어날 때는 주로 두 화계 사이에서만 발생함을 알 수 있다. 한편 해요체와 합쇼체의 경우에는 전체 변동률이 각각 14%, 23%밖에 되지 않아 해요체 또는 합쇼체로 사용되었을 때에는 다른 화계로 바뀔 가능성이 해요체, 합쇼체에 비하여 그만큼 낮음을 보여주며, 다른 화계로 변동이 된다고 하더라도 개별 화계와의 변동률이 '37 – 73 – 27%', '42 – 42 – 58'%로서 해라체와 해체 사이에서 보였던 편중성이 보이지 않는다.

이것은 해라체와 해체는 서로 화계를 바꿔 사용할 가능성이 많다는 것이므로 두 화계의 위계는 다른 화계의 위계보다 그 차이가 작다는 것을 의미한다. 만약 두 화계 사이의 위계가 크다면 두 사람 사이의 대화에서는 해체

---

45) 여기서 화계 사이의 변동률이 94% + 3% + 6% = 103%로서 100%를 넘는데 이것은 표1의 '강 – 강모', '만도 – 상두' 사이의 대화에서 볼 수 있듯이 같이 등장하는 화계의 수가 3개 이상일 때가 있어 중복 계산이 이루어지는 경우가 있기 때문이다.

와 해요체, 해라체와 합쇼체 사이에서 보이는 것처럼 변동률이 낮게 나타날 것인데 실제로는 그렇지 않기 때문이다.[46]

그러므로 이 두 화계는 공히 낮춤형으로서 기능한다고 할 것인데 이들이 낮춤형인 것은 곧 이들의 높은 빈도에 직접적인 영향을 미친다. 앞에서 본 2.3.1의 화계 빈도에 관한 표는 해라체와 해체의 빈도를 각각 17%, 60%로 보여주고 있는데 이는 전체 77%에 이른다. 우리가 대화를 할 때에는 동급자와 대화를 하는 경우가 가장 많다. 자신이 높여야 할 대상은 자주 말하기에 부담스럽기 때문에 우리는 가급적 말을 편하게 할 수 있는 동급자와 더 많은 대화를 나누려고 하게 되는 것이다.

그러나 이 두 종결표현이 사용되는 상대방인 청자는 반드시 자신보다 낮은 위치에 있거나 동년배에 국한되지는 않고 다소의 연령 차이가 있더라도 매우 가까운 사이이면 상급자에게도 허용된다.

(34) 가. 짭새한테 잡히든 감옥에 가든 삼촌이 벌인 일 삼촌이 책임져.
　　　　－상두 1 : 6. 화자－상두(25세), 청자－만도(45세), 관계 : 삼촌
　　나. 사랑하는 사람을 만나서 얼굴이 확 피뿌는가 보지?
　　　　－상두 1 : 5. 화자－상두(25세), 청자－명순(45세), 관계 : 연인
　　다. 엄마 아몬드가 죽으면 뭐가 되는지 알아?
　　　　－최강 1 : 5. 화자－건(9세), 청자－강의 母(43세), 관계 : 母子
　　라. 엄마 우리 시어머니 생신 안 잊어버렸지?
　　　　－행복 1 : 9. 화자－지연(26세), 청자－지연의 母(50세),
　　　　관계 : 母女
　　마. 황서방 밥이나 제대로 먹고 다니는지 모르겠어.
　　　　－행복 1 : 70. 화자－지선(28세), 청자－지선 祖母(65세),
　　　　관계 : 孫女

---

46) 두 화계의 위계 차이가 비록 작기는 하지만 둘을 화계로서 구분하는 입장을 유지하도록 하겠다. 화계 간의 위계성에 대해서는 4.1에서 계량화 과정을 통해 다시 논의한다.

(34가)는 조카가 삼촌에게 하는 대화인데 조카가 매우 어렸을 때부터 삼촌의 손에서 자랐고, 삼촌은 큰 위엄을 보이지 않았기에 연령 차이가 많이 남에도 불구하고 낮춰 말하고 있다. (34나)는 두 사람이 연령 차이가 많이 남에도 불구하고 연인 관계이기 때문에 젊은 남자가 중년의 여인을 낮추어 말하고 있는 장면이며, (34다,라)의 대화는 자녀가 모친에게 하는 것이기 때문에 가능했다. 일반적으로 부친에게보다 모친에게는 말을 더 쉽게 낮추어 이야기하는 것으로 생각된다. 그리고 둘 사이의 관계가 친밀하다면 (34마)의 경우처럼 손녀가 할머니에 대해서도 말을 낮출 수 있다.

이들은 비록 청자가 화자보다 높은 위치에 있지만 화자는 청자를 어렵게 생각하지 않는다. 동급자나 하급자에 대해서도 보통 우리는 편안함을 느끼며 대화를 해 나가는데 이와 같이 편안함을 느끼는 사이에서는 많은 대화가 이루어지기가 쉬우므로 해체·해라체의 사용이 다른 화계에 비해 더욱 많은 것으로 생각된다.

하지만 동년배 사이라고 하더라도 두 사람의 연령이 높을 때에는 말을 낮추기가 어렵다. 유년이나 중고등학교 연령에 속하는 화·청자 사이에서는 처음 만난 사이더라도 낮추어 말을 하는 경우를 찾아 볼 수 있지만 연령이 높은 상태에서 만난 사이라면 그러기 어렵고 상호 존대를 하게 된다.

(35) 가. 너 자꾸 쌩 깔래?
　　 나. 뭐가 그렇게 잘났냐, 너?
　　　 -상두 1 : 7. 화자-17세, 청자-25세(10대 복장)

(36) 가. 제비가 무슨 자긍심이 있구, 애환이 있어요?
　　 나. 있대요!
　　　 -상두 2 : 12. 화자-25세, 청자-25세

(37) 가. 근데 처음 뵙는 분이네요.
　　 나. 하도 무료해 하니까 여기 나가보라고 해서요.
　　　 -하늘 2 : 8. 화자-65세 여, 청자-70세 여.

(38) 가. 미국에 있는 딸 네 다녀왔어요.
　　　나. 참, 매년 이맘때면 댕겨 오시죠.
　　　　　-하늘 2 : 8 화자-65세 여, 청자-70세 남.

(35)의 예문은 17세의 고교생이 처음 보는 25세의 여자에게 하는 말인데
화자는 상대방의 복장 때문에 그를 25세가 아닌 자신과 같은 고교생으로 알
고 말을 건네고 있다. 화자는 상대방을 전혀 어려워하지 않고 말을 낮출 뿐
만 아니라 비어마저 사용하고 있는 것을 볼 수 있다. 반면에 (36)의 예문은
20대의 처음 만난 두 남자가 포장마차에서 나누는 대화이다. 이들은 그날
처음 만나 술자리까지 같이 하게 되었는데 여전히 말을 낮추지 못하고 상호
존대를 하는 모습이다. (37)은 두 여성 노인이, (38)은 두 남녀 노인이 경로
당 앞에서 주고받는 말인데 역시 서로 동년배이나 상호 존대를 하고 있다.
　청자의 직위 또는 장소 등도 고려의 대상이 된다. 만난 장소가 자신이 일
하는 곳이고, 청자가 손님일 경우에는 청자를 존대 대우하는 것이다. 그리
고 이러한 공적인 상황에서는 보통 상호 존대하는 것이 일반적이다.

(39) A : 저기 교통사고 환자 좀 찾으러 왔는데요.
　　　B : 2층 복도 끝 병실로 가보세요.
　　　　　-상두 1 : 26. 화자-환자 보호자(25세), 청자-병원 간호사(20세)

(40) A : 들으셨죠? 웨딩홀 예약이랑 전부 다 취소해 주세요.
　　　B : 결혼식 앞두고 두 분 다 예민해지셔서 그래요.
　　　　　-최강 1 : 7. 화자-웨딩샵 손님(29세), 청자-웨딩샵주인(43세)

(41) A : 옆구리 터진 만두 없어?
　　　B : 오늘은 터진 게 없네요.
　　　　　-하늘 1 : 17. 화자-봉례(70세), 청자-만두집 주인(45세)

(39)는 병원에서 나이가 비슷한 환자 보호자와 간호사 사이에 있는 대화

이고, (40)은 연령에 좀 차이가 있는 손님과 웨딩샵 주인 사이의 대화인데 이들은 연령과 상관없이 모두 상호 존대를 하고 있다. 하지만 (41)은 연령 차이가 매우 큰 손님과 만두집 주인 사이의 대화인데 나이가 많은 손님은 주인에게 말을 낮추고 있다. 이와 같이 연령 차이가 매우 클 경우에는 특히 화자가 손님일 때 말을 낮출 수도 있다.

　그러나 공적인 자리라고 하더라도 말을 낮출 수 있는 경우가 있다. 일반적으로는 공적인 자리에서 만나는 경우에는 일반적으로 상대방이 하급자라고 하더라도 말을 쉽게 낮추지 못하나 둘 사이에 자주 대화가 있어 친밀도가 높다면 사적인 관계에서처럼 말을 낮출 수도 있다.

> (42) 가. 우리 학교 애들이 차 선생한테 전해 달래요.
> 　　　나. 아 채 선생 어서 와요.
> 　　　　　－상두 1 : 66. 화자－교장(60세), 청자－일반인 및 교사(25세)

> (43) 가. 실장님이 김성하 씨 매니저하고 한번 통화해 주실래요?
> 　　　나. 그럴 거 없어.
> 　　　　　－하늘 2 : 7. 화자－사무실 직원(24세), 청자－실장(38세)

　(42)는 고등학교 교장이 자신의 학교 학생에게 도움을 준 일반인과 그 학생의 담임선생에게 대화를 하고 있는 장면인데 화자의 나이가 많지만 상대방에게 존대 대우하고 있다. 연령만을 고려하자면 충분히 말을 낮출 수 있지만, 이들과의 친밀도가 높지 않아 존대 대우하고 있다. (43가)는 사무실의 직원이 자신의 상관인 실장에게, (43나)는 반대의 입장에서 서로 대화하고 있는 것인데 하급자는 상급자에게 '하세요' 어미 형태를 사용하고 있는 반면 상급자는 하급자에게 '해' 어미를 사용하고 있다. 이 둘은 늘 같은 사무실에서 일하고 있으므로 공적인 관계이지만 친밀도가 높아 사적 관계에서처럼 말을 낮출 수 있는 것으로 보인다.

　이상에서 우리는 해라形과 해形은 모두 낮춤형 종결표현에 속하며 둘의 대우등급 차이는 크지 않음과, 친밀도가 높은 경우에는 공적이나 사적인 경우 모두에 있어서 높임형을 사용해야 할 자리에 대신 사용될 수 있음을 알 수 있었다.

3.3.2. 높임형 종결표현

높임형 어미에서 가장 낮은 대우등급을 가지고 있는 해요形은 여러 관계상 상대방을 높이기는 하여야겠으나 상대방의 지위가 적극적으로 높이기에는 부족하다고 생각될 때 높임선어말어미를 생략함으로써 상대방을 '적당히' 높이는 기능을 갖는다.

그러므로 이 형태는 낮은 위치에 있는 사람이 높은 위치에 있는 사람에게 사용하기는 어렵다. 본 연구의 자료에서 해요形 어미를 사용한 2인칭 주체 문장은 40개가 있었는데 이 중에서 가족이 아니면서 자신보다 높은 연령의 청자에게 사용한 경우는 다음의 단 세 차례밖에 없었다.[47]

> (44) 가. 근사한데 가서 뭐하게요?
>   - 상두 1 : 5. 화자 - 은환(25세), 청자 - 만도(45세)
> 나. 왜 나한테 그래요, 아줌마!
>   - 상두 2 : 33. 화자 - 세라(25세), 청자 - 여인(35세)
> 다. 아니에요, 선생님이 더 잘 생겼어요.
>   - 상두 1 : 38. 화자 - 보리(9세), 청자 - 민석(25세)

(44가)의 경우는 청자가 좋지 않은 사람인 줄을 화자가 알고 말하는 경우이고, (44나)의 경우는 화자가 청자에게 불만을 품고 이야기하는 경우이다. 화자가 청자에 대하여 좋지 않은 감정을 가질 때는 굳이 상대방을 높이 대

---

47) 해요形의 개수를 파악할 때 '오늘 저녁 사주실 거예요?'처럼 외포문의 어미는 해요形으로 쓰였지만 내포문에는 높임선어말어미가 있는 경우가 있다. 이러한 경우는 그 문장 차원에서 높임선어말어미가 사용되어 상대방을 높인 것이므로 해요形의 수에 넣지 않았다.

우해야 할 필요를 느끼지 못할 터이니 특별한 이유 없이 높은 연령의 청자에게 '해요' 어미를 사용한 경우는 (44다) 한 번밖에 없었다고 할 수 있다. 그러나 가족인 경우에는 많은 연령 차이에도 불구하고 '하세요'形이 아닌 '해요'形을 사용하는 경우가 종종 있다.

> (45) 가. 그냥 외손주 며느리한테 예단 못 받아서 서운하다 그러고 말아요.
>   － 하늘 1 : 13. 화자 － 명주(38세), 청자 － 순임(65세). 母女
>   나. 엄마! 내 신발주머니 한쪽 끈 떨어진 거 아직 안 꿰맸어요?
>   － 최강 1 : 29. 화자 － 건(9세), 청자 － 건모(43세). 母子
>   다. 근데 당신 창피했던 건 아니죠?
>   － 하늘1 : 7. 화자 － 혜경(53세), 청자 － 재두(55세) 부부

(45가,나)의 예문은 청자의 나이가 화자보다 각각 27세, 34세나 많지만 둘의 관계가 모녀 혹은 모자지간이기 때문에 화자는 하세요形이 아닌 해요形을 사용할 수 있었다. 또 (45다)의 경우처럼 부부 사이에서도 해요形이 사용되었는데 서울 지방에서는 부부 간에 낮춤형 화계를 사용하는 것이 더 자연스럽게도 여겨지므로 높임형 화계를 사용하면 조금 어색할 수도 있다. 그러나 위와 같이 완전히 낮추지도 않고 완전히 높이지도 않는, '적절히 높이는' 기능을 갖는 해요形 어미를 사용함으로써 부부 사이에서는 어색해질 수 있는 정도로의 너무 높은 대우등급이 실현되는 것을 억제하고 하고 있는 것으로 보인다.

그러므로 해요形 어미는 친밀도가 높은 곳에서 자주 사용되며 공적인 공간보다는 사적인 공간에서, 사무실보다는 집에서, 하급자보다는 상급자에게서 잘 사용되는 어미 유형이라고 할 수 있다. 하지만 동시에 공적인 공간에서는 상급자가 하급자를 '적절히' 존대 대우하기 위해 사용될 수 있는 유형이기도 하다.

(46) 가. 제대로 불렀어요?

　　　나. 그렇게 섰지 말구 이리 와 앉어요, 채 선생.

　　　　　－상두 1 : 66. 화자－교장(60세), 청자－교사(25세)

　위의 두 예문은 학교에서 높은 연령의 교장이 자신의 학교 젊은 선생에게 하는 말인데 공적인 자리이기는 하지만 상대방의 연령 차이가 많이 나므로 적극적인 높임말 대신 해요形을 사용하고 있다. 교장은 거의 모든 대화에서 이와 같이 해요形 혹은 하게체 어미를 사용하여 나이 차이가 많이 나는 젊은 선생을 적극적으로 높이지 않겠다는 점을 분명히 하고 있다.

　이와는 달리 높임선어말어미가 개입됨으로써 해요形보다 높은 대우등급을 가지고 있는 하세요形 어미는 상급자에게 보다 자유롭게 이용될 수 있는 적극적인 높임말이다. 해요形이 자신보다 나이가 많은 사람에게 쓰인 경우를 거의 찾아볼 수 없었던 것과는 달리 하세요形은 주체가 2인칭인 79개의 문장 중 67회, 비율로는 85%가 상급자에게 쓰였다.

　상급자와의 연령 차이에 있어서 두 종결표현이 어떠한 선호도 차이를 보이는지를 알아보기 위해 다음과 같은 조사를 수행하였다. 먼저 두 종결표현이 상급자와의 연령 차이에 따라 어떠한 선호도를 가지고 있는가를 조사하기 위해서 두 종결표현이 쓰인 사례 중 청자가 상급자인 경우만을 추려 보았다. 그 결과 해요形의 경우에는 전체 40건 중 23건만이, 하세요形의 경우에는 전체 79건 중 67건만이 조사의 대상이 되었다.

　다음으로는 각 연령대에 따른 백분율 값을 구하였다. 예를 들어 해요形은 상급자와의 연령이 1~5세 차이가 나는 경우가 6건으로 23건에 대하여 26.1%를 차지하였고, 하세요形은 상급자와의 연령이 1~5세 차이가 나는 경우가 18건으로 67건에 대하여 26.9%를 차지하였다. 이와 같은 식으로 5세 단위 씩 최대 40세 차이가 나는 경우까지 조사하였다. 다음으로는 이 두 백분율 값을 통해 두 종결표현의 선호도를 보기 위해 하세요形의 연령대 백분율 값에서 해요形의 연령대 백분율 값을 제하였다. 그러므로 이것은 연령대에 따른 종결표현의 선호도를 보여줄 수 있게 된다. 그 결과 다음과 같은 그래프가 도출되었다.

[표 15] 하세요形과 해요形의 연령 백분율 차이(하세요 - 해요)

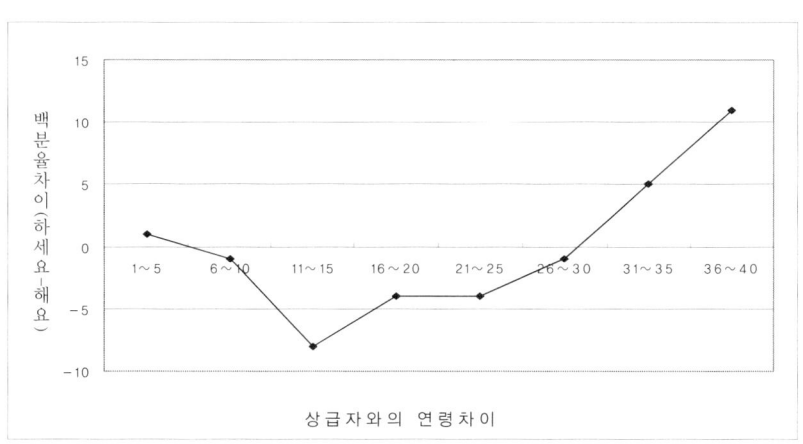

위의 표는 상급자와의 연령 차이가 적을 때는 음의 값을 보여주고 연령 차이가 클 때는 양의 값을 보여줌으로써 해요形은 연령 차이가 적은 경우에, 하세요形은 연령 차이가 큰 경우에 더 자주 쓰이기를 원한다는 것을 보여주고 있다. 연령 차이가 28세가 넘게 되면 하세요形이 압도적으로 더 많이 쓰임을 표는 보이고 있다. 달리 말하자면 상대방과의 연령 차이가 작은 경우는 보통 친밀도도 높을 것이므로 대우등급이 낮은 높임형인 해요形이 선호되고, 연령 차이가 큰 경우는 낮은 대우등급을 쓸 수 없으므로 적극적인 높임말인 하세요形이 선호된다는 것이다.

이번에는 청자가 하급자일 때의 하세요形의 특징을 살펴보도록 하자. 예상할 수 있듯이 하세요形은 적극적인 높임말이기 때문에 하급자에게는 잘 쓰이지 못하고 상급자에게만 잘 쓰이는 특징이 있다. 전체 79건 중에서 非상급자에게 쓰인 12건 중 5건은 동년배에게, 7건은 낮은 연령의 청자에 대하여 쓰였는데 동년배와 낮은 연령의 청자에게 쓰인 대화 중 직장의 하급자와 같이 '힘(power)'의 관계 면에서 '하급자'에 속하는 경우는 다음의 단 한 경우밖에 없었다.

(47) 진정하세요, 채 선생님.
　　－상두 1 : 59. 화자－교장(60세), 청자－교사(25세)

그 외에는 부부 사이가 1건, 손님에게가 2건, 이웃에게가 2건, 처음 만난 사이가 6건이었는데 이들의 공통점은 모두 친밀도가 낮다는 점이다.[48] 친밀도가 낮은 사이에는 말을 함부로 낮출 수 없었을 것이다. 반면에 해요形의 경우에는 40건 중 非상급자에게 쓰인 예문이 17건 43%로 적지 않은데다가 직장의 하급자에게 사용한 경우도 5건이나 되어 하세요形보다 높은 비율을 보여주었다.

다음으로는 두 종결표현의 청자 집단의 속성에 대해서 살펴보자.

[표 16] 청자 집단에 따른 해요形과 하세요形의 분포

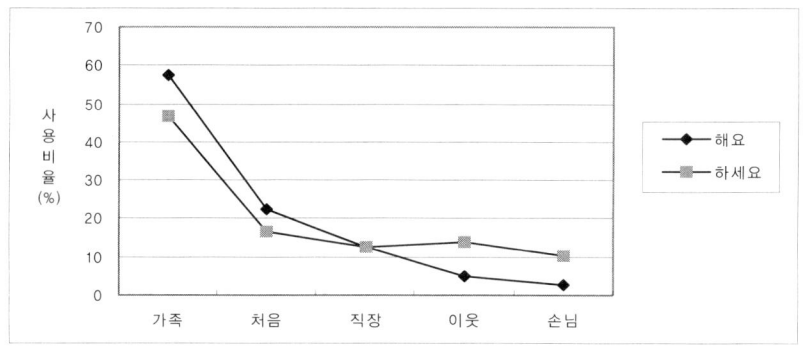

위의 표는 해요形과 하세요形이 사용된 경우를 화자와 청자사이의 관계

---

48) 이 경우의 '부부'는 각방을 쓰는 등 친밀도가 매우 낮은 상태였다.

에 따라 나눈 것이다. 관계는 '가족, 처음, 직장, 이웃, 손님'의 다섯 가지로 나누었는데 '가족'은 가족 사이의 대화를, '처음'은 처음 만난 사이의 대화를, '직장'은 직장 동료 사이의 대화를, '이웃'은 친구를 포함한 이웃 간의 대화를, '손님'은 손님과 종업원 및 주인 사이의 대화를 뜻한다. 이 그래프는 각각의 종결표현이 사용된 전체 빈도를 관계에 따라 구분한 것이므로 해요形과 하세요形이 어떠한 관계에서 사용되는 것을 보다 선호하는지를 보여준다.

본 연구의 자료가 드라마에서 왔기 때문에 두 경우 모두 '가족' 사이에서는 사용 빈도 분포가 매우 높다. 그런데 '가족' 보다 친밀도가 낮은 '처음, 직장, 이웃, 손님' 관계에서는 분포에서 차이가 있는데 해요形은 특히 가족에 비해 친밀도가 낮아 말을 함부로 낮출 수 없는 '이웃, 손님'에 대해서는 매우 낮은 분포로 사용되는 반면, 하세요形은 '처음, 직장, 이웃, 손님' 모두에 대하여 비슷한 정도의 분포를 보여주고 있다.[49] 이것은 해요形은 높임의 뜻이 부족하여 친밀도도 낮고, 보다 높여야 할 경우에는 가급적 사용이 자제되는 반면, 하세요形은 높임의 뜻이 비교적 높아 '가족'뿐만 아니라 친밀도가 낮고, 보다 큰 높임이 요구되는 상황에서도 잘 사용되는 것이라고 해석될 수 있다.

이상의 비교에서 하세요形은 해요形에 비해 주목적이 상대방을 높이는 데에 있음을 말해주고 있다. 해요形과 하세요形은 유사한 어미 유형이지만

---

49) '처음' 만나는 관계는 '이웃, 손님'에 비해 친밀도가 더 낮지만 상황에 따라서 높이지 않아야 할 경우가 더욱 많기도 하다. '이웃, 손님'의 경우에는 나와 친분 관계를 쌓고 지내기 때문에 보통 좋은 감정에서 대화하는 경우가 많지만 처음 만나는 관계에서는 상대방을 압박하는 입장에 있는 경우도 종종 있는 것이다. 이러한 감정의 입장에서 볼 때 본 연구의 자료에서 해요形의 경우 처음 만나는 관계에서 '위협, 불만, 긴장'의 감정으로 말하는 경우가 9건 중 5건에 달했으나 하세요形의 처음 만나는 관계에서는 그러한 경우가 없었다. 오히려 '호감, 부탁' 등 상대방의 심기를 거스르지 않으려는 노력이 있는 경우가 14건 중 7건에 달했다. 이러한 점은 역시 하세요形은 높임의 뜻이 큼을 보여준다고 하겠다.

해요形은 상급자라도 가까운 사이와 하급자에게 자주 쓰이는 것인 반면, 높임선어말어미를 포함하고 있는 하세요形은 친밀도가 낮고 높여야 하는 경우에도 잘 쓰이는 점을 주요 차이점으로 정리할 수 있을 것이다.50)

다음으로는 화계상 합쇼체에 속하는 합쇼形과 하십시오形에 대하여 알아보자. 합쇼체는 화계에 있어 최상의 등급을 갖기 때문에 이들은 실제 언어생활에서 그리 자주 쓰이지는 않는다.51) 본 연구의 자료에서 주체가 2인칭인 합쇼체는 총 9건이 있었는데 합쇼形이 5건, 하십시오形이 4건으로 사용빈도가 매우 낮다.

그런데 합쇼形과 하십시오形은 몇 가지 점에서 차이점을 가진다. 우선 하십시오形은 높임선어말어미를 가지고 있음으로 그 대우등급이 매우 높지만 합쇼形은 그 대우등급이 화계 상으로 아래에 있는 하세요形보다도 대우등급이 낮다.52) 또한 합쇼形과 하십시오形은 실제에 있어서는 상보적 분포라고 할 수는 없지만 종결형에 따라 매우 상호배타적인 모습을 보여주는데 본 연구의 자료에 나타난 5건의 합쇼形 중 3건은 청유형이었고 의문형과 서술형은 각각 한 건이었던 것에 반해, 하십시오形은 발견된 4건 모두가 서술형이었다.

(48) 합쇼形
　　가. 잠깐 쉬었다 합시다. (청유형)
　　나. 형님, 축의금이나 확인해 봅시다. (청유형)
　　다. 여보, 들어갑시다. (청유형)
　　라. 아 그 증권회사 다닌다는 손주 말씀입니까? (의문형)

---

50) 하세요形이 해요形보다 대우등급이 높다고는 하나 이주행(2004 : 343)에서 언급된 바와 같이 이는 신형 체계이기 때문에 기성세대보다 30대 이하의 사람들에게서 더욱 적극적으로 사용되며, 젊은이라 하더라도 보수적이고 권위적인 사람은 구형 체계에 속하는 '하십시오체'를 선호한다고 하였다. 40대 이상이 된 사람들 중에는 하급자가 '하십시오체'로 말하지 않고 '하세요체'를 사용하면 불쾌하게 생각하는 사람도 있다고 하였다.
51) 2.3.1 참조.
52) 합쇼形의 사용례에 관해서는 3.1.3을, 종결표현 간의 등급에 대해서는 4.1을 참조.

마. 수술을 고집했던 건 그 쪽이었습니다. (서술형)

(49) 하십시오形

　　가. 안녕하십니까? 박 선생님! (의문형)

　　나. 안녕하십니까, 미세스 리! (의문형)

　　다. 잠깐만 나가 계시겠습니까, 김부장님? (의문형)

　　라. 선생님 반에 문제 아이들이 왜 유독 많은지 아십니까? (의문형)

　이러한 종결형 간 배타성을 보이는 이유는 우선 청유형에 높임선어말어미 '-시-'가 들어갈 경우 합쇼形의 발음상 어색해지기 때문인 것 같다. 다음은 (48)의 예문에 높임선어말어미를 개입시킨 문장이다.

(50) 가. 잠깐 쉬었다 하십시다. (하 + 시 + ㅂ시다)

　　나. 형님, 축의금이나 확인해 보십시다. (보 + 시 + ㅂ시다)

　　다. 여보, 들어가십시다. (들어가 + 시 + ㅂ시다)

　합쇼形의 '-ㅂ시다'는 높임선어말어미와 결합될 경우 음절 상으로는 연속적으로 놓이게 되므로 두 개의 [시]가 연이어 발음되게 되는데 이것은 발음상 무척 어색하므로 회피되는 것으로 보인다.[53] 그래서 청유형에는 높임선어말어미 '-시-'가 쓰이지 않게 되고, '-ㅂ시다'의 '시'가 높임선어말어미 '-시-'와 발음상으로 같으니 높임선어말어미처럼 작용하게 되는 것으로 생각된다. 이것은 서술형과 비교해 보면 그 가능성이 있음을 알 수 있다.

(51) 가. 잠깐 쉬었다 합시다.　　　(청유형)

　　나. 잠깐 쉬었다 합니다.　　　(서술형)

　　다. 잠깐 쉬었다 하십시다.　　(청유형 + 시)

　　라. 잠깐 쉬었다 하십니다.　　(서술형 + 시)

---

53) 김태엽(2001 : 33)에서는 '~ㅂ시다'의 '시'의 유래에 대해 15세기 국어의 청유 서법소 '-사-'에서 온 것이라 하였다.

'-ㅂ시다'의 '시'가 높임선어말어미의 기능을 대행하지 않는다면 높임선어말어미가 없는 청유형 (51가)는 역시 높임선어말어미가 없는 서술형 (51나)와 대우등급이 비슷하고 높임선어말어미가 있는 서술형 (51라)에 비해서는 대우등급에 큰 차이가 있어야 할 것이다. 그러나 실제로는 (51가)는 (51나)보다 대우등급이 높아 보이고 (51라)와는 비슷해 보인다. (51가)를 높임선어말어미가 있는 청유형 (51다)와 비교해 보면 물론 (51다)가 더 높은 대우등급을 갖고 있는 것으로 여겨지기는 하지만 이것은 둘을 직접 대조해 보았을 때 그러한 것이고 둘 각각을 (51라)와 비교해 보면 모두 대우등급이 비슷하게 여겨지게 된다. 이러한 것을 보면 '-ㅂ시다'의 '시'는 실제로는 높임선어말어미의 기능을 대행하고 있는 것으로 생각된다.

합쇼形과 하십시오形이 종결형에서 배타성을 보이는 또 다른 이유는 인사말에서 높임선어말어미가 없이 쓰이는 경우를 생각하기 어렵다는 점에 있다.

> (52) 가. ?안녕합니까? 박 선생님!
> 나. ?안녕합니까, 미세스 리!
> 다. 잠깐만 나가 있겠습니까, 김부장님?
> 라. 선생님 반에 문제 아이들이 왜 유독 많은지 압니까?

(49)에서 높임선어말어미를 제거한 (52)의 문장들 중 (52가,나)는 매우 어색하게 느껴지는데 그 이유는 이들이 인사말이기 때문이다. 인사말은 관용적인 표현이기 때문에 우리가 일반적으로 쓰는 어법에서 벗어나 사용하기 어려워 (52가,나)와 같이 첫인사말에 높임선어말어미 '-시-'를 제거하는 것은 상대방을 아주 낮추어 보지 않고서는 거의 사용할 수 없다.[54]

---

54) 이것은 해요체의 경우에도 마찬가지이다. '안녕하세요?'에 대하여 등급을 조금 낮추기 위해서 '안녕해요?'라고 하기는 어렵다.

그렇다면 합쇼形은 (52다,라)와 같이 일반적인 의문문에서나 사용이 가능하다고 할 것이다. 그리고 의문문에서는 다음에서 보이는 것처럼 서술형과의 비교에서도 비슷한 대우등급을 보여준다. 아래의 (53), (54)의 예문들은 하십시오形으로 쓰인 (49다,라)에서 높임선어말어미를 사용하지 않은 것인데 의문형과 서술형 사이의 대우등급 차이는 없는 것으로 보인다.

(53) 가. 잠깐만 나가 있겠습니까? (의문형)
     나. 잠깐만 나가 있으면 좋겠습니다.   (서술형)

(54) 가. 왜 유독 많은지 압니까? (의문형)
     나. 왜 유독 많은지 당신은 압니다.   (서술형)

이러한 합쇼 · 하십시오形은 공적인 관계와 장소, 낮은 친밀도가 있는 상태에서 쓰이며 특히 하십시오形은 자신보다 높은 상관에게 쓰이는 경향이 있기 때문에 이러한 대화 조건을 잘 갖지 못하는 10대 이하의 낮은 연령에서는 잘 쓰이지 않는다. 10대 이하의 학생들도 학교와 같은 곳에서 분명한 예의를 갖추어 대답해야할 때는 쓰이기도 하지만 학교의 사제지간은 사회에서 느끼는 공적인 관계와는 다른 친밀함이 있어 그리 자주 쓰이지는 않는 것 같다.

그러므로 이 두 종결표현은 화자와 청자 모두 높은 연령대에서 보다 잘 사용이 되는데 다만 합쇼形은 대우등급이 보다 낮기 때문에 사적인 관계, 장소상으로는 '집'에서 더 잘 사용이 된다. 본 연구의 자료에서 합쇼形이 사용된 경우는 모두 네 차례였는데 그 중 세 차례가 집에서 사용되었고, 하십시오形 중 집에서 사용된 경우는 없었다. 합쇼形 예문 (48가,나,다)가 집에서 사용된 것이고, (48라)는 경로당에서 두 남녀 노인이 사용한 것이다. 이러한 점은 하십시오形에 비해 합쇼形은 대우등급을 높여 말해야 하는 경우더라도 친밀도가 높은 경우에는 사용될 수 있음을 말해 준다.

이상에서 일반형 화계에 속하여 일상생활에서 자주 쓰이는 해라·해·해요·합쇼·하십시오形의 다섯 가지 종결표현의 대우등급과 양상에 대하여 알아보았다.

3.3.3. 종결표현 관계의 정리

이상의 상황에 따른 어미의 영향 관계는 다음과 같이 정리될 수 있겠다.

[표 17] 어미 유형의 상황 변이 영향 관계

	해라해	해요	하세요	합쇼	하십시오
관계	공적, 사적	사적	공적, 사적	공적, 사적	공적
연령	청자 연령 낮을수록	사적에서는 무관	청자 연령 높을수록	청자 연령 높을수록	청자 연령 높을수록
직위	청자 직위 낮을 때	청자 직위 낮을수록	청자 직위 높을수록	낮거나 같을 때	높을 때
친밀도	공적 - 높을 때 사적 - 무관	높을 때	무관	낮을 때	낮을 때
장소	유관	유관	무관	유관	유관

위의 표는 각 종결표현이 어떠한 상황에서 잘 쓰이는지를 보여주고 있다. 위의 표를 볼 때 해요形 어미와 합쇼形 어미는 각각 같은 화계에 속해 있는 해요·하십시오形과는 다른 영역을 담당하고 있는 것을 알 수 있다. 하세요形이 공적, 사적인 관계에서 모두 잘 사용되며 적극적인 높임말인 반면, 해요形은 사적인 관계에서 주로 사용되며 적극적인 높임말이라고 하기 어렵다. 또한 하십시오形이 공적인 환경에서 주로 사용되는 적극적인 높임말인 반면, 합쇼形은 공적, 사적인 관계에서 모두 사용되며 적극적인 높임말이라고 하기 어렵다. 그리고 성별과 시간은 종결표현의 사용에 영향을 주지 않

는 것으로 보여 표에 포함시키지 않았다.

이러한 어미와 상황 변이의 영향 관계는 권오병·최석재·박태환(2007)에서 본 연구와 같은 자료를 가지고 조사된 바 있다. 여기에서는 4.1에 제시된 대우법 점수 계산 방법을 기반으로 본 연구 자료의 각 문장을 점수화한 것과, 본 절에서 제시된 상황 변이만을 이용한 점수화 두 가지 방법을 비교하였다. 이 실험의 목적은 대우법 점수 계산을 직접 할 수 없을 때 상황 변이만을 가지고 문장의 대우법 수준을 계산할 수 있겠는지, 그렇다면 상황 변이만을 이용한 점수화는 어느 정도의 정확성을 가지는지를 알아보려 한 것이었다.

이 결과 [표 17]에서의 정보를 이용하였을 때 사례 수에 따라 다음과 같은 정확도를 얻을 수 있다고 보고되었다.

[표 18] 상황요소에 의한 대우법 점수 인식의 정확도

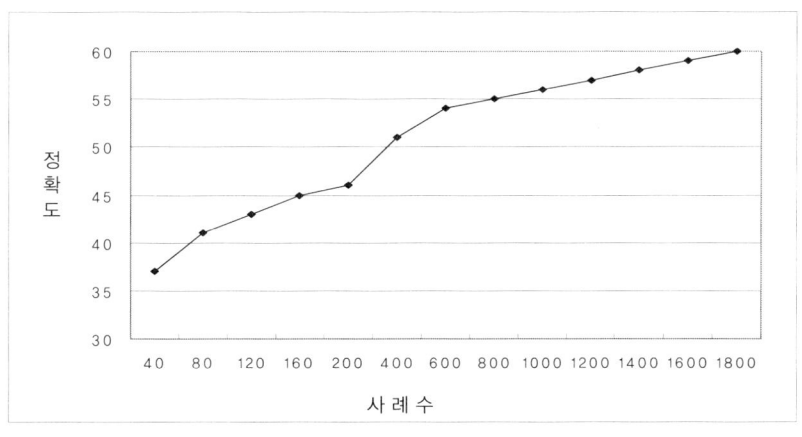

상황만을 이용한 대우법 점수의 정확도는 문장 자체를 직접 분석한 것에 비해 떨어지기는 하지만 최소 38%에서 최대 59%까지의 정확도를 보여주고 있다. 이 정확도는 실험 분석기의 훈련용으로 쓰인 문장의 양이 많을수록

올라갔는데 1200문장 이후로는 큰 변화를 보이지 않는 것으로 보아 본 연구의 자료로 삼은 2000 문장 정도면 상황만으로 얻을 수 있는 대우법 점수의 정확도를 거의 최대한 얻을 수 있는 것으로 보인다.

이와 같이 상황적인 요소에 의해서만도 대우등급을 위와 같이 알 수 있다는 것은 대우등급의 결정에는 상황적인 요소가 상당한 역할을 한다는 것을 말한다. 즉 우리가 상대방을 어느 정도로 대우할 것인가를 결정하기 위해서는 화자의 주관적인 의지뿐만 아니라 상황적인 측면도 고려해야 한다.

4. 대우법 정보화의 원리

4. 대우법 정보화의 원리

　이제까지의 논의에 의해 우리말의 대우법이 현실 언어생활에서 적용되는 모습을 관찰하고, 이를 잘 범주화할 수 있도록 하기 위하여 대우법의 몇몇 체계를 수정 및 보완하는 작업을 가졌다. 2장에서는 대우법의 종류에서부터 검토를 시작하여 대우법 실현 기제, 화계의 범주 등을 살펴보았고, 3장에서는 대우법 참여요소 중 가장 중요한 요소이면서 대우등급을 다양화시키는 방법들, 곧 호응과 호칭어, 종결표현에 대하여 대우등급과 그 양상을 살펴보았다.

　이제 이러한 작업들을 기반으로 하여 본 장에서는 우리말의 대우등급을 측정할 수 있는 방안과 시스템의 기초 설계에 대하여 논의하고자 한다. 이를 위하여 먼저 대우표현의 계량화를 시도하였던 기존의 연구를 검토하여 그 의의와 문제점을 찾고 이를 극복할 수 있는 대안을 제시하여 새로운 측정 기준을 제시한다. 다음으로는 실제 문장이 들어왔을 때 이의 대우 정도를 분석할 수 있도록 하기 위하여 먼저 형태소의 분석 방법과 형태소 분석기의 설계에 대하여 다루고, 이후 대우법 분석기의 대우등급 계산 방법과 원형(原型) 제작을 시도하도록 하겠다.

4.1. 대우표현 계량화의 기본원리[1]

4.1.1. 기존 연구의 검토

처음으로 국어 대우법의 점수화를 시도한 이정복(1994)에서는 대우법에 참여하는 요소를 형태적으로 분리해 놓고 각 요소의 쓰임 여부에 따라 점수를 배당하여 문장의 대우법 점수를 가늠할 수 있는 방안을 제시하였다. 이 것은 우리말 대우법이 형태적 요소에 의하여 등급화가 가능하다는 것을 밝혀낸 매우 의의 있는 연구라고 생각된다. Tamotsu와 Hitoshi(2001)의 일본어에 대한 대우등급의 연구에서는 시간을 물어보는 문장에 대하여 형태적으로 공통점이 없는 20여개의 문장을 제시함으로써 이 각각의 문장에는 어휘적 요소, 문법적 요소, 종결형 등이 체계 없이 배치되게 되었다. 즉 일본어는 우리와 비슷한 문법 구조를 가지고 있음에도 불구하고 언어학적인 분석 과정을 거치지 않아 형태적 연관성이 없는 개별 문장에 대해 저자의 느낌대로 등급을 배당하게 된 것이다. 그러므로 점수에 대한 검증도 이루어지기 어려울 뿐더러 '시간 요청'이라는 매우 제한된 상황 외에는 적용할 수 없어 일반성이 결여된다.

이에 반해 이정복(1993, 1994, 2001)의 일련의 연구는 형태적 요소에 의해 아래의 [표 1]과 같은 일반적인 대우법 점수 산출 체계의 기초를 세웠다는 점에서 큰 의의가 있다고 하겠다.[2]

---

1) 이 절의 내용은 최석재·권오병(2007)을 고쳐 쓴 것이다.
2) 처음 점수화가 제시된 이정복(1994)에서는 이 점수화를 전면적으로 다루지 않고 각주를 통하여 다루었으나, 이정복(2001)에서 이를 다시 언급하면서 [표 1]을 제시하였다.

[표 1] 이정복(2001) 문장 유형별 대우법 점수 배당표[3)]

문장 유형	높임의 대우법 형식	대우법 점수
과장님께서 오십니다.	-님, 께서, -시-	10
과장님께서 옵니다.	-님, 께서, ∅	6
과장님이 오십니다.	-님, ∅, -시-	7
과장님이 옵니다.	-님, ∅, ∅	3
과장께서 오십니다.	∅, 께서, -시-	7
과장께서 옵니다.	∅, 께서, ∅	3
과장이 오십니다.	∅, ∅, -시-	4
과장이 옵니다.	∅, ∅, ∅	0

이 연구에서는 '과장님이 오십니다'와 같이 주격 조사는 높임말이 이루어지지 않고 술어부에 높임선어말어미 '-시-'가 쓰인 예문을 들면서 이러한 문장이 대우법의 '호응'이라는 관점에서는 비문이 되겠지만 실제로는 '과장님께서 오십니다'와 같은 문장보다 더 자주 쓰이는 것이며, 그 목적은 대우 등급을 조절하는 데에 있다고 하면서 '호응'을 인정하지 않는 입장을 취하였다.[4)]

그러나 3.1.2에서도 보았듯이 '호응'이란 주어부와 술어부 사이의 대우등급이 어느 정도 맞아야 한다는 것이지 완전한 일치를 요구하는 것은 아니다. 이와 같은 정의에서 보면 '과장님이 오십니다'와 같은 문장은 호응의 원리를 전혀 무시하고 있는 것이 아니다. 비록 주격 조사가 높임형 '-께서'가 아니라 '-이'가 사용되기는 하였지만 주체에 대한 호칭을 '직함 + 님'으로 함으로써 가장 높은 호칭 형태를 제공하고 있기 때문이다. 다시 말해 주어

---

3) '-님'과 '-께서'가 각 3점을 받고 '-시-'가 다른 요소보다 1점이 더 높은 것은 이정복 (1993b)의 대우법 요소 기능 부담량에 관한 연구에 따라 용언부에 속하는 높임선어말어 미 '-시-'의 대우법 기능부담량이 그만큼 더 컸기 때문이다.

4) 이정복(1993 : 508)에서 든 예는 '아버지가 차를 사셨다, 아버님이 차를 사셨다, 아버님께 서 차를 사셨다'로서 처음의 두 예문은 술어부에서는 높임이 있으나 주어부에서는 전혀 또는 일부만 높임이 이루어졌으니 호응 관계로 파악할 때는 비문으로 보아야 할 것이라 고 하였다.

부가 비록 모든 요소에 대해 완전한 높임형을 가지고 있는 것은 아니지만 전반적인 균형은 지키고 있는 것이고, 호응의 원리는 계속 유지된다고 하겠다.[5]

오히려 정문으로 제시된 [표 1]의 '과장께서 옵니다, 과장이 오십니다, 과장께서 오십니다'와 같은 문장이 과연 사용될 수 있는지가 상당히 의심된다. 이 문장들은 주어부와는 달리 술어부에만 높임형이 쓰이거나 주어부에 높임형이 쓰였다고 하더라도 주격 조사에만 높임형이 쓰인 것들로서 호응 균형이 무너져 있다고 할 수 있다. '과장이 오십니다'의 경우에는 술어부와는 달리 주어부에서는 대상을 높이는 요소를 전혀 찾을 수 없고, '과장께서 옵니다, 과장께서 오십니다'의 경우에는 주어부에 주격 조사가 높임형 '-께서'로 쓰이기는 하였지만 주어 명사가 높임형이 아니어서 주어 명사와 주격 조사 사이의 호응 관계가 문제가 된다.

그러므로 대우등급의 계량화에 있어서는 각 대우법 요소의 참여 관계에 있어서 어떠한 것이 가능하고 어떠한 것은 가능하지 않은지에 대하여 보다 명확한 원칙을 가지고 있는 것이 필요하며, 이 원칙에 따라 대표 예문의 설정과 계량화 시도가 이루어져야 한다. 주어부와 술어부, 주어 명사와 주격 조사 사이의 허용 가능한 대우등급의 문제를 4.1.2에서 다루고 이후에는 이에 따라 논의를 진행해 가도록 하겠다.

또한 [표 1]의 연구 결과는 점수의 일반화라는 형식을 띠기는 하였지만 3인칭 주체만을 다루었다는 점과 실제 언어 사용에서 자주 발생하는 문장 성분의 생략 현상을 제대로 처리하지 못한다는 문제점을 가지고 있다. 먼저

---

5) 예문 '아버지께서 차를 사셨다'도 마찬가지이다. '아버지'가 '아버님'으로 쓰이지 않았다고 해서 높임형이 아니라고 할 수는 없다. 자기의 친부를 가리켜 '아버님'이라고 하는 경우도 없지는 않으나 대개는 혼인에 의한 아버지 혹은 유사친족어로 쓰이는 경우가 더 많다. 친족어는 접사 '-님'의 도움을 받지 않더라도 호칭이 가리키는 그 위치에 의하여 이미 높임형이라고 할 수 있다. 이는 '아버지가 차를 사셨다'라는 문장에는 큰 문제가 없는 반면 '아버지가 차를 샀다'라는 문장은 적격성에 상당한 의심이 가는 것을 보아서도 알 수 있다.

주체의 문제에 있어서 이 연구는 이정복(2001 : 39)에서 언급한 것처럼 주체가 3인칭일 때만 적용이 가능한데 본 연구의 자료에서 3인칭 주체를 높이는 문장은 전체의 11%에 불과하였다.[6] 그렇다면 [표 1]의 연구결과는 전체 문장의 약 1/10만을 대상으로 하고 있다는 것이 된다. 어떠한 현상에서 비중이 작은 것부터 처리할 것이 아니라 대표가 되는 것부터 처리하는 것이 바람직하다고 할 때, 대우등급의 계량화는 3인칭 대우법 문장이 아니라 대화에서 가장 자주 사용되는 2인칭 대우법 문장부터 이루어져야 한다고 생각한다. 이에 본 연구에서는 2인칭 대우법 문장을 통해 설문조사를 하여 대우등급의 계량화를 시도하고, 여기서의 결과를 바탕으로 1인칭과 3인칭 대우법 문장에 대해서도 대우등급의 계량화 방안을 생각해 보도록 하겠다.

그리고 [표 1]의 점수 체계는 기본적으로 설문조사의 처리를 위해 고안된 것으로 사람들이 이미 사용한 문장이 아니라 이상적으로 가능한 문장을 고려하였기 때문에 위와 같이 주어 명사, 주격 조사, 술어부가 모두 표현이 되었으나 실제로는 본 연구의 조사에 의하면 이와 같이 모든 문장 성분이 다 표현되는 경우는 그렇지 않은 경우에 비하여 훨씬 적었다. 주체가 3인칭인 218개 문장 중 123개 문장은 주어 전체가 생략되어 있었고, 46개는 주격 조사가 생략되어 있었으며, 5개는 주격 조사가 보조사 '－도'로 대치되어 있어 [표 1]의 체계를 그대로 적용할 수 있는 문장은 다음의 [표 2]와 같이 전체의 약 2%, 44개에 불과했다.

---

6) 총 사례 2000건에서 주체를 사람으로 가지고 있는 문장은 1389 문장이었는데 주체가 1인칭인 경우는 459문장, 2인칭은 712 문장, 3인칭은 218 문장이었다. 2인칭 주체 문장이 가장 많은 것은 우리가 대화할 때는 상대방의 감정, 행동 등에 관련된 대화를 많이 하게 되므로 당연한 결과이다.

[표 2] 이정복(2001)의 연구결과가 적용될 수 있는 사례의 비율

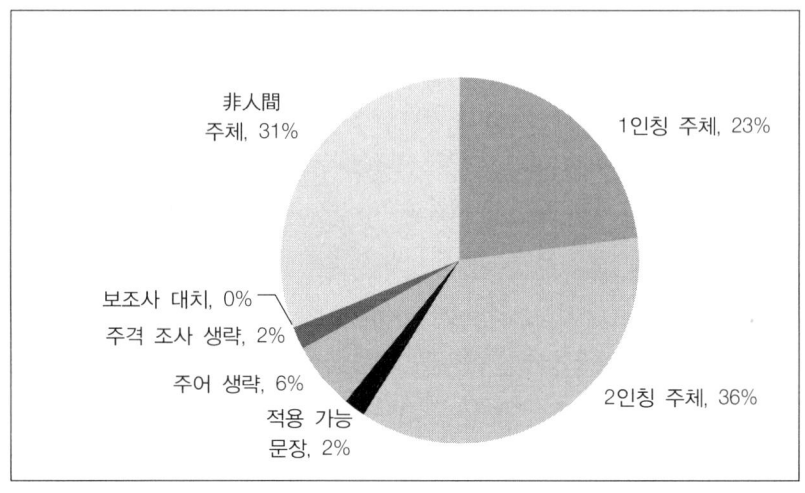

　문장 성분이 생략되면 다음과 같은 경우에는 [표 1]의 점수 체계를 적용하기가 어렵다. 주체가 3인칭인 경우만을 보더라도 적용할 수 있는 경우보다 적용할 수 없는 경우가 더 많다. 예를 들어 다음과 같은 문장은 점수를 배정하기가 어렵다.

　　(1) 가. (그 여자는) 나한테는 원수니까 년이다. (상두 1 : 46)
　　　　나. (세종이는) 아빠 안 온다고 칭얼대다 잤지 뭐. (행복 1 : 57)
　　　　다. (사돈어른께서/이) 김치는 입에 맞으시대? (행복 1 : 50)
　　　　라. (저 분께서는/은) 누구시지, 보리야? (상두 1 : 38)

　　(1)의 예문은 맥락상 생략된 요소를 추측할 수 있기 때문에 주어 전체가 생략된 경우인데 이런 경우 생략된 요소를 실현하지 않는 것이 더 자연스러울 때가 많다. 그런데 만약 이들에 대하여 [표 1]의 방법대로 대우법 점수를 매기려 한다면 (1가,나)는 물론, 특히 (1다,라)의 경우 주어 명사와 주격 조사에 대한 점수 배당이 이루어질 수 없어 발화자의 의도와는 다르게 4점이

라는 낮은 점수가 배당되게 된다. 그러므로 대우표현의 계량화에 있어서는 생략된 요소를 어떻게 처리할 것인지에 대한 방안이 반드시 같이 제시되어야 한다.

4.1.2. 호응의 원리와 대우등급 조절

이정복(1993)은 호응의 원리를 인정하지 않았으나 3.1.2에서 논의된 것처럼 호응의 원리는 대우등급 문제와 관련된 몇 가지 문제에 대하여 해결 방안을 제시해 줄 수 있는 중요한 원리이다. 특히 위에서 제기된 생략에 의한 대우법 점수 배당의 문제도 호응의 원리를 도입하면 상당 부분 해결된다.

앞서 호응의 원리는 주어부나 술어부의 어느 한 쪽을 관찰함으로써 다른 한 쪽의 대우등급을 예상할 수 있게 해준다고 하였는데 그렇다면 주어부가 없는 (1) 예문의 경우에는 술어부를 보고서 주어부의 대우 표현을 짐작할 수 있다. (1가,나)의 경우는 술어부에 높임선어말어미가 없으므로 주어부도 높임형이 쓰이지 않았을 것으로 예상할 수 있고, (1다,라)는 높임선어말어미가 쓰였으므로 주어부도 높임형이 쓰였을 것으로 예상할 수 있는 것이다. 특별한 정보가 추가적으로 있지 않을 때는 호응의 원리의 가장 기본적인 성격인 주어부나 술어부 어느 한 쪽의 대우등급 정도를 통해 다른 한 쪽의 대우등급을 예측할 수 있는 특징을 통해 (1) 예문에서 생략된 주어부의 대우등급을 짐작할 수 있는 것이다.

그런데 (1다,라)의 경우 높임형 '-께서'는 물론 비높임형 '-이/가'도 쓰일 수 있다는 점에서 주어 명사가 생략되었을 경우 주격 조사는 호응의 원리에 의해 추정하기가 어려운 것처럼 보이지만 반드시 그렇지는 않다. (1가, 나)의 경우에는 주격 조사로 '-께서'를 쓸 수 없다는 것을 알 수 있는데 이는 호응의 원리가 주어부 내에서도 작용하여 비높임형인 주어 명사를 높임형 주격 조사가 보조할 수 없기 때문이다. 이러한 연장선상에서 (1다,라)의 경우에는 비록 자신을 뒷받침해주는 주격 조사로 비높임형 '-이/가'를 선택할 수 있기는 하지만 기본값은 '-께서'라고 생각할 수 있다.

'사돈어른께서 ~, 저 분께서 ~'라고 할 때보다 '사돈어른이 ~, 저 분이 ~'라고 하면 대우등급이 조금 떨어지는 것에서 보듯이 비높임형 주격 조사가 사용 가능한 것은 약간의 대우등급 조절을 위하여 의도적인 사용이 필요하기 때문이다. 이것은 호응의 원리가 무시되는 것이 아니다. 기본적으로는 준수되지만 주어부와 술어부의 대우 균형에 큰 문제가 없는 범위 내에서 화자의 의도에 따라 대우등급을 낮출 수 있음을 의미하는 것이다. 이는 이정복(1993, 1994. 2001)의 대우법 점수 체계 원리와는 차이가 있다. 이정복(1993 : 511)에서는 대우법 요소들이 모두 나름대로 주체를 높이는 기능을 가지고 있다고 보았는데 이러한 관점은 호응의 원리라는 것을 별도로 지키지 않고 개별 형태소의 실현 여부만을 관찰하게 하므로 (1가,나)에 대하여 '*그 여자께서는 나한테는 원수니까 넌이다', '*세종이께서는 아빠 안 온다고 칭얼대다 잤지 뭐'와 같이 주격 조사만이 높임형으로 쓰이는 문장은 성립되지 않는 이유에 대하여 명확한 설명을 하기가 어렵다. 반면에 호응의 원리를 따르는 입장에서 보면 화자의 의도에 따라 주체를 높일 때는 다른 개별 형태소들에도 높임형이, 낮추고자 할 때는 낮춤형이 쓰이게 되므로 이와 같은 문장은 이루어질 수 없음이 설명된다. 다만, 높임의 정도를 약간 낮추고자 할 때는 대우 균형이 유지되는 범위 내에서 높임형이 쓰여야 할 일부 요소에 대하여 비높임형이 쓰일 수 있다고 보는 것이다.

이때 낮추고자 할 때는 몇 가지 제약이 있는 것으로 보이는데 먼저 위에서 언급된 것처럼 주어 명사와 주격 조사 사이의 제약이다. '저 분은 누구시지, 보리야?'는 가능하지만 '*저 사람께서는 누구시지, 보리야?'는 가능하지 않는 것에서도 확인되듯이 주격 조사만 비높임형일 수는 있지만 주어 명사는 비높임형인데 주격 조사만 높임형이 쓰일 수는 없다.

두 번째 제약은 '*과장이 오십니다'에서 보이는 주어부와 술어부 사이의 제약이다. 이 예문은 상술한 바와 같이 비문으로 판정되는데 주어부는 비높임형이 쓰인 반면 술어부에는 높임형이 쓰여 문제가 된다. '과장님이 오십니다'와는 달리 이 경우는 주어부에 높임형이 전혀 없음으로 명백히 호응의 원리를 무시되었다. 그러나 주어부는 높임형이 쓰이고 술어부는 비높임형이 쓰이는 '과장님께서 옵니다, 과장님이 옵니다'의 경우에는 사용이 가능한 것으로 보아 이 제약은 양방향적인 것은 아니다.

이상의 호응의 원리를 기반으로 한 위의 제약들은 다음과 같이 정리될 수 있겠다.[7]

(2) 호응의 원리 제약 1

　가. 주어 명사는 비높임형인데 주격 조사만 높임형이 될 수는 없다.

　나. 주어부는 비높임형인데 술어부만 높임형이 될 수는 없다.

이와 같은 정리에 의하여 다음의 주격 조사만이 생략된 예문 (3)도 해석이 가능하다. (3가,나)의 경우는 술부에 높임형이 없는 경우이고, (3다,라)의 경우는 술부에 '-시-'가 있는 경우이다.

(3) 가. 선생님(은/께서는) 오늘 비번이래. (상두 2 : 9)

　나. 이번에 우리 손주(가/께서) 짝 채웠어요. (하늘 2 : 8)

　다. 어머니(가/께서) 체면도 있으시잖아. (행복 1 : 38)

　라. 할머니(가/께서) 기분 좋아서 한 곡조 뽑고 계시다.(하늘 1 : 26)

(3가,다,라)에 '-이/가' 형과 '-께서' 형이 다 쓰일 수 있는 이유는 주어 명사가 높임형이기 때문이다. 주어 명사가 높임형일 때에는 술어부의 높임형 여부와 관계없이 주격 조사는 어느 쪽도 다 취할 수 있다. 그러나 (3나)

---

7) 주어부에만 높임형이 사용된 '과장님께서 옵니다, 과장님이 옵니다'도 엄밀히는 정문이라고 할 수 없다. 다만 이러한 문장은 사용이 되고 있다는 점에서 호응의 원리는 주어부에 더욱 민감하다고 하겠다.

의 경우는 주어 명사가 낮춤형이기 때문에 주격 조사는 낮춤형만을 쓸 수 있다.[8]

이상에서 본 바와 같이 호응의 원리는 기본적인 원리로 받아들이면서 화자의 대우 의도에 따라 높임형 형태소를 일정한 제약 하에 낮춤형으로 바꿀 수 있다고 해야 생략된 요소에 대한 추론이 가능하면서, '*과장이 오십니다'와 같이 실제로는 쓰이지 않는 문장에 대하여는 점수 배당 및 문장 생성을 하지 않게 된다. 이러한 문장에 대한 점수 배당을 무리하게 하여 [표 1]에서와 같이 점수화의 대표적인 경우로 제시하는 것은 문제가 있다. 본 연구의 대화 시스템에서는 이러한 문장에 대하여 입력문으로 받아들여 계산할 방안을 마련해 두는 것은 가능할지라도 적어도 생성은 하지 않도록 해야 한다.

그러므로 이정복(1994)에서 제안한 형태소별 대우법 점수화의 기제는 유지하되, 호응의 원리로 보충해야 상호 보완적 결과를 얻을 수 있다. 발화된 문장에 대하여 모든 대우법 요소가 실현되어 있다면 대우법 점수 만점을 주고, 일부 요소가 생략되었을 경우 남아 있는 요소 중 높임형이 있다면 생략된 요소는 호응의 원리에 의하여 높임형이라고 간주하는 것이다. 또한 실현되어 있는 요소 중 일부는 높임형이고 일부는 비높임형이라면 기본적으로 주체를 높이는 문장이나 화자의 의도에 의하여 일부 요소가 비높임형으로 쓰인 것으로 보고 비높임형으로 실현된 것에 한하여 감점하도록 한다.

(4) 호응의 원리 제약 2
　　가. 실현된 대우법 요소 중 높임형이 있으면 생략된 요소도 높임형
　　　　으로 간주한다.
　　나. 일부 요소가 비높임형으로 실현되었다면 그 요소가 갖는 대우법

---

8) '우리 손주께서 한 번 해 보지?'와 같은 문장을 생각해볼 수 있으나 일반적인 용법은 아니라고 생각된다. 이 문장에는 '손주'를 정말 높이려는 의도가 있다기보다는 재밌는 분위기를 만들거나 비꼬는 인상을 남기기 위해서 하는 것이라고 생각된다.

점수만큼을 감점한다.

4.1.3. 기능부담량의 설정

대우법 점수의 설정에 있어서 이정복(1994)는 형태소별로 점수를 주고 실현된 요소에 대하여 점수를 조합하는 방식이었지만 앞서 밝힌 바와 같이 이 방식은 생략된 요소에 대하여는 판단할 수 없다는 단점을 갖고 있다. 그러므로 본 연구에서는 앞서 밝힌 바와 같이 호응의 원리를 이용하여 실현된 요소 중 하나라도 높임형을 갖고 있는 것이 있다면 그 문장이 높임의 대우 등급을 갖고 있는 것이라고 간주하고 만점을 주되, 실현된 요소 중 비높임형이 있으면 그 형태소의 점수만큼 감점을 하는 방식을 취한다. 그러므로 이정복(1994)처럼 실현된 형태소에 대하여 가점(加點)을 하는 것이 아니라, 비높임형에 대하여 감점(減點)을 하는 것이다.

그렇다면 각 형태소별 점수는 어떻게 배당될 수 있을지에 대해서 생각해 보자. 먼저 이정복(1993b)에서는 주어 명사, 격조사, 높임선어말어미의 기능부담량을 언급한 바 있었다. 그런데 이 연구에서는 '주어 명사 : 격조사 : 높임선어말어미'의 대우법 기능부담량을 '3 : 3 : 4'라고 하였고 그 근거를 이정복(1993b)에서 찾을 수 있다고 하였지만 이정복(1993b)에서 볼 수 있는 기능부담량은 그와 다를 뿐만 아니라 도출해낸 근거가 응답 인원에 대한 비율이어서 기능부담량을 잘 반영하고 있다고 보기 어렵다. 또한 이정복(2001)에서는 화계에 대하여도 해라 · 해 · 하게 · 하오 · 합쇼체에 대하여 0점부터 출발하여 1점씩 줄 수 있겠다고 하였으나 근거가 충분하지 않아 문제가 된다.

이에 본 연구에서는 자체 설문조사와 회귀분석을 이용하여 이들의 기능부담량을 살펴보았다.[9] 점수는 0 ~ 10점 사이로 하되, 정수로 표기하도록

---

9) 설문 피조사자의 구성은 1.2를, 설문 조사 내용은 [부록1]을 참조.

요구하였다.[10] 그 결과 의문문 종결형을 가지고 있는 각 문장에 대하여 다음과 같은 평균값을 얻을 수 있었다.

[표 3] 주어 명사, 격조사, 높임선어말어미의 기능부담량

번호	예문	평균	상승폭
1	선생은 언제 왔어요?	0.02	0
2	선생님은 언제 왔어요?	3.68	3.66
3	선생님은 언제 오셨어요?	6.80	3.12
4	선생님께서는 언제 왔어요?	6.13	2.45
5	선생님께서는 언제 오셨어요?	9.44	3.31

위의 문장들에는 대우법 참여요소인 주체를 높여주는 접사 '-님', 주격조사 '-께서', 높임선어말어미 '-시-'가 점증적으로 배치되어 있다. 이러한 배치는 각 대우법 참여요소가 실현될 때마다 어떠한 점수 차이를 보이는지를 알 수 있게 해주는데 그 결과로 '-님'이 사용된 2번 문장의 경우 1번 문장보다 3.66점이, 여기에 다시 '-시-'가 사용된 문장은 3.12점이, 2번 문장에 '-께서'가 더 사용된 4번 문장의 경우에는 2.45점이 더 상승하였다.

그러나 위의 결과는 곧 대우법 참여요소의 기능부담량으로 사용할 수가 없는데 그 이유는 대우법 참여요소가 하나일 때는 전혀 없는 것에 대하여 직접적인 영향 관계를 알 수 있지만 두 개 이상이 될 때는 두 요소 간의 간섭 효과가 생겨 결과값에 영향을 줄 수 있기 때문이다. 이것을 볼 수 있는 것이 '-시-'가 참여한 3번과 5번 문장인데 3번 문장에서는 '-님'이 있는 문장에 '-시-'가 참여함으로 3.12 점이 상승되었지만, 5번 문장에서는 '-님'과 '-께서'가 있는 문장에 '-시-'가 참여함으로 3.31점이 상승하였다. 큰 폭은 아니지만 두 점수 사이에는 0.19점이라는 점수 차이가 있는 것

---

10) 아래의 표에서 '평균'이 소숫점 단위의 점수로 된 것은 50명에 대한 평균값을 구했기 때문이다.

이다.

그러므로 대우법 참여요소의 사용 여부에 의한 결과만으로는 그 기능부
담량을 정확히 측정할 수 없으므로 통계학에서 개발된 회귀분석 방법을 이
용하도록 한다.[11] [표 3]의 예문을 통해서 대우법 참여요소 '-님, -께서,
-시-'가 각각 사용된 것과 사용되지 않은 예로 분류를 해볼 수 있으므로
독립변수로 이진값을 이용하면 1번 문장은 '-님, -께서, -시-'에 대하여
0, 0, 0을, 2번 문장은 1, 0, 0을, 3번 문장은 1, 0, 1을, 4번 문장은 1, 1, 0을,
5번 문장은 1, 1, 1의 값을 부여할 수 있다. 이들은 각각의 독립변수가 사용
되었는지의 여부에 따라 종속변수인 대우등급이 어떻게 달라지는지를 보여
주므로 독립변수의 계수를 측정할 수 있다. 그 결과 다음과 같은 결과를 얻
었다.

[표 4] 대우법 참여요소에 대한 회귀분석 결과

회귀분석 통계량

다중상관계수	0.91271
결정계수	0.83304
표준오차	1.44283
관측수	247[12]

분산 분석

	자유도	제곱합	제곱평균	F 비	유의한 F
회귀	3	2524.009	841.3364	404.145478	0.0000
잔차	243	505.8692	2.081766		
계	246	3029.879			

---

11) 독립변수가 복수이므로 실제로는 다중회귀분석을 하였다. 그러나 근본 원리는 같으므
로 본 연구에서는 줄여 '회귀분석'이라고 하겠다. 회귀분석의 기본 개념에 대해서는 1.2
를 참조.

12) 관측수가 250(50*5)이 되지 않고 247인 이유는 세 명의 피조사자들이 '선생님께서는 언
제 왔어요?'가 가능하지 않은 문장이라고 하며 '판정불가' 판정을 내렸기 때문이다. 설문

	계수	표준오차	t 통계량	P－값	하위 95%	상위 95%
Y 절편	0.02	0.204047	0.098016	0.9220	－0.3819	0.4219
－님	3.61267	0.270232	13.36877	0.0000	3.0804	4.1449
－께서	2.54534	0.205644	12.37744	0.0000	2.1403	2.9504
－시－	3.21466	0.205644	15.63219	0.0000	2.8096	3.6197

　　표에서 먼저 결정계수가 0.83304로 되어 있는데 이는 세 개의 독립변수 '－님, －께서, －시－'가 종속변수인 대우등급이 가지는 전체 변이의 83%를 설명하고 있음을 의미한다. 결정계수는 0.7 이상이면 통계적으로 유의미한 것으로 보므로 '－님, －께서, －시－'를 대우등급을 변동시키는 독립변수로 본 것은 타당하다고 하겠다.

　　다음으로 유의확률(표에서 '유의한 F')이 0.0000… 이므로 이는 유의수준 1%인 0.01보다 작으므로 세 개의 독립변수가 대우등급에 미치는 영향이 없을 것이라는 가설(귀무가설)을 기각할 수 있고, '세 개의 독립변수 중 적어도 하나 이상의 변수는 종속변수인 대우등급을 설명하는데 유의하게 기여한다'고 할 수 있다.[13]

　　또한, 각 독립변수 '－님, －께서, －시－'의 회귀계수에 대한 P－값을 살펴보면 이들 역시 모두 유의수준 0.01보다 작은 0.0000… 이므로 '－님, －께서, －시－' 각각은 종속변수를 설명하는데 유의하게 기여한다고 할 수 있다.

　　이상과 같이 위의 회귀분석은 그 검증 결과가 유의미한 것으로 나타났으므로 그 계수를 통하여 대우법 참여요소의 기능부담량을 구할 수 있다. 먼

조사 시 제시된 문장이 적법하다고 여겨지지 않는다고 생각되면 무리해서 점수를 주려 하지 말고 '판정불가'라고 답하도록 하였다.

13) 유의수준이란 독립변수가 미치는 영향이 없을 것이라는 귀무가설이 사실임에도 불구하고 영향이 있을 것이라는 대립가설을 채택하는 오류를 범할 확률의 최대 허용한계를 말하는데 본 연구에서는 0.01 검정방법을 사용하였으니 이 오류를 범할 확률이 1% 미만이다.

저 독립변수의 영향이 없을 때의 값인 Y절편이 0.02이므로 기본값은 0.02로 잡을 수 있고, 독립변수 '-님', '-께서', '-시-'의 계수가 각각 3.61267, 2.54534, 3.21466이므로 이 계수를 종속변수 대우등급에 대한 영향력으로 해석할 수 있다.[14]

그런데 [표 3]에서 마지막 문장의 점수가 9.44이고, 기본값이 0.02이므로 대우법 참여요소의 기능부담비율을 알기 위해서는 9.44를 10으로 치환하고 기본값 점수를 0%로 잡아서 계산해야 한다. 이에 따라 점수를 치환한 백분율 값은 다음과 같이 계산될 수 있다.

[표 5] 형태소별 기능부담비율

형태소	기능부담비율(%)
기본	0
-님	38
-께서	27
-시-	35

9.44가 10점이 되게 한 만큼 각 형태소의 점수도 올렸고, 이들을 백분율로 치환한 값이 위와 같다. 이 기능부담비율은 '-님, -께서, -시-' 세 대우법 참여요소가 문장에 있을 때의 대우법 점수에 대한 기여도를 보여준다.

다음으로는 종결표현에 따라 어떻게 달라지는지 알아보자. 먼저 2.3.1에서 본 바와 같이 화계 중 하게체와 하오체는 특수한 경우에 쓰이는 것으로서 다른 화계와 하나의 단선(linear) 상에서 생각할 수 없기 때문에 해라·해·해요·하세요·하십시오形에 대하여만 대우법 점수를 파악하기로 한다.[15] 먼저 기본문장으로 서술형 종결형을 가지고 있는 '어제 그 뉴스를 들

---

14) 이 결과는 설문조사가 이루어진 2007년 여름이라는 시점에서 의미가 있다. 대우법 현상과 같이 시대와 관습의 영향을 받는 요소에 대한 설문조사 결과와 그에 대한 회귀분석은 제한적인 시기에서 그 의미를 인정받을 수 있다.

15) 하게形과 하오形은 해形과 해요形의 중간 점수를 주는 방법을 생각해 볼 수 있다.

었다'라는 문장을 만들고 이를 각 문장종류와 종결표현에 따라 변형하여 이 들 문장의 대우법 점수를 설문조사하였다.

[표 6] 화계와 문형에 따른 설문조사 결과

문장종류	번호	문장	평균점수	화계
서술문	1	어제 그 뉴스를 들었다	0.46	해라
	2	어제 그 뉴스를 들었어	2.78	해
	3	어제 그 뉴스를 들었어요	6.98	해요
	4	어제 그 뉴스를 들었습니다	9.10	합쇼
청유문	1	내일 아침에 우리 뉴스를 듣자	2.24	해라
	2	내일 아침에 우리 뉴스를 들어	0.88	해
	3	내일 아침에 우리 뉴스를 들어요	6.76	해요
	4	내일 아침에 우리 뉴스를 들읍시다	7.90	합쇼
의문문	1	어제 그 뉴스를 들었냐?	0.32	해라
	2	어제 그 뉴스를 들었어?	2.66	해
	3	어제 그 뉴스를 들었어요?	4.96	해요
	4	어제 그 뉴스를 들으셨어요?	7.46	해요 + 시
	5	어제 그 뉴스를 들었습니까?	6.98	합쇼
	6	어제 그 뉴스를 들으셨습니까?	9.00	합쇼 + 시
명령문	1	내일 아침에 뉴스를 들어라	1.24	해라
	2	내일 아침에 뉴스를 들어	1.94	해
	3	내일 아침에 뉴스를 들어요	5.20	해요
	4	내일 아침에 뉴스를 들으세요	7.10	해요 + 시
	5	내일 아침에 뉴스를 들읍쇼[16]	3.76	합쇼
	6	내일 아침에 뉴스를 들으십시오	8.92	합쇼 + 시

이 결과를 정리하면 다음과 같다.

---

16) 이 문장에 대하여 다섯 명의 피조사자들이 '판정불가' 판정을 내렸다. '판정불가'의 경우 는 계산에서 제외하였다.

[표 7] 문형에 따른 화계 간 점수 차이

	서술문	청유문	의문문	명령문	화계평균	점수차이
해라	0.46	2.24	0.32	1.24	1.07	
해	2.78	0.88	2.66	1.94	2.07	1
해요	6.98	6.76	4.96	5.20	5.98	3.91
해요 + 시			7.46	7.10	7.28	(1.3)
합쇼	9.10	7.90	6.98	3.76	6.94	0.96
합쇼 + 시			9.00	8.92	8.96	(2.02)

'-하세요'와 '-하십시오'는 높임선어말어미 '-시-'가 개입된 것이므로 화계만의 비교를 위해서는 이 둘은 계산에서 제외해야 한다. 그러면 [표 7]의 우측에서처럼 화계 간 점수 차이를 알 수 있는데 '해라체'와 '해체'사이는 1점, '해체'와 '해요체' 사이는 3.91점, '해요체'와 '합쇼체' 사이는 0.96점인 것을 볼 수 있다. 각 화계의 화계 내에서의 기능부담비율을 알기 위해서는 해라체의 점수를 기본값으로 잡고, 여기에서 각 화계로 올려졌을 때의 상승폭을 관찰해야 한다. 합쇼체의 점수 6.94점에서 기본값 1.07을 감하면 5.87점이 화계 점수의 만점이라고 할 수 있으므로 이로써 각 화계의 상승폭을 나누면 해체, 해요체, 합쇼체의 화계 내 기능부담량을 각각 17%, 67%, 16%라고 할 수 있다.

다음으로 어말어미의 화계와 다른 대우법 참여요소 사이의 기능부담비율을 알아보기 위하여 의문문 1, 5, 6번 문장에 대하여 회귀분석을 실행하였다. 앞서의 분석에서는 주어 명사, 주격 조사, 높임선어말어미만으로 하였으나 2인칭 대우법 참여요소에는 어말어미의 화계도 포함되어 있기 때문에 화계의 변동이 포함된 경우를 고려한 계산이 필요한 것이다. 1번과 5, 6번 문장을 선택한 것은 해라체는 화계에서 0점을 갖는 것이고, 합쇼체는 화계에서 만점을 갖는 것이므로 두 화계의 차이를 통해 화계 전체의 영향력을 볼 수 있기 때문이다. 또한 5번과 6번 문장을 선택한 것은 합쇼체의 합쇼形

과 하십시오形은 높임선어말어미 유무의 차이가 있으니 이는 결국 화계와 높임선어말어미를 독립변수로 놓게 되기 때문이다.

해라체가 사용된 의문문 1번 문장은 화계와 높임선어말어미에 대하여 이진값 0, 0을, 합쇼체 합쇼形인 5번 문장은 1, 0을, 하십시오形 6번 문장은 1, 1을 가지게 하여 분석할 때 그 결과는 다음과 같다.

[표 8] 화계와 높임선어말어미에 대한 회귀분석 결과

회귀분석 통계량	
다중 상관계수	0.902849
결정계수	0.815136
표준 오차	1.784018
관측수	150[17]

분산 분석

	자유도	제곱합	제곱평균	F 비	유의한 F
회귀	2	2062.973	1031.487	324.0896	0.0000
잔차	147	467.86	3.182721		
계	149	2530.833			

	계수	표준오차	t 통계량	P-값	하위 95%	상위 95%
Y 절편	0.32	0.252298	1.26834	0.206682	-0.1786	0.8186
화계	6.66	0.356804	18.66573	0.0000	5.954873	7.365127
-시-	2.02	0.356804	5.661377	0.0000	1.314873	2.725127

위의 표에서도 결정계수가 0.81이고, 유의확률과 각 독립변수에 대한 P-값이 0.0000…이므로 이 변수들에 대한 회귀분석도 그 값을 유의미하게 받아들일 수 있다. 화계의 계수를 살펴보면 6.66, 높임선어말어미의 계수는 2.02이므로 높임선어말어미는 화계에 대하여 약 30%의 기능부담량을 가진

---

17) 세 문장에 대한 50명의 설문조사 결과를 바탕으로 한 것이므로 관측수가 150이다.

다고 할 수 있다. 이것을 [표 5]의 결과와 연계하면 2.1.3에서 언급된 각 인칭별 대우법 참여요소에 대한 기능부담비율이 다음과 같이 계산될 수 있다.

[표 9] 대우법 기능부담비율

인칭	대우법 참여요소	기능부담비율(%)	화계 비고
1인칭	주어 명사, 어말어미	34, 66	0/11/55/66
2인칭	주어 명사, 주격 조사, 높임선어말어미, 어말어미	18, 13, 16, 53	0/9/44/53
3인칭	주어 명사, 주격 조사, 높임선어말어미	38, 27, 35	

각각의 인칭과, 대우법 참여요소에 대하여 기능부담비율이 계산되었고, 그 오른쪽에는 화계에 대하여 해체, 해요체, 합쇼체의 기능부담비율에 따른 점수가 계산되었다. 예를 들어, 1인칭의 경우 어말어미의 기능부담비율은 66%이며, 어말어미 내 각각의 화계는 66점 만점에 해라체는 0점, 해체 11점, 해요체 55점, 합쇼체 66점을 갖게 된다.

그러나 이들의 기능부담비율은 백분율로서 실제에서 쓰기에는 너무 자세한 단위이므로 반올림하여 10점 만점의 기능부담량으로 설정하면 다음과 같다.

[표 10] 대우법 기능부담량

인칭	대우법 참여요소	기능부담량	화계 비고
1인칭	주어 명사, 어말어미	3, 7	0/1/6/7
2인칭	주어 명사, 주격 조사, 높임선어말어미, 어말어미	2, 1, 2, 5	0/1/4/5
3인칭	주어 명사, 주격 조사, 높임선어말어미	4, 3, 3	

각각의 인칭에 따라 대우법 참여요소의 종류와 양이 다른 만큼 그 기능부담량도 다르게 도출되었다. 이 결과를 실제 문장에 대입한 것을 각 인칭에

따라 예시해 보면 다음과 같다.[18]

[표 11] 대우법 점수 배정의 예

인칭	대우법 참여요소	감점점수				대우법점수
		주명	조사	시	화계	
1	난 모르는 일인데요	0			6	4
2	실장님이 김성하씨하고 통화해 주실래요?	0	1	0	1	8
3	네 시어머니가 그런 말도 할 줄 안다구?	0	3	3		4

1인칭 대우법 문장은 화자의 대우 수준에 관한 문장이므로 낮춤형 주어 명사 '나'는 결국 자신을 높이는 것이니 주어 명사의 감점은 없고, 화계는 해요체를 사용했으니 상대방을 높인 만큼 자신을 낮춘 것이 되어 해요체의 기능부담량 6점이 곧 감점점수가 되었다. 그리고 만점 10점에서 이들의 합을 제하여 대우법 점수는 4점이 계산되었다.

2인칭의 경우에는 청자의 대우 수준에 관한 문장이므로 높임형 주어 명사 '실장님'은 0점 감점, 낮춤형 주격 조사는 1점 감점, 높임선어말어미의 사용은 0점 감점, 해요체의 사용은 화계의 만점 5점에서 해요체의 기능부담량 4점을 제한 1점 감점이 있게 한다. 그리고 만점 10점에서 감점의 합 2점을 제하여 대우법 점수는 8점이 계산되었다.

3인칭의 경우에는 제3자의 대우 수준에 관한 문장이므로 높임형 주어 명사 '시어머니'[19]는 0점 감점, 낮춤형 주격 조사는 3점 감점, 높임선어말어미의 사용하지 않음은 3점 감점이 있게 한다. 그리고 만점 10점에서 감점의 합 6점을 제하여 대우법 점수는 4점이 계산되었다.

본 연구는 2인칭 대우법 문장을 대상으로 하므로 이후에는 2인칭 대우법

18) 표에서 '주명'은 '주어 명사'를 뜻한다.
19) '네 시어머니'는 친족어로 보아야 할 것이다. 친족어에 관한 대우등급은 3.2.2를 참조.

참여요소인 주어 명사, 주격 조사, 높임선어말어미, 어말어미의 기능부담량 '2, 1, 2, 5'점과 해라체, 해체, 해요체, 합쇼체의 각 화계에 따른 기능부담량 '0, 1, 4, 5'점이 주로 사용될 것이다.

다음으로는 이상에서 논의된 사항들을 검증하기 위하여 본 연구의 자료 인 드라마 2000 문장을 대상으로 대우법 점수화를 시도하였다. 검증을 할 대상은 두 가지이다. 하나는 생략된 요소에 대하여 실현된 요소를 기반으로 추론하는 방법이 타당한지이고, 다른 하나는 [표 10]에 제시된 기능부담량이 회귀분석에 의해 도출되기는 하였지만 경험적으로 적절하게 여겨지는가이 다. 특히 [표 10]의 결과는 반올림 등의 변형 과정을 거쳤으므로 그 타당성 을 재검증할 필요가 있다.

첫 번째 사항에 대한 검증은 복수의 문장에 대하여 다음의 [표 12]의 예와 같이 [표 10]의 대우법 참여요소에서 실현된 것들만을 대상으로 평균을 내 는 것이다.

[표 12] 복수 문장에 대한 대우법 점수 평균 예

문장	문장	감점점수			
		주어명사	주격조사	-시-	화계
1	은주씨, 내 입장이 어떤지 알잖아요?	0		2	1
2	은주씬 나한테 매력적인 존재였어요	0	1	2	1
3	은주씨, 서울로 가면 어떡하자는거야?	0		2	4
4	이은주! 당장 호텔로 와	2		2	4
5	이은주, 너 거기 그대로 있어	2		2	4
평균감점값		0.4	1	2	2.8
최종평균감점값(평균감점값의 합)		6.2			
최종평균값(10 - 최종평균감점값)		3.8			

위의 표에서는 실현되지 않은 요소들에 대하여는 점수를 부여하지 않고 있다가 분석 대상 문장이 끝나면 그때까지 실현된 요소들만을 대상으로 평

균값을 구하고 있다. 예를 들어 1번 문장의 경우 주어 명사는 높임형이 쓰였으므로 0점 감점, 높임선어말어미는 사용되지 않았으므로 2점 감점, 화계는 해요체가 사용되었으므로 화계의 점수 5점에서 해요체의 점수 4점을 뺀 1점이 감점되었다.[20] 그러나 주격 조사는 사용되지 않았으므로 계산되지 않았다.

5번 문장까지 이 과정을 거친 후 평균감점값을 계산한다. 평균감점값은 해당 요소가 실현된 경우만을 대상으로 하여 평균값을 낸다. 주어 명사의 경우에는 세 번에 걸쳐 0점 감점, 두 번에 걸쳐 2점 감점이 있었으므로 평균감점값 0.4점이 된다. 주격 조사는 한 번 사용에 1점 감점, 높임선어말어미는 다섯 번 사용에 모두 2점 감점, 화계는 1점 감점 두 번, 4점 감점 3번이 있었으므로 이들의 평균감점값은 1점, 2점, 2.8점이 된다.

그 후 각 요소의 평균감점값을 합산하여 최종평균감점값을 구한다. 그리고 대우법 만점 점수인 10점에서 최종평균감점값을 제한 최종평균값을 구한다. 즉 최종평균값은 복수의 문장들에 대하여 실현된 요소만을 대상으로 하는 평균 대우법 점수가 된다. 이 [표 12]의 다섯 문장에 대한 최종평균값은 3.8점이 된다.

이상의 계산은 복수의 문장을 대상으로 했을 때만 가능한 것이다. 복수의 문장에서는 일부의 대우법 참여요소에 생략이 있더라도 다른 많은 문장을 보면 실현된 것이 있을 것이므로 호응의 원리에 의한 추론값에 의지하지 않고서도 이 방법을 이용해 보다 정확한 계산이 가능할 것이다. 그러나 생략된 요소가 한 번도 실현되지 않은 채 대화가 짧게 끝나는 경우도 있는 등

---

20) 화계의 경우에는 두 단계에 걸쳐 점수 계산을 해야 하므로 주의를 요한다. 우선 화계의 기능부담량은 1인칭에서 7점, 2인칭에서 5점으로 다르다. 그리고 각각의 화계의 점수는 그 화계의 종류에 따라 다시 달라지는데, 7점 만점인 경우에는 해라-해-해요-합쇼체의 점수가 0-1-6-7점이므로 감점은 반대로 해라-해-해요-합쇼체에 대하여 7-6-1-0점이, 5점 만점인 경우에는 해라-해-해요-합쇼체의 점수가 0-1-4-5점이므로 감점은 해라-해-해요-합쇼체에 대하여 5-4-1-0점이 있게 된다.

추론값은 여전히 필요하다.

그러므로 추론값의 신뢰도를 알기 위해서는 위에서 사용된 방식을 통한 최종평균값과의 비교를 할 필요가 있다. 즉, 각 문장에 대한 감점값인 추론 값의 평균과 복수 문장에 대하여 실현된 요소를 중심으로 계산하는 최종평 균값을 비교하여 얼마나 큰 오차가 있는지를 보는 것이다.[21] 특히 1, 2, 3번 문장은 주어 명사가 높임형이므로 주격 조사도 높임형이 쓰였을 것으로 추 론되어 0점을 감점하게 되는데 실제로는 2번 문장을 보면 낮춤형이 쓰인 것 을 보면 다른 문장에서도 낮춤형 주격 조사가 쓰였을 것으로 예상된다. 그 러나 본 연구의 호응의 원리를 통한 추론값 계산에서는 이러한 내용을 알 수 없으므로 오차가 발생하게 되는 것이다. 이에 2인칭 대우법 문장에 대한 두 계산법의 점수 차이는 다음과 같았다.

[표 13] 추론값과 최종평균값의 점수 차이 비교

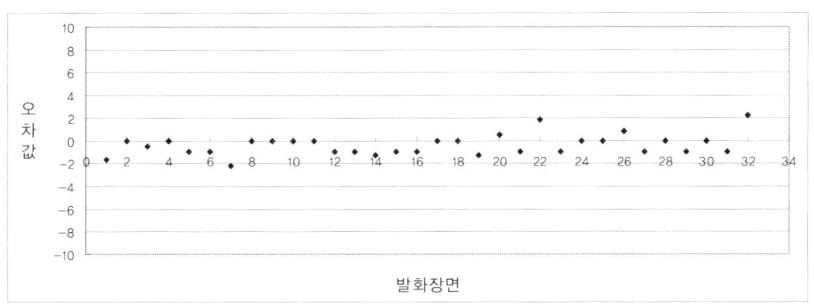

오차값은 오차값 0을 기준으로 좌우로 크게 벗어나지 않는 모습을 보여 주었다. 최대 오차값은 +/- 2.2, 평균오차값은 0.73으로 두 계산법에는 큰 차이가 없다고 할 수 있다.

---

21) 즉, 복수문장에 대한 점수 평균은 각 요소의 감점값 중 실현된 요소만을 세로축으로 평균을 낸 후 합산하는 것이고, 각 문장에 대한 감점값 평균은 실현된 요소를 기반으로 비실현요소를 추론하여 감점값을 부여한 후, 이들의 평균을 구하는 것이다.

두 번째 검토할 대우법 점수 검증은 대우법 점수를 두 화자와 청자의 관계와 함께 제시하여 관계들의 종류가 달라짐으로써 바뀌는 대우법 점수의 추이가 직관적으로 타당한지를 보는 것이다. 일반적으로 부모가 자녀에게 말할 때는 낮은 대우등급을 이용할 것이고, 연인 사이는 보다 높게 하고, 하급자가 상관에게 말할 때는 매우 높은 대우등급을 이용할 것이다.

이를 위하여 본 연구의 자료에서 하나의 발화 장면에서 화자와 청자의 대화가 5 문장 이상이 되는 16개의 발화 장면, 412 문장 문장에 대하여 개별 화·청자 사이의 평균 대우법 점수의 추이를 본 것이다.

[표 14] 관계별 점수 추이

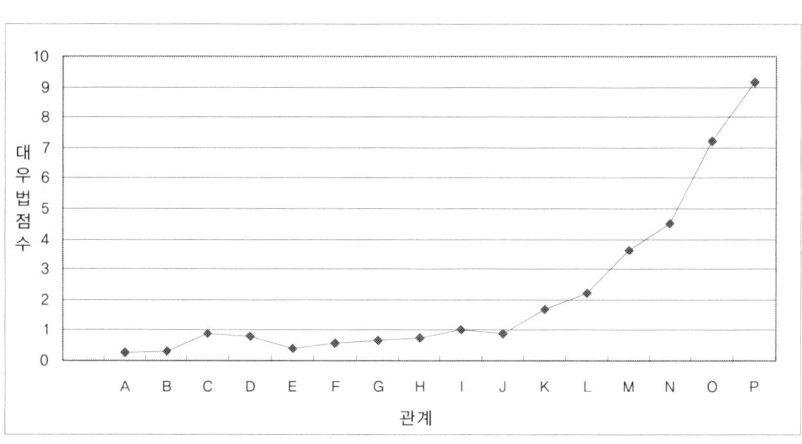

[표 15] [표 14]에 사용된 관계

관계	화자 – 청자	관계	화자 – 청자
A	성인 – 학생	I	여연인 – 남연인
B	부 – 녀	J	남연인 – 여연인
C	모 – 자	K	조카 – 삼촌
D	모 – 녀	L	남편 – 아내
E	시부 – 며느리	M	성인 – 성인
F	삼촌 – 조카	N	자 – 모
G	친구 – 친구	O	아내 – 남편
H	동료 – 동료	P	하급자 – 직장상관

[표 14]의 점수 추이는 [표 15]의 관계 표에서 보듯 일반적으로 가질 것으로 예상되는 점수 추이를 보여주고 있으므로 [표 10]의 대우법 점수 배당은 큰 무리 없이 쓰일 수 있을 것으로 생각된다.

여기에서는 우리말의 대우법 점수를 측정할 수 있는 방안을 제시하였다. 형태론적 요소에 의하여 대우법을 실현시키는 우리말의 특징을 이용하여 각 인칭에 대한 대우 정도를 표현할 수 있는 대우법 참여요소들을 구분하여 내고, 선행 연구와 본 연구의 조사에 의하여 그 기능부담량을 측정했다. 또 비실현된 대우법 참여요소에 대하여는 호응의 원리를 이용하여 실현된 요소로부터 추론할 수 있음을 밝혔다. 그리고 실험을 통하여 이들이 유용하게 쓰일 수 있음을 보였다.

다음에서는 이 결과를 바탕으로 한 대우법 분석기의 개발을 시도한다. 그 전에 먼저 형태소 분석 과정이 선행되어야 하므로 효과적인 형태소 분석기의 개발에 대해서 생각해 보고자 한다.

4.2. 대우법 분석의 기본설계

본 절에서는 이상에서의 논의를 종합하여 문장의 대우등급을 계산하고, 요청이 있을 때 그 등급을 변경해 줄 수 있는 대우법 분석기의 설계적인 측면에 대해서 논의하고자 한다.

앞에서는 형태소별로 대우법 기능부담량을 배정해 특정 형태소가 비높임형으로 실현되었을 경우 그 형태소에 대한 기능부담량을 전체 대우법 점수에서 감점한다고 하였으므로 대우법 점수를 파악하기 위해 먼저 문장의 형태소 분석이 필요하다. 2장에서 우리는 대우법에 참여하는 요소들에는 어떠한 것이 있는지를 알 수 있었는데 문장에서 이러한 요소들을 잘 파악해야 이들을 이용하여 4.1에서 논의된 대우표현의 계량화를 통해 얻어진 대우법 참여요소 별 점수를 계산할 수 있는 것이다.

형태소 분석기의 개발은 그동안 전산 언어학 분야에서 주로 다루어져 왔고 인문학에서는 그리 많이 다루지 않아왔다. 하지만 황화상(1998 : 444)에서 언급된 것처럼 순수 언어학과 전산 언어학에 있어서의 형태소 분석이란 하나의 단어를 형태소 단위로 해체한다는 공통된 목적을 가질뿐더러, 전산 언어학이 다만 형태소의 발견을 위한 방법론으로 형태소 분석을 시도하는 데에 반해 순수 언어학은 발견은 물론 어떻게 해당 단어가 그러한 형태와 기능, 의미를 가지게 되었는지를 설명하는 데까지 나아가기 때문에 순수 언어학을 이용한 시스템은 장기적인 측면에서 보다 견고하고, 수정이 용이하며, 다른 시스템에 이식이 용이하도록 해준다. 순수 언어학에서의 연구 결과를 이용한 시스템은 보다 원리적인 측면에서 접근하기 때문에 현재 예측되는 몇 개의 문제만을 해결할 수 있는 것이 아니라 보다 광범위한 목적으로 쓰일 수 있는 것이다.

물론, 너무 원론적으로 접근하면 오히려 시스템이 복잡해지는 경우도 있을 수 있지만 기본적으로 언어를 자연 현상(natural language)으로서 대하는 기본 접근 방향은 형태소 분석이라는 매우 복잡한 과정을 보다 유연하게 처리할 수 있도록 해 줄 것이다.

대우법 분석을 위한 전반적인 과정은 다음과 같다.

[그림 1] 대우법 분석기 개관

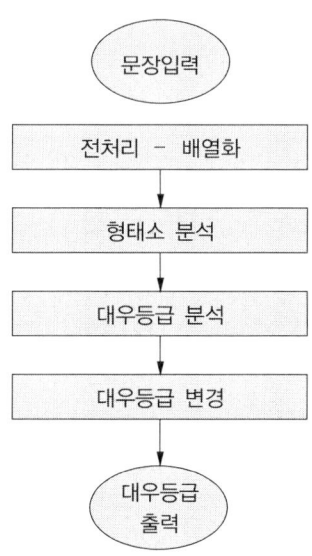

문장이 주어지면 먼저 전처리 과정에서 필요 없는 부호들을 정리하고, 컴퓨터에서 처리하기 좋도록 띄어쓰기 단위, 즉 어절 단위로 배열(array)을 만든다. 각 배열 안에는 최소한 어근과 접사가 포함이 되기 때문에 우리는 기본적으로 이 하나의 배열에 있을 가능성만을 고려하면 대부분의 형태소 분석이 가능하게 된다.

배열로 만들어진 문장은 형태소 분석 과정을 거치게 되는데 이 과정에서 하나의 배열 안에 있는 어절들은 다시 어근과 접사라는 단위로 나뉘게 된다. 어근과 접사는 각각 형태소를 부여 받게 되고 형태소 분석이 끝난 문장은 형태소 정보가 담긴 새로운 배열에 담겨 대우법 분석기에 보내지게 된다.

대우법 분석기에 온 문장은 이미 형태소 정보를 가지고 있기 때문에 미리 준비된 형태소 단위의 대우등급 계산법에 의하여 대우등급이 계산된다. 대우법 분석 단계는 형태소 분석 단계와 완전히 분리되어 있기 때문에 추후 대우등급에 대하여 수정할 사항이 있어도 매우 손쉽게 수정이 가능하다.

계산된 결과는 사용자의 요청에 따라 대우등급이 변경되고 이 최종 출력 결과는 사용자 인터페이스를 통해 형태소 분석 정보와 함께 출력된다. 사용자는 어디에서 어느 정도의 대우법 점수 감점이 이루어졌는지를 직접 확인할 수 있기 때문에 시스템의 결과를 신뢰할 수 있다.

이와 같이 효과적인 대우법 분석을 위해서는 각 단계를 적절히 구분하는 것이 반드시 필요하고 특히 형태소 분석 과정은 그 과정이 복잡하기 때문에 분리해서 다루는 것은 필수적이다.

형태소 분석기를 직접 개발하지 않고 이미 개발된 것을 이용하는 방법도 생각해 볼 수 있다. 그러나 많은 형태소 분석기가 개발 코드를 공개하지 않기 때문에 [그림 1]에서와 같이 하나의 단계가 다음 단계의 입력 과정이 되도록 할 수가 없다. 일부 형태소 분석기[22]에는 이러한 입력과 출력 과정을 열어 놓은 경우도 있지만 사전 입력과 관계된 일부 기능에 대해서는 완전히 열어 놓지 않았기 때문에 다른 프로그램에 넣어 새로운 프로그램을 넣는 일이 그리 쉽지만은 않다.

또한 기존의 형태소 분석기들은 그 성능에 한계가 있다는 점도 문제가 된다. 뒤에서 살펴보겠지만 우리말은 영어에 비하여 형태소 분석이 매우 난해하여 대부분의 형태소 분석기는 91~98%의 성능을 보이고 있다(임희석 1997). 90%가 넘는 수치가 높아보일 수도 있겠지만 이것은 100개의 품사 태깅에서 2~9개 오류가 있다는 것이므로 황화상·최정혜(2003 : 290)에서 밝

---

22) 강승식(2003)의 연구가 대표적이다.

힌 문장 당 평균 어절 수인 14.4개를 참고했을 때 하나의 문장 분석에서 한 번 이상은 오류가 있다는 것이 된다. 이러한 오류율은 매우 높은 것이라 하겠다.

이렇게 성능이 떨어지는 이유 중의 하나는 많은 형태소 분석기가 통계에 의존하기 때문이다. 통계 기반은 규칙에 의해 결정되지 않는 부분에 대해서도 최대 확률값으로 결정을 해 줄 수 있다는 장점이 있지만, 동시에 모든 결과 분석에 대해 완전한 신뢰를 할 수 없고 항상 오류의 가능성이 있다는 점이 문제가 된다. 또한 통계 결과도 신뢰하기가 어렵다. 통계를 낸 코퍼스에 따라서 그 결과값에 차이가 있기 때문이다. 이에 임희석(1997)에서는 규칙을 우선 적용하고 결정되지 않은 부분에 대해서만 통계값을 이용하는 방식을 사용하기도 하였지만 규칙 기반 방법 자체가 크게 개선되지 못해 분석의 정확도는 95.43%에 머무르고 말았다. 그러므로 본 연구에서는 보다 높은 정확도를 낼 수 있도록 하기 위하여 규칙기반의 방법을 채택한다. 규칙기반 형태소 분석이 그동안 회피가 되어 왔던 이유는 몇 가지 근본적인 문제가 있었기 때문인데 본 연구에서는 이를 해결할 수 있는 몇 가지 방안을 아래에서 제안할 것이다. 그리고 이러한 분석을 기반으로 하는 대우등급 분석은 어떻게 이루어지는지 보도록 하자.

4.2.1. 어근과 접사의 인식

시스템에 입력된 문장은 먼저 전처리부로 보내어져 다음 과정에서 처리하기 쉬운 형태로 문장을 다듬는 과정을 수행한다. 이것은 띄어 써진 어절을 한 단위로 하여 문장을 분리해내는 과정인데 문장의 어절 단위 분리는 기계적으로 단순하면서도 가장 기본적인 형태 분석 단계라고 할 수 있다.

(5) 가. He will fly to the moon.

나. He is flying to the moon.

다. He flied to the moon.

위의 예를 보아서도 알 수 있지만 영어와 같은 굴절어의 경우에는 어절 분리 과정만으로도 대부분의 형태소가 분석이 된다. 미래시제 문장인 (5가)는 각 어절을 분리해내면 'He, will, fly, to, the, moon'으로 그 자체가 곧 어근이 되어 형태소 분석이 끝나게 된다. 이 때 'fly'는 (5나)와 (5다)에서 비교해 볼 때 각각 'flying'과 'flied'로 굴절접사 '-ing'와 '-ed'가 붙어 어형 변화를 갖게 된다. 그러나 동사 'fly'에 대한 어형 변화는 'flies'를 포함해 세 가지가 전부이기 때문에 이러한 어형변화는 크게 문제가 되지 않고 모두 목록화가 가능하다. 하지만 한국어는 우선 교착어로서 거의 모든 어휘형태소 어근에 문법형태소가 결합하고, 문법형태소 사이에서도 결합형이 있기 때문에 목록화할 대상의 범위가 매우 커지게 된다.

(6) 그는 달을 향해 날아갔다.

위의 예문에서 어근은 '그', '달', '향하-', '날아가-'인데 이들은 모두 주격 조사 '-는', 목적격조사 '-을', 연결어미 '-아', 과거시제 선어말어미 '-았-', 어말어미 '-다'를 가지고 있어 영어의 경우 동사에만 결합형이 있던 것과는 달리 모든 어휘에 결합형이 존재한다. 또한 '-았-'과 '-다'의 예에서 볼 수 있듯이 각각 서로 다른 기능을 가지고 있는 문법형태소끼리 서로 결합되어 어근과 결합하기 때문에 하나의 동사에 대한 변이형이 더욱 많아지게 된다. 선어말어미에는 '-았-, -었-, -더-, -겠-, -리-' 따위의 시제와 상에 관한 선어말어미, '-시-, -옵-, -오-' 따위의 높임선어말어미 등이 있는데다가 어말어미에는 서술형, 의문형, 명령형, 청유형에 속하는 다양한 형태의 어말어미가 있어 모든 어휘에 대하여 이들 선어말어미와 어말어미의 조합형 모두를 고려하기는 매우 어려운 것이다. 이 외에도 불규칙 용언, 탈락, 축약 등에 의한 형태론적 변이형과 어근끼리의 결합에 의한 새로운 단어의 구성은 그 수를 더욱 많게 한다.

그럼에도 불구하고 어절 단위가 한국어에서도 형태소 분석의 기초를 이루는 것만은 분명하다. 왜냐하면 어절 단위 이상에서는 두 개의 음절이 융합될 가능성이 없기 때문이다. 위의 예문에서 '향해'와 '날아갔다'의 '-해', '-갔-'은 각각 한 개의 음절인데 이들은 사실 '향하 + 아', '날아가 + 았 + 다'로 두 개의 음절이 하나로 축약된 것이다. 하지만 어절 단위를 넘어가면 이러한 음절 간 융합 가능성이 없어지기 때문에 어절 단위는 다음 단계에서 고려해야 할 범위를 줄여주는, 기계적으로 처리할 수 있는 분석의 첫 단계라고 할 수 있다.

이렇게 어절 단위로 분리된 문장은 각 배열에 담겨 다음 단계로 넘겨지게 되므로 각 배열에 담겨 있는 어절들의 형태소를 분석하는 것이 형태소 분석의 관건이라 하겠다. 이 때 한 어절에 있는 형태소가 기본적으로 어떠한 구조를 갖고 있는지에 대해 파악해야 한다. 하나의 어절이 갖고 있는 전체적인 모습을 미리 파악하는 것은 처리의 범위를 결정해 주기 때문이다.

하나의 어절은 황화상(2006 : 122)를 참고하여 다음과 같은 내적 구성을 가지고 있다고 할 수 있다.

　(5) 한국어 어절의 내적 구성
　　　가. 어근
　　　나. 어근 + 접사
　　　다. 어근 + 접사 + 접사
　　　　　　…

그러므로 한국어의 어절을 분석하는 것은 어근과 접사를 찾는 과정으로 요약될 수 있다.[23]

이러한 접근법에 대하여 전산 언어학에서는 Tail‒Head(또는 Head‒Tail) 접근법이라고 불렀는데 head는 선행 어절과 문맥적으로 관련이 깊다고 보았고, tail은 후행 어절과 문맥적으로 관련이 깊다고 보아 선행 어절의 tail과 후행 어절의 head가 함께 나타나는 통계적 정보를 이용하여 문맥확률을 평가한다. 하지만 head와 tail을 어떻게 설정할 것인가에 따라 성능에 많은 차이가 있게 된다. 이는 불규칙 현상 및 축약 현상에 의해 어근과 접사를 분리하기 어려운 경우가 종종 있기 때문이다(임희석 1993 : 16, 김영택 외 2001 : 108).

    (6) 가. 누워서 : 눕 + 어서
       나. 까만 : 까맣 + 은
       다. 사니까 : 살 + 니까
       라. 써 : 쓰 + 어

이들은 한 음절 안에 어근과 접사가 공존하고 있기 때문에 이들을 분리해 내야 하는 어려움이 있다. 이 때 이들을 분리하기 위해서는 원리적으로는 각 음절의 음소를 분리하는 것도 생각해 볼 수 있겠지만 이는 강승식(2003 : 174)에서 언급된 것처럼 분석 후보가 과생성되는 문제를 발생시킨다.

    (7) 어절 '가는'에 대한 분석 후보
       가. 가는 ‒ ‒ 단일 명사 또는 독립언
       나. 가 + 는 ‒ ‒ 체언 + 조사
       다. 가 + 는 ‒ ‒ 용언 '가다' + 어미
       라. 갈 + 는 ‒ ‒ 용언 '갈다'의 ㄹ탈락

---

23) 황화상(1998 : 449)에서는 단어(어절)의 내적 구성으로 국어 단어는 하나 이상의 형태소로 구성되며, 적어도 하나의 어휘 형태소를 포함하고, 어휘 형태소는 문법형태소를 선행한다고 하였다. 이러한 점은 형태소 분석기를 설계함에 있어 기본 방향을 제시해준다. 또한 같은 면에서 설명한 형태소의 융합성 · 서열성 · 다음절성 · 결합의 제약성 · 생략 가능성 등은 형태소 분석시의 발생할 수 있는 문제점을 미리 예상하게 한다.

마. 가늘 + ㄴ – – 용언 '가늘다'의 ㄹ탈락 후보

　　…

　이러한 문제를 해결하기 위하여 강승식(2003 : 175 – 176, 550 – 558)에서는 음절의 특성을 이용한 음절 정보를 제공함으로써 어근과 접사가 결합될 때 있을 수 있는 여러 변이형들에 대한 파악이 가능하도록 하였다. 하지만 음절 정보를 이용한 방법은 완벽한 규칙이 아니라 가능성이라는 점, 신어(新語)의 경우에는 별도의 예외가 필요하다는 점, 고려해야 할 음절의 수효가 너무 많아 시스템이 복잡해진다는 점은 문제라고 하겠다.

　한편 황화상(2006 : 123~129)에서는 접사의 결합형을 최대한 전자 사전의 표제어로 등재하는 방안과 분석 후보의 과생성을 방지하기 위하여 형태소 융합 가능성이 있는 음절에 대해 가능한 모든 음절 분리 정보를 부여하여 음절 사전을 구축하는 방안을 제안하였는데[24] 본 연구에서도 이를 적용하여 어절을 크게 '어근 + 접사'라는 2원화된 구조로 보아 하나의 어절 안에 있는 접사는 다시 분석하지 않고 하나의 형태로 취급하는 방안을 채택하도록 하겠다.[25] 접사의 수는 제한적이어서 생성될 수 있는 모든 목록을 미리 만드는 것이 가능하고,[26] 생성될 수 있는 모든 형태를 미리 알고 있다면 하나의 음절을 다시 음소 단위로 분리해 보는 복잡한 과정이 생략될 수 있기 때문이다.[27]

　그러나 '가는'과 같이 어근과 접사가 각각 짧거나 하나씩일 때는 발생되는 형태론적 중의성을 해결하기가 어려워진다. 이를 위해서는 별도의 예외처리를 해야 하는 등 시스템의 복잡도가 커지게 되는데 이 문제와 형태소 분

---

24) 황화상(2006 : 129)에서는 용언이 어미와 결합할 때 생성 가능한 음절 750여개를 모아 음절 사전을 구축했다고 하였다.

25) 최호철 · 이정식(1998)에서도 하나의 어절을 구성하는 사전을 크게 '어간 사전'과 '토 사전'으로 분류한 바 있다.

26) 강승식 · 김영택(1992)에서는 조사 결합형의 수가 500여개 정도라고 하였다.

27) 이러한 음절 단위 분석법에 대해서는 다음 절에서 더 자세히 설명하도록 하겠다.

석의 검색 시간 단축을 위하여 아래에서는 두 가지 방안을 제시한다.

4.2.2. 음절 단위 상속

상술하였다시피 본 연구에서는 하나의 어절을 '어근 + 접사'의 단위로 보고 어근과 접사에 대하여 각각 사전 탐색을 실행한다. 그런데 기존 형태소 분석 시스템에서도 어근의 탐색을 위해서는 매우 많은 시간이 소요되었던 점이 문제가 되었는데 최장일치법을 사용하는 본 시스템에서도 이 문제는 해결해야 할 과제가 된다.

먼저 최장일치법은 다음과 같은 경우에서 원하는 형태소열을 찾는 데에 매우 효과적임을 알 수 있다.

(8) 가. 기(氣) + 초(醋) + 화(花) + 장(欌) + 품(品)
　　나. 기초(基礎) + 화장(化粧) + 품(品)
　　다. 기초화(基礎化) + 장(欌) + 품(品)
　　라. 기초화(基礎化) + 장품(贓品)
　　마. 기초화장(基礎化粧) + 품(品)
　　바. 기초화장품(基礎化粧品)

'기초화장품'이라는 위와 같은 어절을 분석한다고 했을 때 짧은 단어를 우선적으로 검사하면(최단일치법) (8가,나,다,라,마)와 같은 오분석이 있을 수 있다. (8가,다,라)는 완전히 다른 의미로 해석한 것이고, (8나,마)는 의미는 유사하지만 본래 의도했던 화장품의 한 종류로 본 것과는 차이가 있다. 하지만 사전에 있는 가장 긴 단어로 검사하면 (8바) 하나만이 검색되게 된다. 이와 같이 최장일치법은 구현이 간단하며, 영어의 경우는 물론 우리말 분석에도 높은 정확도를 보여주는 방법이다.

하지만 이 방법은 검색의 속도가 매우 느리다는 단점이 있다. 왜냐하면 모든 단어를 검색할 때 항상 사전에서 가장 긴 형태부터 검색해야 하는데 실제 자주 쓰이는 빈도는 2음절어이므로 실제 바른 형태를 찾기까지는 많은 시행착오를 거쳐야 하는 것이다.[28] 이를 방지하기 위하여 어휘의 배열을 빈도순으로 배열하여 자주 쓰이는 어휘가 먼저 검색되도록 하는 방법도 있으나 이 역시도 입력된 어휘가 자주 쓰이지 않는 것일 때는 맨 마지막에 검색이 되는 단점이 있게 된다.

그러므로 본 연구에서는 음절 단위 상속법이라는 기법을 통하여 이 문제를 해결하고자 한다. 음절 단위 상속법은 강승식(1993)의 음절 단위 분석법에 그 기초를 두고 있다. 음절 단위 분석법은 어절의 처리 단위를 분리와 조합 과정을 거쳐야 하는 음소 단위로 하는 대신에 음절 전체를 하나의 단위로 취급함으로써 사전 검색의 효율성을 높이고 범주의 세분화에서 오는 유지 보수의 편리성 문제를 해결하기 위한 방법으로 제안되었다(강승식 2003 : 145, 김영택2001 : 82). 음절 단위 분석법은 처리의 단위를 음절로 하면서 음절 특성 정보를 이용한 원형복원법을 통해 우리말에서 흔하게 볼 수 있는 형태론적 축약 또는 변형을 쉽게 처리할 수 있다. 예를 들어 강승식 (2003 : 174)에서는 '가는'이 변이형을 포함하여 총 7가지로 분석될 수 있다고 하였는데 이들을 음절 단위로 분석하면 원형과 변이형의 관계를 쉽게 짝지을 수 있다.

본 연구에서는 이러한 기법을 적용하여 음절 단위로 어절을 다루되, 여기에 '상속'이라는 개념을 접합시켰다. '상속'은 본래 프로그래밍에서 현재 클래스[29]의 자질을 자신의 하위 클래스에 승계하는 기법을 말한다. 이 기법에 의하여 같은 계열 안에 있는 클래스들은 별도의 기술 없이도 상위 클래스의 자질을 물려받을 수 있다. 그런데 하위 클래스는 상위 클래스의 이름도 물려받게 되므로 본 연구는 이를 이용하여 음절 형태에 대한 자질을 다음과

---

28) 강승식(1993 : 56)에 의하면 한국어 어휘 형태소는 2음절어가 44.238%로 가장 많고 그 뒤로 3음절어(36.850%), 4음절어(13.968%), 5음절어(2.857%), 6음절어(0.936%), 1음절 어(0.981%)라고 하였다.
29) 클래스에 대해서는 다음 절에서 설명한다.

같이 물려받게 하고자 하는 것이다.

[그림 2] 음절 단위 상속법에 의한 어휘 구조

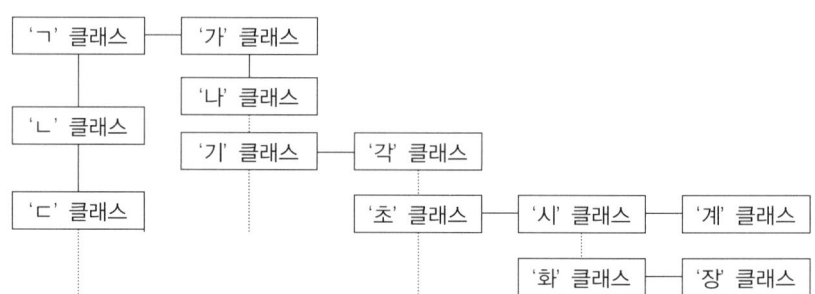

위의 그림은 '기초화장'이라는 단어가 어떻게 검색되는지를 도식화하여 보여주고 있다.[30)]

최상위 클래스는 자음 클래스로 모든 입력된 어휘의 첫 글자를 통해 19개의 자음 클래스 중 하나에 들어가게 된다.[31)] 다음으로는 자음의 순서에 따라 가장 먼저 'ㄱ' 클래스를 만나게 되고[32)], 'ㄱ' 클래스 아래에 있는 '기' 클래스에 이르러 입력된 글자의 첫 음절과 같음을 알고 '기' 클래스의 하위 클래스로 들어가게 된다. '기' 클래스의 하위에서는 '기각(棄却)'이라는 단어가 있으므로 처음으로는 '각' 클래스를 만나게 되고, 이후 '초' 클래스에 이르게 된다. '초' 클래스의 하위로 들어가서 처음 만나는 클래스는 '시' 클래스인데 이는 사전에 '기초시계'라는 단어가 있기 때문이다. '시' 클래스를 지나 입력

---

30) 실선은 바로 연결됨을, 점선은 중간을 생략하고 연결한 것을 말한다.
31) 본 시스템은 프로그래밍언어인 자바(Java)로 구현되었는데 자바는 유니코드를 사용하므로 이와 같이 우리말을 코드에 직접 입력할 수 있다.
32) 이에 대해 빈도가 높은 순대로 배열하는 방법도 있겠지만 유니코드를 사용하는 자바는 모든 우리말의 글자에 대해 유니코드 순서로 접근하므로 별도의 처리를 하지 않고서는 프로그램 코드 상에 기록되는 음절 클래스의 순서를 직접 바꿀 수는 없다. 시스템의 단순함을 위해 유니코드의 기본 순서를 따르도록 한다.

된 어휘는 곧 '화' 클래스를 만나게 되고, '화' 클래스 아래에서 곧 '장' 클래스를 만나게 된다.

이와 같이 한 글자 이후에 있을 수 있는 글자만을 검색하는 방식은 검색의 대상을 줄여주기 때문에 매우 빠른 속도의 탐색을 가능하게 한다. 첫 음절 다음에 올 수 있는 음절도 제약되어 그리 많지 않지만, 두 번째 음절부터는 그 수가 더욱 급격히 줄어드는 것이다.

물론 입력된 어휘의 어근이 보다 짧은 음절로 끝나고 다음 음절로 넘어가거나 접사가 결합될 가능성이 있기 때문에 각 음절 단위의 탐색이 끝나면 음절의 끝이거나 접사가 연결되는지를 확인해 보아야 한다. 하지만 이 과정은 단방향을 가지고 있고 항상 똑같은 절차를 밟게 되므로 시스템의 구성은 매우 단순하게 유지된다. 이를 종합하여 위에서 예로 든 '기초화장품'이라는 어절을 본 형태소 분석기에서 찾는 과정을 기술해 보면 다음과 같다.

(9) 가. '기초화장품' 입력
    나. 국어사전의 표제어로 사용되는 음절에서 '기' 클래스 찾음[33]
    다. 다음 음절 이하가 음절의 끝 혹은 접사인지 확인
    라. '기' 클래스 하위에서 '초' 클래스 찾음
    마. 과정 '다' 수행
    바. '기-초' 클래스 하위에서 '화' 클래스 찾음
    사. 과정 '다' 수행
    아. '기-초-화' 클래스 하위에서 '장' 클래스 찾음
    자. 과정 '다' 수행
    차. '기-초-화-장' 클래스 하위에서 '품' 클래스 찾음
    카. 과정 '다' 수행
    타. 종료

---

33) 1743개. 이 수는 복합명사, 조사, 어미, 접두사, 접미사, 고어 등이 제외된 것. 강승식 (2003 : 559).

접사의 경우에는 그 수효가 많지 않으므로 이와 같이 모든 경우에 클래스를 만들 필요가 없다. 클래스를 만들어서 관리해도 되지만 결합형의 수효가 조사의 경우와 같이 500여 개 정도라면 일반 텍스트 사전으로 만드는 것이 속도 면에서 더 빠르다. 더군다나 어근은 형태론적 중의성이 발생할 가능성이 높고, 그것이 주변 상황에 따라 달라지는 경우가 많기 때문에 클래스로 만들 필요가 있지만 문법형태소인 접사는 그러한 가능성이 적기 때문에 일부 접사에 대해서만 약간의 예외 규칙을 만들어주면 될 뿐이다. 어근의 형태론적 중의성과 상황에 따른 영향 문제는 다음 절의 어휘의 객체화 방법을 통해 해결한다.

4.2.3. 어휘의 객체화

형태소 분석에서 가장 어려운 점 중 하나는 중의성이 발생한다는 것이다. 이것은 특히 음절 길이가 길지 않은 한국어에서 잘 나타나는 현상인데 동음어로 인해 한국어 어절 가운데에는 두 가지 이상으로 분석될 수 있는 어절이 많다(황화상2006 : 100). 황화상·최정혜(2003)은 다음과 같은 예를 제시하고 있다.

> (10) 가. 민중의 <u>삶은</u> 극도로 복잡하다.
> 　　　나. 마늘을 듬뿍 넣고 <u>삶은</u> 닭죽이 아닌가!
>
> (11) 가. 우리는 언제나 안개 속을 헤매며 <u>사는</u> 것은 아닌지.
> 　　　나. 물건 <u>사는</u> 거며 파는 것도 배웠다.
> 　　　다. 공은 공이고 <u>사는</u> 사다.

컴퓨터는 입력된 어절들이 별도의 의미 표지가 달려 있지 않다면 형태만을 볼 뿐 의미를 알 수 있는 방법이 없기 때문에 (10가,나)의 '삶은', (11가,나,다)의 '사는'을 모두 동일한 형태로 본다. 그러기 때문에 이에 대하여 적절한 처리를 해주지 않으면 모두 같은 형태소로 파악해 형태소 분석에 실패하게 된다. 본 연구에서는 이러한 문제를 해결하기 위하여 단어 스스로 문제를 해결할 수 있도록 하는 어휘의 객체화라는 방법을 사용한다.

기존의 형태소 분석기는 텍스트 파일 또는 데이터베이스에 입력된 어휘 사전을 구축하여 문장이 입력되었을 때 시스템 엔진이 이를 참조하게 하였다. 이를 언어학적인 입장에서는 사전을 어휘부, 시스템의 엔진을 통사부라고 부를 수도 있을 것이다. 하지만 근래의 언어학에서도 어휘부의 역할을 중요시하고 있어 실제로는 매개 어휘가 문장 운용에 필요한 논항구조, 자질 정보 등을 대부분 가지고 있는 것으로 파악되고 있다.[34]

그런데 이러한 어휘의 동적, 정적인 자료를 처리하는 데에 있어 기존의 텍스트 파일이나 데이터베이스로 이루어진 사전부로는 그 기능을 충분히 기술하기가 어렵다. 이러한 형식의 구성은 어휘가 가지는 적극적인 성격을 표현하지 못할 뿐만 아니라 사전부를 시스템 엔진에 얽매이게 해 어휘마다의 개별적인 특성을 가지게 하기가 어려운 것이다.

[그림 3] 기존 형태소 분석기의 시스템엔진과 사전부와의 관계

			사전부	
	어휘 1	어휘 2	어휘 3	어휘 4
속성 1				
속성 2				
속성 3				
…				

시스템엔진

위와 같은 구조에서는 각 어휘의 모든 자질을 시스템엔진이 직접 관리하므로 개별 어휘만이 가지고 있는 특별한 속성을 별도로 구현하기가 어렵다.

---

34) 홍재성 외(1998)은 동사의 논항구조 정보를, 고창수(2002)는 어휘가 가지고 있는 자질정보에 대하여 논의하고 있다.

어휘의 일반적인 속성을 구하는 것도 어려운 일인데 개별 어휘의 예외적인 속성을 데이터베이스에 별도의 항목을 통해 구현한다는 것은 실제로는 거의 불가능하다.

또한 시스템엔진은 이 모든 속성들에 대해서 관리해야 하는데 이 수많은 속성들이 하나의 체계 안에서 돌아가도록 구현하는 것도 어렵지만, 시스템엔진은 한번 설계가 결정되면 이후에 바뀌기가 쉽지 않기 때문에 이후에 추가하게 될 어휘의 새로운 속성을 반영하기는 매우 어렵다.

그러므로 형태소 분석기는 대개 다음과 같은 구조를 가지게 된다.

[그림 4] 기존 형태소 분석기의 개별 어휘에 대한 일반적인 예외처리방법

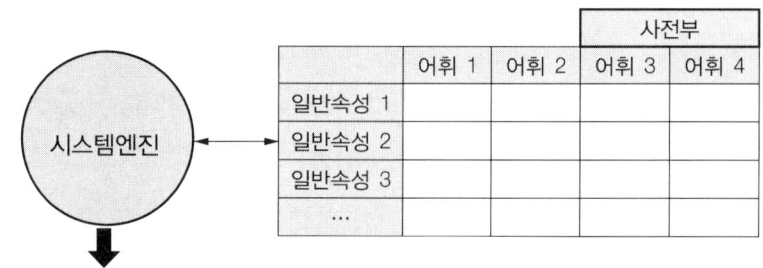

		사전부		
	어휘 1	어휘 2	어휘 3	어휘 4
일반속성 1				
일반속성 2				
일반속성 3				
…				

시스템엔진

개별 어휘에 대한 예외 처리

즉, 시스템엔진과 사전부에서는 일반적인 사항에 대해서만 처리를 하고 예외적인 처리는 모두 후처리부에 속하는 예외처리부로 미루게 된다. 그런데 언어는 매우 다양한 성격을 가지고 있기 때문에 시스템이 발전될수록 이 예외는 거의 모든 어휘에 발생하게 되어 나중에는 그 양이 감당할 수 없을 정도로 늘어나게 된다. 그리고 결국 어휘 간에 규칙 간 충돌이 생겨도 이를 쉽게 해결하지 못하게 된다(임희석 1997 : 20).

그러므로 개별 어휘의 모든 예외적인 사항을 처리할 수 있으면서도 시스템을 단순하게 유지할 수 있는 방법이 필요하게 된다. 그런데 프로그래밍

언어(programming language)의 구조를 보면 이러한 요구를 충족시킬 수 있는 설계가 가능해 보인다. 현대 프로그래밍 기법 중에서 가장 중요한 기법 중 하나로 알려진 객체지향 프로그래밍35)은 모든 사물을 하나의 객체로 보고 '클래스'라는 구조 안에 속성과 함수를 이용하여 이 사물을 객체화하는 것을 그 주요 내용으로 한다. 속성의 기능은 사물의 상태를 기술하는 것이고, 함수는 사물의 행동을 기술하기 위해 작성되는데 최근에 나온 객체지향 프로그래밍 언어는 이러한 구조를 쉽게 구축할 수 있도록 설계되어 있다.

[그림 5] 클래스의 기본 구성

하나의 클래스는 상단에 속성을 기술하게 되어 있고, 하단에는 함수를 기술하게 되어 있어서 하나의 사물에 대한 정적인 자료를 속성에 기록하고, 이에 대한 특별한 처리가 필요할 때 함수는 속성에 있는 값을 이용하여 처리를 하게 된다. 그러므로 속성은 사물 고유의 특징을, 함수는 사물 고유의 행동을 반영하는 것이다.

이러한 면은 자연언어의 어휘와 상당히 유사한 점이 있는데 클래스를 하나의 어휘라고 생각한다면 품사, 음절 수, 의미, 대역어 등의 정적인 자료는

---

35) Objected－Oriented Programming(OOP). 모든 사물을 객체(object)로 취급하며, 이 객체를 설계한 것을 클래스(class), 클래스가 실현된 것을 인스턴스(instance)라고 부른다. 기존의 절차형 프로그래밍에 비해 프로그램이 단순화되고, 생산성과 신뢰성이 높은 시스템을 구축할 수 있다.

속성에, 어휘의 고유한 특징은 함수에 기록할 수 있다. 다음은 '사과'라는 내용에 대한 일반적인 국어사전의 구성이다.

[그림 6] 일반적인 국어사전의 구성

사 : 과

(四科) 【명사】

1. 유학(儒學)의 네 가지 학과 《곧, 덕행·언어·정사(政事)·문학》.

2. 천도교에서, 도를 닦는 네 과정 《곧, 성(誠)·경(敬)·신(信)·법(法)》.

사과

(沙果·砂果) 【명사】 사과나무의 열매. 평과(苹果).

사과

(絲瓜) 【명사】 『식』 수세미외.

사 : 과

(謝過) 【명사】 【~하다 / 자동사·타동사】 잘못에 대해 용서(容恕)를 빎.

¶ ~ 한마디 없이 그냥 갔다/잘못을 ~하고 용서를 구했다.

사전에서는 '사과'라는 단어에 대하여 총 네 가지로 분류를 하면서 각각에 대하여 기술을 하고 있다. 첫 번째 '사과'의 의미는 '네 가지 학과'라는 의미를, 두 번째는 사과나무의 열매라는 의미를, 세 번째는 식물의 이름을, 네 번째는 '용서를 구하다'라는 의미를 각각 기술하고 있다. 이 각각의 의미들은 정적인 자료이므로 속성으로 쓰일 수 있다. 속성에 한자나 영어대역어를 입력하는 것은 동음이의어에 대한 각각의 의미를 구별하기 위한 한 방법이 될 것이다.[36]

그러나 이 어휘들이 각각의 의미를 상황에 따라 다르게 가지고 있는 것을

---

36) 그러므로 각 어휘에는 해당 어휘의 여러 가지 정보가 복합적으로 포함되어야 하는데 홍종선(2001)에서도 어근과 접사의 각 항목마다 다양한 정보를 포함하는 사전을 구축할 것을 제안하였다.

속성에서는 직접 알 수가 없다. 첫 번째는 유학 또는 천도교에 관한 말을 하는 상황에서, 두 번째는 먹는 과일에 관한 상황에서, 세 번째는 식물의 종류에 관한 상황에서, 네 번째는 다른 사람에게 미안함을 전달하는 상황에서 쓰이는 것인데 속성은 정적인 자료를 보유하고만 있을 뿐 동적인 기능이 없기 때문에 스스로 변경할 수는 없는 것이다.

클래스의 함수는 이러한 문제를 처리해 줄 수 있다. 함수는 해당 어절뿐만 아니라 주변 어절, 그 문장의 전체 내용을 입력받음으로써 현재의 문장이 어떠한 상황에서 쓰인 것인지를 알 수 있다.[37] 예를 들어 대역어에 있어서 위의 어휘는 기본적으로 'apple'을 갖지만 뒤의 동사가 '하/합/했'이 올 경우에는 'apology'로 바꾸라고 지시할 수 있다. 컴퓨터는 형태만 보아서는 그 의미를 알 수 없으므로 우선 해당 형태에서 가장 많이 쓰이는 의미를 기본 의미로 잡되 주변 상황 정보를 통해 보았을 때 다른 의미로 쓰일 수 있는 것으로 생각되면 그 의미로 의미값을 바꾸는 것이다.

그렇다면 함수는 동적으로 자신을 참조하고 변경시킬 수 있는 기능이 있다고 할 수 있으므로 '자료'의 관점에서 속성은 정적 자료, 함수는 동적 자료라고 부를 수 있다. '의미값' 등에 해당하는 정적 자료는 실제 의미 값을 가지고는 있지만 고정적이며 스스로 변환되지 못한다. 하지만 동적 자료는 상황 정보를 입력받아 정적 자료를 적절하게 바꾸어 주는 기능을 한다. 이와 같이 함수 즉, 동적 자료를 이용하여 정적 자료의 내용을 바꾸는 것이 가능하므로 기존의 형태소 분석기가 취해왔듯이 사전의 내용을 정적 자료로만 간주하고 실제적인 변환은 시스템의 엔진부에서 처리하는 것이 아니라, 개별 어휘가 스스로 동적 자료 구조를 이용하여 기본 속성값을 변환하게 하는 것이 가능하다.

---

37) 현재의 수준에서는 문장 전체의 내용을 받아 여기에서 정보를 추출하는 방법을 마련하는 것은 화용론적인 영역이므로 무척 어려울 것이다. 하지만 이러한 설계는 장래에 문장 전체 정보를 이용하려고 하더라도 구조적인 지원이 가능하다.

다음은 '가'라는 음절의 클래스가 어떻게 이루어져 있는지 그 기본 구성을 보여주고 있다. '가'는 동사뿐만 아니라 명사, 조사, 접두사, 접미사 등 다양한 품사로 해석될 수 있으며, '빨리 가(가 + 아)'의 경우처럼 접사가 축약되어 있기도 하여 많은 예외가 발생하는 음절이다. 이러한 예외들은 기존의 방법으로는 후처리부로 넘겨 처리하게 되지만 본 연구의 설계로는 아래와 같이 해당 음절 클래스에서 처리하게 하여 전체적으로 시스템이 단순하게 유지된다. 여러 예외 현상의 처리 중 동사와 명사의 판단 과정, 축약된 접사의 복원 방법 일부분을 살펴보기로 한다.

[그림 7] '가'의 품사 변환 예

```
                              '가' 클래스

    현재형태 = "가";
    현재품사 = "동사";
    접사형태 = null;
    접사품사 = null;


    if(현재가 어근의 마지막 음절이라면)
    {
        1. 다음 음절에 있는 접사형태를 구한다;
        2. 다음 음절에 있는 접사품사를 구한다;
        if(접사품사가 조사라면)
        {
            3. 품사 = "명사";
        }
        else
        {
            if(접사형태가 공백이라면)
            {
                3. 현재품사 변화 없음;
                4. AF = "아";
            }
        }
    }
```

클래스 상단의 속성부에서 현재의 형태와 품사 그리고 접사의 형태와 품사가 기본값으로 기록되어 있다. 이에 따라 '가' 클래스는 기본 형태는 '가', 기본 품사는 '동사', 어근 뒤에 올 접사의 형태와 품사에 대해서는 'null'로 아무 값을 가지지 않고 있다.

함수부에서는 먼저 현재 음절이 어근의 마지막 음절인지를 테스트한다. 현재의 어근이 마지막인지를 알기 위해서는 현재가 어절의 마지막이거나, 다음 음절 이후가 접사인지를 확인하는 방법을 쓴다.

현재가 어근의 마지막 음절이라면 다음 음절 이후에 있는 접사의 형태와 품사를 구하여 만약 접사의 품사가 조사라면 현재의 음절 '가'는 동사가 아니라 명사라고 판단한다. 빈도가 높지는 않지만 '장독대 가에 그것이 있다'와 같이 '가'가 조사의 앞에서 명사로 쓰이는 경우가 있기 때문이다.

접사의 품사가 조사가 아니라면 현재의 기본 품사를 그대로 유지하는데 만약 어근 뒤에 있을 접사의 형태가 존재하지 않는다면 이것은 '가'에 접사가 융합되어 있는 것이므로 현재의 클래스에서 접사의 형태를 '아'로 결정해 준다. 만약 접사의 형태가 존재한다면 그 접사의 형태를 불러와서 사용한다.

위의 과정은 처리의 한 예이기 때문에 '가' 음절에 대한 온전한 처리를 위해서는 보다 많은 알고리즘 코드가 필요하다. 하지만 위의 예를 통해 객체화된 어휘가 어떻게 스스로 품사를 결정하고, 축약 및 변이형을 처리하는지를 알 수 있다. 이러한 구조는 문장에서 얻을 수 있는 정보를 통해 할 수 있는 것이라면 거의 모든 예외적인 사항에 대해서 처리가 가능하도록 해준다.[38]

---

38) 최호철 · 이정식(1998 : 418)은 지식 정보 사전과 추론 정보 사전의 개념을 소개하면서 지식 정보 사전은 인간과 관련이 있는 지식이 종합 · 정리된 것이고, 추론 정보 사전은 텍스트 단위를 적절히 이해하고 생성하는데 필요한 사전이라고 하였다. 이러한 개념은 본 연구의 정적 자료와 동적 자료의 개념과 유사하다.

4.2.4. 대우법 분석 클래스

이상과 같이 본 대우법 분석기는 객체 지향의 관점에서 만들어졌기 때문에 대우등급 계산 및 변경에 대해서도 별도의 클래스를 가지고 있다. 즉, 본 대우법 분석기는 대우법 현상에 대하여 대우법 관리 클래스, 대우등급 계산 클래스, 대우등급 변경 클래스의 세 가지 클래스를 통하여 처리한다. 대우법에 관해서는 모두 이 세 클래스를 통해서 이루어질 뿐만 아니라 시스템 엔진은 각 대우법 참여요소에 대하여 자세한 대우법 기능부담량을 가지고 있는 대우등급 계산 클래스나 변경 클래스에 직접 접근하지 않고 상위에서 입력 및 출력과 전체 대우법 점수의 합산 및 변경된 요소의 관리만을 담당하는 대우법 관리 클래스를 통해서만 작업을 처리하게 되어 있다. 즉, 대우 현상의 처리에 대한 자세한 부분과 이들을 전체적으로 관리하는 부분을 분리하여 놓았기 때문에 이후 대우등급의 관리 및 수정이 매우 용이하다.

입력된 문장의 형태소를 분석하는 데에서부터 대우등급의 계산, 변경까지의 과정을 도식화하는 동시에 각 클래스의 주요 함수들을 보이면 다음과 같다.

아래의 그림에서 클래스는 실선의 직사각형으로, 함수는 점선으로 표시되어 있으며 서로의 영향관계와 소속관계가 화살표로 표시되어 있다. 5장에서는 위에서 핵심 알고리즘을 담당하는 함수들에 대하여 구체적인 설명을 하도록 하겠다.

전체 흐름은 다음과 같다. 시스템 엔진은 실제적인 형태소 분석을 개별 어휘 클래스에 위임하여 문장의 형태소 분석 결과를 얻고, 이 결과 얻어진 형태소 분석된 문장을 대우법 관리 클래스에 보낸다. 대우법 관리 클래스는 대우등급 계산 클래스와 대우등급 변경 클래스 두 가지 하위 클래스를 이용하여 대우등급의 계산 및 대우등급 변경을 이루게 된다.

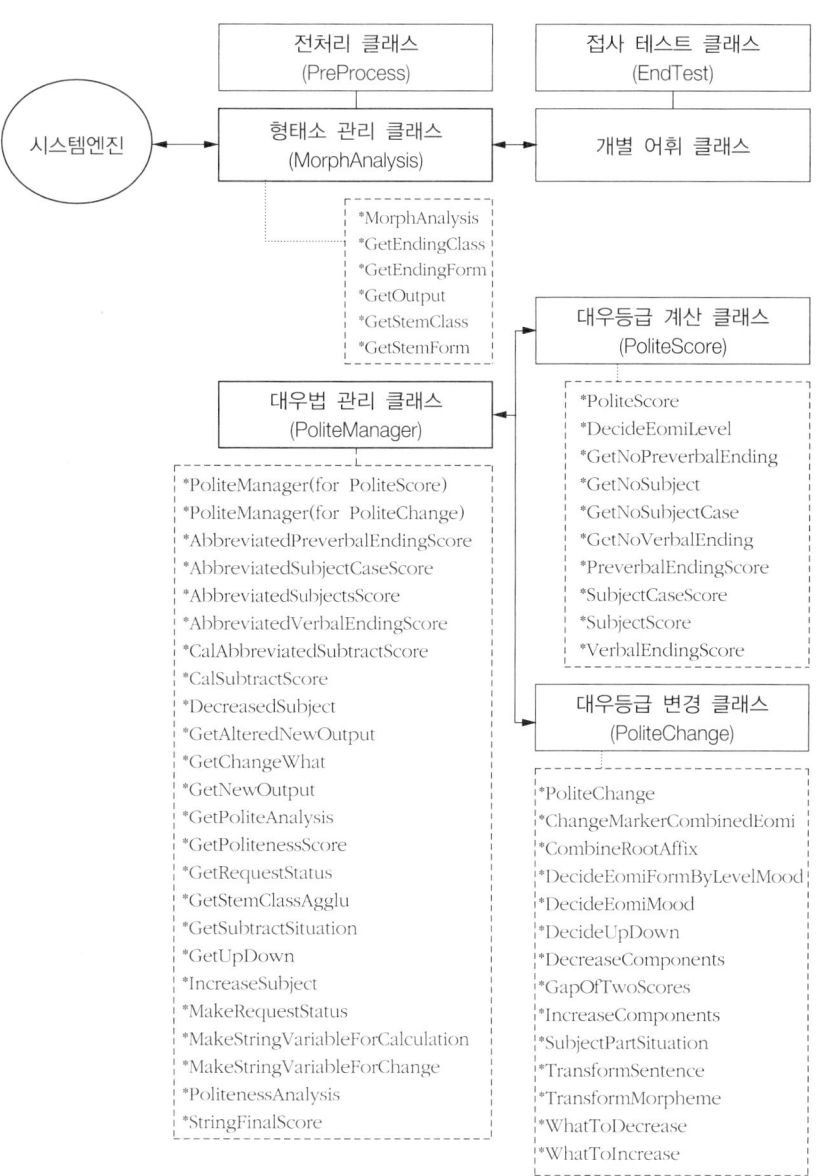

[그림 8] 대우법 분석기의 구조

전처리 클래스
(PreProcess)

접사 테스트 클래스
(EndTest)

시스템엔진

형태소 관리 클래스
(MorphAnalysis)

개별 어휘 클래스

*MorphAnalysis
*GetEndingClass
*GetEndingForm
*GetOutput
*GetStemClass
*GetStemForm

대우등급 계산 클래스
(PoliteScore)

대우법 관리 클래스
(PoliteManager)

*PoliteScore
*DecideEomiLevel
*GetNoPreverbalEnding
*GetNoSubject
*GetNoSubjectCase
*GetNoVerbalEnding
*PreverbalEndingScore
*SubjectCaseScore
*SubjectScore
*VerbalEndingScore

*PoliteManager(for PoliteScore)
*PoliteManager(for PoliteChange)
*AbbreviatedPreverbalEndingScore
*AbbreviatedSubjectCaseScore
*AbbreviatedSubjectsScore
*AbbreviatedVerbalEndingScore
*CalAbbreviatedSubtractScore
*CalSubtractScore
*DecreasedSubject
*GetAlteredNewOutput
*GetChangeWhat
*GetNewOutput
*GetPoliteAnalysis
*GetPolitenessScore
*GetRequestStatus
*GetStemClassAgglu
*GetSubtractSituation
*GetUpDown
*IncreaseSubject
*MakeRequestStatus
*MakeStringVariableForCalculation
*MakeStringVariableForChange
*PolitenessAnalysis
*StringFinalScore

대우등급 변경 클래스
(PoliteChange)

*PoliteChange
*ChangeMarkerCombinedEomi
*CombineRootAffix
*DecideEomiFormByLevelMood
*DecideEomiMood
*DecideUpDown
*DecreaseComponents
*GapOfTwoScores
*IncreaseComponents
*SubjectPartSituation
*TransformSentence
*TransformMorpheme
*WhatToDecrease
*WhatToIncrease

대우등급 계산과 관련하여 대우법 관리 클래스에서 하는 일은 크게 세 가지인데 첫 번째는 입력된 문장의 대우법 점수 계산을 위하여 대우등급 계산 클래스를 불러오는 일이고, 두 번째는 만약 대우법 참여요소 중 생략된 요소가 있다면 이미 계산된 결과를 바탕으로 하여 생략된 요소의 추론값을 결정하는 일이고, 세 번째는 이 값들을 모두 하나로 모아 문장의 대우등급을 결정하는 일이다.

먼저 첫 번째 단계에서는 각 대우법 참여요소의 기능부담량을 결정하게 되는데 4.1에서 밝힌 바와 같이 추론값을 통하여 대우등급을 결정하기 위하여 실제로는 가점(加點)할 값이 아니라 감점(減點)할 값을 계산하게 된다. 그러므로 이 과정은 주어 명사, 주격 조사, 종결표현의 세 가지에 대해서 독립적으로 대우등급 계산 클래스를 참조하여 계산이 이루어진다. 다만 종결표현은 3.3에서 본 바와 같이 높임선어말어미와 어말어미의 결합형이므로 형태를 파악할 때만 종결표현 형태로 인식하고, 이를 계산할 때는 그 안의 높임선어말어미와 어말어미(곧 화계)를 각각 분리한다.

두 번째 단계에서는 만약 생략된 대우법 참여요소가 있다면 첫 번째 단계에서 계산된 결과를 이용하여 추론값을 계산한다. 이 추론값은 3.1과 4.1에서 언급한 '호응의 원리'를 이용하여 계산하게 되며 앞서와 마찬가지로 주어 명사, 주격 조사, 높임선어말어미, 어말어미 네 가지에 대해서 독립적으로 생략 여부를 확인하고 계산을 실행한다. 하지만 생략된 요소는 그 형태까지 추론할 필요는 없으므로 각 형태에 대한 자세한 기능부담량을 할당해 놓은 대우등급 계산 클래스까지 가지 않아도 된다. 생략된 요소에 대한 추론값은 'Abbreviated…'로 시작되는 현재 클래스의 함수를 이용하여 계산한다.

세 번째 단계에서는 첫 번째 단계와 두 번째 단계의 값을 모아 감점할 점수를 계산한다. 그리고 이 점수를 만점 10점에서 감점하여 최종적인 문장의 대우법 점수를 구하게 된다. 그리고 어디서 감점이 이루어졌는지를 사용자에게 알려주기 위하여 간단한 레포트를 작성한다.

이 과정에서 대우등급 계산 클래스는 각 대우법 참여요소의 기능부담량을 계산하기 위하여 본 클래스가 호출되었을 때, 입력된 요소가 대우법 참여요소가 맞는지를 확인하여 맞다면 할당된 대우법 기능부담량을 각 요소에 부여한다. 이 단계에서는 입력된 요소들의 형태론적 중의성은 이전 단계의 형태소 분석과정을 통하여 대부분 해소되어 있기 때문에 대우등급 계산에 필요한 추가 확인 과정은 그리 많지 않다. 또한 계산해야 할 높임선어말어미와 주격 조사는 각각 '-시-'와 '-께서'뿐이고, 어휘적 대우에 해당하는 요소들도 그 수가 제한적이기 때문에 확인과 처리해야 할 대상이 그리 많은 편은 아니다. 그 수가 많고 종류가 다양한 것은 2.3.3에서 본 바와 같이 어말어미이다. 어말어미의 종류는 기존의 연구 결과와 본 연구의 자료, 그리고 코퍼스를 통하여 수집한다.[39]

이와 같이 실제적인 계산은 대우등급 계산 클래스가, 이를 호출하고 계산 결과를 종합하며 출력을 위한 준비를 하는 과정은 대우법 관리 클래스가 담당하여 실행 부분과 관리 부분이 분리됨으로써 시스템 엔진은 양적인 면에서 무거운 대우법 계산 클래스에 직접 연결되지 않아 전체적으로 시스템이 단순해지게 되었다.

이러한 구조는 대우등급 변경 클래스에도 그대로 적용이 되었다. 입력된 문장에 대하여 원하는 수준으로 대우등급을 변경하기 위해서는 대우등급을 올릴지, 내릴지를 판단하고, 두 점수의 차이를 구해서 무엇을 올리거나 내릴지를 결정하며, 이에 따라 해당하는 대우법 참여요소의 형태를 변경해야 한다. 대우법 관리 클래스는 이 과정의 흐름을 제어하고 구체적인 처리는 대우등급 변경 클래스가 담당하게 함으로써 구체적인 처리 내용은 복잡해지더라도 각 과정을 분리함으로써 단순한 구조를 유지할 수 있도록 하였다.

대우등급의 변경은 대우등급 계산 결과를 바탕으로 한다. 전 단계에서 이

---

39) 이희자·이종희(2001)의 어미와 조사에 관한 연구에서는 2200여 개의 유형을 파악하고 그 의미와 기능을 기술하였다.

루어진 입력된 문장에 대한 대우법 점수와 사용자가 별도로 입력한 변경 요구 점수를 비교하여 올릴 것인지 내릴 것인지를 결정하고, 두 점수의 차이를 절대값으로 구하여 어느 정도로 올리고 내려야 하는지를 판단한다. 이 결과에 따라 처리 과정을 대우등급을 올리는 과정과 내리는 과정으로 구분한다.

올리고 내리는 과정에서 가장 핵심적인 부분은 어떠한 요소를 변경할 것인가 하는 것이다. 4.1.2에서는 호응의 원리를 응용하여 두 가지 대우표현 계량화의 기본 원리를 정리하였는데 다시 5.3.1에서는 이를 응용하여 대우등급을 올릴 때와 낮출 때의 제약을 정리하였다. 대우등급을 현재의 수준에서 올리거나 내릴 때에는 이러한 제약을 위배하지 않으면서 사용자 요구에 가장 가까운 정도로 변경해야 한다. 이것은 각각의 현재의 대우등급 수준과 변경 요구 점수의 차이에 대해서 어떻게 처리를 할 것인지에 대하여 미리 결정해 놓은 알고리즘을 따르도록 한다.

어떠한 것을 올리고 내릴 것인지가 결정되었다면 해당 대우법 참여요소를 교체한다. 마지막으로 교체하는 과정에서 어근과 접사 사이에 형태가 올바르지 못하게 된 것을 강승식(2003)의 원형복원법을 참조하여 자연스러운 표현으로 바꾸어준다.

이상과 같이 실제 처리는 개별 함수가 담당하게 되지만 전체적으로는 클래스 단위 중심으로 이루어지게 된다. 이것은 객체지향 프로그래밍의 특징인 은닉성(隱匿性)을 실현하게 되어 세부적인 알고리즘보다는 결과 중심의 큰 흐름에 집중할 수 있게 해주고, 시스템의 유지 및 이후 언어습관의 변화에 따라 요구되는 시스템의 보수를 용이하게 해준다.

5. 대우법 정보화의 실제

5. 대우법 정보화의 실제

　본 장에서는 대우법이 전산적으로 어떻게 구현이 되는지 그 모습을 관찰하도록 하겠다. 4장에서는 대우법을 정보화하는 데에 있어 기본이 되는 계량화의 방법과 설계의 큰 틀을 이루는 면을 살펴보았는데 이러한 점은 우리말의 분석과 대우법 현상의 처리를 접근하는 데에 있어 효과적인 가장 기본적인 틀을 제공하지만 실제에 있어서 부딪치는 여러 언어 현상을 직접 다루지는 못하였다. 그러므로 여기에서는 본 연구가 다루는 대우법 정보화의 시작과 끝인 문장의 입력에서부터 새로운 등급을 가지는 대우법 문장을 산출하는 단계에 이르기까지의 과정을 밟아나가면서 언어 현상과 대우법 현상을 다루는 데에 적절한 처리 기법에 대해 살펴보겠다. 이러한 작업은 우리말과 대우법의 현상이 어떻게 정보화될 수 있는지에 대한 구체적인 모습을 보여줄 것이다.

　처리 과정에 대한 이해를 돕기 위하여 입력문은 높임형 문장 '선생님께서는 학교에 가십니까?'와 보조적으로 낮춤형 문장 '선생은 학교에 가?' 두 개를 들어 이들의 대우등급이 어떻게 변화될 수 있는지를 보도록 하겠다. 본 연구의 분석기는 Java 1.6.x로 제작되었으므로 이후의 기술도 이를 기반으로 한다.

5.1. 형태소 분석과정

입력된 문장의 대우법 정보를 분석하기 위해서 가장 먼저 처리해야 하는 형태소 분석 과정은 문장이라는 여러 어휘의 의미가 결합된 단위를 단일한 의미를 가진 단위인 형태소 단위로 분리시킨다는 측면과 더불어 각 단위에 대하여 품사를 배정함으로써 이후 여러 처리를 용이하게 한다는 중요한 측면이 있다.

4.2.3에서 언급한 것처럼 어휘는 개별적인 특성을 갖고 있어서 객체화를 통해서 그 각각을 전체에 대한 예외로 다루는 것이 아니라 개별 단어의 기본 특성을 다룰 필요가 있다. 하지만 동시에 많은 경우에 있어서 우리는 개별 어휘의 특징을 모두 다루지 않더라도 품사를 통하여 그들의 특성을 집단적으로 관찰할 수 있는 경우가 많다.

> (1) 가. {아버지/영희/선생님/그/그녀/독수리/금붕어}가 식사를 합니다.
> 나. *{먹/예쁘/께서/큰/합니다}가 식사를 합니다.

(1)에서 주어 명사의 자리에 올 수 있는 것은 (1가)와 같이 체언에 속하는 것들이다. 만약 (1나)와 같이 체언에 속하지 않는 것들이 주어 명사의 자리에 오면 바로 비문이 됨은 분명하다. 그러므로 (1가)의 괄호 안에 있는 것들이 주어 명사인지를 알려면 우선 이들이 명사류에 속하는 명사 또는 대명사인지를 파악해야 한다. 적어도 이들이 명사류에 속한다면 주어가 될 가능성이 있다고 할 수 있고, 이들이 체언에 속하지 않는다면 일반적으로는 주어가 아니라고 생각할 수 있기 때문이다. (1가)의 괄호 자리에 온 어휘의 품사를 알 수 있다면 이후의 작업은 매우 수월하게 진행된다.

만약 이 과정이 이루어지지 못한다면 어떠한 요소가 주어 명사인지를 알기 위해서는 그러한 요구가 있을 때마다 해당 어휘에 대하여 모든 명사, 대명사를 일일이 비교하는 매우 번거로운 작업을 취해야 할 것이다. 이러한 작업은 각 품사의 어휘 전체라는 엄청난 분량에 대하여 반복적으로 이루어져야 하므로 막상 본 연구와 같이 대우법의 처리와 같은 당면한 과제에 초점이 모아지기 어렵다. 그러므로 이 과정이 단 한 번만 일어나게 하고, 이후의 과정에서는 품사에 대해서는 고려하지 않고 당면한 과제에만 집중할 수 있도록 하기 위하여는 정확한 형태소 분석과 품사 태깅 과정을 수행하는 것이 필요하다.[1]

5.1.1. 전처리

형태소 분석에 있어서 가장 먼저 처리해야 할 작업은 본 작업을 수월하게 하기 위한 준비 단계인 전처리 작업이다. 전처리에서 수행하는 주요 기능은 입력된 문장에서 먼저 형태소 분석에서 필요가 없는 여러 문장 부호들을 제거하고, 어절 단위로 분리하는 것이다. 이러한 전처리 과정은 본 작업과는 그 성격이 다르므로 한 군데에서 처리하지 않고 독립된 클래스로 분리하는 것이 바람직하다. 관계있는 작업들을 모아 클래스로 분리시켜 놓으면 다른 작업과는 그 성격이 판이하게 다르다는 것을 의미하므로 다른 작업에서는 신경을 쓰지 않고, 그 클래스에서 일어난 일에 대해서는 신뢰를 하고 다음 작업을 수행하게 된다. 물론, 특정 성격의 일에 문제가 생기면 문제의 성격에 따라 클래스를 찾는 것은 어렵지 않으므로, 쉽게 해당 클래스를 찾아가 보완할 수도 있다.

전처리 클래스에서는 우선 ' ! ', ' . ', ' ? ', ' , '와 같은 문장 부호를 모두 삭제한다. 이들은 형태소 분석과 품사 태깅에 거의 필요하지 않으면서도 '어머님, 제가 가겠습니다'에서 보듯 어휘에 들러붙어 있어 어휘만의 문제에 집중하지 못하게 한다. 즉, 처음 나온 어절의 품사를 알기 위해서는 내부

---

1) 본래 형태소 분석과 품사 태깅은 서로 다른 작업이지만 형태소 분석을 올바로 이루기 위해서는 형태소의 품사를 파악하는 과정이 수반되는 경우가 많으므로 두 작업은 보통 동시에 처리된다.

사전에서 '어머님'과 비교하여야 하는데, 형태적으로 입력된 문장은 '어머님'이 아니라 '어머님,'이므로 사전의 항목과 일치되지 않는다. 그렇다고 여러 각 문장부호를 매번 같이 고려할 수도 없으므로 어휘의 문제에 집중하기 위하여 문장부호는 삭제하는 것이다. 하지만 이 문장 부호는 형태소 분석 이후의 작업과 특히 문장의 산출 시에는 필요하므로 완전히 없애지는 않고 별도로 보관해 둔다.

다음으로는 입력문을 처리하기 좋도록 그 결과를 신뢰할 수 있으면서 의미적으로 다른 것과 무관한 단위로 잘게 쪼개는 과정이 필요하다. 문장은 너무 큰 단위이므로 한 번에 처리할 수 없으므로 보다 작게 쪼개야 하는데 현 단계는 준비 작업 단계이므로 별도의 분석 과정이 필요 없으면서도 그 결과가 신뢰할 수 있는 수준이어야 다음 작업에서 안심하고 받아 쓸 수 있기 때문이다.

이러한 기계적인 분석 단위로 우리는 띄어쓰기 단위, 즉 어절을 그 기준으로 삼을 수 있다. 띄어쓰기를 바탕으로 하는 어절 단위를 파악하는 것은 주변 맥락 등을 고려해서 판단하는 것이 아니라 공백이라는 형태적 특징만을 가지고 판단하는 것이므로 그 분리 결과를 매우 신뢰할 수 있는 것이다. 영어의 형태소 분석 과정은 굴절된 형태소를 제외하고는 대부분 띄어 쓴 단위가 곧 신뢰할 수 있는 형태소 분석 단위이므로 이 과정만으로 대부분의 형태소 분석이 끝나기도 한다. 한국어는 교착어이므로 어절 단위에서 어근과 접사를 분리하는 과정이 더 필요하기는 하지만 어절 단위만으로도 그 분석 단위가 한 번에 처리할 수 있는 길이만큼으로 크게 줄어들 뿐만 아니라 다른 어절과는 형태소 차원에서 융합 및 직접 연관의 가능성이 없어 좋은 분석의 단위가 된다.

이렇게 분리된 어절은 배열(array)에 담는 것이 매우 효과적이다. 배열은 하나의 이름을 가지고 있으면서 일련의 번호를 가지고 연속되어 있는 것이므로 하나의 문장 구성 요소라는 공통점을 가지고 있으면서 왼쪽에서 오른쪽으로 순차적으로 이어지는 문장의 어절들을 받기에 적합한 요소라고 하겠다. 그러나 이것은 문장 구성 요소 전체를 하나의 문장에서 나온 것을 특징으로 보았기 때문에 하나의 배열로 묶은 것이지 공통 요소를 다른 것으로 볼 때는 별도의 배열이 필요하다. 특히 본 연구에서는 하나의 단어를 기본상 어근과 접사의 결합으로 보고 작업을 하고 있으므로 어근과 접사를 분리한 경우를 염두에 두어야 한다. 이에 어근과 접사를 각각 담을 배열, 그리고 형태소 분석 결과 알게 될 각 어근과 접사의 품사를 담을 배열도 이 과정에서 만들어 둔다.

전처리 과정을 통해 입력문 '선생님께서는 학교에 가십니까?'는 [선생님께서는]배열1 [학교에]배열2 [가십니까배열3'으로 분리되고 이는 시스템 중앙으로 보내져 다음 단계로 보내어질 준비를 한다.

5.1.2. 사전 탐색

시스템의 중앙으로 보내어진, 어절 단위로 분리된 입력문은 배열 형태로 되어 있으므로 향후의 형태소 분석 작업은 하나의 배열, 즉 하나의 어절을 어떻게 올바르게 처리할 것이냐로 문제의 초점이 모아지게 된다. 즉, 처음에는 '선생님께서는 학교에 가십니까' 전체를 다루어야했지만 어절 단위로 끊어져 배열이 구축되었기 때문에 이제는 첫 번째 작업에서는 '선생님께서는', 두 번째 작업에서는 '학교에', 세 번째 작업에서는 '가십니까'만을 다루어 한 번에 한 어절씩만을 처리하게 된다.

[그림 1] 배열 단위 처리 과정

```
for(int i=0; i<입력문배열의 길이; i++)        //입력문 배열의 길이만큼 순회.2)
{
    //형태소 분석 클래스를 생성.
    //처리할 현재 입력문배열과, 맥락정보를 주기 위한 전체 입력문배열을 전달.
    // i는 현재 처리하는 배열의 번호.
    MorphAnalysis ma = new MorphAnalysis(입력문배열[i], 입력문배열, i);

    output += ma.GetOutput()+"\r\n";        //현재 어절의 형태소 분석결과를 받음
    stemForm[i] = ma.GetStemForm();         //현재 어절이 어간이라면, 그 형태를 받음
    stemClass[i] = ma.GetStemClass();       //현재 어절이 어간이라면, 그 품사를 받음
    endingForm[i] = ma.GetEndingForm();     //현재 어절이 접사라면, 그 형태를 받음
    endingClass[i] = ma.GetEndingClass();   //현재 어절이 접사라면, 그 품사를 받음
}
```

위 그림은 시스템의 중앙이 어절 단위의 처리를 어떻게 이루고 있는지를 보여준다. 전처리 과정에서 얻은 배열 형태의 입력문은 for 문을 통하여 한 어절씩 처리한다. for 문은 정해진 횟수만큼 동일한 동작을 반복하는 함수이다. 첫 줄에서 for 문은 배열의 첫 번째인 0번째 배열3)부터 배열의 마지막인 입력문 배열의 길이만큼까지 하나씩 반복적인 처리를 할 것을 명령하고 있다.

한 번에 하나의 배열만 처리하는 것은 문제의 범위를 줄이기 위해서이다. 문장 전체는 그 구성이 다양함으로 어떠한 모양이 될 지 예측할 수 없지만 하나의 어절은 기본적으로 어근과 접사로 구성되어 있기 때문에 어근의 전체 형태와 접사의 전체 형태만을 고려하면 입력된 어절이 어떠한 모양을 가지고 있는지를 알 수 있어 그 범위가 감당할 수 있는 수준에 이르게 된다고 할 수 있다.

이 때 문제가 되는 것은 과연 한 번에 하나의 어절만을 관찰하여도 해당

---

2) '//' 기호는 그 이후의 글이 주석임을 표시한다.
3) 배열은 첫 번째가 번호 0, 두 번째가 번호 1 식으로 매김 된다.

어절의 형태소 분석이 올바르게 이루어질 수 있는가 하는 점이다. 앞에서도 보았듯이 '사과'라는 단어는 여러 가지 의미로 해석이 될 수 있었는데 이러한 점을 생각하면 주변의 맥락 정보가 필요하다. 그러므로 한 번에 하나의 어절만을 처리하도록 하더라도 입력문 전체가 어떻게 되어있는지를 관찰할 필요가 있다. 화용론적인 관점에서는 문장 이상의 정보도 필요하겠지만 시스템이 얻을 수 있는 가장 넓은 범위의 정보는 '문장'이고, 또 문장은 문법적인 관점에서의 최상위 단위이므로 문장 정보는 현실적으로 가능하면서도 많은 문제를 해결해 줄 수 있는 맥락 정보라고 하겠다. 그러므로 현재 처리하고자 하는 배열과 맥락 정보로 삼을 수 있는 입력문 전체를 형태소 분석의 핵심과정을 담고 있는 클래스로 보내서 현재 어절의 형태소 분석이 이루어질 수 있도록 한다.

본 시스템이 형태소 분석 시스템인데도 불구하고 핵심적인 형태소 분석 과정을 별도의 클래스(MorphAnalysis)로 만드는 이유는 시스템 중앙은 형태소 분석 외에도 입력문을 받고, 전처리 작업을 수행하고, 그 결과를 사용자에게 보여주는 등 부수 작업이 있기 때문이다. 이러한 과정은 형태소 분석과는 직접 관계가 없으므로 분리를 할 필요가 있다. 형태소 분석 과정은 다른 부수 작업에 비해 매우 복잡하므로 이를 별도로 분리하는 것이다. 또한 본 연구의 경우와 같이 대우법 분석기 및 대우법 생성기를 하나로 결합시키는 경우에는 시스템의 중앙은 형태소 분석뿐만 아니라 결합된 다른 작업에 대해서도 신경을 써야 하므로 가장 큰 단위에서의 처리만을 담당하게 하는 것이 좋다.

형태소 분석 과정은 잠시 뒤에 보기로 하고 형태소 분석 이후의 과정을 보자. 처리된 형태소 분석은 output에 저장되는데 이후의 작업을 위하여 어근과 접사를 별도로 분리해서 저장할 필요가 있다. 현재의 어절이 어근이라면 stemForm에 그 형태가, stemClass에 그 품사가 담기고, 현재의 어절이 접사라면 endingForm에 그 형태가 endingClass에 그 품사가 담기게 된다. 형태와 품사는 한 짝이므로 같은 배열 넘버를 가지게 된다. 현재 이들은 하나의 어절에 대해서만 분석이 이루어진 상황이므로 for 문을 통한 반복적인 작업을 통해서 다음 배열번호의 어절에 대한 형태소 분석이 계속 이어지게 되는데 이들은 output에 덧붙여져서 하나의 완전한 형태소 분석 결과를 가지게 되고, 다음 배열번호의 어근과 접사에 대한 형태소 분석은 stemForm, stemClass, endingForm, endingClass 각 다음 배열번호에 입력된다. 그러므로 사용자에게는 최종적으로 output을 보여주게 되면 형태소 분석의 목표는 끝나게 되며, 어근과 접사의 형태 및 품사를 담는 위 네 개의 배열은 형태소 분석 이후의 다른 작업을 위해 보관된다.

형태소 분석의 핵심적인 처리를 담당하는 MorphAnalysis의 첫 관문은 다음과 같은 구조로 이루어져 있다.

[그림 2] 사전의 항목 탐색 부분

```
public MorphAnalysis(String 현재어절, String[] 입력문전체, int 현재어절의 배열번호)
{
    ...
    else if(현재어절.startsWith("선"))
    {
        ㅅ ㅅ = new ㅅ();
        ㅅ.선 선 = ㅅ.new 선(현재어절, 입력문전체, 현재어절의 배열번호);
        stemForm = 선.GetStemForm();
        stemClass = 선.GetStemClass();
        endingForm = 선.GetEndingForm();
        endingClass = 선.GetEndingClass();
    }
    ...
}
```

위의 그림은 핵심 형태소 클래스가 입력받은 어절을 사전의 항목과 어떻게 일치시켜주는지를 보여주고 있다. 만약 현재 받은 어절이 '선'으로 시작한다면 MorphAnalysis가 받은 정보 전체를 '선' 클래스로 다시 전달한다. 4.2에서 보았던 바와 같이 본 시스템의 사전은 어휘의 객체화 방법을 이용하고 있으므로 각 어휘는 모두 클래스로 이루어져 있으며, 음절 단위 상속법에 의하여 후행 음절은 선행 음절의 내부에 속해 있으므로 첫 번째 음절 클래스를 찾으면 그 안에서 나머지 음절 클래스를 찾을 수 있다. 만약 현재 받은 어절이 '선'으로 시작하지 않는다면 현재의 if 비교 구문을 넘어 다음 비교 대상인 '섣'으로 시작하는지를 비교하는 if 구문으로 간다.

우리말에서 이룰 수 있는 음절의 수는 매우 많지만 실제로는 이들이 다 필요하지 않고 강승식(2003 : 550~560)에서 언급한 국어사전의 표제어로 파악이 가능하며, 어근을 형성하는 1,734개의 음절이면 위의 첫 관문은 큰 문제 없이 통과하게 된다. 그러나 이 1,734개는 표제어의 두 번째 이하 음절에 등장하는 것까지 고려하는 것이므로 첫 음절만을 찾는 현재의 과정에서는 이보다도 적은 개수의 클래스로도 충분하다. 그러므로 첫 관문에서의 비교 검사는 2,000개를 넘지 않게 되니 사전의 어휘 목록 전체를 탐색하는 기존의 방법보다 훨씬 빠른 결과를 낳는다.

5.1.3. 어근과 접사의 분리

첫 번째 어절인 '선생님께서는'은 어근과 접사가 결합된 형태이므로 이들은 분리되어야 한다. '선' 클래스로 입력된 어절은 그 다음 음절이 어근의 마지막인지 아닌지를 점검하며 하위 클래스로 내려가게 되고 결국 어근의 마지막인 '선생님' 클래스로 와서 하위 클래스로 내려가는 것을 멈추게 된다.

[그림 3] 어근 음절 클래스의 구조

```java
public final class 님
{
    private String 현재형태 = "선생님";
    private String 현재품사 = "명사";

    public void GatherInfo()                    //이곳에서 형태소 정보를 얻는다.
    {
        EndTest et = new EndTest(현재어절, 다음음절, 입력문, 현재품사);
        boolean isEnd = et.GetIsEnd();          //현재가 어근의 마지막 음절인지 검사.

        if(isEnd)                               //현재가 어근의 마지막 음절이면.
        {
            stemForm = presentForm;             //현재의 형태를 출력시킨다.
            stemClass = presentClass;           //현재의 품사를 출력시킨다.
            endingForm = et.GetEndingForm();    //다음에 있는 조사의 형태를 얻는다.
            endingClass = et.GetEndingClass();  //다음에 있는 조사의 품사를 얻는다.
        }
    }
}
```

위의 그림은 어근의 음절 클래스가 어떻게 구성되어 있는지를 보여주고 있다. 현재는 어근 '선생님'의 마지막 음절인 '님' 클래스로 이에 앞서 '선-생'으로 이어지는 음절 클래스의 탐색을 거쳤다. 그러므로 세 번째 줄에서 현재의 형태가 '선생님'인 것을 밝혀주고, 현재의 품사는 명사임을 알려준다. 만약 '선생님'이라는 형태가 다른 품사로 해석될 가능성이 있으면 아랫줄의 GatherInfo 함수에서 4.2.3에서 언급한 것과 같은 방법으로 그 품사를 변경시켜 준다. 하지만 '선생님'은 명사 이외의 품사로는 해석될 가능성이 없으므로 이 작업이 필요하지 않다.

개별 어휘 클래스에서 품사의 변경과 함께 중요한 것은 현재의 어절에서 접사를 분리해내는 것이다. 이를 위해서 GatherInfo() 함수는 EndTest 클래스를 이용하여 다음 음절 이하가 접사인지를 테스트한다. EndTest 클래스는 현재 어휘 클래스가 입력받은 어절과, 현재 음절의 다음 음절, 전체 입력문, 현재까지 어근의 품사를 입력받아 이 요청을 처리한다. EndTest의 처리 과정은 [그림 4]에서 살펴본다.

다음 음절이 접사인 것이 확인되면 현재의 음절이 어근의 마지막 음절이므로 현재 어휘 클래스의 형태와 품사를 어근의 형태와 품사로 결정하고, EndTest 클래스를 통하여 접사의 형태와 품사를 얻는다. 여기서 얻은 어근과 접사의 형태 및 품사 정보는 [그림 2]의 상속의 가장 첫 단계로 올려 보내지게 되고, 이 정보는 다시 MorphAnalysis의 변수로 저장이 되기 때문에 시스템 중앙에서는 어디에서 얻을 것인지는 알 필요 없이 MorphAnalysis 클래스만을 통하여 형태소 분석 결과를 얻는다. 즉, 시스템 중앙은 개별 어휘 클래스와는 직접 교류하지 않고 개별 어휘 클래스 전체를 관장하는 Morph Analysis와만 정보를 주고받음으로써 단순한 입출력 체계를 유지할 수 있다. 다음 그림은 EndTest 클래스의 구조를 보여준다.

아래의 그림을 통하여 EndTest가 어근 음절 클래스로부터 받은 음절 이후를 접사로 확인하는 과정의 전체적인 모습을 볼 수 있다. EndTest는 이전 음절의 예상 품사 정보를 받아서 요청 받은 음절 이하의 형태가 접사인지를 검사한다. 일반적으로 조사는 체언의 뒤에서, 어미는 용언의 뒤에서 출현하므로 어근의 품사 정보는 고려해 볼 수 있는 접사의 종류를 상당히 줄여 주어 고려할 대상의 범위와 오분석의 가능성을 낮추어준다.

[그림 4] 접사테스트 클래스의 구조

```
public EndTest(String 현재어절, int 검사음절시작번호, String[ ] 입력문, String 어근품사)
{
    if(어근품사.equals("명사" or "의존명사" or "대명사"))
        IsItJosa();                                    //조사테스트
    if(조사가 아니었다면)
    {
        if(어근품사.equals("용언" or "용언＋연결어미＋용언" or "의존명사"))
            IsItEomi();                                //어미 테스트
    }
    if(어말어미도 아니었다면)
    {
        if(어근품사.equals("관형사"))
            IsItDependingNoun();                       //의존명사 테스트
    }
                    ...
    if(아직도 접사가 발견되지 않았다면)
    {
        if(어근품사.equals("부사" or "감탄사" or "종결어미")
            IsNextBlank();                             //공백 테스트
    }
}
```

예를 들어 어근의 품사 정보가 없다면 현재 검사를 요청 받은 음절에 '~
는거야, ~는데요, ~니다, ~려고, ~어서' 등과 같은 어말어미 및 연결어미
는 물론, '은/는, 이/가, 을/를, 나, 야'와 같은 격조사 및 보조사가 있는지를
동시에 검사해야 하는데 이는 무척 복잡할 뿐만 아니라 흔히 단음절로 끝나
는 조사는 어근의 품사 정보가 없이는 오분석의 가능성이 높다. 예를 들어
'꽃게잡이, 사바나'와 같은 어근은 마지막 음절에 조사와 같은 형태를 가지
고 있지만 '꽃게잡', '사바'라는 체언은 없으므로 이들은 조사가 아닌 어근의
일부분임을 알 수 있다. 이 때 품사 정보가 고려되지 않으면 이들은 조사로
분석될 가능성이 있는 것이다. 물론, '바둑이'에서 '바둑'은 명사일 때가 있어
품사 정보만으로는 접사의 분리가 완전히 해결되지 않지만 분석이 잘못될

가능성은 많이 낮추어 준다. 물론 '바둑이'와 같은 경우 '바둑' 어휘 클래스에서 입력문의 문장 정보를 이용하여 품사를 결정하도록 하듯이 '꽃게잡이, 사바나'의 경우에도 어휘 클래스를 통해 처리할 수 있기는 하지만 대개 이러한 경우는 예상하기가 힘들므로 사전에 그 가능성을 차단시켜 주는 편이 안전하다.

EndTest 클래스의 처리과정을 살펴보면 다음과 같다. 처음에는 넘겨받은 어근의 예상 품사 정보가 체언인지를 검사하여 요청 받음 음절 이하가 조사인지를 테스트한다. 조사 테스트 함수는 비교적 간단한 구성으로 되어 있다. 이미 품사 정보에 대한 비교는 끝난 상태이므로 조사 테스트 함수에서는 조사에 해당하는 각 음절들을 제시하고, 해당 음절과 동일하면 그에 따라 주격 조사, 목적격조사, 보조사 등의 자세한 품사 정보를 제공하면 된다.

만약 조사가 아니었다면 어근이 용언 혹은 용언의 결합형으로 구성된 것인지를 조사하여 어미 테스트를 수행한다. 어미 테스트에서 어근이 의존명사인지의 여부를 보는 이유는 '~것이다'와 같이 의존명사와 소위 서술격조사의 결합형 여부를 보기 위함인데 세종 계획 품사 표지에서도 서술격조사는 인정하지 않으므로 용언이 아닌 체언에 속하는 것 다음에 어미가 온다는 것은 문법적으로 논란의 여지가 있지만 이때의 '~이다'는 어말어미로 간주한다. 이러한 방식으로 의존 명사 테스트 등을 수행하고, 마지막으로 어근만 존재하는 경우가 흔한 것은 아니지만 현재가 공백인지를 테스트하며 마무리한다. 어절 단위로 배열을 만들 때 각 어절 배열의 뒤에는 공백을 덧붙여 두었으므로 현재 음절이 공백이라는 것은 뒤에 더 이상 남아 있는 것이 없다는 것을 알려주는 표지가 된다. 이상의 과정 모두에 해당되지 않는다면 현재까지의 음절은 어근이 되지 못하므로 어근 음절 클래스는 다음 음절로 넘어가서 다시 일치하는 어근이 있는지를 살펴보아야 한다.

이 과정을 통하여 현재 입력문의 첫 번째 어절인 '선생님께서는'은 '선생님'과 '께서는'으로 분리될 수 있는데 '께서는'은 다시 '께서 + 는'으로 분석될 수 있다. 하지만 4.2.1에서 밝힌 바와 같이 접사는 하나의 단위로 다루어 처리한다고 하였으므로 접사에 다시 접사가 속해 있는지를 별도의 과정을 통해서 테스트하지는 않고 다음과 같이 '께서는'을 하나의 단위로 검사하고, 그 결과를 산출한다.

[그림 5] 복합 조사의 처리

```
if(현재어절.subSequence(현재음절번호, 마지막음절번호).equals("께서는 "))
{
    endingForm  =  "께서+는";
    isEnd  =  true;
    endingClass  =  "주격 조사+주격 조사";
}
```

subSequence 함수는 부분문자열을 추출하는 내장함수이다. 이 함수에 현재의 음절 번호와 마지막음절번호(현재 어절의 길이)를 입력하면 어근 추정 요소를 제외한 남은 부분에 해당하는 요소만을 얻게 된다. 이것이 '께서는'과 일치한다면 접사의 형태는 '께서 + 는', 접사의 품사는 '주격 조사 + 주격 조사'로 별도의 처리과정 없이 바로 분석해 준다. 이것은 '께서', '는', '께서는'에 대하여 모두 각각 비교 검사를 해야 한다는 부담이 있으나 4.2.1에서 언급한 바와 같이 접사의 결합형은 그 수가 처리할 수 있을 정도의 수준이며, 변이 및 융합된 목록이 작을 때에는 그 목록을 직접 다 기술해주는 것이 시스템의 복잡도를 줄이고 분명한 처리를 해줄 수 있다는 점에서 조합식으로 처리하는 것보다 장점이 많다.

술어부의 처리도 같은 방식으로 이루어진다. '가십니까'는 '가' 어휘 클래스에서 후행 음절이 접사인지를 테스트한다. '가'는 기본 품사로 동사를 가지므로 [그림 4]에서 IsItEomi() 함수에 의해 후행음절이 어미인지를 테스트받게 되고, 이 함수에서는 접사의 결합형 테스트 요청 받음 음절열이 '십니까'인지를 확인하여 그렇다면 이 형태를 '시 + ㅂ니까'로 분리하고, 그 품사는 '선어말어미 + 어말어미'로 처리한다.

반면에 일부의 경우에는 음절의 융합 및 생략에 의하여 표면적으로는 접사가 드러나지 않아 EndTest 클래스에서 적절한 형태소 분리 및 품사 배당을 받지 못하는 경우가 있다. 예를 들어 입력문이 '선생은 학교에 가?'일 때 마지막 어절 '가'는 어미 '아'를 포함하고 있는 것이지만 표면형에서는 뒤에 더 이상 남은 음절열이 없기 때문에 EndTest 클래스에 의해 현재의 '가'가 마지막 음절열이란 것은 알더라도 접사를 다루는 EndTest에 의해 형태소 분리 및 품사 배당을 받게 하기가 어렵다. 접사는 어근에 부속되는 것인데 EndTest 클래스에서 어근 '가'에 대하여 축약에 대한 원형 복원을 시도한다면 부가어가 핵심어를 통제하는 모양이 되어 문법적 타당성이 약해지기 때문이다. 그러므로 어근이 관계된 경우에는 접사가 일부 속하더라도 다음과 같이 어휘클래스에서 처리하는 것이 바람직하다고 하겠다. 다음은 '가' 어휘 클래스에서 축약된 어미 '아'를 처리하는 모습이다.

[그림 6] 어휘클래스에서의 축약된 어미에 대한 처리

```
if(isEnd)
{
    if(접사가 없이 끝나면)
    {
        endingForm = "아"+et.GetEndingForm();  //어미를 만든다.
        endingClass = "EF"+et.GetEndingClass(); //어미의 품사를 만들어 준다.
    }
    else(접사가 있으면)
    {
        endingForm = et.GetEndingForm();       //다음에 있는 어미를 얻는다.
        endingClass = et.GetEndingClass();     //다음에 있는 어미의 품사를 얻는다.
    }
}
```

모든 단어는 특별한 예외가 없이는 어근과 접사의 결합으로 이루어진다고 보므로 기본적으로는 위와 같이 접사가 없이 끝났을 때는 생략 및 축약된 접사를 복원시켜 주는 방안을 마련하도록 한다. 특히 체언의 경우에는 뒤에 접사가 없는 경우를 고려할 수 있지만 용언의 경우에는 '먹-, 예쁘-'와 같이 어근만으로 단어를 이루는 경우는 많지 않으므로 개별 어휘에 따른 복원 작업을 마련한다.

5.1.4. 형태소 분석결과의 출력

이상의 과정은 [그림 1]에서 본 바와 같이 시스템 중앙에서 for 문을 통하여 반복적으로 수행되고 각 어절에 대한 형태소 분석 결과는 시스템 중앙의 output에 덧붙여지게 된다. [그림 1]에서는 처리 결과를 기존의 output에 덧붙일 때 캐리지리턴(\r\n)을 매 어절 처리 시마다 결합시킨 것을 볼 수 있는데 이는 한 어절의 형태소 분석 결과 이후 한 줄을 띄우게 하는 효과를 갖는다. 그리고 처음에 제거한 문장 표지를 다시 불러들여 문장 표지가 있었다면 이에 해당하는 품사 표지를 달고 최종 결과를 사용자에게 제공한다.

이상의 처리 과정에 의하여 입력문 '선생님께서는 학교에 가십니까?'는 다음과 같이 형태소 분석된다.

[그림 7] 형태소 분석 결과

```
입력문 : 선생님께서는 학교에 가십니까?
출력문 : NNG : 선생님
        JKS+JKS : 께서+는
        NNG : 학교
        JKB : 에
        VV : 가
        EP+EF : 시+ㅂ니까
        SF :  ?
```

이상의 형태소 분석 결과는 이 자체만으로는 일반 사용자에게 직접 쓰일 수 있는 영역이 많지 않으나 한국어 정보 처리에 관계하는 다양한 분야에 입력문에 대한 기본 정보로 사용된다. 다음 과정에서는 이 정보를 이용하여 대우법의 분석이 어떻게 이루어지는지를 보도록 하겠다.

5.2. 대우등급 분석과정

사용자가 입력한 문장의 대우법 점수를 분석하는 대우등급 분석 과정은 4.3.1에서 이루었던 형태소 분석 결과를 토대로 진행된다. 대우등급 분석 과정에서 필요한 것은 어간과 접사로 분리된 문장, 그리고 그들의 품사이다. 2.1.3에서는 2인칭 문장의 대우법 참여요소로 '주어 명사, 주격 조사, 높임선어말어미, 어말어미'가 있다고 하였는데 이들은 어근 또는 접사이지 그들의 결합형이 아니므로 각 어절이 어근과 접사로 분리되어야 한다. 또한 주어 명사가 될 수 있는 것은 명사, 대명사이고, 화계를 판별하는 것은 어말어미이므로 각 어근 또는 접사 중 어느 것이 위 대우법 참여요소에 해당하는지를 알기 위해서는 그 품사가 필요하다. 형태소 분석기는 각 어절을 형태소 분석 단위로 분리함으로써 위 두 가지 필요조건을 채워주므로 형태소 분석의 결과는 대우법 관리 클래스에게 전달된다.

4.2.4에서 기술된 바와 같이 대우등급 분석 과정은 대우법 관리 클래스(PoliteManager)와 대우등급 계산 클래스(PoliteScore)에 의해 이루어지는데 시스템 중앙은 각 대우법 참여요소의 구체적인 대우법 점수를 기술한 대우등급 계산 클래스에는 직접 접근하지 않고 중간 관리자인 대우법 관리 클래스만을 통하여 필요한 정보를 전달하고 결과를 받는다. 이에 따라 시스템 중앙은 앞 절의 형태소 분석에서 세부적인 면에는 관여하지 않았던 것과 같이 대우법 분석의 세부적인 면은 알 수 없지만 해당 부분에 일을 맡겼을 때

올바른 결과가 나올 것을 기대하고 다음의 작업, 그리고 전체적인 흐름을 조율하는 데에 집중할 수 있다.

시스템 중앙이 PoliteManager 클래스로부터 받는 결과값은 두 가지이다. 첫째는 문장의 대우법 점수이고, 둘째는 대우법 점수를 구성하는 각 대우법 참여요소에 대한 감점 상황 분석 결과이다. 이들은 사용자에게 입력된 문장의 대우법 점수를 알려주고, 어디서 어느 정도의 감점이 이루어졌는지를 알려줌으로써 점수 산출 과정에 대한 의문을 해소해준다. 또한 이러한 결과들은 새로운 대우등급을 가진 문장을 산출하는 데에도 쓰이기 때문에 별도로 저장이 된다.

PoliteManager 클래스에서는 입력된 문장에 대하여 크게 다음과 같은 과정을 거쳐 대우법 점수를 산출한다.

[그림 8] 대우등급 분석 과정

```
//1. 대우등급 계산 클래스 생성
PoliteScore ps = new PoliteScore();

//2. 대우법 참여요소 별 감점할 대우법 점수
요소별점수배열 = CalSubtractScore(ps);

//3. 생략된 대우법 참여요소 별 감점할 대우법 점수
요소별점수배열 = CalAbbreviatedSubtractScore(ps, 요소별점수배열)

//4. 각 대우법 참여요소 별 점수를 합산함.
최종대우법점수 = StringFinalScore(요소별점수배열);

//5. 어디서 감점이 이루어졌는지를 분석한 표를 만듦
politeAnalysis = PoliteAnalysis(subtractScore);
```

PoliteManager는 우선 대우등급을 계산하는 클래스를 생성시켜서 구체적인 대우등급을 계산할 수 있도록 준비시키고, 형태 분석된 요소를 기초로 각 대우법 참여요소 별로 감점된 대우법 점수를 파악한다. 그러나 입력문에

는 항상 모든 문장 구성 요소가 실현되는 것이 아니므로 생략된 대우법 참여요소에 대해서도 4.1.2의 내용을 참고하여 대우법 점수를 산출한다. 이러한 각 대우법 참여요소 별 점수는 StringFinalScore 함수에 의하여 하나로 묶여 최종 대우법 점수를 산출하고, 마지막으로 사용자에게 어느 부분에서 감점이 이루어졌는지를 알려주기 위하여 감점이 이루어진 곳을 알려주는 간단한 표를 구성한다.

5.2.1. 대우법 참여요소의 점수 배당

대우등급 분석 과정을 그리고 있는 [그림 8]에서 가장 중요한 과정은 실현된 요소와 실현되지 않은 요소에 대하여 대우법 점수를 산출하는 두 번째와 세 번째 과정이라고 할 수 있다. 이 두 개의 과정은 다시 각각 주어 명사, 주격 조사, 높임선어말어미, 어말어미 각각의 점수를 판단하는 과정을 거치게 되는데 그 중에서 주어 명사의 점수를 판단하는 과정에 대해 알아보자. 먼저 다음은 AbbreviatedSubjectsScore 함수에 의한 주어 명사가 실현되었을 때의 처리 과정이다.

처음에는 이 과정에서 필요한 변수들을 만드는 작업부터 한다. 이에는 주어 명사의 감점 점수를 담을 변수, 주어 명사가 발견되었는지를 확인할 변수, 높임형 주어 명사의 목록, 낮춤형 주어 명사의 목록이 포함된다. 높임형 주어 명사와 낮춤형 주어 명사는 각각 2차원 배열로 되어 있어 각 배열 쌍의 첫 번째 항목은 높임형 또는 낮춤형 주어 명사가, 두 번째 항목은 그 반대 형의 주어 명사가 들어 있다. 예를 들어 높임형주어 명사 배열의 경우에 첫 번째 쌍은 '선생님 – 너'로 이루어져 있어서 '선생님'은 높임형 주어 명사에 해당하고, 이에 대한 낮춤형 주어 명사는 '너'임을 밝히고 있다. 이러한 높임형 – 낮춤형을 하나의 쌍으로 묶는 것은 이후 대우등급을 변경시킬 때 필요하다.[4]

---

[4] 다른 과정에서도 이 배열을 사용하게 하기 위해서는 위 두 배열은 함수 단위가 아닌 클래스 단위에서 만들어져야 한다. 여기에서는 편의상 함수 단위에 속해 있는 것으로 표시

[그림 9] 주어 명사의 대우법 점수 판단 과정

```
public double SubjectScore(String 어근형태, String 어근품사)
{
    주어명사감점점수 = 0;                    //기본값은 0(높임).
    boolean found = false;                  //발견표시

    String[ ][ ] 높임형주명 = {{"선생님", "너"}, {"씨", " "}, {"언니", "너"},…};      //높임형
    String[ ][ ] 낮춤형주명 = {{"선생", "선생님"}, {"너", "당신"}, {"니", "당신"},…}; //낮춤형

    for(int i=0; i〈높임형주어명사배열길이; i++)
    {
        if(어근형태.contains(높임형주어명사배열[i][0]+" "+""))
        {
            주어명사감점점수 = 0;           //높임형이 발견되면 0점 감점을 줌
            found = true; break;           //발견했음을 표시하고 나옴.
        }
    }

    if(!found)                             //아직 발견되지 않았다면
    {
        for(int i=0; i〈낮춤형주어명사배열길이; i++)
        {
            if(어근형태.contains(낮춤형주어명사배열[i][0]+" "+""))
            {
                주어명사감점점수 = -2;      //낮춤형이 발견되면 2점 감점을 줌.
                found = true;  break;      //발견했음을 표시하고 나옴.
            }
        }
    }

    if(!found)                             //아직 발견된 적이 없는데
    {
        if(!어근품사.contains("명사류"))    //어근 품사목록에 명사류가 없다면,
        {
            주어명사감점점수 = 0;
            noSubject = true;              //주어명사도 없는 것이다.
        }
    }
    return 주어명사감점점수;
}
```

하였다.

첫 for 구문은 전달받은 어근들의 목록을 하나씩 검토해가며 이들 중 높임형 주어 명사가 있는지를 파악한다. 높임형주어 명사가 발견되면 감점점수가 0점임을 알려주고, 이하의 조건식에서 빠져 나올 준비를 한다.[5] 이 과정에서 높임형 주어가 발견되지 않았다면 두 번째 for 문을 가서 같은 방식으로 낮춤형 주어가 있는지를 확인한다. 만약 있으면 주어의 대우법 점수를 −2점으로 하고 조건식에서 빠져 나올 준비를 한다. 마지막으로 이 두 과정 모두에서 주어가 발견되지 않았다면 어근 품사 목록에서 체언에 속하는 것이 없는지를 확인한 뒤, 그렇다면 주어가 없음을 시스템에 알려주고 빠져나온다.

그러므로 이 과정에서 가장 핵심적인 사항은 높임형 주어에 해당하는 것들과 낮춤형 주어에 해당하는 것들을 각각 배열로 만들어 어근과 비교하는 것이라 할 수 있다. 본 연구의 시스템이 갖고 있는 제한적인 상황을 고려할 때 높임형 혹은 낮춤형 주어와 같은 형태가 발견되었다면 이는 곧 상대방을 가리키는 주어 혹은 호칭어라고 간주할 수 있으므로 이에 따라 높임형인 경우에는 감점을 하지 않고, 낮춤형인 경우에는 4.1.3에서 밝혀진 바에 따라 −2점으로 감점하는 것이다.

이와 유사한 방식으로 주격 조사, 높임선어말어미, 어말어미에 대해서도 처리가 가능하다. 주격 조사는 높임형이 '−께서' 하나 밖에 없으므로 어근

---

5) 문장에서 높임형 주어 명사가 발견되었다고 이것이 곧 주어 명사라고 단정하는 데에는 무리가 있다. 하지만 구문 분석은 형태소 분석보다도 더 복잡하며 성공률이 낮은 처리 과정으로 본 시스템에서 이를 같이 구현하는 것은 어렵다. 하지만 처음에 제한한 바와 같이 본 입력된 문장은 2인칭에 대한 문장이기 때문에 높임형 또는 낮춤형 주어 명사가 발견되었다면 이는 곧 2인칭 주어 명사(또는 호칭어)에 대하여 쓰인 것이라고 가정할 수 있다. 자기 자신에 대하여는 보통 '나, 저, 제'와 같은 대명사 호칭어를 사용하지 구체적인 대우등급을 표현하는 일반명사 호칭어는 잘 사용되지 않기 때문이다. 물론, 선생님이 어린 학생에게 '선생님이 이제 말할 테니…'와 같이 일반명사 호칭어를 사용하는 경우가 전혀 없는 것은 아니나 이들은 문장 내적으로는 1인칭을 가리키는 것인지, 2인칭을 가리키는 것인지 분명히 알 수 없으므로 이에 대한 구별은 본 연구의 시스템에서는 하지 않는다.

의 품사로 주격 조사가 존재하고, '-께서'가 있으면 감점을 하지 않고, 없다면 주격 조사의 대우법 점수 1점을 감점한다. 하지만 어근의 품사 목록에서 주격 조사가 존재하지 않는다면 감점을 하지 않고 보류한다.

높임선어말어미는 먼저 어근의 품사 목록에 선어말어미가 있는지를 확인하고, 그러한 경우에 높임선어말어미 '시 + '라는 형태가 존재하면 감점을 하지 않고, 존재하지 않는다면 높임선어말어미의 대우법 점수에 −2점을 배당한다. '입맛을 다셨다'의 서술어 형태소 분석도 '다시 + 었 + 다'로 되어 '시 + '라는 형태 존재 유무만으로는 높임선어말어미의 존재를 확신할 수 없겠지만 선어말어미 품사가 있는지를 확인하였으므로 '입맛을 다시 + 겠 + 다'와 같은 경우가 아니라면 잘못 판단할 가능성이 적다. 이렇게 남는 예외에 대해서는 별도의 예외처리 과정을 둔다.

선어말어미 품사가 존재하지 않는다면 높임선어말어미가 쓰이지 않은 것이므로 이에 대하여 감점을 할 수 있겠으나 서술부 전체가 생략되었기 때문에 선어말어미 품사가 보이지 않는 것일 수도 있다. 그러므로 이에 앞서 용언에 속하는 품사가 있는지를 확인하여 용언이 전혀 존재하지 않는 것이라면 감점을 하지 않고 보류한다.

어말어미는 역시 먼저 품사 목록에서 어말어미가 있는지를 확인하고, 있으면 어근의 화계를 판단하여 이에 따라 어말어미에서 감점해야 할 점수를 설정한다. 이 과정은 다음과 같이 구현된다.

[그림 10] 어말어미의 점수 판단 과정

```
public double VerbalEndingScore(String 어근품사, String 접사형태, String 접사품사)
{
    if(접사품사.contains("어말어미"))      //어말어미가 있다면.
    {
        String 화계 = DecideEomiLevel(접사형태);          //어미의 화계를 판단.

        if(화계.equals("합쇼체"))        //합쇼체일 때
            어말어미감점점수 = 0;
        else if(화계.equals("해요체"))    //해요체일 때
            어말어미감점점수 = -1;
        else if(화계.equals("해체"))      //해체일 때
            어말어미감점점수 = -4;
        else if(화계.equals("해라체"))    //해라체일 때
            어말어미감점점수 = -5;
    }
                                        //용언이 전혀 없다면,
    else if(!어근품사.contains("동사" and "형용사" and "보조용언" and "지정사"))
    {
        어말어미감점점수 = 0;          //감점하지 않는다.
        noVerbalEnding = true;        //용언이 전혀 없다면 어말어미도 있을 수 없다.
    }
    return 어말어미감점점수;
}
```

접사의 품사로 어말어미가 있다면 접사의 형태가 어떠한 화계에 속하는 지를 판단한다. 이 과정은 많은 어말어미의 목록을 포함하게 되므로 DecideEomiLevel이라는 별도의 함수를 통하여 처리하게 되는데 그 과정은 먼저 2.3.3의 결과를 통하여 파악된 합쇼체, 해요체, 해체, 해라체에 속하는 어말어미의 유형들을 그 화계에 따라 각각 배열로 만들고, 다음으로 함수에 입력된 접사의 형태에서 각 화계의 어말어미에 속하는 형태와 같은 것이 있 는지를 확인하여 있다면 해당하는 화계의 명칭을 산출하는 방식으로 이루 어진다.

사실상 위의 과정이 어말어미의 점수를 배당하는 데에 있어 가장 핵심적인 부분이며, 또 이 과정이 제대로 일어나기 위해서는 2.3.3에서와 같은 연구가 좀 더 많이 진행되어 가급적 어말어미의 유형들이 완벽히 파악되어야 한다. 그러나 새로운 어말어미 유형에 대하여 미처 파악이 되지 않는 경우가 있을 수 있으므로 이러한 경우에는 어말어미의 점수를 감점하지 않고 보류한다.

화계가 결정되었다면 이에 따라 감점해야 할 점수를 결정한다. 4.1.3에서 본 바와 같이 화계의 기능부담량은 '해라체 - 해체 - 해요체 - 합쇼체'가 '0 - 1 - 4 - 5'점이었으므로 어말어미가 합쇼체일 경우는 0점을, 해요체일 경우는 -1점을, 해체일 경우는 -4점을, 해라체일 경우는 -5점을 어말어미감점점수에 배당한다. 그러나 용언이 존재하지 않아서 어말어미가 발견되지 않는 경우에는 어말어미가 생략된 것이므로 감점을 하지 않고 보류하며, 어말어미가 없다는 표시를 남긴다.

다음은 생략된 대우법 참여요소에 대하여 어떻게 처리하는지 알아보자.

5.2.2. 생략된 대우법 참여요소의 점수 배당

앞 절에서는 대우법 요소가 생략되었을 경우에는 점수를 감점하지 않고 보류하였는데 이때까지의 결과는 대우법 참여요소의 점수 배당 다음에 있는 생략된 대우법 참여요소에 대한 점수 배당 함수로 넘어가게 되므로 여기서 이 보류된 요소에 대한 점수 배당이 이루어지게 된다. 본 절에서는 이 생략된 요소에 대하여 대우법 점수를 부여하는 방법을 생각해 본다. 먼저 다음은 생략된 주어의 경우이다.

[그림 11] 생략된 주어의 대우법 점수 설정 과정

```
public double[] AbbreviatedSubjectsScore(PoliteScore ps, double[ ] 참여요소감점점수)
{
    if(ps.GetNoSubject())                    //주어가 없는데
    {
        if(!ps.GetNoVerbalEnding())          //어말어미는 있다면,
        {
            if(어말어미감점점수 == −4 or −5)   //그리고 어말어미가 해체 또는 해라체라면
            {
                주어명사감점점수 = −2;          //주어 명사 역시 감점한다.
            }
        }
    }
    return 참여요소감점점수;
}
```

직전의 단계에서 주어가 있는지 없는지 여부를 알 수 있었으므로 이에 의하여 주어가 없는 상황일 때 이하의 조건식을 수행하도록 한다. 이하의 과정에서 핵심은 문장에서 서술어는 잘 생략되지 않는 특성을 이용한 것이다. 문장의 핵(核)을 구성하는 서술어는 주어에 비해 생략되는 일이 적은데 특히 주어와 서술어가 동시에 생략되는 일은 더욱 드물므로 4.1.2에서 본 원리에 의하여 어말어미의 대우등급에 따라 주어 명사의 대우등급을 결정하는 것이다. 만약 주어도 없는데 서술어도 없다면 남은 중요 문장 구성성분은 목적어가 되는데 본 연구가 설정한 대우법 참여요소들은 주어나 서술어에 속하는 것들이지 목적어에 해당하는 것은 없으므로 어차피 감점을 할 대상은 문장에 남아있지 않게 된다.

(2) 가. A : 내가 뭘 어쨌길래?   B : 때렸잖아!
    나. A : 누가 때렸어?   B : 선생님이!
    다. A : 누구를 좋아한다고?   B : 선생님을…

(2가)의 B와 같이 주어가 없는 경우에는 '때렸잖아'의 화계인 해체를 이용하여 대우등급을 결정하고, (2나)의 B와 같이 서술어가 없는 경우에는 주어 '선생님이'를 통하여 어말어미의 대우등급을 결정한다. (2다)의 B와 같이 주어와 서술어가 모두 없는 경우에는 단문 하나만으로는 감점할 근거가 없으므로 감점하지 않는다.[6]

위에서 어말어미의 감점점수가 −4 혹은 −5일 때는 주어 역시 감점한다고 하였는데 어말어미의 점수가 −4이라는 것은 4.1.3의 화계의 기능부담량에 따라 '해체'일 때를 의미하고, −5라는 것은 '해라체'일 때를 의미한다. 즉, 어말어미가 낮춤형으로 되어 있을 때는 생략된 주어도 낮춤형이라고 간주하는 것이다.

이와 같은 방식으로 생략된 어말어미에 대해서도 추론된 대우법 점수를 배당하는 일이 가능한데, 문제는 주어 명사의 경우에는 높임 아니면 낮춤으로 대우등급을 결정이 2원화 되어 있으나, 어말어미의 경우에는 높임형에 해요체와 합쇼체 2개, 낮춤형에 해체와 해라체 2개로 다원화 되어 있어 주어 명사가 높임형 혹은 낮춤형이 쓰였다고 하더라도 높임형과 낮춤형 각각의 두 가지 중 어느 화계의 점수를 주어야 할 지 분명히 알 수 없다는 데에 있다.

이것을 알기 위하여 주격 조사의 대우등급을 보는 것도 고려해 볼 수는 있으나 해요체 어말어미가 쓰인 경우에도 주격 조사는 높임형이 쓰일 수 있으며, 어말어미가 낮춤형일 때는 다음과 같이 대개 주격 조사는 낮춤형만이 쓰이게 되므로 큰 도움이 되지 못한다.

(3) 가. *과장님께서는 회사에 가?
　　나. *과장님께서는 회사에 가니?
　　다. ʔ과장께서는 회사에 가?

---

6) 여러 문장을 통한 대우법 점수의 산출은 4.1.3을 참조.

라. *과장께서는 회사에 가니?

어미가 낮춤형인 경우에는 주어 명사와 주격 조사가 모두 높임형인 (3가, 나)의 경우는 비문이 되고, (3다,라)와 같이 주격 조사만 높임형이더라도 성립되기가 힘들거나, 비문이 되는 것을 볼 수 있다.

하지만 해라체와 해체 사이, 해요체와 합쇼체 사이의 점수 차이는 각각 1점에 불과한 것을 고려하면 이에 대해 큰 염려를 하지 않아도 될 것으로 생각된다. 그러므로 생략된 어말어미의 경우에는 높임형과 낮춤형 각각에 대한 대표형으로 그 극단에 있는 합쇼체와 해라체 점수를 주도록 하여 주어 명사의 높임 여부에 따라 합쇼체 감점점수 0점이나, 해라체 감점점수 −5점을 주도록 한다.

생략된 주격 조사의 경우에는 위 (3)에서 보이는 바와 같은 어말어미와 주격 조사의 관계를 이용할 수 있다. 우선 (3)에서 본 바와 같이 어말어미가 낮춤형일 때는 주격 조사는 대개 높임형이 될 수 없으므로 주격 조사에 감점을 한다. 하지만 어말어미가 높임형일 때에는 이 정보만으로는 알기가 어렵다.

(4) 가. 과장님께서는 회사에 가십니까?
　　나. 과장님은 회사에 가십니까?
　　다. 과장님께서는 회사에 가세요?
　　라. 과장님은 회사에 가세요?

(4)는 모두 높임형 어말어미가 쓰인 예인데 (4가,다)와 같이 높임형 주격 조사는 물론, (4나,라)에서와 같이 낮춤형 주격 조사도 쓰일 수 있는 것이다. 그러나 4.1.2에서 대우법 점수화의 기본 원리로 실현된 대우법 요소 중 높임형이 있으면 생략된 요소도 높임형으로 간주한다고 하였으므로 (4)와 같이 어말어미가 높임형일 경우에 주격 조사가 생략되었을 때는 (4가,다)와

같이 높임형 주격 조사로 복원하도록 한다. 그러나 이렇게만 생각했을 경우에는 다음과 같은 상황이 발생될 수 있으므로 주어 명사가 낮춤형이 아닌지를 확인하여야 한다.

(5) 가. 과장님께서는 회사에 가십니까?
나. *²과장께서는 회사에 가십니까?
다. 과장님께서는 회사에 가세요?
라. *²과장께서는 회사에 가세요?

(5)는 어말어미와 주격 조사가 모두 높임형인 경우에 주어 명사가 높임형과 낮춤형인 경우의 문법성을 비교하고 있다. 4.1.2에서 본 바와 같이 주어 명사는 낮춤형인데 주격 조사만 높임형이 되기는 어려우므로 어말어미가 높임형이더라도 주어 명사가 혹 낮춤형은 아닌지 확인해 보아야 한다. 또한 어말어미가 존재하지 않을 때에는 주어 명사의 높임 여부만으로 주격 조사의 대우법 점수를 판단한다.

이상과 같은 생략된 주격 조사에 대한 점수 배당은 다음과 같이 구현된다.

높임선어말어미의 경우에는 비교적 쉽게 판단된다. 높임선어말어미가 생략되었는지를 알기 위해서는 먼저 어말어미가 없는 것을 확인해야 한다. 어말어미가 있는데 선어말어미가 생략되었다고 할 수는 없기 때문이다. 이와 같이 서술부의 대우법 참여요소인 높임선어말어미와 어말어미가 모두 없는 상황에서 의존할 수 있는 것은 주어 명사뿐이므로 주어 명사가 낮춤형으로 쓰였다면 높임선어말어미에도 감점을 하여 −2점을 배당하고, 주어 명사가 높임형이면 높임선어말어미도 높임형이 쓰인 것으로 간주하여 감점을 하지 않는다.

[그림 12] 생략된 주격 조사의 대우법 점수 설정 과정

```
public double[ ] AbbreviatedSubjectCaseScore(PoliteScore ps, double[ ]
참여요소감점점수)
{
    if(ps.GetNoSubjectCase())                    //주격 조사가 없는데
    {
        if(!ps.GetNoVerbalEnding())              //어말어미는 있고
        {
            if(어말어미감점점수 == -4 or -5)  //그 어말어미가 해체, 해라체라면
                주격 조사점수 = -1;            //주격 조사 역시 감점대상이다.

            else if(어말어미감점점수 == -1 or 0) //또는 해요체, 합쇼체라면
            {
                if(주어명사감점점수 != -2)     //그리고 주어명사가 낮춤형이 아니라면
                    주격 조사점수 = 0;         //주격 조사는 높임형으로 추정한다.
            }
            else if(어말어미감점점수 == -2 or -3)//예외 처리
            {
                주격 조사점수 = -100;         //오류가 있음을 시스템에 알린다.
            }
        }
        else                                     //만약 어말어미도 없는 것이라면,
        {
            if(주어명사감점점수 == -2)         //주어명사가 낮춤형일 때는
                주격 조사점수 = -1;            //주격 조사도 낮춤형이다.
        }
    }
    return 참여요소감점점수;
}
```

5.2.3. 대우등급 분석결과의 출력

이상의 생략된 대우법 참여요소에 대한 결과는 직전의 실현된 대우법 참여요소에 대한 결과와 합산되어 각 대우법 참여요소의 대우법 점수가 결정되며, 이 결과들을 합산하여 최종 대우법 점수를 계산하고, 각 대우법 참여

요소와 그의 점수를 쌍으로 하여 대우법 점수 감점표를 구성한다. 이에 따라 '선생님께서는 학교에 가십니까'라는 입력문은 다음과 같이 그 결과가 출력된다.

[그림 13] 대우등급 분석결과의 출력

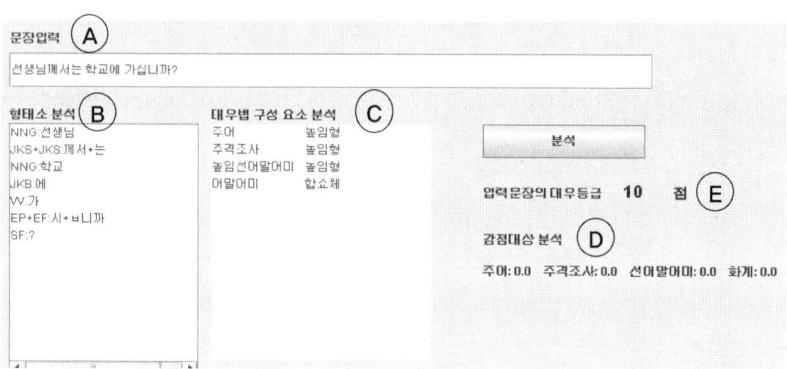

입력문이 A 구역에 입력되면, B 구역에 형태소 분석결과가 전시된다. 이를 기반으로 이루어진 대우등급 분석결과는 우선 C 구역에서 각 대우법 참여요소 별로 높임과 낮춤 여부, 화계의 종류가 표현되고 D 구역에서는 이것을 점수로 치환하여 보여준다. 마지막으로 E 구역에서 이들을 합산한 최종 대우법 점수를 보여준다.

5.3. 대우등급 변경과정

입력받은 문장의 대우등급을 변환시키는 대우등급 변환 과정은 앞 절의 형태소 분석 과정과 대우등급 분석 과정의 결과를 기초로 하여 이루어진다. 대우등급을 변환시키기 위해서는 먼저 입력문의 대우등급을 알아서 사용자가 요구하는 새로운 대우등급과 비교하여 그 차이만큼을 올리거나 내려야 하는데 그 차이를 적절히 반영해 줄 수 있는 대우법 참여요소를 찾아서 변경해야 하므로 이 과정에는 형태소 분석과정과 대우등급 분석과정이 모두 필요한 것이다.

4.2.4에서 언급한 바와 같이 대우등급 변환과정은 대우법 관리 클래스인 PoliteManager와 대우등급 변경 클래스인 PoliteChange에 의해 이루어지고 시스템 중앙은 그 결과값만을 받는다. 이와 같이 시스템 중앙은 중간관리자인 PoliteManager를 통해서 그 결과만을 받으므로 시스템 중앙은 비교적 단순한 구조를 유지하게 되고, 각 과정의 모듈화 구조를 유지할 수 있게 된다. 즉 형태소 분석 과정, 대우등급 분석과정, 대우등급 변환과정은 그 순서가 바뀔 수는 없고 일련의 연속적인 흐름에 놓여 있지만, 시스템 중앙에서 이들을 다루는 부분은 주로 결과값을 받는 데에 집중되어 있기 때문에 위 세 과정을 다 하지 않고 첫 번째나 두 번째 과정까지만 진행하려는 경우 이를 쉽게 처리할 수 있으며, 사용자에게 보여주는 결과를 다르게 구성하려고 할 때에도 받은 결과값의 조합과 배치만 변경하면 되므로 쉽게 처리할 수 있다.

대우등급 변환과정은 입력문을 변경하는 작업을 거치게 되므로 PoliteManager 클래스를 통해서 시스템 중앙에 제공되는 값은 주로 입력문이 어떻게 변경되어야 하는지와 어떻게 변경되었는지를 보여주는 데에 있다. 우선 입력문과 사용자의 등급변경 요구를 비교하여 대우등급을 올려야 하는지 내려야 하는지를 알아내고, 둘째로 그렇다면 어떠한 대우법 참여요소를 올리거나 내릴 것인지 결정한 결과를 받는다. 셋째로 대우법 참여요소 중 무엇을 어떻게 바꿀 것인지에 관한 정보를 이용하여 새로운 형태소 분석 결과를 만들어내고, 넷째로 여기에서 형태소 분석 부분을 삭제하고 어절 단위만 결합하여 변경된 대우등급을 갖는 최종 산출문을 구성한다.

PoliteManager 클래스에서는 크게 다음과 같은 과정을 통하여 문장의 대우등급을 변경한다.

[그림 14] 대우등급 변환과정

```
//1. 대우등급 변경클래스 생성
PoliteChange pc = new PoliteChange(형태소분석결과, 대우등급분석결과, 어근접사정보);

//2. 대우등급을 올릴지, 내릴지  결정한다.
updown = pc.DecideUpDown(입력문점수, 변경요구점수);

//3. 두 점수의 차이를 구한다.
int 점수차이 = pc.GapOfTwoScores(입력문점수, 변경요구점수);

if(updown.equals("올림"))          //대우등급을 높여야 할 때
{
    //4. 무엇을 올려야 하는지를 알아냄.
    변경대상 = pc.WhatToIncrease(점수차이);

    //5. 올리라고 한 것을 올리고, 이를 받아낸다.
    올려진요소들 = pc.IncreaseComponents(변경대상);

    //6. 위의 결과를 형태소 분석 결과에 반영한다.
    변경된형태소분석 = pc.TransformMorpheme(output, 올려진요소들, true);

    //7. 최종 직전 형태를 생성한다.
    최종직전형태 = pc.TransformeSentence(변경된형태소분석);

    //8. 어근과 접사를 연결한다.
    최종형태 = pc.CombineRootAffix(최종직전형태, 문장표지);
}
...
```

PoliteManager는 먼저 형태소 분석 결과와 어근과 접사의 형태 및 품사 정보를 제공하여 대우등급을 변경시키는 클래스를 생성시켜서 구체적인 대우등급 변경이 일어날 수 있도록 준비시킨다. 두 번째에서 세 번째 단계는 대우등급 변경이 일어나게 하기 위한 사전 준비 단계에 속하는데 두 번째 단계에서는 입력문의 대우등급 점수와 사용자가 변경을 요구하는 점수 두 가지를 이용하여 대우등급을 올릴 것인지, 내릴 것인지를 결정하고, 세 번째 단계에서는 두 점수의 차이를 절대값으로 구하여 입력문의 대우등급과 사용자의 요구 사이에 어느 정도의 차이가 있는지를 알아낸다.

네 번째에서 다섯 번째 과정은 대우등급 변경의 핵심적인 과정에 속한다. 먼저 이 과정에 이르기 전 두 번째 단계에서 얻은 결과에 의하여 사용자의 요구가 현재 대우법 점수에 비하여 올림인 경우와 내림인 경우를 구분하여 서로 다른 처리를 한다. 위의 그림에서는 '올림'의 상황인 경우만 제시하였는데 '내림'의 상황일 때는 이 두 단계에 변화가 있게 된다. 네 번째 단계에서는 여러 대우법 참여요소 중 무엇을 변경해야 하는지를 판단하고, 다섯 번째 단계에서는 그 변경대상을 분석 결과에 따라 올리거나 내린다.

여섯 번째에서 여덟 번째 단계는 분석된 결과를 완성된 모습으로 출력하는 단계에 속한다. 여섯 번째 단계에서는 바뀐 변경대상을 입력문의 형태소 분석 결과에 반영하여 대우등급이 변경되었을 때의 형태소 분석 결과를 만들고, 일곱 번째 단계에서는 여기서 형태소 분석 결과를 제거하고 어절의 형태만을 남겨 최종 산출문에 가까운 모습을 만든다. 그러나 이 단계는 어근과 접사가 하나의 음절로 결합된 경우는 반영되어 있지 못하므로 여덟 번째 단계에서 이 과정을 수행하고 마무리한다.

이상에서 중요 과정에 대한 처리 알고리즘을 아래에서 알아보기로 한다.

5.3.1. 변경할 대우법 참여요소의 판단

입력된 문장의 대우법 점수를 변경하기 위해서 핵심적인 처리 과정 중 가장 먼저 필요한 것은 어떠한 대우법 참여요소에 대하여 변경을 할 것인지를 결정하는 것이다. 사용자는 입력된 문장의 대우법 점수를 확인하고 이것을 몇 점 높일지, 낮출지만을 선택하게 되므로 구체적으로 어느 부분에서 높이고 낮추는지는 시스템이 결정해야 한다.

이 결정을 이루는 데에 있어서 기본적인 방법은 1점에서 5점까지 대우법 참여요소가 가질 수 있는 다양한 대우법 점수를 이용하는 것이다. 4.1.3에서 주어 명사, 주격 조사, 높임선어말어미, 어말어미는 각각 2점, 1점, 2점, 5점을 가지며 다시 어말어미의 화계는 각 개별 화계에 따라 0점, 1점, 4점, 5점을 가진다고 하였으므로 이들의 점수 조합에 의하여 원하는 대우등급을 만들어낼 수 있는 것이다.

그러나 여기에는 단순히 원하는 점수만 만들어낼 수 있으면 아무 대우법 참여요소나 다 사용할 수 있는 것이 아니고 몇 가지 제약 또는 우선순위가 있다. 4.1.2에서는 높임형을 의도적으로 낮출 때 두 가지 제약이 있다고 하였는데 편의상 이 내용을 아래에 다시 기술한다.

   (6) 호응의 원리 제약 1
      가. 주어 명사는 비높임형인데 주격 조사만 높임형이 될 수는 없다.
      나. 주어부는 비높임형인데 술어부만 높임형이 될 수는 없다.

이것은 높임형을 낮추려고 할 때 주격 조사가 높임형인데 주어 명사만을 낮출 수는 없고, 술어부가 높임형인데 주어부만 낮출 수는 없다는 뜻이다. 동시에 낮춤형을 높임형으로 만들려고 할 때도 이 제약은 같이 적용이 되어 주어 명사가 낮춤형인 상황에서 주격 조사만 높이려고 하거나, 술어부만 높임형으로 만들 수는 없다는 뜻을 동시에 포함하고 있다.

그러나 이 외에도 주어부의 대우등급이 술어부에 비해 지나치게 큰 경우도 제약하는 조건을 추가할 수 있다. 4.1.2에서는 주어부에만 높임형이 사용된 '과장님께서 옵니다, 과장님이 옵니다'와 같은 문장이 문법적으로는 문제가 있지만 현재 사용되고 있으므로 인정하자고 하였지만 이것은 3인칭 대우법을 고려하였을 경우이고, 본 연구의 시스템이 대상으로 하는 2인칭 대우법의 경우에는 어말어미뿐만 아니라 주어 명사, 주격 조사, 높임선어말어미 모두가 청자를 대상으로 하므로 다음의 예문과 같이 술어부는 전혀 높지 않은데 주어부만 높을 수는 없다.

(7) 가. *과장님은 회사에 가니?
　　나. *과장님은 회사에 가?
　　다.　과장님은 회사에 가요/가세요?
　　라.　과장님은 회사에 갑니까/가십니까?

(8) 가. *과장님께서는 회사에 가니?
　　나. *과장님께서는 회사에 가?
　　다.　과장님께서는 회사에 가요/가세요?
　　라.　과장님께서는 회사에 갑니까/가십니까?

(7)은 주어 명사만 높은 경우이고, (8)은 주어 명사와 주격 조사가 모두 높은 경우인데 두 경우 모두에서 화계가 낮춤형 화계인 해라체나 해체일 경우에는 비문이 되는 것을 알 수 있다. 이것은 주어부의 대우법 요소 두 가지, 술어부의 대우법 요소 두 가지가 모두 청자를 대상으로 대우등급을 표현하고 있는데 술어부에는 두 가지 요소 모두가 낮춤형일 때 주어부만 높다면 주어부에서는 그 요소가 하나만 높더라도 균형이 너무 많이 무너지게 되기 때문이다. 그러므로 모든 대우법 요소가 동일한 존재에 대하여 대우등급을 표현하는 2인칭 대우법 문장과 같은 경우에는 (6)의 제약에 술어부는 비높임형인데 주어부만 높임형이 될 수는 없다는 조건도 포함시켜야 한다.

(9) 보완된 호응의 원리 제약 1

　가. 주어 명사는 비높임형인데 주격 조사만 높임형이 될 수는 없다.

　나. 주어부는 비높임형인데 술어부만 높임형이 될 수는 없다.

　다. 2인칭 대우법문장에서 술어부는 비높임형인데 주어부만 높임형이
　　　될 수는 없다.

　이러한 내용은 대우등급을 올리고 내릴 대우법 참여요소를 찾는 What
ToIncrease, WhatToDecrease 함수에게 있어서 대우등급을 변경하기 위해서
는 어떠한 요소를 먼저 변경해야 하는지를 알려준다. 대우등급을 올릴 때와
내릴 때로 나누어서 위의 내용을 정리하면 다음과 같다.

(10) 2인칭 대우법 문장의 대우등급을 높일 때의 제약

　가. 주격 조사가 높임형을 갖기 위해서는 먼저 주어 명사가 높임형
　　　이어야 한다.

　나. 어말어미가 높임형을 갖기 위해서는 먼저 주어부가 높임형이
　　　어야 한다.

　다. 높임선어말어미가 높임형을 갖기 위해서는 먼저 어말어미가
　　　높임형이어야 한다.

　라. 주어 명사를 높임형으로 하였다면, 동시에 어말어미도 높임형
　　　이어야 한다.

(11) 2인칭 대우법 문장의 대우등급을 낮출 때의 제약

　가. 주어 명사가 낮춤형을 갖기 위해서는 먼저 주격 조사와 어말어
　　　미가 술어부의 요소가 모두 낮춤형이어야 한다.

　나. 어말어미가 낮춤형을 갖기 위해서는 먼저 높임선어말어미가
　　　낮춤형이어야 한다.

　다. 어말어미를 낮춤형으로 하였다면, 동시에 주어 명사도 낮춤형
　　　이어야 한다.

　(10가)는 (9가)와 동일한 내용이다. 그런데 (9나)의 내용을 반영한 (10나)
에서 높임선어말어미와 어말어미를 모두 포함하는 술어부라는 표현을 사용

하지 않고 '어말어미'라고 한 이유는 높임선어말어미는 높임형 어말어미 해
요체와 합쇼체에서만 사용될 수 있기 때문이다.

> (12) 가. *과장님, 어디에 가/가니?
>   나. 과장님, 어디에 가십니까/가세요?
>   다. 과장님, 어디에 갑니까/가요?

(12가)에서 보듯 어말어미가 낮춤형이면 높임선어말어미는 사용될 수 없
지만, (12나,다)에서와 같이 어말어미가 높임형이면 높임선어말어미는 사용
될 수도 있고 사용되지 않을 수도 있다. 그러므로 (9나)에서 '술어부만 높임
형'이라는 내용은 높임선어말어미가 낮춤형으로 쓰일 수 있는 경우를 고려
하여 '어말어미가 높임형'이라고 그 범위를 줄여서 말할 수 있고, (10다)와
같이 높임선어말어미가 높임형이 되기 위해서는 먼저 어말어미가 높임형이
되어야 한다는 정리도 도출이 가능하다. 마지막으로 (10라)와 같이 어말어
미를 높이려는 목적으로 주어 명사를 높임형으로 하였다면 동시에 어말어
미도 높임형이어야지 그렇지 않고 주어 명사만 높인 상태로 놔두면 (9다)를
위배하게 된다.

그러나 문장의 대우등급을 낮출 때의 제약인 (11가)에서는 '어말어미가
낮춤형'라고 하지 않고 다시 '술어부의 요소가 모두 낮춤형'이라고 하였는데
이는 대우등급을 낮추려고 할 때는 높임선어말어미와 어말어미가 모두 높
은 상황에서 어말어미만 낮추려고 할 수 있으므로 이를 방지하기 위해 술어
부의 모든 요소라고 하였다. 동시에 주어 명사가 낮춤형이라면 주격 조사도
낮춤형이어야 하므로 주격 조사도 낮춤형이 되어야 함을 밝혔다. 그리고
(11나)는 어말어미를 낮추려고 할 때는 높임선어말어미를 먼저 낮추어야 함
을 명시하고 있다. 마지막으로 (11다)와 같이 주어 명사를 낮추려는 목적으
로 어말어미를 낮춤형으로 하였다면 동시에 주어 명사도 낮춤형이어야지
그렇지 않고 주어 명사를 높임형인 채로 놔두면 (9다)를 위배하게 된다.

이와 더불어 필수적인 것은 아니지만 낮출 수 있는 요소가 두 개 이상일 때 우선순위를 정해야 한다. 예를 들어 1점을 낮출 수 있는 요소로는 주격 조사, 해라체에서 해체, 해요체에서 합쇼체 등 모두 세 가지가 있는데, 화계에 관한 경우가 두 가지이므로 복수의 요소를 선택할 수 있는 경우는 실제로는 두 가지이겠지만, 조사나 화계 둘 중 어느 것을 높일 것인지에 대해 우선순위가 있어야 할 것이다. 그러나 기본적으로는 높임과 낮춤에 대한 필수적인 사항은 (10)과 (11)이므로 다음의 (13)에서 보듯 이들 중 어느 것을 높여도 크게 문제 되지는 않는다.

(13) 가. 선생님은 학교에 가요?
　　　나. 선생님께서는 학교에 가요?
　　　다. 선생님은 학교에 갑니까?

(13가)의 문장에 대하여 1점을 높인다고 할 때 (13나)와 같이 주격 조사를 높일 수도 있고, 화계를 해요체에서 합쇼체로 올릴 수도 있는데 둘의 문법성은 비슷해 보인다. 하지만 일정한 기준이 없이 수의적으로 선택할 수는 없으므로 본 연구에서는 이러한 경우 (13나)와 같이 주어부가 높이 유지될 수 있는 쪽을 택하고자 한다. 4.1.2에서는 술어부보다 주어부의 대우법 요소에 대하여 더 민감하다는 언급이 있었기 때문이다. 그러므로 대우등급을 높이고자 할 때는 주격 조사를 먼저 높이고, 낮추고자 할 때는 화계를 먼저 낮춘다.

이상의 내용을 구현하면 다음과 같다. 이 전 과정은 대우등급을 올려야 하는 상황과 내려야 하는 상황, 그리고 각각에서 입력문의 점수와 변경요구 점수의 차이가 1점일 때부터 10점일 때를 고려하면 총 180가지 경우로 이루어져 있다. 이 20가지 경우의 점수 조합은 어떠한 식으로 이루어지며 변경된 대우법 참여 요소에 의하여 생성되는 문장은 어떠한지 알아보자. 먼저 다음은 '너는 학교에 가니?'라는 가장 낮은 대우등급의 문장을 대우점수 폭을 1점씩 높여갈 경우이다.

[표 1] 대우등급 변경의 대상과 문장의 변화 - 대우등급을 높일 때

	점수폭	주명	조사	-시-	화계	변경대상	변경된 문장
1		낮	낮	낮	해라	해	너는 학교에 가?
2		낮	낮	낮	해	주어 명사 (2점)	선생님은 학교에 가?
3		높	낮	낮	해요	조사	선생님께서는 학교에 가요?
4		높	낮	낮	합쇼	조사	선생님께서는 학교에 갑니까?
5	1	높	낮	높	해요	조사	선생님께서는 학교에 가세요?
6		높	낮	높	합쇼	조사	선생님께서는 학교에 가십니까?
7		높	높	낮	해요	합쇼	선생님께서는 학교에 갑니까?
8		높	높	낮	합쇼	시(2점)	선생님께서는 학교에 가십니까?
9		높	높	높	해요	합쇼	선생님께서는 학교에 가십니까?
10		낮	낮	낮	해라	해(1점)	너는 학교에 가?
11		낮	낮	낮	해	주어 명사	선생님은 학교에 가?
12		높	낮	낮	해요	시	선생님은 학교에 가세요?
13		높	낮	낮	합쇼	시	선생님은 학교에 가십니까?
14	2	높	낮	높	해요	조사(1점)	선생님께서는 학교에 가세요?
15		높	낮	높	합쇼	조사(1점)	선생님께서는 학교에 가십니까?
16		높	높	낮	해요	시	선생님께서는 학교에 가세요?
17		높	높	낮	합쇼	시	선생님께서는 학교에 가십니까?
18		높	높	높	해요	합쇼(1점)	선생님께서는 학교에 가십니까?
19		낮	낮	낮	해라	주명+해요 (6점)	선생님은 학교에 가요?
20		낮	낮	낮	해	주명+해요 (5점)	선생님은 학교에 가요?
21	3	높	낮	낮	해요	조사+시	선생님께서는 학교에 가세요?
22		높	낮	낮	합쇼	조사+시	선생님께서는 학교에 가십니까?
23		높	낮	높	해요	조사+합쇼 (2점)	선생님께서는 학교에 가십니까?
24		높	낮	높	합쇼	조사(1점)	선생님께서는 학교에 가십니까?

	점수폭	주명	조사	-시-	화계	변경대상	변경된 문장
25		높	높	낮	해요	시+합쇼	선생님께서는 학교에 가십니까?
26		높	높	낮	합쇼	시(2점)	선생님께서는 학교에 가십니까?
27		높	높	높	해요	합쇼(1점)	선생님께서는 학교에 가십니까?
28		낮	낮	낮	해라	주명+해요 (6점)	선생님은 학교에 가요?
29		낮	낮	낮	해	주명+해요 (5점)	선생님은 학교에 가요?
30		높	낮	낮	해요	조사+시 +합쇼	선생님께서는 학교에 가십니까?
31	4	높	낮	낮	합쇼	조사+시 (3점)	선생님께서는 학교에 가십니까?
32		높	낮	높	해요	조사+합쇼 (2점)	선생님께서는 학교에 가십니까?
33		높	낮	높	합쇼	조사(1점)	선생님께서는 학교에 가십니까?
34		높	높	낮	해요	시+합쇼 (3점)	선생님께서는 학교에 가십니까?
35		높	높	낮	합쇼	시(2점)	선생님께서는 학교에 가십니까?
36		높	높	높	해요	합쇼(1점)	선생님께서는 학교에 가십니까?
37		낮	낮	낮	해라	주명+해요 (6점)	선생님은 학교에 가요?
38		낮	낮	낮	해	주명+해요	선생님은 학교에 가요?
39		높	낮	낮	해요	조사+시+ 합쇼(4점)	선생님께서는 학교에 가십니까?
40		높	낮	낮	합쇼	조사+시 (3점)	선생님께서는 학교에 가십니까?
41	5	높	낮	높	해요	조사+합쇼 (2점)	선생님께서는 학교에 가십니까?
42		높	낮	높	합쇼	조사(1점)	선생님께서는 학교에 가십니까?
43		높	높	낮	해요	시+합쇼 (3점)	선생님께서는 학교에 가십니까?
44		높	높	낮	합쇼	시(2점)	선생님께서는 학교에 가십니까?
45		높	높	높	해요	합쇼(1점)	선생님께서는 학교에 가십니까?
...	...	...	...	...	...	...	...

입력문의 주어 명사, 주격 조사, 높임선어말어미 '-시-', 화계의 조건이 표에서 제시된 바와 같을 때의 '점수폭'에 기록된 것과 같이 점수 폭의 변경이 요구될 때 '변경대상' 항목에서 어떠한 것을 낮추면 되는지를 표시하였다. 그리고 맨 우측에 그 결과로 어떠한 문장이 생성되는지를 밝혔다. 그런데 입력문의 주어 명사, 주격 조사, 높임선어말어미, 화계는 각각 2, 2, 2, 4개의 변수가 있으나 (9)의 제약에 따라 이에서 도출될 수 있는 32가지 경우가 모두 제시될 필요가 없다. 표에서는 도출이 가능한 경우 각 8가지만을 기록하였다.

요구되는 점수 폭만큼 낮출 요소가 없을 때는 가장 가까운 값으로 낮추었고, 이러한 경우는 '변경대상' 항목에서 괄호 안에 점수를 기입하였다. 예를 들어 2번 문장에서 모든 대우법 요소가 모두 낮추어져 있으면서 화계는 해체이기 때문에 (10나)의 제약에 의해서 주어 명사를 높일 수밖에 없는데 주어 명사의 기능부담량은 요구되는 1점이 아닌 2점이기 때문에 이를 괄호 안에 기록하였다.[7]

또한 19번 문장의 경우에는 역시 모든 대우법 요소가 가장 낮은 형태일 때인데 요구되는 점수인 3점만을 높이기 위해서 주어 명사와 주격 조사를 높이게 되면 (10라)의 제약에 위배되므로 주격 조사는 높이지 않고 대신 화계를 높이는데, 단지 해라체에서 해체로만 높이면 여전히 낮춤형이므로 해요체까지 끌어올려야 했다. 이로써 변경 요구 점수 폭은 3점이었지만 결과로는 6점이 인상되게 되었다.

위의 표는 점수 폭이 5점일 때까지만 제시하였는데 점수 폭이 6점 이상일 때는 낮추어져 있는 모든 대우법 요소를 높여 그 결과로 나오는 문장은 모두 '선생님께서는 학교에 가십니까?'이므로 이후의 과정은 생략한다.

---

[7] 바뀌는 점수폭이 바뀌지 않았을 때보다 클 경우 문장을 변경하지 않는 것도 고려해 볼 수 있으나 여기서는 어떠한 변화가 있을 수 있는지를 보려는 측면에 더 비중을 두어 변경 요청이 있는 경우에는 바뀌는 것을 기본으로 하겠다.

다음은 대우등급을 낮출 경우이다. '선생님께서는 학교에 가십니까?'라는 문장에 대하여 대우점수 폭을 1점씩 낮춘다.

[표 2] 대우등급 변경의 조건과 문장의 변화 – 대우등급을 낮출 때

	점수폭	주명	조사	-시-	화계	변경대상	변경된 문장
1		높	높	높	합쇼	해요	선생님께서는 학교에 가세요?
2		높	높	높	해요	조사	선생님은 학교에 가세요?
3		높	높	낮	합쇼	해요	선생님께서는 학교에 가요?
4		높	높	낮	해요	조사	선생님은 학교에 가요?
5	1	높	낮	높	합쇼	해요	선생님은 학교에 가세요?
6		높	낮	높	해요	시	선생님은 학교에 가요?
7		높	낮	낮	합쇼	해요	선생님은 학교에 가요?
8		높	낮	낮	해요	주명+해(5점)	너는 학교에 가?
9		낮	낮	낮	해	해라	너는 학교에 가니?
10		높	높	높	합쇼	해요+조사	선생님은 학교에 가세요?
11		높	높	높	해요	시	선생님께서는 학교에 가요?
12		높	높	낮	합쇼	조사+해요	선생님은 학교에 가요?
13		높	높	낮	해요	주명+조사+해 (6점)	너는 학교에 가?
14	2	높	낮	높	합쇼	시	선생님은 학교에 갑니까?
15		높	낮	높	해요	시	선생님은 학교에 가요?
16		높	낮	낮	합쇼	해요(1점)	선생님은 학교에 가요?
17		높	낮	낮	해요	주명+해(5점)	너는 학교에 가?
18		낮	낮	낮	해	해라(1점)	너는 학교에 가니?
19		높	높	높	합쇼	조사+시	선생님은 학교에 갑니까?
20		높	높	높	해요	조사+시	선생님은 학교에 가요?
21		높	높	낮	합쇼	조사+해요(2점)	선생님은 학교에 가요?
22	3	높	높	낮	해요	주명+조사+해 (6점)	너는 학교에 가?
23		높	낮	높	합쇼	시+해요	선생님은 학교에 가요?
24		높	낮	높	해요	시(2점)	선생님은 학교에 가요?

	점수폭	주명	조사	-시-	화계	변경대상	변경된 문장
25		높	낮	낮	합쇼	해요(1점)	선생님은 학교에 가요?
26		높	낮	낮	해요	주명+해(5점)	너는 학교에 가?
27		낮	낮	낮	해	해라(1점)	너는 학교에 가니?
28		높	높	높	합쇼	조사+시+해요	선생님은 학교에 가요?
29		높	높	높	해요	조사+시(3점)	선생님은 학교에 가요?
30		높	높	낮	합쇼	주명+조사+해 (7점)	너는 학교에 가?
31		높	높	낮	해요	주명+조사+해 (6점)	너는 학교에 가?
32	4	높	낮	높	합쇼	주명+시+해 (7점)	너는 학교에 가?
33		높	낮	높	해요	주명+시+해 (6점)	너는 학교에 가?
34		높	낮	낮	합쇼	주명+해(6점)	너는 학교에 가?
35		높	낮	낮	해요	주명+해(5점)	너는 학교에 가?
36		낮	낮	낮	해	해라(1점)	너는 학교에 가니?
37		높	높	높	합쇼	조사+시+해요 (4점)	선생님은 학교에 가요?
38		높	높	높	해요	조사+시(3점)	선생님은 학교에 가요?
39		높	높	낮	합쇼	주명+조사+해 (7점)	너는 학교에 가?
40		높	높	낮	해요	주명+조사+해 (6점)	너는 학교에 가?
41	5	높	낮	높	합쇼	주명+시+해 (8점)	너는 학교에 가?
42		높	낮	높	해요	주명+시+해 (7점)	너는 학교에 가?
43		높	낮	낮	합쇼	주명+해(6점)	너는 학교에 가?
44		높	낮	낮	해요	주명+해	너는 학교에 가?
45		낮	낮	낮	해	해라(1점)	너는 학교에 가니?
	…	…	…	…	…	…	…

대우등급을 낮출 때도 높일 때와 유사하다. 13번 문장과 같은 경우 2점만 낮추면 되지만 여기서 먼저 낮춰야 하는 것은 해요체를 해체로 만드는 것인데 그러기 위해서는 (11가,다)를 위배하지 않기 위해 주어 명사와 주격 조사도 모두 낮춰야 한다. 그리고 점수폭이 6점 이상인 경우는 모든 대우법 참여요소에 대하여 낮춰 생성되는 문장이 '너는 학교에 가?' 또는 '너는 학교에 가니?'이므로 생략하였다.

위와 같은 표의 내용은 다음과 같이 구현될 수 있다. 대표적인 경우만을 보기 위하여 대우등급을 올려야 하는 상황이며, 입력문과 변경요구점수의 차이가 5점인 경우만을 든다.

[그림 15] 대우등급을 5점 올려야 하는 경우의 변경할 요소의 선택

```
if(점수차이 == 5){                              //입력문과 변경요구점수의 차이가 5점일 때
    if("주어명사와 주격 조사가 모두 낮을 때"){ //주어명사와 주격 조사가 모두 낮은 경우
        if(화계.equals("해라체"))               //현재 화계가 해라체이면
            올릴요소 += "6점＋주어명사＋해요체"; //주어명사(2점), 해요체(4점)
        else if(화계.equals("해체"))            //현재 화계가 해체이면
            올릴요소 += "주어명사＋해요체";      //주어명사(2점), 해요체(3점)
        else if(화계.equals("해요체")){          //현재 화계가 해요체이면
            올릴요소 += "오류";                  //입력문에 오류가 있음을 알림
        }
        else if(화계.equals("합쇼체")){          //현재 화계가 합쇼체라면
            올릴요소 += "오류";                  //입력문에 오류가 있음을 알림
        }
    }
    else if("주어명사는 낮고, 주격 조사만 높음")      //입력문에 문제가 있는 경우
        올릴요소 = "오류";                       //입력문에 오류가 있음을 알림
    else if("주어명사는 높고, 주격 조사는 낮은 경우"){
        if(화계.equals("해라체"))               //현재 화계가 해라체이면
            올릴요소 += "오류";                  //입력문에 오류가 있음을 알림
        else if(화계.equals("해체"))            //현재 화계가 해체이면
            올릴요소 += "오류";                  //입력문에 오류가 있음을 알림
        else if(화계.equals("해요체")){          //해요체이면
            if(높임선어말어미등급.equals("낮춤")) //'시'가 낮게 되어 있다면
```

```
            올릴요소 += "4점＋주격조사＋시＋합쇼체";//'시'(2점), 주격조사(1점), 합쇼체(1점)
        else                                //'시'가 높게 되어 있다면
            올릴요소 += "2점＋주격 조사＋합쇼체" ; //주격 조사(1점), 합쇼체(1점).
    }
    else if(화계.equals("합쇼체")){          //현재 화계가 합쇼체이
        if(높임선어말어미등급.equals("낮춤"))    //'시'가 낮게 되어 있다면
            올릴요소 += "3점＋주격 조사＋시" ; //'시'(2점), 주격 조사(1점)
        else                                //'시'가 높게 되어 있다면
            올릴요소 += "1점＋주격 조사" ;     //주격 조사(1점)
    }
}
else if("주어명사와 주격조사가 모두 높은 경우"){//주어명사와 주격조사가 모두 높을 때
    if(화계.equals("해라체"))                //해라체이면
        올릴요소 += "오류" ;                  //입력문에 오류가 있음을 알림
    else if(화계.equals("해체"))             //현재 화계가 해체이면
        올릴요소 += "오류" ;                  //입력문에 오류가 있음을 알림
    else if(화계.equals("해요체")){          //현재 화계가 해요체이면
        if(높임선어말어미등급.equals("낮춤"))    //'시'가 낮게 되어 있다면
            올릴요소 += "3점＋시＋합쇼체";      //'시'(2점), 합쇼체(1점).
        else                                //'시'가 높게 되어 있다면
            올릴요소 += "1점＋합쇼체" ;        //합쇼체(1점)
    }
    else if(화계.equals("합쇼체")){          //현재 화계가 합쇼체라면
        if(높임선어말어미등급.equals("낮춤"))    //'시'가 낮게 되어 있다면
            올릴요소 += "2점＋시" ;           //'시'(2점)
        else                                //'시'가 높게 되어 있다면
            올릴요소 += "더못올림" ;           //현재문장은 이미 10점 만점.
    }
    }
}
```

먼저 전체 과정은 주어 명사와 주격 조사가 모두 낮은 경우, 주어 명사는 높고 주격 조사는 낮은 경우, 주어 명사와 주격 조사가 모두 높은 경우의 세 가지 경우 중 하나를 선택하게 되어 있다. 이렇게 구분하는 이유는 대우 등급을 변경하기 위해서는 주어 명사, 주격 조사, 높임선어말어미, 어말어미의 현재 대우등급 수준을 고려해야 하는데 한꺼번에 네 가지 상황을 모두

고려하는 것은 어려우므로 먼저 대우등급에 보다 민감한 주어부를 통해 나올 수 있는 세 가지 상황을 보려하기 때문이다.

점수를 변경할 때 요구되는 점수를 정확히 반영하지 못하고 차이가 있는 경우에는 그 앞에 몇 점 차이가 나는지를 밝혀 사용자의 요구가 그대로 반영되지는 못하였음을 알리도록 하였다. 또한 (9)의 제약에는 위배되지만 사용자는 이를 무시하고 입력할 수는 있으므로 이러한 경우에 대하여는 입력문에 오류가 있음을 알리도록 하였다.

이와 같은 방식으로 다른 경우도 처리가 가능한데 마지막의 주어 명사와 주격 조사가 모두 높으면서 현재 합쇼체 화계를 사용하고 높임선어말어미도 높임형이라면 현재의 입력문이 더 높일 수 있는 것이 없는 대우법 점수 10점 만점의 문장이므로 결과값에 더 올릴 수 없음만을 표시한다. 본 연구의 사용자 인터페이스는 사용자가 변경하기를 원하는 대우법 점수를 직접 입력하는 것이 아니라 슬라이더 바를 이용하여 변경하게 되어 있기 때문에 이러한 경우가 호출될 가능성은 없지만 다른 사용자 인터페이스로의 이식 가능성을 고려하여 이러한 예외 사항을 다룰 수 있도록 만들어 둔다.

그러므로 이 과정의 핵심은 아직 올리거나 내려지지 않은 대우법 참여요소가 어떠한 것인지를 파악하는 데에 있다. 이전 과정에서 올리거나 내려져야 할 점수의 폭과 주어 명사, 주격 조사, 높임선어말어미, 어말어미의 네 가지의 현재 대우 수준은 이미 파악이 되어 있으므로 요구되는 변경 점수 차이를 이루기 위해서는 어떠한 대우법 참여요소를 사용하여야 이 점수 폭에 가장 가깝게 구성할 수 있는지를 판단하는 것이다. 그리고 이 과정을 수행하기 위해서는 2.1에서 살펴보았던 대우법 참여요소의 종류와 4.1에서 살펴보았던 계량화에 있어서의 기본 원리와 각 대우법 참여요소의 기능부담량 설정이 필요함을 알 수 있다.

어떠한 대우법 참여요소를 올리거나 내려야 하는지에 대한 판단이 이루어졌으므로 이 결과값을 이용하여 다음 과정에서는 구체적으로 형태를 어떻게 치환할 것인지를 다루어야 한다.

5.3.2. 대우법 참여요소의 형태 변경

어떠한 대우법 참여요소를 어느 정도로 올리거나 내릴 것인지가 결정되었다면 그에 맞는 형태를 배당하는 것은 다소 쉽게 처리될 수 있다. 대우법 참여요소의 각 어휘들을 각 대우법 점수에 맞게 분류해 놓고 요청이 있을 때 해당하는 것을 전달해주면 되기 때문이다. 그러므로 이 과정에서 가장 중요한 것은 변경 대상 어휘와 새롭게 들어갈 어휘의 쌍을 잘 지어주는 것이다. 낮춤형 어휘에 대한 높임형 어휘, 높임형 어휘에 대한 낮춤형 어휘의 쌍을 잘 지어주고, 각 화계에 따른 어말어미의 형태를 파악하고 있어야 요청된 조건에 맞는 형태로 치환해 줄 수 있기 때문이다.

이 중 가장 문제가 되는 것은 대우법 현상의 영향을 받는 주어 명사로 쓰이는 어휘들과 화계에 따른 어말어미의 목록이다. 먼저 화계에 따른 어말어미의 목록은 2.3.3에서 연구된 바와 같이 기존의 연구 결과와 본 연구에서 조사한 어말어미의 목록을 사용할 수 있으나 어말어미는 신형을 포함하여 음운론적인 이유로 그 변이형이 무척 다양하기 때문에 계속적으로 목록을 추가 확보하는 작업이 이루어져야 하는 어려움이 있다.

하지만 주어 명사의 경우에는 이름을 제외하면 어말어미에 비해서는 그 목록이 다소 폐쇄적이라고 할 수 있으므로 그 목록을 확인하기가 보다 수월하다고 하겠다. 이름은 올바른 분석을 위해서는 이름으로 자주 쓰이는 목록 전체를 확보해야 하는 어려움이 있는데 3.2에서 본 바와 같이 이름이 상대방을 부르는 주어 명사일 때는 항상 대우등급이 낮으므로, 기본적으로 낮춤형이라고 할 수 있다. 그 외의 대우등급에 변화를 가져오는 이름에 대하여는 3.2에서 이름 관련 호칭어와 친족 관련 호칭어로 나누어서 살펴보았으므로 이를 참고하도록 한다.

하지만 우리말에는 이들 외에도 지금은 자주 쓰이지 않거나, 특수한 환경에서만 쓰이거나, 호칭어로는 잘 쓰이지 않더라도 지칭어로서 상대방을 가리키는 주어 명사로 쓰일 수 있는 것들이 다수 있는 바 이들을 표준국어대사전에서 수집하여 그 사용의 제한성을 고려하여 일반어, 궁중어, 종교어로 나누어 분류하였다.

[표 3] 표준국어대사전에서 수집한 대우등급의 영향을 받는 주어 명사의 목록 - 일반어

어휘	낮춤말[높임말]	어휘	낮춤말[높임말]
기성(棋聖/碁聖)	기사	안신(安信)	[안후(安候)]
가내댁(家內宅)	집안	안어른	안주인
가존(家尊)	아버지	안으서	아내
가친(家親)	아버지	안자	안회
각위(各位)	여러 사람	안자(晏子)	안영(晏嬰)
강사	[강백(講伯)]	안주인	[안어른]
개제(介弟)	아우	안항(雁行)	형제
객	[객인(客人)]	야야(爺爺)	아버지
객인(客人)	객	양(孃)	상대방
객중(客衆)	손님	양당(兩堂)	부모
객중보체(客中寶體)	너	양족존(兩足尊)	부처
객체(客體)	너	어르신네	아버지
견공(犬公)	개	어른	아버지
경자(卿子)	너	어머니	어미[어머님]
계방형(季方兄)	다른이의 아우	어머님	어머니
계씨(季氏)	남의 남동생	어사(漁師)	어부(漁夫)
고당(高堂)	남의 부모	어사(禦史)	[어사또]
고명(高明)	너	어사또	어사(禦史)
고명따님	딸	어장(禦丈)	장인(丈人)
고모	[고모님]	여러분	너희들
고모님	고모	여부인(如夫人)	첩
고모부	[고모부님]	여사(女史)	여자

어휘	낮춤말[높임말]	어휘	낮춤말[높임말]
고모부님	고모부	여사(女士)	여자
고모할머니	[고모할머님]	역신마마(疫神媽媽)	역신(疫神)
고모할머님	고모할머니	염마법왕(閻魔法王)	염라대왕
고모할아버님	고모할아버지	엽사(獵師)	사냥꾼
고모할아버지	[고모할아버님]	영감(令監)	남자
고조할머님	고조할머니	영감님(令監)	영감(令監)
고조할아버님	고조할아버지	영감마님(令監)	영감(令監)
고종씨(姑從氏)	고종 사촌	영등마마	영등할머니
공(公)	너	영부인(令夫人)	아내
과부	[과부댁]	영사(令嗣)	아들
과부댁(寡婦宅)	과부	영손(令孫)	손자
관장(官長)	관가의 장	영식(令息)	아들
관전(官前)	벼슬아치	영애(令愛)	딸
광원(鑛員)	광부	영자(令姉)	누이
교형(敎兄)	교우	영제(令弟)	아우
군(君)	너	영처(令妻)	아내
군대어른	군인	영총(令寵)	첩
군신(軍神)	군인	영형(令兄)	형
군후(君侯)	제후	오라버니	오빠, [오라버님]
귀공(貴公)	너	오라버니	오빠
귀관(貴官)	너	오라버니댁	새언니
귀군(貴君)	너	오라버님	오라버니
귀녀(貴女)	너	오빠	[오라버니]
귀댁(貴宅)	집안	옹(翁)	그 사람
귀문(貴門)	집안	완장(阮丈)	삼촌
귀사(貴社)	회사	왕고장(王攷丈)	할아버지
귀소(貴所)	사업체	왕대부인(王大夫人)	할머니
귀식(貴息)	자식	왕대인(王大人)	할아버지
귀신(貴臣)	신하	왕림(枉臨)	찾아옴
귀제(貴弟)	동생	왕모(王母)	할머니
귀족(貴族)	가족, 겨레	왕부(王父)	할아버지

어휘	낮춤말[높임말]	어휘	낮춤말[높임말]
귀형(貴兄)	너	왕장(王丈)	할아버지
그대	너	외가댁(外家宅)	외가
그분	그 사람	외따님	외딸
그이	그 사람	외숙모님	외숙모
기주(記主)	글쓴이	외숙부님	외숙부
남편	[부군(夫君)]	외택(外宅)	외가(外家)
낭군(郎君)	아들	외할머님	외할머니
낭군님	남편	외할아버님	외할아버지
낭랑(嬢嬢)	아내	운전기사	운전사
낭자(嬢子)	처녀	원님	원(員)
내군(內君)	부인	원합(院閤)	대원군
내외분	부부	위양장(渭陽丈)	외삼촌
노공(老公)	노인	의백(醫伯)	의사
노군(老君)	노인	의성(醫聖)	의사
노대인(老大人)	노인	윗님	심마니
노덕(老悳)	늙은 중	이모님	이모
노마님	부인	이모부님	이모부
노부인(老婦人)	늙은 여자	이모어머니	이모
노사장어른	증조부모	이모할머님	이모할머니
노선생	너	이모할아버님	이모할아버지
노야(老爺)	너	이분	이 사람
노인장(老人丈)	노인	이이	이 사람
노장(老長/老丈)	노인	인제(仁弟)	너
노존(老尊)	노인	인존(人尊)	부처
노체(老體)	노인	인형(仁兄)	너
노형(老兄)	너	인형(姻兄)	처남
뇌성대명(雷聲大名)	이름	임금님	임금
누나	누님	임자	너
누님	누나	자갸	자기
늙으신네	노인	자고	시어머니
늙은이	늙으신네	자네	너

어휘	낮춤말[높임말]	어휘	낮춤말[높임말]
님	씨	자당	어머니
당신(當身)	너	자씨	누이
대감(大監)	벼슬아치	자친	어머니
대감마님	벼슬아치	자형	형
대고모님	대고모	작은댁	작은집
대덕(大悳)	사람	작은따님	작은딸
대방(大房)	어머니, 할머니	작은아버님	작은아버지
대상(臺上)	주인	작은아버지	[작은아버님]
대성(大聖)	성인(聖人)	작은아씨	처녀
대소가(大小家)	대소댁	작은어머니	[작은어머님]
대소댁(大小宅)	대소가	작은어머님	작은어머니
대원수(大元帥)	원수(元帥)	작은집	[작은댁]
대인(大人)	너	작은할아버지	[작은할아버님]
대형(大兄)	너	작은할머님	작은할머니
대효(大孝)	너	작은할아버님	작은할아버지
댁(宅)	집	장군(將軍)	장관
댁내(宅內)	집안	장로(長老)	어른
댁네	아내	장모님	장모
도련님	도령	장인	가시아비[장인어른]
도령	도련님	장인어른	장인(丈人)
도체(道體)	너	장인항(丈人行)	어른
동상(東牀)	사위	재종씨(再從氏)	재종형제
따님	딸	저분	저 사람
량주분(兩主)	양주	저이	저 사람
령대인(令大人)	아버지	전실(前室)	아내
로댁(老宅)	아내	절하(節下)	장수(將帥)
로인님	노인	젊으신네	젊은이
로할머님	증조모	정실부인(正室夫人)	아내
로할아버님	증조부	제군(諸君)	너희
마나님	부인	제씨(諸氏)	너희
마님	부인	제형(諸兄)	너희

어휘	낮춤말[높임말]	어휘	낮춤말[높임말]
마마(媽媽)	너	조부장(祖父丈)	할아버지
마마님	너	조사(祖師)	창시자
맏누이	큰누님	조왕님(竈王)	조왕(竈王)
맏양반	맏아들	조카님	조카
매씨(妹氏)	누이	족백(族伯)	사촌네
맹형(盟兄)	친구	족하(足下)	너
며느님	며느리	존가(尊家)	집
명공(明公)	너	존고(尊姑)	시어머니
바깥양반	[바깥어른]	존공(尊公)	아버지
바깥어른	바깥양반	존구(尊舅)	시아버지
반빗하님	반빗아치	존구고(尊舅姑)	시부모
방신(芳身)	여자	존당(尊堂)	집, 집안
배위(配位)	아내	존로(尊老)	노인
백모님	백모	존모(尊母)	어머니
백부님	백부	존문(尊門)	가문, 집
백부장(伯父丈)	큰아버지	존백모(尊伯母)	큰어머니
백세지후(百歲之後)	죽음	존부인(尊夫人)	부인
백씨(伯氏)	맏형	존사(尊師)	스승
법주(法主)	부처	존숙모(尊叔母)	작은어머니
벼슬양반	벼슬아치	존온(尊媼)	어머니
보권(寶眷)	가족	존옹(尊翁)	노인
보담(寶覃)	집안	존자(尊者)	부처 제자
보체(寶體)	너	존장(尊丈)	너
복사(蔔師)	점쟁이	존저(尊邸)	집
본가댁(本家宅)	집	존집(尊執)	어른
본댁(本宅)	본집	존택(尊宅)	집, 집안
본마나님	본마누라	존형(尊兄)	너
본마누라	[본마나님]	종사상(從事相)	종사관
본부(本府)	본집	종씨(從氏)	사촌 형제
본집	[본댁]	종조모님(從祖母)	종조모
봉모(鳳毛)	자식	종조부님(從祖父)	종조부

어휘	낮춤말[높임말]	어휘	낮춤말[높임말]
부공(父公)	아버지	종조할머님	종조할머니
부군(夫君)	남편	종조할아버님	종조할아버지
부군(府君)	조상	주공	주인
부군(父君)	아버지	주령(主令)	주인
부로(父老)	어른	주사(主事)	너
부모님	부모	주인	[주인장, 주인님]
부인(夫人)	아내	주인님	주인
부자(夫子)	남편	주인댁(主人宅)	주인집
부집존장(父執尊長)	어른	주인마님	아내
분네	사람	주인아씨	아내
비씨(妃氏)	아가씨	주인어른	주인
빙택(聘宅)	처가	주인장(主人丈)	주인
사군(師君)	스승	주인집	[주인댁]
사돈댁(査頓宅)	사돈집	주태(主臺)	주인
사돈도령	사돈총각	준형(儁兄)	형
사돈아가씨	사돈처녀	중부(仲父)	[중부주]
사돈어른	바깥사돈	중부주(仲父主)	중부
사돈집	[사돈댁]	중씨(仲氏)	형
사모님	부인, 아내	중흥조(中興祖)	중
사문(斯文)	유학자	증자(曾子)	증삼
사백(詞伯)	문사(文士)	증조할머니	[증조할머님]
사부(師父)	스승	증조할머님	증조할머니
사부인(査夫人)	안사돈	증조할아버님	증조할아버지
사장(査丈)	어른	증조할아버지	[증조할아버님]
사종(辭宗)	문인	진국공(鎭國公)	국사당(國師堂)
사형(師兄)	선배	진국백(鎭國伯)	국사당(國師堂)
산명선생(算命先生)	점쟁이	진군(眞君)	신선(神僊)
삼종씨(三從氏)	삼종형제	집사(執事)	너
상공(相公)	재상	처가댁(妻家宅)	처가
새댁	새색시	초시(初試)	너
새아기씨	새색시	춘부장(椿府丈)	아버지

어휘	낮춤말[높임말]	어휘	낮춤말[높임말]
서랑(壻郎)	사위	춘훤(椿萱/春萱)	부모
서방님	남편	친정댁(親庭宅)	친정(親庭)
서성(書聖)	문인	친정아버님	친정아버지
석사(碩士)	선비	친정어머님	친정어머니
선다님	선달	큰누님	맏누이
선달(先達)	[선다님]	큰댁	큰집
선대부인(先大夫人)	어머니	큰따님	큰딸
선대인(先大人)	아버지	큰아가씨	맏시누
선부군(先父君)	선고(先攷)	큰아버님	큰아버지
선생	너	큰어머님	큰어머니
선생님	선생	큰할머님	큰할머니
선완장(先阮丈)	삼촌	큰할아버님	큰할아버지
선우(單于)	군주, 추장	탄모(誕母)	생모
선원대향(璿源大鄕)	이씨 왕실	터줏대감	터주
선조모(先祖母)	할머니	학조대사(學祖大師)	학조
선조부(先祖父)	할아버지	할머니	[할머님]
선처댁(先妻宅)	선처(先妻)	할머님	할머니
성선(聖善)	어머니	할아버님	할아버지
성씨(姓氏)	성(姓)	할아버지	[할아버님]
성재(聖宰)	재상	합내(閤內)	가족
소가(小家)	첩	현(賢)	자네
소실댁(小室宅)	첩	현고(顯攷)	고조부
손	[손님]	현매(賢妹)	누이
손님	손	현부(賢父)	아버지
수사또	수사(水使)	현부인(賢夫人)	아내
수재(秀纔)	총각	현서(賢壻)	사위
숙모님	숙모	현식(賢息)	자식
숙부님	숙부	현제(賢弟)	아우
숙부장(叔父丈)	작은아버지	현조(顯朝)	조정
숙씨(叔氏)	아우	현질(賢姪)	조카
순사또	관찰사	현형(賢兄)	친구

어휘	낮춤말[높임말]	어휘	낮춤말[높임말]
술손님	술손	형	[형님]
스승님	스승	형(兄)	너
시백(詩伯)	문인	형님	너, 형
시부모	[시부모님]	형수	[형수님]
시부모님	시부모	형수님	형수
시아버님	시아버지	형수씨	아내
시아버지	시아비[시아버님]	형씨(兄氏)	너
시어머니	시어미[시어머님]	형장(兄丈)	너
시어머님	시어머니	호성마마(戶星媽媽)	호구별성
시옹(詩翁)	시인	홀아버니	홀아비
시종(詩宗)	시인	홀어머니	홀어미
실내마님	아내	화백(畫伯)	화가
씨(氏)	그 사람	화본(畫本)	화상
아가씨	딸	화선(畫僊)	화가
아기씨	색시	화성(畫聖)	화가
아드님	아들	화인(華人)	중국인
아버님	아버지	황고(皇姑)	선고(先姑)
아버지	아비[아버님]	황고(皇攷)	선고(先攷)
아씨	부녀자	황백조고(皇伯祖攷)	큰할아버지
아우님	아우	황숙고(皇叔攷)	작은아버지
아주머님	아주머니	황조(皇祖)	할아버지
아주버니	아재[아주버님]	황조고(皇祖攷)	할아버지
아형(雅兄)	너	황조비(皇祖妣)	할머니
안댁	아내	황화(皇華)	사신
안부인	아내	후실(後室)	후처
안사돈	[사부인]		

[표 4] 표준국어대사전에서 수집한 대우등급의 영향을 받는
주어 명사의 목록 - 궁중어

어휘	낮춤말[높임말]	어휘	낮춤말[높임말]
경(卿)	너	성자신손(聖子神孫)	자손
금상폐하(今上陛下)	황제	세손궁(世孫宮)	왕세손
대군(大君)	군주	세자궁(世子宮)	왕세자
대왕(大王)	임금	옥주(玉主)	공주
대전마마(大殿媽媽)	임금	왕비	[중궁전]
대제(大帝)	황제	왕상(王上)	왕
대행(大行)	왕, 왕비	왕세손	[세손궁]
대행왕(大行王)	왕	자계	공주
대행왕비(大行王妃)	왕비	저하(邸下)	왕세자
동궁마마(東宮媽媽)	왕세자	전하(殿下)	왕족
만세옹(萬歲翁)	황제, 천자	중궁마마(中宮媽媽)	왕비
만승지존(萬乘之尊)	황제, 천자	지존(至尊)	임금
비전하(妃殿下)	비(妃)	태상왕(太上王)	상왕(上王)
상(上)	임금	태상황(太上皇)	상황(上皇)
상감	임금[상감마마]	태손궁(太孫宮)	황태손
상감(上監)	임금	태자궁(太子宮)	황태자
상감마마(上監媽媽)	상감	폐상(陛上)	임금
선대왕(先大王)	전왕(前王)	항아님	궁녀
성고(聖攷)	아버지		
성모(聖母)	국모(國母)		
성상(聖上)	임금		

[표 5] 표준국어대사전에서 수집한 대우등급의 영향을 받는
주어 명사의 목록 - 종교어

어휘	낮춤말[높임말]	어휘	낮춤말[높임말]
대신(大神)	무당	부처님	부처
만신	무녀	불보(佛寶)	부처
삼신상제(三神上帝)	삼신	불천(佛天)	부처
수부석(水府釋)	수신(水神)	비구(比丘)	[현수(賢首)]
신도(神道)	귀신	상인(上人)	중
신령님	신령	선사(禪師)	중
업왕대감(業王大監)	업왕	선실(禪室)	중
가비라선(迦毘羅僊)	가비라	스님	중
각령(覺靈)	고승	어장(魚丈)	중
강백(講伯)	강사	여리사(如理師)	부처
객스님	객승	여스님	여승
고덕(古惠)	중	예하(猊下)	고승(高僧)
고불(古佛)	고승, 조사	자재왕(自在王)	대일여래
고승(高僧)	중	자존	미륵보살
귀승(貴僧)	중	칠성님	칠원성군
나후라존자	나후라	큰스님	중
남스님	남승	현수(賢首)	비구
노불(老佛)	늙은 중	협(脅)	[협존자(脅尊者)]
노사(老師)	늙은 중	혜명(慧命)	비구
노장중	늙은 중	화상(和尙)	중
노전대사(爐殿大師)	노전승	대종사(大宗師)	너
노전스님	노전승	도형(道兄)	도사교
대기(大己)	중	복자(福者)	사람
대사(大師)	중	삼세신성(三世神聖)	최제우, 최해월, 손의암
대사문(大沙門)	비구	성도(聖徒)	신자
대화상(大和尙)	중	성하(聖下)	교황
덕사(惠士)	중	입도선하(立道禪下)	신자
무상존(無上尊)	부처	종사(宗師)	대종교

어휘	낮춤말[높임말]	어휘	낮춤말[높임말]
법형(法兄)	너	주님	주
보계(寶戒)	계율	천왕(天王)	환웅
보살(菩薩)	중	철형	신자
보찰(寶刹)	절	하지	신자
보축(寶軸)	서적		
보탑(寶塔)	탑		

2 장에서 언급한 바와 같이 위의 단어들은 대부분 제한적인 상황에서만 사용된다는 문제가 있기는 하지만, 이들은 주어 명사로서 높임형과 낮춤형 쌍으로 묶여 2차원 배열에 정리, 입력문의 어근과 비교가 될 수 있도록 할 수 있다. 그러면 대우등급이 올려져야 하는 경우를 예로 들어, 입력된 문장의 대우법 참여요소 중 대우등급을 높여야 하는 것이 있는지를 확인하는 IncreaseComponents 함수의 일부분을 통해 검색 과정을 보도록 하자.

[그림 16] 높일 주어 명사를 찾아서 변경하는 과정

```
for(int i=0; i<변경할요소.length; i++)        //변경할 할 요소 수만큼 순환.
{
  if(변경할요소[i].equals("주어명사"))        //변경할 할 요소 중 주어명사가 있다면.
  {
    boolean found = false;                  //breaker.
    for(int i2=0; i2<어근형태.length; i2++) //어근의 목록 중
    {
      for(int i3=0; i3<낮높주어명사.length; i3++)        //주어 목록과 비교하여
      {
        if(어근형태[i2].equals(낮높주어명사[i3][0])) //낮춤형 주어명사가 있으면,
        {
          새대우법요소[0][0] = 낮높주어명사[i3][1]; //높임형을 새주어명사로 입력.
          새대우법요소[0][1] = 낮높주어명사[i3][0]; //올려지기 전 값도 입력시킨다.
          found = true;                 //주어명사찾기에서 빠져 나올 준비.
          break;                        //현재 for문을 빠져 나옴.
        }
```

```
        }
    if(found)
        break;                          //주어명사찾기에서 완전히 빠져 나옴.
    }
  }
  ...                                   //주격 조사, '시', 어말어미를 찾음.
}
```

이전 단계를 통하여 어떠한 대우법 참여요소를 올릴지가 결정되었으므로
이 변경할 요소의 수만큼 순환하여 이들 중 '주어 명사'가 있으면 입력문 어
근의 목록에서 낮춤형 주어 명사와 일치하는 것이 있는지 확인한다. 낮춤형
주어 명사는 그의 짝인 높임형 주어 명사와 함께 2차원 배열의 항목을 구성
하므로 위의 그림에서 낮높주어명사[i][0]에는 낮춤형 주어 명사, 낮높주어명
사[i][1]에는 높임형 주어 명사가 입력되어 있다.

입력된 어근의 목록에서 낮춤형 주어 명사가 발견이 되면 이의 짝인 높임
형 주어 명사를 새 대우법 구성 요소에 입력시키고, 같은 2차원 배열의 짝
에 본래의 낮춤형 주어 명사도 입력시켜서 둘이 같이 움직이도록 한다. 이
것은 이후의 과정에서 주어 명사가 변경되었는지 여부를 검사하여 그렇다
면 변경된 주어 명사의 모습을 쉽게 찾을 수 있도록 한다.

주어 명사의 변경이 이루어졌다면 더 이상 순환을 할 필요가 없으므로
for 구문을 완전히 빠져 나오고, 이와 유사한 과정을 주격 조사, 높임선어말
어미, 어말어미에 대해서도 시행한다.

그런데 어말어미의 경우에는 화계는 물론 서법 범주가 있기 때문에 주어
명사의 경우와 같이 형태만을 비교하여 그의 높임형 혹은 낮춤형의 짝을 찾
을 수가 없다. 예를 들어 '어요'라는 어말어미가 발견되었고 이것의 화계가
해요체인 것을 알았다고 하더라도 합쇼체에 해당하는 어미는 서술형, 약속
형, 의문형, 명령형, 청유형 등 서법 범주에 따라 그 어미의 모습이 달라지
기 때문에 아무 것이나 새 대우법 구성 요소로 입력시킬 수가 없다.

그러기 때문에 비교에 앞서서 현재의 어미가 어떠한 서법 범주에 속하는지를 판단하고, 어미의 화계를 변경시킬 때는 이 서법 범주에 따라서 적절한 어미를 새 대우법 구성 요소로 입력시켜야 한다. 이 과정은 앞에서 보아 왔던 것처럼 미리 어말어미를 서법 범주에 따라 분류하여 배열에 저장하고, 입력된 문장의 어미를 이들과 하나씩 비교해 보는 과정으로 이루어지므로 과정 자체는 특별할 것이 없지만 어말어미의 화계를 결정에서 문제가 되었던 것처럼 올바른 서법 범주의 판단을 위해서는 신형과 변이형을 포함하는 가급적 많은 어말어미의 형태가 필요하다.

하지만 어말어미의 형태만으로는 그 서법을 결정할 수 없는 경우가 있어 이 경우를 위한 별도의 처리가 요구된다. 예를 들어 해체의 '어, 지', 해요체의 '어요, 지요' 등은 서술형, 의문형, 명령형, 청유형에서 모두 그 모습이 같기 때문에 어말어미만으로는 서법을 결정할 수가 없다. 그런데 이들이 화계가 변경되었을 때는 그 형태에 다시 차이가 생겨 문제가 된다.

(14) 가. 학교에 가. ───────▶ 학교에 갑니다.   (서술형)
　　 나. 학교에 가? ───────▶ 학교에 가십니까?   (의문형)
　　 다. 학교에 가! ───────▶ 학교에 가십시오!   (명령형)

(14가,나,다)는 서술형, 의문형, 명령형으로 모두 그 서법이 다름에도 불구하고 화계가 해체일 때는 형태적으로 그 차이가 드러나지 않는다. 그러나 이들의 화계가 합쇼체로 올라가게 되면 서로 달라지므로 입력문의 화계에서는 어말어미 상으로 차이가 나지 않는다고 하더라도 대우등급을 변경할 때는 서법적 차이를 고려하지 않을 수 없다. 이것의 처리를 위해서 가장 확실한 방법은 문장표지를 사용하는 것이다. 문장표지는 일부의 경우에는 생략될 가능성이 있지만 입력할 때 문장표지가 없으면 서법이 구분되지 못할 때는 대부분 문장표지를 생략할 수 없으므로 이 정보를 대우등급 변경 시의 서법 정보로 활용할 수 있다.

하지만 청유형의 경우에는 특별한 문장표지가 없어 술어부에서는 형태적
으로 서술형과의 차이가 드러나지 않아 다시 문제가 된다.

(15) 가. 나는 학교에 가.
　　　나. 우리 학교에 가.

그러므로 이러한 경우에는 주어부를 보아야 한다. 특히 청유형 문장의 경
우에는 함께 하자는 의미가 있게 되므로 주어 명사가 '우리'가 들어가는 경
우가 많으므로 이러한 문장의 특징을 이용할 수 있다.

이상의 과정에 의하여 서법 범주의 판단이 이루어졌으면 DecideEomi
FormByLevelMood 함수는 다음과 같이 변경된 화계에 따라 새 어미를 입력
시킨다.

[그림 17] 어말어미를 변경된 화계에 따라 입력시키는 과정

```
public String DecideEomiFormByLevelMood(String 화계, String 서법)
{
    if(화계.equals("합쇼체"))
    {
        if(서법.equals("서술형"))
            새어미 = "ㅂ니다";                    //합쇼체 서술형 대표형 입력
        else if(서법.equals("약속형"))
            새어미 = "오리다";                    //합쇼체 약속형 대표형 입력
        else if(서법.equals("의문형"))
            새어미 = "ㅂ니까";                    //합쇼체 의문형 대표형 입력
        else if(서법.equals("명령형"))
            새어미 = "십시오";                    //합쇼체 명령형 대표형 입력
        else if(서법.equals("청유형"))
            새어미 = "십시다";                    //합쇼체 청유형 대표형 입력
    }
    ......
}
```

위의 그림은 변경된 화계가 합쇼체일 때의 처리 과정을 보여주고 있는데 입력된 어미의 서법 범주에 따라 서로 다른 어미를 입력시키고 있는 것을 볼 수 있다. 입력된 어미의 비교를 위해서 시스템은 다양한 형태의 어미를 가지고 있어야 하지만 새로운 어미를 입력시키기 위해서는 화계와 서법에 따른 대표형 하나씩만 가지고 있는 것으로 족하다. 어말어미를 구분하는 범주는 화계와 서법 두 가지로서 이들이 아래의 그림과 같이 날줄과 씨줄의 관계를 구성하고, 그 안에서의 변이형은 화자의 수의적인 선택에 불과하므로 새로운 어미를 입력시킬 때에는 이 수의적 변이형에 대해서는 반영을 할 수가 없는 것이다.

[표 6] 화계와 서법의 관계

	서술형	약속형	의문형	명령형	청유형
합쇼체	ㅂ니다 습니다 나이다 올시다	오리다	ㅂ니까 습니까 나이까	십시오 소서	십시다
해요체	어요 지요 는군요 ㄹ걸요	ㄹ께요 지요	어요 지요 는가요 ㄹ까요	어요 지요	어요 지요
해체	어 지 군	ㄹ께 지	어 지 나	어 지	어 지
해라체	ㄴ다 구나	마	느냐 니 랴	어라 려무나 렴	자꾸나

위의 표에서 하나의 어미가 결정되는 데에는 화계와 서법 두 가지만이 요구되며, 그 안에서 '-ㅂ니다, -나이다, -올시다, …'등의 변이형을 구분하는 문법 범주는 존재하지 않는다. 예를 들어 '-나이다'가 보다 예스러운 의

미를 주기는 하지만 이를 문법적으로 구분할 범주는 없는 것이다. 그러므로 이 수준에서는 더 구체적인 조건을 찾아 형태를 일치시키려고 할 필요가 없이 이들의 대표형으로 생각되는 것을 하나씩 선정하여 입력시키면 변경된 대우등급에 따른 어말어미의 선택이 이루어지게 된다.

이상의 처리된 결과는 시스템 중앙으로 보내져 사용자에게 보이기 위하여 결과를 조합하는 단계에 이용된다.

5.3.3. 대우등급 변경결과의 출력

분석 및 변경된 결과는 사용자에게 그 최종 결과를 보이기 위하여 기존의 형태소 분석을 변경하여 새로운 형태소 분석 결과를 제시하고, 이에서 형태소 단위를 제거하여 어절 단위의 변경된 형태를 도출하고 최종적으로 각 어절에서 어근과 접사가 하나의 음절을 이루는 경우를 처리함으로써 입력문에 대하여 변경된 대우등급이 적용된 문장을 완성하고 이를 사용자에게 제시하며 모든 과정을 끝맺는다.

먼저 형태소 분석 결과를 변경함에 있어서 가장 중요한 것은 기존의 형태소 분석 열에서 변경되기 전의 모습을 찾아 변경된 형태로 바꾸어주는 것이다. 이 과정이 이루어지기 위해서는 각 대우법 요소의 대우등급이 변경되기 전의 모습과 변경된 모습을 시스템이 동시에 가지고 있어야 하므로 [그림 16]에서 '새대우법요소' 배열에 변경된 형태를 입력함과 동시에 기존의 형태도 버리지 않고 같은 쌍으로 만들어 두었다.

그러나 이 때 주격 조사 '은, 는, 이, 가', 높임선어말어미 '시'와 같은 경우에는 단음절이므로 형태의 일치만으로 변경을 시도하면 이러한 음절을 가지고 있는 다른 어절에서 잘못된 처리가 일어날 수 있으므로 이들의 형태소 분석 결과를 같이 참조해야 한다.

[그림 18] 어말어미를 변경된 화계에 따라 입력시키는 과정

```
if(주격 조사[1][0] != "none")          //주격 조사가 변경되었다면
    출력문 = 입력문.replace("JKS:"+주격 조사[1][1], "주어명사:"+주격 조사[1][0]);
```

replace 함수는 비교대상 항목과 비교할 항목을 입력받는데 언급하였듯이 본 연구의 시스템은 이들을 하나의 쌍으로 전달한다. '주격 조사[1][0]'에는 변경하기 전의 형태가 담겨 있고, 그의 짝인 '주격 조사[1][1]'에는 변경이 된 다음의 모습이 담겨 있다. 그런데 변경하여야 할 주격 조사의 형태가 예를 들어 '은'이라고 할 때 이들을 형태로만 비교하면 명사(금과 은) 또는 선어말어미(웃은 적)에도 있으므로 위에서와 같이 그 앞에 품사가 주격 조사를 나타내는 'JKS'로 되어 있는지를 확인해야 한다.

위의 처리를 주어 명사, 주격 조사, 높임선어말어미, 어말어미 모두에 시행하여 기존의 형태소 분석을 변경된 대우등급에 맞게 변경하여 주면 5.1.4의 형태소 분석결과는 다음과 같이 바뀐다.

[그림 19] 형태소 분석의 변경 결과

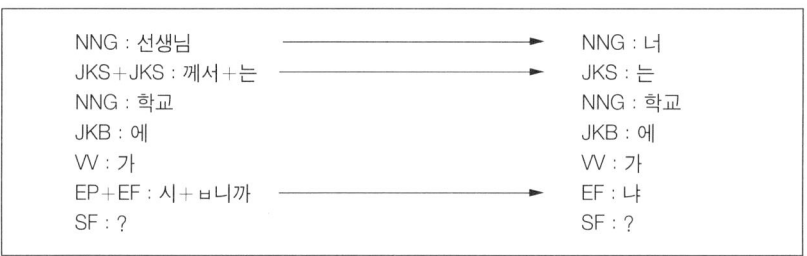

입력문 '선생님께서는 학교에 가십니까?'에서 대우법에 영향을 받는 '선생님, 께서, 시, ㅂ니까'가 각각 '너, ∅, ∅, 냐'로 바뀌었다. 이들은 최종 출력문과 함께 사용자에게 보여져 구체적으로 어느 형태소에서 변경이 일어났

는지를 알 수 있게 해준다.

형태소 차원에서 변경된 입력문을 최종 출력문으로 내보내기 위해서는 기본적으로는 위의 결과에서 형태소 분석 결과만을 삭제하면 되겠지만 두 개의 형태소가 하나의 음절에 나타나는 경우가 있으므로 별도의 처리를 해 주어야 한다.

[그림 20] 두 개의 형태소가 하나의 음절로 나타나는 경우의 분석

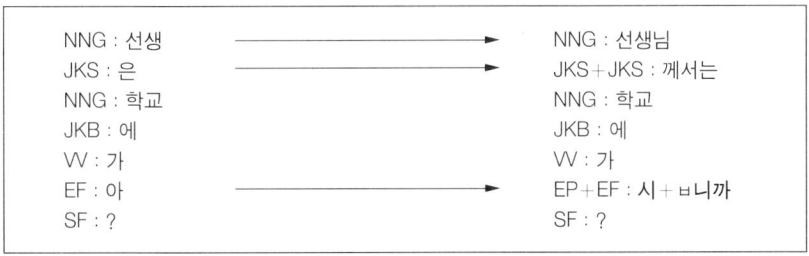

위의 그림은 대우등급을 높이는 경우인데 선어말어미와 어말어미의 대우 등급 변경 결과 '시+ㅂ니까'와 같은 형태가 도출되게 되었다. 여기서 형태소 분석 기호인 '+'를 소거한다고 하여도 최종 출력문은 '선생님께서는 학 교에 가시ㅂ니까?'와 같게 되므로 이를 처리해 주어야 할 필요가 있다. 이 문제를 해결하기 위하여 CombineRootAffix 함수는 다음과 같이 예외적인 형태가 도출되는 경우를 고려하여 최종 형태가 도출될 수 있도록 한다.

[그림 21] 두 개의 형태소를 하나의 음절로 결합하는 과정

```
public String CombineRootAffix(String 문장, String originalInputMarker)
{
    //어근과 접사 사이에서의 변화
    if(문장.contains("가ㅂ니다"))
        문장 = 문장.replace("가ㅂ니다", "갑니다");
    else if(문장.contains("가ㅂ니까"))
        문장 = 문장.replace("가ㅂ니까", "갑니까");
    else if(문장.contains("가어라"))
        문장 = 문장.replace("가어라", "가라");
    else if(문장.contains("가어"))
        문장 = 문장.replace("가어", "가");

    //접사와 접사 사이에서의 변화
    else if(문장.contains("시＋요"))
        문장 = 문장.replace("시＋요", "세요");
    else if(문장.contains("시＋ㅂ니다"))
        문장 = 문장.replace("시＋ㅂ니다", "십니다");
    else if(문장.contains("시＋ㅂ니까"))
        문장 = 문장.replace("시＋ㅂ니까", "십니까");

    ....

    return 문장;
}
```

이러한 변화는 종류가 많으므로 적절한 분류를 통해 관리하도록 한다.

이상의 과정을 모두 거친 최종출력문은 다음과 같은 인터페이스를 통해 사용자에게 제공된다.

[그림 22] 대우등급 변경결과의 출력

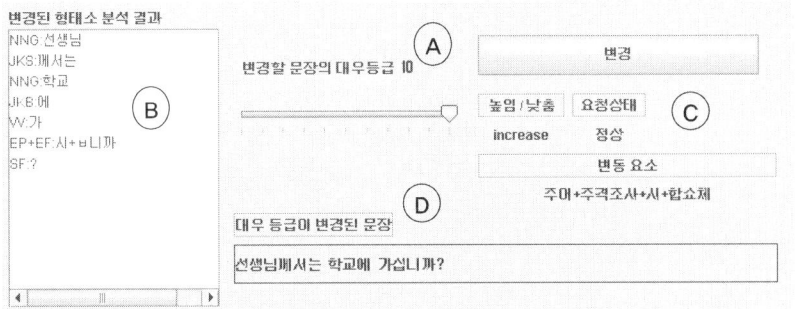

사용자가 A구역의 슬라이더를 이용하여 원하는 대우등급을 입력하면 B
구역에 변경된 대우등급에 따른 새로운 형태소 분석결과가 제시되고, C 구
역에서는 현재의 변동 상태는 대우등급을 올린 상황이라는 것과, 사용자의
입력문에는 문제가 없었다는 점, 변동에는 어떠한 대우법 요소가 사용되었
는지가 제시되어 있다. 마지막으로 D 구역에는 입력문에 대하여 대우등급
이 변경된 최종 출력문이 제시된다.

6. 결 론

6. 결 론

6.1. 요약

본 연구는 우리말의 대우법 지식체계를 정보화하는 과정을 기술하였다. 이를 위하여 대우법에 관한 기존의 국어학적 연구 결과를 정리하는 것으로부터 출발하였으나 현대의 대우법 현상을 보다 분명히 파악하기 위해서는 다음과 같은 몇 가지 점에 대해서는 수정 및 보완이 필요하다고 생각되었다.

먼저 대우법을 종류를 기존의 행위자 중심과 대화 참여자 중심의 이원적 체계로 되어 있는 주체 · 객체 · 청자 대우법으로 다룰 것이 아니라 대화 참여자를 중심으로 하는 1인칭 · 2인칭 · 3인칭 대우법으로 분류할 것을 제안하였다. 기존의 체계는 문법적 관점에서는 유용한 면이 있지만 본 연구와 같이 대화 중심의 대우법 사용 양상을 파악하는 데에는 인칭에 따른 대우법 분류가 더 효과적이라고 보았다. 그리고 각 인칭에 따른 대우법 참여요소로 1인칭 대우법에는 주어 명사, 어말어미를, 2인칭 대우법에는 주어 명사, 주격 조사, 높임선어말어미, 어말어미를, 3인칭 대우법에는 주어 명사, 주격 조사, 높임선어말어미가 있음을 밝혔다.

대우 표현의 방법으로는 크게 어휘적 대우, 문법적 대우, 문체적 대우의 세 가지가 있지만 어휘적 대우는 일부 어휘에 대해서만 그 현상을 볼 수 있는데다가 그 등급이 균일하지 않고, 본격적인 문체적 대우는 현재의 연구 수준에서는 다루기가 어렵기 때문에 대우표현을 통한 대우등급의 조절에는 문법적 대우에 속하는 요소들만 해당될 수 있는 것으로 보았다.

화계에 있어서는 기존에도 지속적으로 그 필요성이 논의가 되어왔지만 하게체와 하오체는 특수형으로 구분하였다. 다른 화계와는 특히 그 사용 빈도에서 큰 차이를 보여주는 이 두 화계는 특수형 화계로 별도 분류하는 것이 화계를 간단하게 설명하게 할 뿐만 아니라 일반적인 상황에서의 화계의 단선적인 서열 관계를 보여주는 장점이 있기 때문이다. 또한 기존에는 화계를 격식체와 비격식체로 구분하였지만 실제로는 격식체 화계와 비격식체 화계 사이의 구분이 명확하지 않고 청자에게서 받는 압력으로 대체 설명이 가능하므로 격식체와 비격식체에 대한 구분은 그 필요성이 높지 않다고 하였다.

각 화계에 따른 어말어미의 형태를 조사하여 보았는데 실용적인 측면을 위해서는 기존과 같이 각 화계에 속하는 대표형 몇 가지만 제시할 것이 아니라 가능한 변이형과 축약형까지도 모두 제시하는 것이 바람직하다고 주장하였다. 선행 연구에서도 이러한 어말어미의 유형에 대하여 약 400개 정도까지 파악한 작업들이 있었지만 본 연구가 수집한 2000 문장 코퍼스를 통해서도 231개의 유형이 나온 것을 볼 때 보다 자세한 작업이 필요하다고 생각된다.

3장에서는 대우등급을 다양하게 하는 요인들에 대하여 살펴보았다. 우리말의 대우법은 실제 운용에 있어서는 높임선어말어미에 의한 2 단계나 일반형 화계에 의한 3~4 단계보다 더욱 많은 대우등급을 표현할 수 있는데 이것은 몇 가지 방법에 의하여 가능하다. 먼저 대우법에 참여하고 있는 대우법 요소들은 서로 다른 대우등급을 가지고 결합될 때 중간 단계의 대우등급을 가질 수 있다. 이것을 이루는 근본 원리를 본 연구는 호응의 원리에서 찾았는데 기존의 연구에서 '호응'을 언급할 때는 주어부와 술어부의 대우등급이 일치하여야 한다는 비교적 엄격한 제약으로 보았지만 본 연구의 논의 결과로는 대우등급의 완전한 일치가 아닌 비슷한 수준의 요구임을 알 수 있었다. 이에 호응의 원리를 문장이 비문이 되지 않는 범위 내에서 주어부와 술어부 사이에 대우등급 차이를 두어 보다 세부적인 문장의 대우등급 실현이 가능한 요소로 재해석하였고, 더불어 대우등급을 변경시킬 때 고려해야 하는 몇 가지 제약을 제공하는 기제로도 보았다.

다음으로는 상황에 따라 달라지는 호칭어의 대우등급 문제에 관하여 논의하였다. 우리말의 호칭어는 단선적인 서열 관계를 갖고 있는 것이 아니라 상황과 관계에 따라서 달라지는 비단선적인 서열 관계를 갖고 있는 것으로 정리되었다. 일부의 호칭어는 상황에 따라 사용 가능성이 달라지기도 하고, 또 다른 일부의 호칭어는 같은 형태라도 상황에 따라 그 대우등급이 달라지므로 호칭어의 대우등급을 조사할 때는 형태만으로는 판단하기 어렵고 상황적인 요소를 같이 고려해야 한다.

높임선어말어미의 대우등급과 어말어미의 대우등급을 함께 이용하는 종결표현은 일반적 화계에 속하는 것으로는 '해라·해·해요·하세요·합쇼·하십시오'의 여섯 가지가 사용되고 있었다. 이들을 화계가 아닌 종결표현의 관점에서 다루었기 때문에 해요形과 하세요形은 똑같이 해요체에 속하지만 해요形은 합쇼체의 합쇼形보다 대우등급이 낮은 반면, 하세요形은 합쇼形보다 오히려 높은 것이 범주 차원에서 정리가 될 수 있었다. 종결표현도 상황에 따라 사용에 있어 경향성을 보여주었는데 이를 이용하여 문장이 아닌 상황만을 통해서도 대우등급을 어느 정도는 추정해 볼 수 있음도 알게 되었다.

이상의 연구 결과를 토대로 4장에서는 대우표현에 대한 계량화와 정보화에 필요한 기본 원리에 대하여 생각해 보았다. 2장에서 본 인칭에 따른 대우법의 체계, 대우법 참여요소, 일반형 화계의 종류는 대화 시의 대우등급을 위해서는 어떠한 요소들을 파악하면 되는지를 알려 주었고, 3장에서 본 대우등급의 조절 원리와 호칭어, 종결표현의 대우등급 양상은 대우등급 계산을 위한 방법과 대우법 참여요소의 대략적인 대우등급을 알 수 있게 해주었다. 이러한 2, 3장의 연구 결과와 본 연구에서 조사한 대우등급 인식에 대한 설문조사는 대우등급 조절 시의 제약과 대우법 참여요소의 기능부담량을 결정할 수 있게 해주었다.

주어부와 술어부 사이의 대우등급은 큰 차이가 나면 안된다는 호응의 원리를 발전시켜 4.1.2에서는 대우등급 조절 시 고려해야 하는 호응의 원리 제약 1, 2 및 5.3.1에서는 2인칭 대우법 문장에서 고려해야 하는 보완된 호응의 원리 제약 1을 도출하였고, 이를 다시 2인칭 대우법 문장에서 대우등급을 높일 때와 낮출 때로 나누어 그 제약을 정리하였다. 호응의 원리 제약 1, 2는 다음과 같다.

> 호응의 원리 제약 1
> 가. 주어 명사는 비높임형인데 주격 조사만 높임형이 될 수는 없다.
> 나. 주어부는 비높임형인데 술어부만 높임형이 될 수는 없다.
>
> 호응의 원리 제약 2
> 가. 실현된 대우법 요소 중 높임형이 있으면 생략된 요소도 높임형으로 간주한다.
> 나. 일부 요소가 비높임형으로 실현되었다면 그 요소가 갖는 대우법 점수만큼 감점한다.

이러한 제약들을 통해 정리한 5장의 문장의 대우등급을 높일 때와 낮출 때의 제약은 문장의 대우등급을 변경할 때 준수해야 하는 조건이 되어 자연스러운 문장이 생성될 수 있도록 해준다.

4.1.3에서는 설문조사 결과를 회귀분석하여 대우법 참여요소의 기능부담량을 다음과 같이 결정할 수 있었다.

[표 1] 대우법 기능부담량

인칭	대우법 참여요소	기능부담량	화계 비고
1인칭	주어 명사, 어말어미	3, 7	0/1/6/7
2인칭	주어 명사, 주격 조사, 높임선어말어미, 어말어미	2, 1, 2, 5	0/1/4/5
3인칭	주어 명사, 주격 조사, 높임선어말어미	4, 3, 3	

각 인칭의 대우법 점수를 10점 만점으로 두었을 때, 1인칭 대우법의 참여요소인 '주어명사 : 어말어미'는 '3 : 7'의 비율로 기능부담량을 가지며, 어말어미의 '해라 – 해 – 해요 – 합쇼'체 화계는 '0 – 1 – 6 – 7'의 점수를 가진다. 2인칭 대우법의 참여요소인 '주어명사 : 주격조사 : 높임선어말어미 : 어말어미'는 '2 : 1 : 2 : 5'의 비율로 기능부담량을 가지며, 어말어미의 각 화계는 '0 – 1 – 4 – 5'의 점수를 가진다. 3인칭 대우법의 참여요소인 '주어명사 : 주격조사 : 높임선어말어미'는 '4 : 3 : 3'의 비율로 기능부담량을 가진다.

4.1의 연구 결과를 바탕으로 4.2에서는 대우법 분석기의 개발을 위한 설계를 다루었다. 대우법 분석기를 개발하기 위해서는 형태소 분석기를 확보하는 것이 선행되어야 하는 바 본 연구는 언어적 특징을 담아내면서도 효율적인 성능을 발휘하는 형태소 분석기의 원형을 개발하였고, 그 주요 특징으로 어절에 대한 어근과 접사로의 인식, 음절 단위 상속, 어휘의 객체화를 들었다. 이러한 특징들은 규칙 기반 형태소 분석기는 물론 일반 형태소 분석기가 가졌던 문제들을 상당 부분 해소하여 주었다. 또한 대우법 분석 부분에 대해서는 세부적인 사항을 담당하는 클래스와 이를 관리하는 클래스를 구분하여 객체지향 프로그래밍의 특징인 은닉성을 실현함으로써 보다 단순한 구조를 이룸과 동시에 확장성과 이식성에서도 좋은 성능을 발휘하도록 하였다.

5장에서는 이제까지의 논의가 실제 전산 작업으로는 어떻게 구현되는지를 그 주요 함수의 설명과 함께 보였다. 대우법 정보화의 과정을 크게 형태소 분석 과정, 대우등급 분석 과정, 대우등급 변경 과정으로 나누어 어근과 접사를 기본으로 하는 형태소의 분석, 대우법 참여요소의 점수 판단, 생략된 요소의 처리, 변경할 요소의 선택, 기존 입력문의 변경 등 문장이 입력되어 원하는 수준으로 변경되기까지의 주요 과정을 세부 함수의 설명과 함께 담았다. 이 알고리즘에 대한 설명은 국어의 대우법 현상이 어떻게 정보화될 수 있는지에 대한 실제적인 모습을 보여준다고 하겠다.

6.2. 남은 문제

국어 대우법의 지식 체계가 정보화하는 과정을 기술한다는 목표로 진행된 본 연구는 일반인들에게 국어의 지식 체계를 디지털화하여 전달한다는 궁극적인 목적을 위해 노력하였고, 대우법에 관한 이론을 보완함으로써 국어학 내적인 문제에도 관여하였으며, 계량화 작업을 통해 인문학과 응용 학문의 접점을 찾으려 함으로써 학제 간 연구도 다루었다. 이로써 추상적인 성격이 강하다고 여겨지고 있는 인문학의 연구 결과가 우리의 실제 생활에 어떻게 유용하게 쓰일 수 있는지 볼 수 있었다고 생각한다.

하지만 본 연구는 다음과 같은 몇 가지 문제를 후행 연구의 몫으로 남겨 놓는다. 먼저 실질적인 형태소 분석과 대우등급의 계산이 이루어지기 위해서는 모든 어말어미에 대한 목록 조사가 필요하다. 모든 변이형과 축약형, 그리고 결합형까지 포함한 어말어미에 관한 완전한 목록은 아직 조사된 바가 없었다. 본 연구에서 그 필요성과 가능성, 그리고 2000 문장에서 얻은 어말어미의 목록을 조사하기는 하였지만 선행 연구와 결합하여 보다 많은 어말어미의 유형에 대한 조사가 필요하다.

둘째, 본 연구는 대화 시의 대우등급 계산을 목표로 하였기 때문에 일반형 화계에 대하여만 연구를 하였지만 특수형 화계에 속하는 하게체와 하오체도 비록 낮은 빈도수이지만 사용되는 만큼 이들에 대한 대우등급과 사용 양상에 대한 조사가 필요하다.

셋째, 호칭어와 관련하여 대표적이라고 생각되는 주요 형태를 위주로 조사하였지만 어말어미의 경우와 마찬가지로 모든 호칭어에 대한 대우등급과 사용 양상에 대한 조사가 필요하다.

넷째, 본 연구는 대우법을 정보화하는 문제에 있어서 대우등급을 인식하는 문제만 다루었지만 보다 광범위한 사용을 위해서는 적절한 대우등급을 갖춘 문장을 생성하는 시스템도 구축하여야 한다. 대우등급의 인식은 대우법을 정보화했다는 측면에서는 의의가 있지만 실제 쓰임에 있어서는 한국어 교육적인 차원에서 외국인에게는 적절한 대우등급을 갖춘 문장은 어떠한 모습으로 구현되는지를 보여줄 필요가 있고, 전산적 측면에서는 적절하지 않은 등급으로 사용된 문장을 적절한 문장으로 바꾸어 주어야 하며, 인간－컴퓨터 상호작용의 측면에서는 컴퓨터가 사람에게 시의적절한 대우법을 사용할 수 있도록 해야 하는 것이다.

이러한 점을 고려하면 본 연구의 작업은 국어학의 지식 체계가 정보화될 수 있는 가능성을 보여준, 그 출발선 상에 있다고 하겠다. 앞으로도 대우법을 포함하여 말로써 드러나는 인간의 다양한 감정을 정보화하는 문제에 대해 보다 깊이 있는 연구를 수행하겠다.

◉ 참고문헌 ◉

강승식(1993), "음절 정보와 복수어 단위 정보를 이용한 한국어 형태소 분석." 서울대학교 박사학위논문.

강승식(1995), "음절 특성을 이용한 한국어 불규칙 용언의 형태소 분석."「정보과학회논문지(B)」22 - 10. 1480 - 1487면. 한국정보과학회.

강승식(2003),「한국어 형태소 분석과 정보 검색」홍릉과학출판사.

강현철 · 한상태 · 이은수(2002),「마케팅 리서치를 위한 SPSS 데이터 분석과 활용」자유아카데미.

강희숙(2002), "호칭어 사용에 대한 사회언어학적 분석 -서비스업을 중심으로-."「사회언어학」10 - 1. 1 - 24면. 한국사회언어학회.

고영근(1974a), "현대국어의 종결어미에 대한 구조적 연구."「어학연구」10 - 1. 118 - 157면. 서울대학교 어학연구소.

고영근(1974b), "현대국어의 존비법에 대한 연구."「어학연구」10 - 2. 66 - 91면. 서울대학교 어학연구소.

고영근(1993),「표준 국어문법론」탑출판사.

고영근(2004),「한국어의 시제 서법 동작상」태학사.

고창수(2002),「자질연산문법이론」월인.

국립국어연구원(1992),「표준 화법 해설」대륙사.

권오병(2005),「정보기술과 경영정보시스템」대경.

권오병 · 정기욱(2004),「유비쿼터스 시스템의 이해」신론사.

권오병 · 최석재 · 박태환(2007), "존대등분 계산법을 활용한 상황 인식형 모바일 서비스 인터페이스 설계."「한국지능정보시스템학회논문지」13 - 3. 141 - 160면. 한국지능정보시스템학회.

김문성(1984), "국어존대법연구 - 높임의 등분설정을 중심으로-."「어문론집」17. 133 - 145면. 중앙어문학회.

김미정(1995), "한일양국의 (韓日兩國) 호칭어에 (呼稱語) 관한 고찰; 직장에서의 실태조사를 통하여."「일본학보」35. 115 - 126면. 한국일본학회.

김민수(1964),「신국어학」일조각.

김민수(1973),「國語文法論」일조각.

김상대(1999), "국어 대우법의 변화 양상에 대하여; '님, 분'의 쓰임을 중심으로."「국어교육」 99. 127 - 144면. 한국어교육학회.

김석득(1966), "국어 형태론."「연세논총」 4. 1 - 46면. 연세대학교 대학원.

김석득(1968), "현대 국어 존대법의 일치와 그 확대구조."「국어국문학」 41. 106 - 112면. 국어국문학회.

김시황(1998), "한국인의 지칭과 호칭."「동양예학」 1. 177 - 253면. 동양예학회.

김영택 외(2001),「자연언어처리」생능출판사.

김용하(2005), "문법과 화용론의 관계를 생각한다 - '한국어 어미 '- 시 -'의 문법'(2000)을 중심으로 - ."「형태론」 7 - 2. 455 - 468면. 박이정.

김의수(2000), "대우 표시 어휘의 사적인 연구."「한국어학」 11. 185 - 212면. 한국어학회.

김의수(2002), "청자 대우법 문말어미 교체의 허가 원리 연구."「언어학」 31. 31 - 52면. 한국언어학회.

김재민(1998), "경어법 사용의 세대 간 차이에 관한 사회언어학적 연구."「언어학」 6 - 2. 337 - 357면. 대한언어학회.

김재민(2004), "압존법을 통하여 본 경어법의 변화 연구."「언어학」 12 - 1. 137 - 152면. 대한언어학회.

김종택(1981), "국어 대우법 체계를 재론함 - 청자대우를 중심으로 - ."「한글」 172. 3 - 28면. 한글학회.

김종훈(1984).「국어경어법연구」집문당.

김종훈(2001), "존대말에 있어서의 높임의 등분에 대하여."「어문론집」 21. 중앙어문학회.

김진동(1996), "어절 문맥을 고려하는 형태소 단위의 한국어 품사 태깅 모델." 고려대학교 석사학위논문.

김충회(1990), "겸양법."「국어연구 어디까지 왔나」동아출판사.

김태근(2006),「u - Can 회귀분석」인간과복지.

김태엽(1996),「경북말의 높임법 연구」태학사.

김태엽(1999),「우리말의 높임법 연구」대구대학교출판부.

김태엽(1993), "문말서법의 체계와 간접인용문의 해석."「우리말글」 12. 81 - 100면. 우리말글학회.

김태엽(2001), 「국어 종결어미의 문법」 국학자료원.

김태엽(2005), "현대 국어의 대우법 체계 – 화자 대우법의 설정을 위해 –." 「어문학」 90. 1 – 20면. 한국어문학회.

김태엽(2006), "국어 대우법 체계에 낮춤 등급을 설정할 수 없는 이유." 「한국언어문학」 59. 23 – 40면. 한국언어문학회.

김태엽(2007), 「한국어 대우법」 역락.

김향숙(2003), 「한국어 감정표현 관용어 연구」 한국문화사.

김현주(2006), "후기 중세국어 {– 습 –}의 기능 – 존대되는 존재의 파악을 중심으로 –." 「한국어학」 31. 101 – 124면. 한국어학회.

김형규(1975), "국어 경어법 연구." 「동양학」 5. 29 – 41면. 단국대학교 동양학연구소.

김혜숙(2002), "서평 이정복「국어 경어법과 사회언어학」." 「사회언어학」 10 – 2. 337 – 361면. 한국사회언어학회.

김흥규 · 강범모(1997), 「한글 사용빈도의 분석」 고려대학교 민족문화연구소.

나간채 · 정근식(1988), "직업계층간의 사회적 거리감에 관한 연구." 「한국사회학」 22 – 1. 1109 – 1129면. 한국사회학회.

남기심 · 고영근(1993), 「(개정판) 표준국어문법론」 탑출판사.

도이미호(2004), "한국어와 일본어의 호칭 사용에 관한 대조 연구." 고려대학교 석사 학위논문.

민현식(2002), "국어 사용 실태 조사 방법론 연구." 「사회언어학」 10 – 1. 73 – 112면. 한국사회언어학회.

박갑수(1989), "국어 호칭의 실상과 대책." 「국어생활」 19. 10 – 32면. 국어연구소.

박수자(1990), "언어 사용 기능 신장을 위한 국어 대우법의 의미." 「한국국어교육연구 회논문집」 39. 67 – 114면. 한국어교육학회.

박양규(1975), "존칭체언의 통사론적 특징." 「진단학보」 40. 82 – 108면. 진단학회.

박영순(1976), "국어 경어법의 사회언어학적 연구." 「국어국문학」 72 · 73. 47 – 65면. 국어국문학회.

박영순(1978), "Age variables in Sociolinguistics." 「언어」 3 – 2. 87 – 145면. 한국언어 학회.

박영순(1980), "국어와 영어에 있어서의 언어예절에 대한 비교연구 – 호칭을 중심으로 –." 「비교문학」 5. 189 – 204면. 한국비교문학회.

박영순(1985), 「한국어 통사론」 집문당.

박영순(1996), 「한국어 의미론」 고려대학교 출판부.

박영순(2004), 「한국어의 사회언어학」 한국문화사.

박영순(2007), 「한국어 화용론」 박이정.

박인권(1992), "국어 경어법 연구(1)." 「어문학교육」 14. 5 - 34면. 한국어문교육학회.

박재연(1998), "현대 국어 반말체 종결 어미 연구." 서울대 석사학위논문.

박정운(1997), "한국어 호칭어 체계." 「사회언어학」 5 - 2. 507 - 527면. 한국사회언어학회.

박정운(2005), "한국어 호칭어 체계." 「한국 사회와 호칭어」 75 - 96면. 역락.

박혜경(2006), "TV시사토론(時事討論)프로그램 참여자의 연령별 경어법 사용 양상." 「국어교육학연구」 25. 283 - 313면. 국어교육학회.

서덕현(1991), "1차 통일문법 검인정교과서의 국어 경어법 기술에 관한 연구 - 상대경어법을 중심으로 -." 「국어교육」 75. 29 - 66면. 한국어교육학회.

서덕현(1993), "학교문법의 경어법 기술 (2) - 상대경어법을 중심으로 -." 「국어교육학연구」 3. 19 - 42면. 국어교육학회.

서덕현(1995a), "학교문법의 경어법 기술 (3) - 객체 경어법을 중심으로 -." 「국어교육학연구」 5. 23 - 37면. 국어교육학회.

서덕현(1995b), "학교문법의 경어법 기술 (4) - 경어법의 복수어휘를 중심으로 -." 「국어교육학연구」 5. 39 - 52면. 국어교육학회.

서덕현(1997), "경어법 기술에 관한 소고 - 제 3 차 통일문법 국정 문법서를 중심으로 -." 「국어교육학연구」 7. 31 - 50면. 국어교육학회.

서상준(1993), "상대높임법의 등급에 대하여." 「용봉논총」 22. 279 - 302면. 전남대학교.

서정수(1972), "현대국어 대우법 연구." 「어학연구」 8 - 2. 78 - 99면. 서울대학교 어학연구소.

서정수(1977), "주체 대우법의 문제점." 「배달말」 2. 5 - 22면. 배달말학회.

서정수(1979). "존대말은 어떻게 달라지고 있는가?(1) - 부름말과 가리킴말 -." 「한글」 165. 33 - 71면. 한글학회.

서정수(1980a), 「신국어학개론」 형설출판사.

서정수(1980b), "존대말은 어떻게 달라지고 있는가?(2) -청자대우 등급의 간소화 -." 「한글」 167. 357 - 387면. 한글학회.

서정수(1984), 「존대법의 연구 : 현행 대우법의 체계와 문제점」한신문화사.

서정수(1996), 「국어문법」한양대학교 출판원.

서태룡(1985), "정동사어미의 형태론."「진단학보」60. 159－192면. 진단학회.

서태룡(1987), "국어 활용어미의 형태와 의미." 서울대학교 박사학위논문.

서태룡(1992), "국어 청자존대법의 형태소." 한국어문학연구 27. 21－42면. 한국어문학연구학회.

성광수(1986), "국어 주어 및 목적어의 중출현상에 대하여 － 격문법론적 고찰을 중심으로－."「문법연구」1. 209－236면. 탑출판사.

성기철(1970), "국어 대우법 연구."「논문집」4. 35－57면. 충북대학교.

성기철(1984), "현대 국어 주체 대우 연구."「한글」4. 81－112면. 한글학회.

성기철(1985), 「현대국어 대우법 연구」개문사.

성기철(1990), "공손법."「국어연구 어디까지 왔나」401－408면. 동아출판사.

성기철(1996), "현대 한국어 대우법의 특성."「외국어로서의 한국어교육」21. 87－106면. 연세대학교 한국어학당.

성기철(1999a), "20세기 한국어 대우법의 사회언어학적 변천 － 청자대우를 중심으로－." 국제한국어교육학회 제9차 국제학술회의. 93－101면. 국제한국어교육학회.

성기철(1999b), "20세기 청자대우법의 변천 － 화계의 사회언어학적 변천과 관련하여－."「한국어교육」10－2. 17－45면. 국제한국어교육학회.

성기철(2007), 「한국어 대우법과 한국어 교육」글누림.

손세모돌(2005), "한국어 교육에서의 호칭/지칭에 대하여."「한말연구」16. 99－158면. 한말연구학회.

손춘섭(2003), "교수 사회의 대우법 사용 양상에 대한 연구."「사회언어학」11－1. 149－192면. 한국사회언어학회.

신창순(1962), "현대국어 존대법 개설."「문리대학보」4. 38－51면. 고려대학교 문리과대학 학예부.

안귀남(2003), "낙동강 유역의 인간과 문화 1; 안동방언 친족호칭어와 청자존대법의 상관성."「영남학」2003－4. 7－44면. 경북대학교 영남문화연구원.

안귀남(2006), "국어 대우법의 종합적 검토; 방언에서의 청자존대법 연구."「국어학」47. 449－510면. 국어학회.

안명철(2003), "주어존대법과 구동사 구문."「우리말글」29. 129 - 154면. 우리말글학회.

양영희(2000), "15세기 존대법에 대한 새로운 접근 방식의 필요성 제언."「한국언어문학」45. 585 - 604면. 한국언어문학회.

양영희(2003), "중세국어 2인칭 대명사 그듸의 존대법상 위치."「한글」260. 89 - 112면. 한글학회.

양영희(2004), "15세기 국어 존대법의 특징 고찰 - 국어 조대 기능의 변천 양상에 대한 시론-."「한국어학」22. 245 - 265면. 한국어학회.

양영희(2005), "16세기 2인칭 대명사 그듸와 자내의 기능 비교."「한글」269. 53 - 75면. 한글학회.

양영희(2005), "중세국어 존대법의 사회언어학적 접근 가능성 모색."「사회언어학」13 - 1. 129 - 150면. 한국사회언어학회.

양영희(2006), "중세국어 시기 설정에 대한 단상 - 존대법과 인칭대명사를 중심으로-."「한말연구」19. 한말연구학회.

엄경옥(2002), "현대국어 청자대우법 화계에 대한 고찰."「어문론집」30. 79 - 98면. 중앙어문학회.

오미정(2005), "한국어의 존대 어휘 연구 - 고유어를 중심으로-."「한국어학」27. 225 - 248면. 한국어학회.

왕한석(2000), "언어생활의 특성과 변화-신분지위호칭과 의사친척호칭의 사용을 중심으로-."「사회언어학」8 - 1. 59 - 86면. 한국사회언어학회.

왕한석(2005), "호칭어의 주요 이론과 연구 시각."「한국 사회와 호칭어」17 - 48면. 역락.

왕한석(2005), "신분지위호칭에서 의사친척호칭으로."「한국 사회와 호칭어」97 - 126면. 역락.

유송영(1994), "국어 청자 대우법에서의 힘 (power) 과 유대 (solidarity) (1) - 불특정 청자 대우를 중심으로-."「국어학」24. 291 - 317면. 국어학회.

유송영(1996). "국어 청자 대우 어미의 교체 사용(switching)과 청자 대우법 체계 : 힘(power)과 유대(solidarity)의 정도성에 의한 담화 분석적 접근." 고려대학교 박사학위논문.

유송영(2002), "'호칭 · 지칭어와 2인칭 대명사'의 사용과 '화자 - 청자'의 관계 : 국어 청자 호칭 · 지칭어의 사용과 체계(1)."「한국어학」15. 121 - 141면. 한국어학회.

윤지선(1995), "2인칭 호칭에 관한 영어와 한국어의 비교 연구."「사회언어학」3 - 2. 123 - 142면. 한국사회언어학회.

윤천탁(2004), "학교 문법의 상대 높임법 기술 내용 재고."「청람어문교육」29. 385 - 406면. 청람어문교육학회.

이경우(2001), "현대국어 경어법의 사회언어학적 연구 (2)."「국어교육」106. 143 - 174면. 한국어교육학회.

이경우(2003), "국어 경어법 변화에 대한 연구 (1)."「국어교육」110. 269 - 300면. 한국어교육학회.

이경우(2004), "현대국어 경어법의 사회언어학적 연구 (3)."「국어교육」113. 545 - 587면. 한국어교육학회.

이관규(1998), "'-시-'의 의미와 통사."「추상과 의미의 실재」563 - 584면. 박이정.

이관규(2002),「(개정판) 학교 문법론」월인.

이관규(2005),「국어 교육을 위한 국어 문법론」집문당.

이기갑(1997), "대우법 개념체계에 대한 연구."「사회언어학」5 - 2. 645 - 669면. 한국사회언어학회.

이길록(1974),「국어 문법 연구」일신사.

이맹성(1975), "한국어 종결어미와 대인관계요소의 상관관계에 관한 연구 (1)."「인문과학」33 · 34. 263 - 289면. 인문과학연구소.

이숙(2004), "있다 구문의 주격 표지와 존대법."「언어」29. 419 - 436면. 한국언어학회.

이숭녕(1964), "경어법 연구."「진단학보」307 - 364면. 25.

이연민(1981), "한국어 경어 체계 연구의 제 문제."「한국인과 한국 문화」220 - 239면. 심설당.

이윤하(2001),「현대 국어의 대우법 연구」역락.

이은경(2002), "한국어 교재의 경어법 사용 분석 - 1단계 교재를 중심으로 -."「관악어문연구」27. 409 - 438면. 서울대학교 국어국문학과.

이익섭(1974), "국어 경어법의 체계화 문제."「국어학」2. 39 - 62면. 국어학회.

이익섭(1983),「국어문법론」학연사.

이익섭(1993), "국어 경어법 등급의 재분 체계."「해양문학과 국어국문학 - 양전 이용욱 교수 환력기념논총」381 - 403면. 형설출판사.

이익섭 · 임홍빈(1983), 「국어문법론」 학연사.

이정규(1996), "수작업을 최소화한 어절 규칙 기반 한국어 품사 태깅." 고려대학교 석사학위논문.

이정복(1993a), "하동지역에서의 경어법의 사용 양상." 「사회언어학」 1 - 1. 2 - 38면. 한국사회언어학회.

이정복(1993b), "경어법 요소의 기능 부담량과 쓰임에 대하여." 「해양문학과 국어국 문학 - 양전 이용욱 교수 환력기념논총」 507 - 543면. 형설출판사.

이정복(1994), "제3자 경어법 사용에 나타난 참여자 효과 연구." 「국어학」 24. 353 - 384면. 국어학회.

이정복(1996a), "국어 경어법의 말 단계 변동 현상." 「사회언어학」 4 - 1. 51 - 81면. 한국사회언어학회.

이정복(1996b), "대학생들의 제3자 경어법 사용에 나타난 참여자 효과." 「한국문화」 18. 33 - 71면. 서울대학교 규장각한국학연구원.

이정복(2000), "머리말 텍스트 속의 감사 표현과 객체 경어법." 「국어학」 36. 349 - 378면. 국어학회.

이정복(2001a), "복수 인물에 대한 경어법 사용 연구." 「어문학」 74. 45 - 67면. 한국 어문학회.

이정복(2001b), 「국어 경어법 사용의 전략적 특성」 태학사.

이정복(2004), "인터넷 통신 언어 경어법의 특성과 사용 전략." 「언어과학연구」 30. 221 - 254면. 언어과학회.

이정복(2006), "힘과 거리 요인에 따른 탈춤대사의 경어법 연구." 「우리말연구」 18. 87 - 121면. 우리말학회.

이정복(2008), 「한국어 경어법, 힘과 거리의 미학」 소통.

이주행(1990a), "충북 방언의 상대경어법 연구." 「平沙 閔濟 先生 華甲記念論集」 781 - 813면.

이주행(1990b), "전북 방언의 상대경어법 연구." 「돌곶 金相善 敎授 華甲記念論集」 771 - 802면.

이주행(1994a), "현대국어 청자대우법의 화계 구분." 「선청어문」 22. 597 - 614면. 서 울대학교 국어교육과.

이주행(1994b), "청자대우법의 화계 구분에 대한 고찰." 「어문론집」 23. 69 - 78면.

중앙어문학회.

이주행(2000), 「(개정판) 한국어 문법 연구」 중앙대출판부.

이주행(2004), 「(개정증보판) 한국어 문법의 이해」 월인.

이주행(2005), 「한국어 어문 규범의 이해」 보고사.

이주행(2006), "한국어 청자 경어법의 교육에 관한 고찰."「국어교육」 119. 371－396
　　　면. 한국어교육학회.

이화룡(2005), 「Excel 2003으로 풀어보는 경영과학」 두남.

이희자·이종희(2001), 「(한국어 학습용) 어미·조사 사전」 한국문화사.

이희승(1968), 「새문법」 일조각.

임경환(2005), 「(개정증보)은어, 비속어, 직업어」 집문당.

임동훈(2000), 「한국어 어미 '－시－'의 문법(국어학총서 37)」 태학사.

임동훈(2006), "국어 대우법의 종합적 검토 : 현대국어 경어법의 체계."「국어학」 47.
　　　287－323면. 국어학회.

임동훈(2007), "언어능력의 성격과 문법층위의 구분에 대하여."「형태론」 9－2. 311
　　　－329면. 박이정.

임지룡 외(2005), 「학교 문법과 문법 교육」 박이정.

임홍빈(1986), "주격중출문을 찾아서."「문법연구」 1. 111－148면. 탑출판사.

임홍빈(1990), "존경법."「국어연구 어디까지 왔나」 388－400면. 동아출판사.

임홍빈·장소원(1995), 「국어문법론」 한국방송통신대학교 출판부.

임희석(1993), "어절의 중의성 유형 분류에 근거한 한국어 형태소 분석기." 고려대학
　　　교 석사학위논문.

임희석(1997), "언어 지식과 통계 정보를 이용한 한국어 품사 태깅 모델." 고려대학교
　　　박사학위논문.

장석진(1972), "Deixis의 생성적 고찰."「어학연구」 8－2. 26－43면. 서울대학교 어학
　　　연구소.

정길남(2004), "개화기 교과서의 존대법 연구."「한국어문학연구」 42. 29－55면. 한국
　　　어문학연구학회.

조남호(2006), "국어 대우법의 종합적 검토; 국어 대우법의 어휘론적 이해."「국어학」
　　　47. 377－406면. 국어학회.

최상진(1989), "국어 대우법 상의 시점 분석."「어문연구」 64. 422－435면. 한국어문

교육연구회.

최석재(2000a), "개화기 시대 이후 문장의 변천."「현대국어의 형성과 변천」박이정.

최석재(2000b), "결속이론을 통한 '자기' 분석의 타당성 연구." 제133차 한국어학회 연구발표회 발표 논문.

최석재(2001), "'자기', '자신' 류 지시사의 결속관계 연구." 고려대학교 석사학위논문.

최석재(2007a), "문장성분 공기정보를 이용한 단어 유사도 측정 방법의 연구." 고려대학교 언어학과 Kling 1.

최석재(2007b), "현대국어 대우법의 화계 구분에 대한 고찰 – 드라마 대본에 나타난 서울 지역 구어(口語) 환경을 대상으로–."「한국어학」37. 397–432면. 한국어학회.

최석재(2007c), "호칭어의 사용 조건과 대우 등분 연구."「인문언어」9. 국제언어인문학회.

최석재(2008), "감정동사의 유형과 그 의미특성"「어문논집」58. 127–159면. 민족어문학회.

최석재·권오병(2007), "대우법의 일반점수체계 설정 연구 – 우리말 구어(口語) 환경에서–."「우리말연구」21. 293–322면. 우리말학회.

최석재·김동일(2004a), "언어단위에 대한 객체화를 이용한 기계번역시스템." 2004 연변과기대 국제심포지움.

최석재·김동일(2004b), "중국 조선어와 한국어의 어법 및 어휘적 차이에 의한 변환 모델 설계." 2004 국제자연어처리 학술대회(ICMIP).

최석재·김동일(2005), "계층적 관리 기술을 이용한 남–북–중국조선어 웹 사전 구축 제안." 2005 국제자연어처리 학술대회(ICMIP).

최재웅(2004), "한국어 어미 {–시–}와 무정성."「한국어 의미학」15. 273–301면. 한국어의미학회.

최호철(1993), "현대 국어 서술어의 의미 연구." 고려대학교 박사학위논문.

최호철(1999), "국어학의 연구동향 : 어휘론·의미론·사전편찬학." 「국어학연감 1999」 155–199면. 국립국어원.

최호철(2000), "국어의 형태론과 어휘론."「국어학」35. 313–365면. 국어학회.

최호철(2002), "남북한 언어통일과 정보화."「한국어와 정보화」957–984면. 태학사.

최호철(2005), "국어의 다의 분석과 사전 기술." 153–184면. 「국어연구와 의미정보」

월인.

최호철·이정식(1998), "자연 언어 처리를 위한 전자 사전 구축 방안." 「어문논집」 37. 411－438면. 안암어문학회.

최현배(1937), 「우리말본」 정음사.

한길(1991), 「국어 종결어미 연구」 강원대학교 출판부.

한동완(1988), "청자 경어법의 형태원리 － 선어말어미 {－이－}의 형태소 정립을 통해 －." 「외국어로서의 한국어교육」 13. 219－250면. 연세대학교 한국어학당.

허웅(1954), "尊待法史 － 국어 문법사의 한 토막." 「성균학보」 1. 139－207면. 성균관대학교.

허웅(1961), "서기 15세기 국어의 '존대법'과 그 변천." 「한글」 128. 133－190면. 한글학회.

허웅(1962), "존대법의 문제를 다시 논함." 「한글」 130. 423－441면. 한글학회.

허웅(1963), "또 다시 존대법의 문제를 논함 － 이숭녕 박사에 대하여－." 「한글」 131. 597－619면. 한글학회.

허웅(1969), 「표준 문법」 신구문화사.

허웅(1995), 「20세기 우리말의 형태론」 샘문화사.

현평효(1977), "제주도 방언의 존대법." 「국어국문학」 74. 5－40면. 국어국문학회.

홍재성 외(1998), 「현대 한국어 동사구문사전」 두산동아.

홍종선(2001), "국어의 형태론적 특수성; 국어 단어 형태의 정보화." 「배달말」 28. 29－55면. 배달말학회.

홍종선(2003), "계량화에 기반한 국어의 연어 관계 연구." 「계량언어학」 2. 139－156면. 박이정.

홍종선(2004), "중세 한국어의 상대 높임법 '하니체'의 설정." 「조선학보」 190. 1－16면. 조선학회.

홍종선(2006), "근대 국어 형태론의 논의 몇 문제." 「21세기, 형태론 어디로 가는가? － 형태론의 과제와 전망－」 239－263면. 박이정.

홍종선·강범모·최호철(2000), "한국어 연어 정보의 분석 응용에 관한 연구." 「한국어학」 11. 73－158면. 한국어학회.

홍종선·강범모·최호철(2001), 「한국어 연어 관계 연구」 월인.

홍종선·최석재(2005), "단어형태의 정보화와 그 모델의 설계." 제37차 한국어학회

전국학술대회 발표 논문.

홍종선 · 황화상(1998), "한영 기계번역에서 선어말어미의 처리 – 시제 · 상을 중심으로 – ." 「한국어학」 8. 103 – 130면. 한국어학회.

황적륜(1976a), "한국어 대우법의 사회언어학적 기술 – 그 형식화의 가능성." 「언어와 언어학」 4. 115 – 124면. 한국외국어대학 언어연구소.

황적륜(1976b), "국어의 존대법." 「언어」 1 – 2. 191 – 200면. 한국언어학회.

황화상(1998), "자연언어 처리를 위한 형태소 분석 방법론." 「어문논집」 37. 439 – 458면. 안암어문학회.

황화상(2001), 「국어 형태 단위의 의미와 단어 형성」 월인.

황화상(2004), 「한국어 전산 형태론」 월인.

황화상(2006), 「한국어와 정보」 박이정.

황화상 · 최정혜(2003), "한국어 어절의 형태론적 중의성 연구." 287 – 311면. 「한국어학」 20.

Whitworth, B.(2005), Polite Computing. *Behaviour & Information Technology* 24 – 5.

Brown, P. & S. Levinson(1987), *Politeness : Some universals in language usage.* Cambridge University Press

Brown, R. & A. Gilman(1960), The pronoun of power and solidarity. *American Anthropologist* 4 – 6. (Washington).

Cho, C.H.(1982), *A Study of Korean Pragmatics : Deixis and Politeness.* Hanshin Publishing.

Brown, R.W. & M. Ford(1961), Address in American English. *Journal of Social Psychology.*

Miller, C.A., Wu, Peggy & M. Chapman(2004), The Role of "Etiquette" in an Automated Medication Reminder. *American Association for Artificial Intelligence 2004.*

Ervin – Tripp, S.(1969), Sociolinguistics. *Advances in Experimental Social Psychology* 4, (New York).

Ervin – Tripp, S.(1972), On Sociolinguistics rules; Alternation and Co – occurrence. *Directions in Sociolinguistics* (ed. Gumperz & Hymes). Holt, Rinehart and Winston Inc.

Geertz, C. & H. Geertz(1964), Teknonymy in Bali : Parenthood, Age – Grading and

Genealogical Amnesia, *The Journal of the Royal Anthropological Institute 94 - 2.*

Chambers, J.K.(2003), *Sociolinguistic Theory.* Blackwell Publishing.

Jones, M., Marsden, G., N. Mohd – Nasir and K. Boone(1999), Improving web interaction on small displays. *ComputerNetworks : The International Journal of Computer and Telecommunications Networking* 31 – 1.

Koo, J.H.(1992), The Term of Address "You" in South Korea Today. *Korea Journal* 32 – 1. (Seoul).

Mignonneau, L. & C. Sommerer(2005), Designing Emotional, Metaphoric, Natural and Intuitive Interfaces for Interactive Art, Edutainment and Mobile Communications. *Computers & Graphics* 29 – 6.

Nielsen, C. & A. Søndergaard(2000), Designing for Mobility : an Integration Approach Supporting Multiple Technologies. *Proceedings of NordiCHI2000.*

Sommerer, C. & L. Mignonneau(2004), Mobile feelings – wireless communication of heartbeat and breath for mobile art. *The 14th International Conference on Artificial Reality and Telexistence.* (Seoul).

Tamotsu, S and I. Hitoshi(2001), Numerical Model of the Strategy for Choosing Polite Expressions. *CICLing 2001.* (Heidelberg).

Väänänen – Vainio – Mattila, K. and S. Ruuska(1998), User Needs for Mobile Communication Devices : Requirements Gathering and Analysis Through Contextual Inquiry. *Proceedings of the First Workshop on HCI for Mobile Devices.* 21 · 22. (glasgow).

Yin, C, H. Ogata & Y. Yano(2005), Ubiquitous – Learning System for the Japanese Polite Expressions. *Proceedings of the 2005 IEEE International Workshop on Wireless and Mobile Technologies in Education.*

우리말의 대우등급 인식 조사

안녕하십니까?

금번에 "국어 대우법의 정보화"라는 연구 논문을 준비함에 있어 언어 생활자의 우리말 대우등급에 대한 인식 조사가 필요하게 되어 이와 같이 협조를 부탁드리게 되었습니다.

추상적인 내용을 객관화된 점수로 나타내주시기를 바라는 본 설문조사는 다소 번거로우시리라 생각됩니다만, 성의껏 작성해주신다면 본 조사의 결과를 이용하여 우리말 분석·생성을 자동화하는 연구에 훌륭한 밑거름이 되도록 하겠습니다.

무엇보다 귀중한 시간 내어 주심에 깊은 감사드립니다.

---

§ 설문조사에 앞서 귀하의 간단한 인적사항을 여쭈어 보겠습니다.
1. 귀하의 성별은 무엇입니까?   (남 / 여)
2. 귀하의 나이는 어떻게 되십니까?   (세)
3. 귀하의 직업은 무엇입니까?
   ① 학생 ② 교사·교수·연구원 ③ 공무원 ④ 회사원 ⑤ 자영업
   ⑥ 프리랜서 ⑦ 주부 ⑧ 무직 ⑨ 기타(   )

A. 일반 문장의 대우법 점수 조사

§ 작성 요령

아래에는 총 5개 그룹으로 나뉜 예문들이 있습니다.
그룹별로 각각의 예문에 대하여 대우법 점수를 표기해 주시면 됩니다.

'대우법 점수'란 어떠한 문장이 가지고 있는 <u>예의 수준</u>을 말합니다.
예를 들어 다음의 예문 가)는 예문 나)보다 대우법 점수가 높을 수 있습니다.

예문 가) 안녕하십니까, 저는 어제 새로 전학 왔습니다.
예문 나) 안녕! 난 어제 새로 전학 왔어.

본 설문 조사에서는 이 점수를 10점 만점으로 하여 조사합니다.
아래 각 그룹의 예문에 대하여 0 ~ 10점 중 하나를 주시되,
가장 낮은 예의 수준을 가진 문장에 대하여는 0점을 주시기 바랍니다.

참고로, 예문이 배치된 순서는 언어 분석적인 차원에 의한 것일 뿐
대우법 점수와는 직접 관련이 없습니다.

1) 서술문(0 ~ 10점)

어제 그 뉴스를 들었다.　　　　　(　　　)

어제 그 뉴스를 들었어.　　　　　(　　　)

어제 그 뉴스를 들었어요.　　　　(　　　)

어제 그 뉴스를 들었습니다.　　　(　　　)

2) 청유문(0 ～ 10점)

내일 아침에 우리 뉴스를 듣자. （　　　）

내일 아침에 우리 뉴스를 들어. （　　　）

내일 아침에 우리 뉴스를 들어요. （　　　）

내일 아침에 우리 뉴스를 들읍시다. （　　　）

3) 의문문(0 ～ 10점)

어제 그 뉴스를 들었냐? （　　　）

어제 그 뉴스를 들었어? （　　　）

어제 그 뉴스를 들었어요? （　　　）

어제 그 뉴스를 들으셨어요? （　　　）

어제 그 뉴스를 들었습니까? （　　　）

어제 그 뉴스를 들으셨습니까? （　　　）

4) 명령문(0 ～ 10점)

내일 아침에 뉴스를 들어라. （　　　）

내일 아침에 뉴스를 들어. （　　　）

내일 아침에 뉴스를 들어요. （　　　）

내일 아침에 뉴스를 들으세요. （　　　）

내일 아침에 뉴스를 들읍쇼.[1] （　　　）

내일 아침에 뉴스를 들으십시오. （　　　）

---

[1] 이 문장에 사용된 어법은 다소 문제가 있기는 합니다. 잘못된 문장이라는 생각이 강하게 들으셔서 판정이 불가능하다고 생각되시면 '판정불가'라고 적으셔도 무방합니다.

B. 주어가 있을 때의 대우법 점수 조사

§ 작성 요령

<u>귀하가 학교의 선생님이라고 가정하였을 때,</u> 아래와 같은 상대방의 말
에 어느 정도의 대우법 점수를 주실 수 있으시겠습니까?

0 ~ 10점 중 하나를 주시되, 가장 낮은 예의 수준을 가진 문장에 대하
여는 0점을 주시기 바랍니다.

* (0 ~ 10점)

선생은 언제 왔어요?   (   )

선생은 언제 오셨어요?   (   )

선생님은 언제 왔어요?   (   )

선생님은 언제 오셨어요?   (   )

선생님께서는 언제 왔어요?   (   )

선생님께서는 언제 오셨어요?   (   )

C. 교양 없는 문장의 대우법 점수 조사

§ 작성 요령

다음은 교양이 없는 문장의 대우법 점수를 조사하기 위한 예문입니다.
각각에서 첫 번째 제시된 문장의 대우법 점수를 0점이라고 할 때,
그 아래 제시된 예문의 대우법 점수는 어떻게 되겠습니까?

첫 번째 예문과 점수가 같다면 0점, 그보다 낮다면 0 ~ -10점 중
하나를 주십시오.

1) 어휘적 표현 1 (0 ∼ −10점)

　① 이 일을 이렇게 하면 어떡하니?　　　　　(　0 　점)

　② 이 얼간아, 이 일을 이렇게 하면 어떡하니?　(　　점)

2) 어휘적 표현 2 (0 ∼ −10점)

　① 너 거짓말하는 것 아냐?　　　　　　　(　0 　점)

　② 너 공갈치는 것 아냐?　　　　　　　　(　　점)

3) 관용 표현 1 (0 ∼ −10점)

　① 난 네가 싫다.　　　　　　　　　　(　0 　점)

　② 난 너만 보면 밥맛이 떨어진다.　　　　(　　점)

4) 관용 표현 2 (0 ∼ −10점)

　① 그럼 잘 살아라.　　　　　　　　　(　0 　점)

　② 그럼 잘 먹고 잘 살아라.　　　　　　(　　점)

* 귀한 시간 내어주셔서 대단히 감사합니다 *

성별	나이	직업	1_1	1_2	1_3	1_4	2_1	2_2	2_3	2_4	3_1	3_2	3_3	3_4	3_5
여	23	2	0	3	7	9	0	3	8	9	0	3	5	8	7
남	64	4	0	0	10	8	0	0	10	8	0	0	8	10	4
여	63	7	0	3	7	9	0	3	8	9	0	3	6	8	7
남	34	4	2	0	5	8	2	0	7	5	0	2	5	8	7
여	36	5	1	0	5	9	3	0	5	7	0	2	4	8	5
남	36	2	0	2	8	10	0	2	8	10	0	3	6	9	7
여	51	2	0	2	5	10	6	0	5	7	0	2	5	7	8
여	31	6	0	5	8	10	6	0	8	10	0	3	7	9	8
남	56	5	0	7	9	9	0	2	6	7	0	3	5	7	7
남	23	9	3	0	9	10	1	0	10	8	0	2	4	8	6
여	29	2	0	5	8	10	3	0	8	5	0	3	6	7	8
여	33	7	0	2	9	10	2	0	3	10	0	3	5	10	7
여	24	2	3	0	7	9	5	0	7	8	0	5	6	7	9
남	27	4	0	1	3	7	2	0	3	4	0	3	4	6	2
남	21	8	0	0	7	10	0	0	8	10	0	0	3	5	5
남	23	1	4	3	7	8	1	2	5	9	1	4	7	8	5
여	28	4	3	1	4	5	0	1	5	3	0	1	3	5	8
여	21	1	0	5	8	10	4	0	10	7	0	3	5	8	7
여	32	9	0	8	10	9	5	0	10	8	0	5	8	10	6
여	43	6	0	5	8	10	6	0	10	8	0	5	7	10	7
남	50	5	0	2	6	8	3	0	9	8	0	3	6	9	7
남	30	9	0	6	10	10	7	0	10	9	0	7	10	10	10
여	20	1	0	4	8	9	5	0	9	7	0	3	5	9	8
남	42	2	1	2	5	6	3	2	5	4	0	1	2	5	7
여	34	4	0	3	6	10	2	0	6	10	0	2	6	7	8
여	39	7	0	2	8	10	1	0	6	8	0	2	6	8	7
여	59	7	0	2	5	10	5	0	5	8	0	2	5	7	8
여	62	8	0	0	5	8	0	1	4	5	0	3	5	8	6
남	66	9	0	5	8	10	3	0	10	8	0	4	5	10	8
남	70	4	0	5	8	10	2	0	5	10	0	1	2	4	6

성별	나이	직업	3_6	4_1	4_2	4_3	4_4	4_5	4_6	B_1	B_2	B_3	B_4	B_5	B_6
여	54	2	0	6	8	10	6	0	8	10	0	2	4	10	6
여	60	7	0	2	4	8	0	2	4	8	0	2	4	6	8
남	65	5	1	0	3	10	1	0	3	7	0	1	3	6	5
여	62	7	0	2	4	8	0	2	4	8	0	2	4	6	8
여	61	8	0	5	7	9	3	0	7	9	0	3	5	7	6
여	60	7	0	5	8	7	7	0	9	3	5	7	5	9	5
여	59	7	0	3	8	9	0	3	5	7	0	2	3	6	7
남	60	4	0	3	7	10	0	5	7	8	0	2	5	7	8
여	74	7	0	4	9	10	0	3	7	8	0	2	5	8	9
여	61	7	2	0	8	10	3	0	6	9	0	2	5	8	6
여	60	7	0	4	8	10	2	0	6	10	0	2	4	6	8
여	60	7	0	0	9	10	3	0	10	10	0	1	3	10	9
여	50	7	0	1	4	5	1	0	4	5	0	1	1	2	3
여	69	7	0	7	10	10	0	5	10	10	10	7	8	9	10
여	59	7	0	2	8	10	0	4	8	10	0	2	6	8	8
남	68	8	0	6	8	10	4	0	8	10	0	4	6	8	9
여	45	6	0	2	4	8	0	1	4	8	0	2	3	4	6
여	50	7	0	2	6	10	0	2	4	8	0	1	4	6	8
남	56	4	0	2	6	10	0	1	4	8	0	2	4	5	7
여	25	1	3	0	7	10	5	0	7	10	0	3	5	7	8
		평균	0.46	2.78	6.98	9.10	2.24	0.88	6.76	7.90	0.32	2.66	4.96	7.46	6.98

성별	나이	직업	3_6	4_1	4_2	4_3	4_4	4_5	4_6	B_1	B_2	B_3	B_4	B_5	B_6
여	23	2	9	0	3	6	8	5	9	0	2	4	5	6	9
남	64	4	6	0	0	6	10	8	7	0	4	5	7	8	10
여	63	7	9	0	2	7	8	6	9	0	2	6	8	7	9
남	34	4	9	2	0	5	8	7	10	0	2	3	5	7	8
여	36	5	10	0	1	4	6	2	8	0	2	4	6	6	9
남	36	2	10	0	2	6	9	7	10	0	5	4	9	6	10
여	51	2	10	4	3	5	7	0	10	0	2	5	4	7	9
여	31	6	10	4	7	6	8	0	10	0	4	7	9	8	10
남	56	5	8	0	2	5	7	5	8	0	2	5	7	5	9
남	23	9	10	0	1	4	8	6	10	0	2	4	6	8	10
여	29	2	10	0	3	6	9	7	8	0	2	3	8	4	10
여	33	7	8	1	2	4	5	0	10	0	1	2	8	5	10
여	24	2	10	0	3	5	7		8	0	2	3	7	5	10
남	27	4	5	1	0	3	5	2	6	0	1	3	5	7	9

남	21	8	10	0	0	5	5	7	10	0	0	5	7	7	10
남	23	1	10	3	2	4	6	0	8	1	3	4	7	6	10
여	28	4	10	2	1	3	6	0	5	0	1	3	8	5	10
여	21	1	10	2	4	6	8	0	10	0	2	3	6	5	10
여	32	9	7	5	0	7	9	1	10	0	1	5	8	7	10
여	43	6	8	4	5	6	6	0	10	0	4	8	9	9	10
남	50	5	10	3	0	9	10	6	7	0	3	6	9	9	10
남	30	9	10	5	7	10	10	0	10	0	0	7	8	9	10
여	20	1	9	1	1	3	6	0	8	0	3	2	8	5	10
남	42	2	10	4	2	3	7	1	8	0	1	5	6	7	10
여	34	4	10	0	1	6	7		10	0	1	2	7	4	10
여	39	7	10	0	2	6	8		9	0	1	4	8	7	10
여	59	7	9	0	0	3	5	2	10	0	3	3	6	5	10
여	62	8	10	0	3	4	7	5	10	0	4	4	6	6	10
남	66	9	9	0	2	8	7	3	10	0	6	8	5	9	10
남	70	4	10	2	0	4	6		10	0	1	2	4		10
여	54	2	8	0	2	6	8	4	10	0	2	4	6	8	10
여	60	7	10	0	2	4	8		10	0	6	4	9		10
남	65	5	10	0	1	3	5	7	10	0	2	3	4	6	10
여	62	7	10	0	2	4	6	8	10	0	2	4	6	8	10
여	61	8	10	0	3	5	8	6	9	0	3	5	6	5	8
여	60	7	0	6	5	8	9	0	8	0	3	3	9	5	10
여	59	7	10	0	2	3	6	1	8	0	1	2	8	4	9
남	60	4	10	0	3	5	7	5	10	0	5	3	8	6	10
여	74	7	10	0	2	5	6	6	10	0	1	2	6	5	10
여	61	7	10	3	0	8	9	6	10	0	5	2	9	7	10
여	60	7	10	0	2	4	6	8	10	0	2	4	8	6	10
여	60	7	3	3	0	5	9	9	10	0	0	0	9		10
여	50	7	3	0	1	2	3	1	3	0	1	1	3	2	3
여	69	7	10	0	6	7	8	8	10	0	0	5	7	7	10
여	59	7	10	0	4	8	8	4	10	0	0	0	8	4	10
남	68	8	10	4	0	8	10	2	6	0	4	2	6	8	10
여	45	6	10	0	1	2	4	3	8	0	1	2	4	5	6
여	50	7	10	0	1	3	4	5	6	0	1	2	4	3	6
남	56	4	10	0	1	4	5	6	10	0	1	2	4	3	8
여	25	1	10	3	0	7	8	0	10	0	3	5	8	7	10
평균			9.00	1.24	1.94	5.20	7.10	3.76	8.92	0.02	2.20	3.68	6.80	6.13	9.44

성별	나이	직업	C_1	C_2	C_3	C_4
여	23	2	− 7	− 5	− 8	− 5
남	64	4	− 5	− 4	− 5	− 4
여	63	7	− 7	− 8	− 8	− 9
남	34	4	− 7	− 5	− 9	− 2
여	36	5	− 9	− 5	− 10	− 4
남	36	2	− 7	− 4	− 8	− 5
여	51	2	− 8	− 5	− 8	− 5
여	31	6	− 10	− 7	− 10	0
남	56	5	− 8	− 7	− 8	− 5
남	23	9	− 10	− 7	− 3	− 1
여	29	2	− 8	− 5	− 10	− 8
여	33	7	1	1	1	1
여	24	2	− 5	− 2	− 5	− 3
남	27	4	− 5	− 1	− 3	− 5
남	21	8	− 10	0	− 10	0
남	23	1	− 3	− 4	− 6	− 4
여	28	4	− 5	− 7	− 8	− 3
여	21	1	− 10	− 1	− 10	− 5
여	32	9	− 10	− 8	− 10	− 8
여	43	6	− 8	− 6	− 7	0
남	50	5	− 10	− 5	− 9	− 6
남	30	9	− 5	− 10	− 10	0
여	20	1	− 8	− 1	− 5	− 9
남	42	2	− 4	− 4	− 5	− 5
여	34	4	− 4	− 5	− 9	− 4
여	39	7	− 5	− 6	− 2	− 5
여	59	7	− 8	− 3	− 9	− 1
여	62	8	− 5	− 3	− 7	− 3
남	66	9	− 10	− 5	− 10	− 10
남	70	4	− 2	− 4	− 4	− 6
여	54	2	− 10	− 10	− 10	0
여	60	7	− 10	− 2	− 10	− 5
남	65	5	− 5	− 3	− 7	− 3
여	62	7	− 8	− 10	− 8	− 6
여	61	8	− 5	− 5	− 5	− 5

여	60	7	-9	-8	-10	-7
여	59	7	-8	0	-10	-3
남	60	4	-8	0	-6	-5
여	74	7	-10	-10	-10	-10
여	61	7	-2	-2	-5	-7
여	60	7	-10	-4	-6	-4
여	60	7	-10	-10	-10	-10
여	50	7	0	0	0	0
여	69	7	-10	-10	-10	-10
여	59	7	-10	-6	-8	-5
남	68	8	-2	-2	-2	-2
여	45	6	-9	-10	-10	-9
여	50	7	-10	-3	-10	-10
남	56	4	-10	-9	-10	-10
여	25	1	-7	-3	-10	-5
		평균	-7.10	-4.86	-7.44	-4.80

 * 설문에 대하여 '판정불가'라고 답한 경우는 회색공백으로 남김.

Abstract

A Study on Informationizing
of Korean Honorific System

This book aims to informationize of Korean Honorific System. In addition it complements honorific grammar and presents one case of how combining liberal arts with applied researches.

Chapter 1 presents purposes, range and methods of this study. This study mainly concerns conversation situation and simple sentence input. It gathered drama scripts, made up questionnaires, used regression analysis and developed couple of application programs to treat above data.

Chapter 2 proposes person centered view for honorific system. This new view is simple and intuitive. Relating its participants, 1st person honorific system has subject noun and final verbal ending. 2nd person honorific system has subject noun, subject case, pre − verbal ending and final verbal ending. 3rd person honorific system has subject noun, subject case, pre − verbal ending.

The way to express honorifics there are 3 major ways − lexical, grammatical and stylistic. But lexical way is not even to all words' level and stylistic way is not easy to control by present research result. So this study mainly used grammatical way to control honorific level.

Korean speech level shows different aspect by historical period and now there is need to change its classification category. This study separated 'hage' and 'hao' from general speech level 'haera, hae, haeyo, hapsyo'. Consequently it presents simple and linear ordering in general situation. And there is no need to divide speech level by formal — unformal. In many cases this divide fails but pressure of listener explains the remnant.

Some previous researches investigated final verbal ending but it was occasional and the amount is not enough. Perceiving its importance this study investigated 231 types from 2000 sentences.

Chapter 3 scrutinizes 3 major factors which diversifies honorific level. When honorific participants are combined there can be mediate level and it is controled by Principle of Agreement. Principle of Agreement produces minute honorific level sentence and some restrictions for level changing.

Another factor Address Terms has a non — linear order which are affected by situation and relationship. By the situation some address terms cannot be used and some address terms' levels are differentiated.

Ending Expresssion which is comprised by pre — verbal ending and verbal ending has 6 forms — 'haera form, hae form, haeyo form, haseyo form, hapsyo form, hasipsiyo form'. By speech level hapsyo form has higher level than haseyo form, but by ending expression the reverse occurs. Ending expression diversifies honorific level.

With the result of above researches Chapter 4 thinks about basic principle for measuring and informationizing of Korean Honorific System. 4.1.2 says Agreement Principle Restriction 1, 2 like below and 5.3.1 says Complemented Agreement Principle Restriction 1 for 2nd person honorific system.

Agreement Principle Restriction 1

a. When subject noun is non－raised form, subject case cannot be raised form.

b. When subject is non－raised form, predicate cannot be raised form.

Agreement Principle Restriction 2

a. If there is a raised form among realized honorific participants, the unrealized forms also can be regarded as raised forms.

b. If there is a non－raised form, deduct a honorific score of that score.

Above restrictions are used at chapter 5 when honorific score is changed so it can produce natural sentence.

At 4.1.3 by the regression analysis of questionnaires, honorific load of participants is calculated.

Honorific Load of Participants

person	Honorific Participants	Honorific Load	Speech Level's
1nd	subject noun, verbal ending	3, 7	0/1/6/7
2nd	subject noun, subject case, pre－verbal ending, verbal ending	2, 1, 2, 5	0/1/4/5
3rd	subject noun, subject case, pre－verbal ending	4, 3, 3	

When the full honorific score is 10, in 1st person honorific system 'subject noun : verbal ending' has '3 : 7' ratio and speech level's elements 'haera－hae－haeyo－hapsyo' have '0－1－6－7' score at each. In 2nd person honorific system 'subject noun : subject case : pre－verbal ending : verbal ending' has '2 : 1 : 2 : 5' ratio and speech level's elements '0－1－4 －5' at each. In 3rd person honorific system 'subject noun : subject case :

pre-verbal ending' has '4 : 3 : 3' ratio.

At 4.2 this study draws design for honorific analysis program. For input, morphology analysis should be preceded so this study developed prototype for morphology analysis with 3 traits. First awareness of root and affix, second inheritance by syllable and the third objectify of lexicon. These traits solves many problems which occurred in principle based analysis. And for honorific analysis, management part and performance part are separated so it attains concealment which is important in object oriented programming.

Chapter 5 shows how above discussion can be written in programming language with explanation of major classes' functions. Full process is divided into morphology analysis, honorific score analysis and honorific score alteration. It includes root and affix separation, calculation of honorific participants score, treatment of unrealized participants, selection of participants which should be altered, exchanging input forms and so on. Explanations of this algorithms show the actual appearance of how the Korean Honorific System can be informationized.

Finally, Chapter 6 summarizes this study and presents some future subjects.

Keywords : honorific system, honorific level, honorific score, honorific load, agreement, measuring, honorific participants, speech level, address terms, ending expression, root, affix, object, honorific analysis, morphology analysis